浙江省普通本科高校"十四五"重点立项建设教材

实用运动生物力学

顾耀东　主编

科学出版社

北京

内 容 简 介

本教材是浙江省普通本科高校"十四五"新文科重点教材。本教材立足于运动生物力学的基本理论，系统地介绍了运动生物力学的核心概念、发展历史、研究方法及相关应用领域，体现了该学科多学科交叉融合的特色。本教材内容结构严谨清晰，共分为六章。首先，从运动生物力学的基本概念出发，详细阐述了运动与力，角运动学与角动因学，功、功率与能量等基础理论知识。其次，从肌肉骨骼系统运动生物力学角度，深入探讨了肌肉骨骼系统的机械性能、骨骼及骨骼肌的运动生物力学；同时，在技术层面，本教材还专门介绍了运动生物力学分析技术，包括运动捕捉技术与力学测量设备等。再次，本教材将理论与实际应用紧密结合，通过定量分析、多层次系统分析和实际应用导向的方法，设置了运动生物力学在竞技运动、运动损伤预防、运动健康促进以及运动训练等领域的应用实例。最后，针对足踝步态分析、生物力学在鞋具设计中的应用，以及专项运动中的鞋具生物力学研究等内容进行介绍，体现了教材的实用性和前沿性。

本教材不仅适合高等院校相关专业本科生和研究生学习，同时也可为体育教练员、康复医学工作者及运动装备研发人员提供重要参考。本教材内容翔实、图文并茂，配以经典案例和先进的实验方法，为读者理解和应用运动生物力学知识提供了丰富的资源和实用工具。

图书在版编目(CIP)数据

实用运动生物力学 / 顾耀东主编. --北京：科学出版社，2025.6. --(浙江省普通本科高校"十四五"重点立项建设教材). -- ISBN 978-7-03-082271-0

Ⅰ. G804.6

中国国家版本馆 CIP 数据核字第 2025QY8011 号

责任编辑：张佳仪 / 责任校对：谭宏宇
责任印制：黄晓鸣 / 封面设计：殷 靓

科学出版社 出版
北京东黄城根北街 16 号
邮政编码：100717
http://www.sciencep.com

南京文脉图文设计制作有限公司排版
上海景条印刷有限公司印刷
科学出版社发行 各地新华书店经销

*

2025 年 6 月第 一 版　　开本：787×1092 1/16
2025 年 6 月第一次印刷　　印张：17 1/2
字数：421 000

定价：80.00 元
(如有印装质量问题，我社负责调换)

《实用运动生物力学》编委会

主　编

顾耀东

副主编

孙　冬　　徐异宁

编委

（按姓氏笔画排序）

卢正惠　吕　翔　刘　倩　纪孟辰
杨晓巍　李　昕　李文龙　岑炫震
宋　杨　张峭霖　陈海荣

前　言

运动生物力学是一门综合性极强的交叉学科，融汇了力学、解剖学、生理学、神经科学与工程学等多个领域的知识，致力于分析与优化人体及其他生物体的运动。随着现代体育科学与健康产业的快速发展，运动生物力学的重要性日益凸显，无论是在提升运动表现、降低运动损伤风险，还是在康复医疗、运动装备设计等方面，都具有广泛且深远的应用前景。

本教材旨在回应新时代对运动科学人才培养的需求，强调理论与实践的融合，关注生物力学技术在实际问题中的应用。本教材编写团队深入分析了运动生物力学发展的历史与现状，细致梳理了生物力学研究中常用的基本假设、术语和定理，通过理论讲解与实例分析的有机结合，使读者不仅能系统掌握基础理论知识，还能培养其实际应用的能力。

在编写过程中，编者结合自身丰富的研究和教学经验，力求做到每一章的内容科学严谨、深入浅出，既体现了学科的前沿进展，又兼顾了学习者不同层次的需求。书中有大量图片、案例和实际测量数据，以便读者更直观地理解抽象的理论概念。同时，为了提高学习效果，每章均设有明确的学习目标和思考与讨论环节，引导读者主动思考、积极探讨，真正实现理论与实践的深度融合。

运动生物力学的研究与应用正在以空前的速度发展，未来技术的发展如智能穿戴设备、虚拟现实、人工智能等将进一步推动该领域的进步。本教材希望能够为广大读者提供一个坚实的理论基础与清晰的应用思路，助力于新一代运动科学人才的培养，为提升我国体育科学水平、加快健康事业的发展做出积极贡献。

在此，衷心感谢所有参与教材编写工作的专家学者与同道，以及在教材编撰过程中提供支持的浙江省普通本科高校"十四五"新文科重点教材建设项目组成员们。我们期盼广大读者在学习本教材的过程中获得启发，学有所成，并能将所学应用到实际工作中，为推动我国运动生物力学领域的发展贡献力量。

顾耀东
2025 年 3 月 24 日

目 录

绪论 ……………………………………………………………………………………… 001
 第一节 运动生物力学概述 ………………………………………………………… 001
 第二节 运动生物力学基础概念与理论 …………………………………………… 008

第一章 运动生物力学基本概念 ……………………………………………………… 016
 第一节 运动与力 …………………………………………………………………… 016
 第二节 角运动学与角动因学 ……………………………………………………… 029
 第三节 功、功率与能量 …………………………………………………………… 038
 第四节 运动中的流体力学 ………………………………………………………… 043

第二章 肌肉骨骼系统运动生物力学 ……………………………………………… 062
 第一节 肌肉骨骼系统的机械性能 ………………………………………………… 062
 第二节 骨骼的运动生物力学 ……………………………………………………… 077
 第三节 骨骼肌的运动生物力学 …………………………………………………… 092

第三章 运动生物力学分析技术 …………………………………………………… 106
 第一节 运动学分析技术 …………………………………………………………… 106
 第二节 动力学 ……………………………………………………………………… 112
 第三节 人体运动的计算机分析、建模及仿真 ………………………………… 123
 第四节 高级运动生物力学分析技术 …………………………………………… 143

第四章 运动生物力学研究实例 …………………………………………………… 155
 第一节 在竞技运动中的应用研究 ………………………………………………… 155
 第二节 在运动损伤预防中的应用研究 …………………………………………… 162
 第三节 在运动健康促进中的应用研究 …………………………………………… 163
 第四节 在运动技术的训练、执教和学习中的应用研究 ………………………… 168

第五章 足踝与步态的生物力学 …………………………………………………… 175
 第一节 足踝结构及生物力学 ……………………………………………………… 175

第二节　步态生物力学 …………………………………………………… 185
　　第三节　行走与跑步步态生物力学分析及研究 ………………………… 202

第六章　鞋具相关运动生物力学 ……………………………………………… 224
　　第一节　步态分析在鞋具设计中的应用 ………………………………… 224
　　第二节　鞋具生物力学 …………………………………………………… 232
　　第三节　专项运动中的鞋具生物力学 …………………………………… 246
　　第四节　特殊人群的鞋具生物力学 ……………………………………… 256

绪 论

1. 理解运动生物力学的核心概念及其定义,追溯运动生物力学的发展历程以掌握运动生物力学的学科特性,包括其独特的研究方向、方法和应用领域。
2. 掌握运动生物力学及相关联学科的术语,了解围绕生物力学展开的诸多假说。

第一节 运动生物力学概述

一、运动生物力学的概念与定义

运动生物力学(sports biomechanics)是应用力学原理和方法研究生物体运动的生物力学分支。它不仅关注外在的机械运动,还涉及对肌肉活动和内部力学机制的研究。狭义上,运动生物力学专注于分析和理解体育运动中人体的运动规律。从力学角度来看,人体或一般生物体的运动是神经系统、肌肉系统和骨骼系统协同工作的结果。神经系统控制肌肉系统,肌肉系统产生的力作用于骨骼系统,从而完成各种机械运动。

运动生物力学的核心任务是研究在外部力量和内部肌肉控制力量的作用下,人体或其他生物体的机械运动规律。例如,当跳跃落地时,股四头肌首先迅速激活,随着冲击力的增大,臀大肌和股二头肌分担落地时的冲击力,这样可以减少前交叉韧带劳损。虽然运动生物力学重点在于分析力和运动的关系,但它也涉及肌肉如何产生力量及这些力量如何作用于骨骼结构。这些经过适当简化的内部机制,仍是理解运动控制和动力学的重要组成部分。

在运动生物力学的研究中,通常采用数学模型、计算机模拟和实际测量来分析运动员动作的角度和施加的力,以提高运动员的能力。运动生物力学可以进一步分为两个主要研究领域:运动学和动力学。运动学主要关注运动过程中不涉及力的几何描述,如位置、速度和加速度;而动力学主要研究产生这些运动的力,包括外力和内力的作用。动力学研究不仅包括静态条件下的静力学(研究静止状态或以恒定速度移动的系统),还包括涉及加速度的动力学,分析加速度、时间、位移、速度和速率中产生的力。

在运动生物力学中,神经系统的控制和反馈过程通常被简化为控制规律,以替代复杂的肌肉活动模式。这种简化的模型将肌肉的作用视为可控的力矩发生器,使得分析更加直观。

为了便于研究，人体模型通常被假设为由多个刚性环节组成的多刚体系统。相邻环节通过关节连接，这些关节在受控的肌力作用下产生围绕关节的相对转动，并由此影响整个系统的整体运动。

通过这种综合的方法，运动生物力学不仅能够分析外部的机械运动，还能提供对内部肌肉活动和力学响应的深入理解，从而为提高运动表现和预防运动损伤提供科学依据。

二、运动生物力学的发展历史

运动生物力学的发展可以追溯到古代，早期的研究者如亚里士多德，在公元前350年左右就提出了有关动物运动的一些基本原理。他在著作《论动物运动》中，通过观察动物和人类的运动，提出了肌肉和骨骼之间的功能关系。这些早期的观察和理论奠定了生物力学的基础，尽管其方式较为直观和哲学化。这些研究促使后来者更深入地思考如何定量分析生物体的运动，并寻找科学解释的方式。

然而，系统的生物力学研究始于文艺复兴时期的达·芬奇（Leonardo da Vinci），他通过解剖学研究绘制了大量详细的肌肉和骨骼系统图（图0-1），并探讨了这些结构的力学功能。达·芬奇不仅是艺术家，还是科学家，他的工作结合了解剖学、工程学和艺术，以探索人体结构的功能和运动原理。他绘制的解剖图和对人体运动机制的理解，如肌肉如何产生力及关节如何运动，为后来的生物力学研究提供了可视化的基础模型。达·芬奇的跨学科方法也给予现代运动生物力学以启发，将不同领域的知识融合在一起，为理解复杂的人体运动提供了综合的视角。

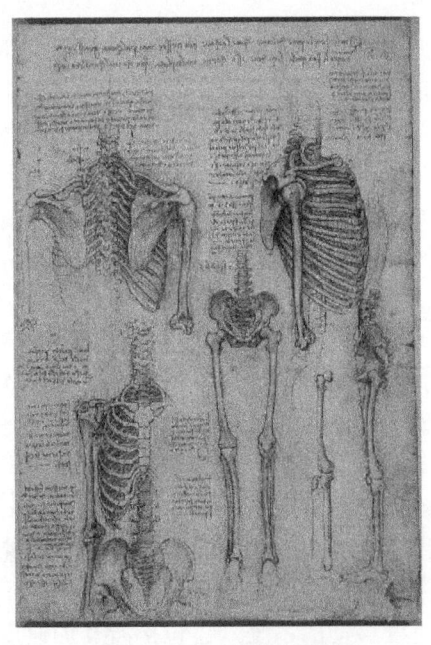

图0-1 达·芬奇的手稿

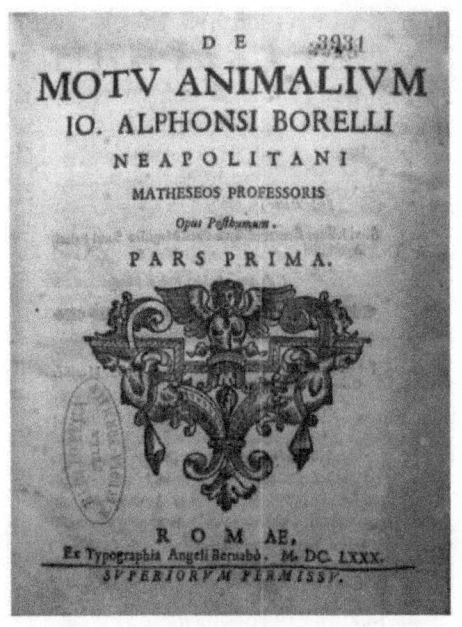

图0-2 博雷利《论动物的运动》原著封面

进入17世纪，乔瓦尼·阿方索·博雷利（Giovanni Alfonso Borelli）将力学定律应用于分析肌肉产生的力及其在关节周围产生的力矩，奠定了生物力学的数学基础。博雷利被称为"生物力学之父",他在《论动物的运动》中(图0-2),详细分析了如何通过力学原理解释动物的运动。博雷利的工作标志着运动生物力学从哲学和解剖学的描述性研究向定量分析和实验验证的过渡。他的研究表明,肌肉通过产生力矩来驱动关节运动,这种思路至今仍是现代生物力学分析的核心。此外,他的数学建模方法为现代运动生物力学提供了分析和计算的基本框架。

18世纪末,路易吉·伽尔瓦尼(Luigi Galvani)的研究揭示了电信号对肌肉收缩的控制作用,进一步扩展了运动生物力学的研究视野,为现代电生理学的发展提供了基础。伽尔瓦尼发现,电刺激可以使死去蛙的腿部肌肉发生抽搐(图0-3),这一现象后来被称为"伽尔瓦尼效应"。这一发现表明,电信号在生物运动中起着关键作用,为后来的研究者探索神经-肌肉通信机制提供了重要的理论基础。现代运动生物力学中的功能性电刺激(functional electric stimulation,FES),就是基于伽尔瓦尼的早期发现,现用于帮助瘫痪患者恢复运动功能。

19世纪末,埃德沃德·迈布里奇(Eadweard Muybridge)通过早期的运动摄影技术记录了人类和动物的动态运动,这些影像为后来的运动分析提供了直观的研究素材。迈布里奇的摄影技术能够捕捉快速运动的瞬间,并通过分解图像展示出运动过程中的各个阶段。

图0-3 伽尔瓦尼正在进行电刺激死去蛙的腿部肌肉实验

他的作品《奔跑的马》揭示了高速运动中看不见的细节,为生物力学研究提供了视觉参考(图0-4)。这些动态影像不仅促进了电影技术的发展,还为科学家们分析和理解复杂的运动模式提供了重要的工具,奠定了现代运动捕捉和分析技术的基础。

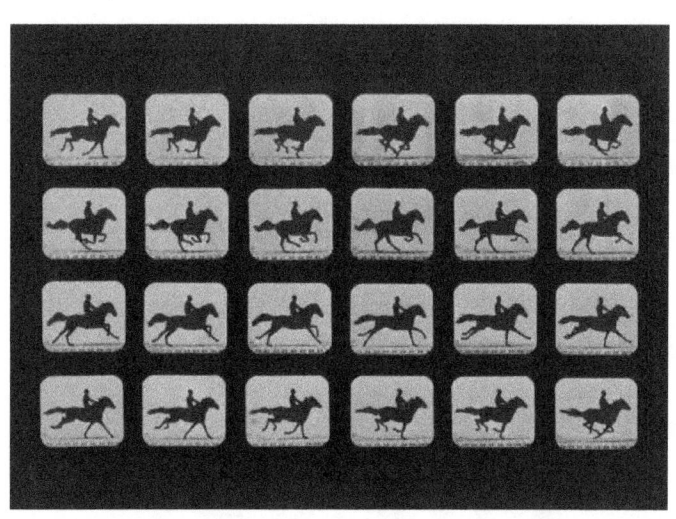

图0-4 埃德沃德·迈布里奇的作品《奔跑的马》

进入20世纪,随着计算机技术和高精度测量设备的发展,运动生物力学进入了一个快速发展的阶段。高精度的力学测量设备如力平台、运动捕捉系统，以及肌电图（electromyogram，EMG）的应用，使得研究者们能够以更精确和动态的方式分析复杂的运动行为。计算机模拟技术的引入也使得生物力学模型可以被创建和测试，模拟不同的运动场景和条件。这些技术进步使运动生物力学在运动科学、康复医学、运动装备设计等领域的应用变得更加广泛和深入。

现代运动生物力学不仅研究人类运动，还研究其他生物的运动模式，从而更好地理解运动的基本原理。这些研究促进了人类对自身身体功能的认知，推动了康复技术的发展，并在运动员训练、受伤预防、假肢和外骨骼设计等实际应用中产生了显著影响。

综上，运动生物力学的发展历程显示出一个从简单的观察和描述到复杂的数学建模与技术应用的演变过程。早期研究者的开创性工作不仅为我们理解生物运动的基本原理奠定了基础，还为现代技术的创新提供了灵感和方法，这些发展使运动生物力学成为改善人类健康和提高生活质量的重要工具。

三、运动生物力学的学科特性和任务

运动生物力学是一门跨学科的科学，结合了力学、解剖学、生理学、神经科学及工程学的原理，旨在理解和优化人体和其他生物体的运动。其学科特性主要体现在以下几方面。

（一）定量分析

运动生物力学注重通过数学模型和计算机模拟对人体运动进行定量描述和分析。这种方法使研究者能够精确地测量和计算运动过程中的各类参数，从而优化运动技术，设计更有效的康复计划，并开发符合人体工学的运动装备。定量分析的核心包括运动学（研究运动的几何特征，如位置、速度、加速度）和动力学（研究引起运动的力，如外力和肌力）。这种定量化方法使得研究者可以更准确地预测和解释运动模式。例如，在跑步分析中，研究者使用三维测力台和运动捕捉系统来记录跑步者的地面反作用力和运动轨迹（图0-5）。通过这些精确的数据分析，研究者可以识别出跑步姿势中的不良模式，如过度内旋或步态不对称，这些都可能增加受伤的风险。通过调整跑步技术，根据数据提供的反馈来优化姿势和步态，可以

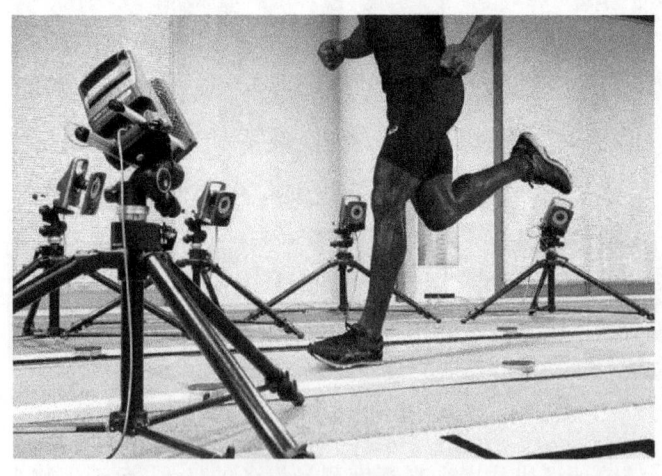

图0-5 使用三维测力台和运动捕捉系统测量跑步者的地面反作用力和运动轨迹

有效减少应力性骨折等常见跑步伤害的发生，同时提高跑步的效率和表现。此外，在功能性电刺激应用中，定量分析被用来确定电刺激的精确时序和强度，以最大限度地恢复瘫痪患者的功能性运动能力（图 0-6）（Kuo，2002）。例如，通过计算模型来模拟不同刺激参数对肌肉收缩的影响，从而找到最佳的刺激模式。这种方法已经被成功应用于瘫痪患者的康复，使他们能够重新控制腿部肌肉，实现站立和步行。这不仅提高了患者的生活质量，还为将来更复杂的神经康复技术提供了参考。

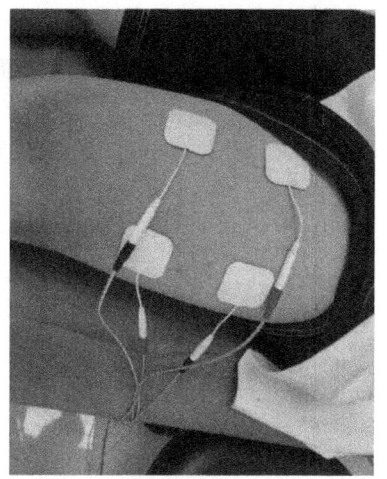

图 0-6　使用功能性电刺激治疗患者肌肉萎缩

（二）多层次系统性

运动生物力学的研究涉及从分子水平到整体系统的多层次分析。这包括对微观层面的肌纤维力生成机制的研究，以及对宏观层面上身体多个部分协同运动的研究。通过将复杂的人体系统简化为由多个刚性环节组成的多刚体系统模型，运动生物力学能够分析相邻环节之间的相对转动和整体运动。这种系统性的方法允许研究者在不同尺度上理解运动的原理和机制。例如，在肌肉生理学中，运动生物力学研究微观肌纤维如何通过肌丝滑动产生力。研究者可以通过观察肌纤维的收缩特性和力学响应，了解肌肉在不同强度和频率下的表现。这种微观分析帮助医学和运动科学领域更好地理解肌肉疲劳的生理机制，如在长时间高强度运动中，哪些因素导致了肌肉力量的下降和运动表现的减弱。此外，在全身运动分析中，研究者使用多刚体系统模型来模拟人体在跳跃时的动力学表现。这种模型能够模拟运动员在跳跃过程中各个关节的角度变化和施加的力，从而了解全身协调动作的细节。例如，在垂直跳高测试中，研究者可以分析运动员的髋关节、膝关节和踝关节的力量分布与运动模式，帮助优化训练方案，提高跳跃的高度和效率，同时降低运动损伤的风险。

（三）应用导向

运动生物力学不仅关注理解人体运动的基本机制，还强调实际应用。其任务包括提升运动表现、预防运动损伤、设计康复治疗方案及开发辅助技术（如假肢、外骨骼、运动传感器等）。通过将理论研究转化为实际应用，运动生物力学为改善人类健康和生活质量提供了重要的科学基础。例如，在运动装备设计中，运动生物力学被用来开发符合人体工学的跑鞋。这些跑鞋通过设计精良的鞋底材料和结构，可以更有效地吸收地面反作用力，减少跑步过程中对足部和膝盖的冲击力。研究表明，这些改良的跑鞋不仅能够降低足底筋膜炎和胫骨内侧应力综合征的发病率，还能提高跑步的效率，使跑者在长距离赛事中表现更好。此外，在康复工程中，运动生物力学的原理被应用于外骨骼设备的设计，帮助脊髓损伤患者重新站立和行走。通过精确的力学控制，这些外骨骼设备可以模仿自然步态，支持用户进行步行训练。这些设备不仅可以在康复中心使用，还可以在家中或公共场所使用，可提高患者的独立性和活动能力，大大增强他们的生活质量。

综上，运动生物力学基于其应用导向性，利用多层次系统与定量分析，为理解和优化生物体运动提供了全面的方法。这些特性不仅推动了科学研究的发展,也在实际应用中产生了显著的影响,成为改善人类健康和运动表现的重要工具。

四、运动生物力学的学科价值和未来发展方向

运动生物力学具有广泛的学科价值,既对理论研究有重要贡献,又在实际应用中产生积极影响。通过结合理论与实践,运动生物力学不仅提升了竞技体育的表现,还在伤病预防、康复治疗、运动装备升级等方面发挥了关键作用。以下是运动生物力学在各个领域的实际应用及未来发展方向。

(一)提升运动表现

运动生物力学在竞技体育中的应用显著提高了运动员的表现。通过对运动员动作的精确分析,研究者能够识别出运动技术中的优势和不足,从而提供科学依据,帮助运动员优化训练计划。例如,马拉松项目中,耐克(Nike)研发的 Vaporfly 4% 跑鞋系列被誉为"破2"的助推器。这些鞋利用生物力学原理,设计出具有碳纤维板和轻量化材料的鞋底,能够提高跑步效率,减少能量损耗。在 2019 年,埃鲁德·基普乔格(Eliud Kipchoge)穿着 Nike 的 Vaporfly 4% 跑鞋,以 1 小时 59 分 40 秒的成绩突破了马拉松"2 小时大关",虽然这项纪录未被官方认可为世界纪录,但它展示了生物力学在提升运动表现中的巨大潜力。同时,在中国短跑运动的发展中,生物力学的应用也起到了重要作用。通过对苏炳添等中国顶尖短跑运动员的起跑和加速阶段的生物力学分析,教练团队调整了训练方法,优化了技术动作。这些改进帮助苏炳添在 2018 年雅加达亚运会 100 米决赛中跑出 9.92 秒的当时个人最好成绩,并在 2021 年东京奥运会的 100 米半决赛中以 9.83 秒创造了新的亚洲纪录。在游泳领域,曾经风靡一时的"鲨鱼皮"泳衣利用了生物力学原理,通过减少水中阻力来提高运动员的速度。然而,由于这种泳衣被认为给运动员提供了不公平的优势,国际泳联于 2009 年禁止了"鲨鱼皮"泳衣的使用。这一事件显示了生物力学在提升运动表现和装备设计中的力量,同时也提出了公平竞争的伦理问题。

(二)预防运动损伤

运动生物力学分析对于理解不同运动模式中的受伤机制至关重要。通过分析运动员在运动中的关节负荷、肌肉活动模式和运动轨迹,研究者可以开发有效的预防策略,降低受伤风险。例如,中国羽毛球运动员谌龙在备战 2016 年里约奥运会期间,教练团队使用了生物力学分析方法优化他的击球动作。通过高速摄像和三维运动捕捉技术,分析谌龙在高强度比赛中的击球模式和步伐调整。研究人员特别关注谌龙在快速移动中的膝关节角度变化和冲击力分布,通过精确的数据分析,优化了他的步法和重心转移技巧,降低了膝关节的负荷和受伤风险。这样的生物力学调整,不仅提高了谌龙的击球效率和灵活性,也帮助他在奥运会上赢得了金牌。

(三)推动医学和康复工程进步

运动生物力学的应用已深入康复医学领域,特别是在评估和改善运动功能方面。运动

生物力学技术，如功能性电刺激和深部脑刺激已被用于帮助脑瘫、脊髓损伤和卒中患者恢复运动能力，从而显著改善了患者的生活质量。例如，基于运动生物力学原理设计的高性能假肢不仅大幅度改善了残疾人的运动功能，还提升了残疾人运动员的竞技水平。此外，高水平运动员的康复团队采用运动生物力学分析来辅助运动员进行损伤后康复，研究人员通过高精度的运动分析设备，监测运动员在康复训练中如足部压力分布、步态模式、关节周围结缔组织负载情况等生物力学参数，并利用这些数据设计个体化的康复训练方案，如特定的拉伸和强化练习，帮助运动员恢复运动表现，避免二次受伤。

（四）促进科技创新和产品开发

运动生物力学的研究成果不仅在竞技体育和医学康复领域应用广泛，还在运动装备研发和科技创新中扮演着重要角色。这些创新推动了从生物仿生机器人到人类增强技术的发展。例如，李宁公司与清华大学合作，开发了一系列基于生物力学原理的智能跑鞋。这些跑鞋内置传感器，能够实时监测跑者的步态、压力分布和跑步节奏。数据通过无线技术传输到手机应用程序，跑者可以根据分析结果调整跑步姿势，避免受伤。李宁智能跑鞋不仅在市场上获得了良好反响，还推动了智能穿戴设备在中国运动市场的普及。此外，清华大学的足球机器人团队利用运动生物力学的研究成果，开发了能够模拟人类运动的仿生足球机器人。这些机器人采用了类似人类肌肉的伺服电机和仿生关节结构，能够实现复杂的运动模式，如跑步、跳跃和踢球。通过生物力学的分析和优化，这些机器人在国际机器人比赛中表现出色，展示了中国在仿生机器人研究领域的创新能力。

随着科技的不断进步，运动生物力学的未来发展前景广阔。未来的研究可能会集中在以下几方面。

1. 智能可穿戴设备的发展

通过集成生物力学传感器，智能可穿戴设备将能够实时监测运动员的运动状态，提供即时反馈和数据分析，从而帮助运动员更好地控制动作，避免受伤，并优化训练效果。

2. 虚拟现实(VR)与增强现实(AR)的结合

利用虚拟现实和增强现实技术，运动员和康复患者将能够在沉浸式的环境中接受训练和治疗。这些技术结合生物力学数据分析，将提供个体化的反馈和指导，提升训练和康复的效果。

3. 基于人工智能(AI)的运动分析系统

人工智能技术的发展将进一步增强生物力学分析的效率和精度。通过机器学习算法，人工智能系统将能够更快、更准确地分析海量的运动数据，发现潜在的技术缺陷和伤病风险，提供定制化的训练和康复方案。

综上，运动生物力学通过结合理论研究与实际应用，推动了多个学科的发展和技术创新。其研究成果不仅在提升运动表现和预防运动伤病方面具有重要意义，还为康复医学和科技创新提供了新的思路和方法。随着科技的进步，运动生物力学将在更广泛的领域产生深远的影响，继续改善人类的健康和生活质量。

实用运动生物力学

第二节 运动生物力学基础概念与理论

一、运动生物力学的相关学科

运动生物力学作为一门交叉学科，需要结合多种基础学科的理论与方法。运动生物力学的前置学科包括力学、运动解剖学、运动生理学、运动训练学、运动康复学和运动生物化学等直接相关的领域。这些学科为运动生物力学提供了必要的理论框架和实证支持，使其能够在提升运动表现、预防和治疗运动损伤及优化运动装备设计等方面发挥关键作用。

力学（mechanics）是运动生物力学的核心理论基础，包括牛顿力学、刚体力学，以及非线性力学在内的经典力学，提供了分析和理解运动过程中的力量和运动行为的工具。牛顿三大定律、动量守恒定律和能量守恒定律等基本原理，帮助研究者描述和预测人体如何在不同力量作用下运动。

运动解剖学（sports anatomy）是研究人体结构，特别是与运动相关的肌肉、骨骼和关节结构的学科。了解人体的解剖结构，尤其是运动链中的关键关节和肌肉群，对于建立准确的生物力学模型和分析在运动中产生的力学行为至关重要。

运动生理学（exercise physiology）主要研究人体在运动中的功能和反应，包括心血管系统、呼吸系统、神经系统和肌肉系统的工作机制。运动生理学可以帮助解释肌肉如何在运动中产生力量、能量如何转换、神经系统如何协调运动，以及身体如何在高强度运动中调节能量和维持平衡。

运动训练学（sports training）关注如何通过系统的训练计划来提升运动表现。它结合生物力学分析来优化运动技术，设计合理的训练负荷，提升运动员的技能水平，并降低受伤风险。运动训练学的研究提供了实证数据，支持运动生物力学的理论应用。

运动康复学（sports rehabilitation）是运动生物力学在医学领域的一个重要应用方向。它研究如何利用生物力学原理和技术，帮助受伤的运动员或患者恢复功能和运动能力。运动康复学涉及评估和治疗运动损伤、制订个体化的康复计划，并使用生物力学设备（如步态分析仪）来跟踪康复进展。

运动生物化学（exercise biochemistry）主要研究人体在运动中的生化反应，特别是能量代谢和肌肉代谢。它为理解肌肉在运动中的能量消耗、代谢产物积累（如乳酸）及疲劳机制提供了基础知识。结合生物力学的分析，可以更全面地理解如何优化运动表现和提高耐力。

二、与运动生物力学相关的基本术语及其概念

在运动生物力学的研究和应用过程中，有许多相关学科的基本术语和概念，这些术语和概念主要来自力学、运动解剖学、运动生理学、运动训练学、运动康复学和运动生物化学等。以下是一些常用的术语及其概念的详细介绍。

（一）力学相关术语

力（force）是引起物体运动或改变运动状态的外部作用，通常以牛顿（N）为单位表示。在运动生物力学中，力的概念用于描述肌肉施加的力量、地面反作用力、重力等。这些力影响着人体在不同运动中的表现和稳定性。

力矩（moment）是力使物体绕轴旋转的能力，等于力的大小乘以力臂（从旋转轴到力作用点的距离）。在生物力学中，力矩用于分析关节运动，如肘关节在投掷动作中的旋转力矩。

质心（center of mass）是一个物体所有质量的平均分布点。在人体运动中，质心的移动和控制是分析平衡和稳定性的重要因素。跑步、跳跃等运动的有效性与质心的位置和移动方式密切相关。

动量（momentum）是物体的质量和速度的乘积，是描述物体运动状态的量。在碰撞和冲击分析中，动量守恒定律帮助解释如何通过动作调整来减少受伤风险或优化运动表现。

能量（energy）在运动生物力学中，能量指物体因其位置或运动而具备的能力，包括动能（运动能量）和势能（位置能量）。能量的转换和保存是分析运动表现、技术效率和疲劳的重要因素。

刚体（rigid body）是假设物体在受力作用下不会变形的模型。在人体运动分析中，人体通常被简化为由多个刚体连接而成的系统，以便于分析和建模。

（二）运动解剖学相关术语

关节（joint）是骨骼相互连接并允许运动的部位。在运动生物力学中，关节的类型（如球窝关节、铰链关节）和活动范围是理解运动能力与受伤风险的关键因素。

肌肉（muscle）是能够收缩并产生力量的组织，是运动的主要动力来源。肌肉通过肌腱附着在骨骼上，通过收缩产生对关节的力矩，从而引起运动。不同类型的肌肉收缩（如等长收缩、等张收缩和等速收缩）在不同的运动模式中起不同的作用

运动链（kinematic chain）指的是在完成复杂动作时，人体多个关节和肌肉群之间的协同作用。例如，投掷动作中从脚踝、膝盖、髋部到肩部和手臂的运动传递，体现了开放运动链的概念。

肌腱（muscle tendon）是连接肌肉和骨骼的纤维组织，传递肌肉产生的力量以引起骨骼运动。了解肌腱的弹性和耐久性特性对运动生物力学的研究和应用非常重要，尤其是在高强度运动和康复训练中。

（三）运动生理学相关术语

有氧代谢（aerobic metabolism）是指在充足的氧气供应下，通过分解碳水化合物、脂肪和蛋白质来提供能量的过程。这种代谢方式在长时间、低到中等强度的运动中占主导地位。

无氧代谢（anaerobic metabolism）是指在氧气不足的情况下，通过分解糖原快速提供能量的过程。这种代谢方式在短时间、高强度的运动（如短跑、举重）中占主导地位，并且通常会导致乳酸的积累。

心率（heart rate）是心脏每分钟跳动的次数，反映了心血管系统对运动的响应。心率是

监测运动强度和身体健康状态的重要指标。

乳酸阈（lactate threshold）是指无氧代谢产生的乳酸开始在血液中积累的点，是衡量运动员耐力和有氧代谢能力的重要指标。在运动生物力学中，监测乳酸阈有助于优化训练计划和提高运动表现。

（四）运动训练学相关术语

训练负荷（training load）是对运动员所承受的训练强度、持续时间和频率的综合描述。合适的训练负荷有助于提高运动表现和适应能力，而过度负荷则可能导致过度训练和伤病。

超量恢复（over-recovery）是指经过适当的训练和恢复后，运动员的能力超越初始水平的现象。这一概念在制订周期性训练计划时非常重要。

爆发力（power）是指在单位时间内产生的力量，通常涉及快速的肌肉收缩和力量输出。爆发力是短跑、跳跃和投掷等运动表现的关键因素。

（五）运动康复学相关术语

步态分析（gait analysis）是指通过观察和测量人体在步行或跑步时的运动模式，来评估和改善步态的技术。步态分析常用于运动损伤的诊断和康复，以及矫正异常步态以提高运动表现。

功能性电刺激（functional electrical stimulation，FES）是一种通过电刺激神经以激活瘫痪或弱化的肌肉、恢复其功能的技术。在脊髓损伤和卒中患者的康复训练中有广泛应用。

核心稳定性（core stability）是指通过腹部、背部和盆底肌群的协调作用，来维持和控制脊柱和骨盆的稳定。核心稳定性对于维持良好的姿势和预防运动损伤至关重要。

（六）运动生物化学相关术语

磷酸原（ATP-CP）系统是指肌肉在短时间内快速供能的途径，主要在高强度、短时间的运动中使用，如举重和冲刺。腺苷三磷酸（ATP）和磷酸肌酸（CP）是此过程中主要的能量来源。

糖酵解（glycolysis）指通过分解葡萄糖来产生能量的过程，在无氧条件下快速提供能量。糖酵解的副产品是乳酸，乳酸积累是导致肌肉疲劳的主要因素之一。

代谢适应（metabolic adaptation）是指身体在面对不同强度和持续时间的运动时，如何调整能量代谢途径以提高运动表现。通过训练，运动员可以提高有氧代谢和无氧代谢的效率。

这些基本术语和概念构成了运动生物力学的理论框架，为分析和优化人体运动提供了工具。掌握这些术语及其背后的原理，有助于更深入地理解运动科学、运动训练和康复治疗中的生物力学应用。

当然，这些术语和概念仅是运动生物力学领域中的一部分，全面理解和掌握这些基本概念对于深入学习和研究运动生物力学至关重要。想要进一步了解这些术语和背后的原理，建议参考相关的专业书籍、学术论文，以及权威的运动生物力学词典和术语数据库。这些资源能够提供更加详细的解释和实际应用的案例，帮助读者更好地理解和应用生物力学知识。

此外，学习运动生物力学不仅仅是掌握生物力学本身的概念，还需要具备扎实的前置学科知识，包括力学、运动解剖学、运动生理学、运动训练学、运动康复学和运动生物化学等。这些学科提供了生物力学研究的理论框架、方法论基础和应用背景，具备越扎实的基础知识，将越有助于理解运动生物力学中的复杂原理和模型，进而提升对运动表现的分析能力、损伤预防的策略制定能力及康复计划的实施效果。系统地学习和掌握这些前置学科的内容，将为深入探索和应用运动生物力学提供坚实的基础。

三、运动生物力学的基本假说及相关定律

运动生物力学领域依赖于一些基本假说和经典定理，这些理论为研究和解释人体运动提供了框架。

（一）刚体假设

刚体假设是运动生物力学中最常用的假设之一。该假设认为，人体的每一部分都可以简化为刚体，这些刚体通过关节相连，形成一个多刚体系统。在这一假设下，人体各部分在运动过程中不会发生形变，即保持刚性不变。此假设使得运动分析和计算变得更加可行，并且可以应用于各种运动模式，如跑步、跳跃和举重。例如，在分析投掷运动（如标枪）时（图0-7），刚体假设常用于模拟肩部、肘部和手腕等关节的运动。研究者将运动员的手臂简化为连接多个刚体的系统，使用运动捕捉技术收集数据，并通过计算机模型来计算标枪在投掷过程中施加的力量和力矩。通过刚体假设，可以优化投掷动作，提高投掷距离，同时减少关节受力，从而预防运动损伤。

图0-7 使用运动捕捉技术采集标枪运动员投掷动作时的场景

（二）牛顿运动定律

第一定律（惯性定律）：一个物体如果不受外力作用，则保持静止或匀速直线运动状态。该定律解释了静止物体需要外力来开始运动，或者运动中的物体需要外力来改变其运动状态。例如，在足球比赛中，守门员扑救点球时，他的身体保持静止状态，直到通过肌肉的

发力产生一个外力来启动扑救动作。第一定律帮助分析守门员的启动反应时间和所需的力量。

第二定律（加速度定律）：物体的加速度与所受外力成正比，与物体的质量成反比。用公式表示为 $F=ma$，其中 F 是力，m 是质量，a 是加速度。该定律在分析人体受到的力量和随之产生的运动时极为重要。例如，在短跑起跑分析中，研究者利用第二定律来计算运动员起跑时腿部施加的力，以及由此产生的加速度。通过分析这些数据，可以优化起跑技术，提高加速度和起跑反应。

第三定律（作用与反作用定律）：每一个作用力都有一个大小相等、方向相反的反作用力。这一定律在理解跑步时脚与地面的反作用力、游泳时水的推动力等现象时极为重要。例如，在跑步中，脚与地面接触时，地面对脚施加反作用力，这种地面反作用力推动身体向前移动。第三定律帮助分析跑步者的步态和地面反作用力之间的关系，从而优化跑步效率并降低受伤风险。

（三）动量守恒定律

在没有外力作用的情况下，系统的总动量保持不变。运动生物力学中，这一定律常用于分析碰撞和冲击事件。例如，在拳击比赛中，研究者利用动量守恒定律来分析拳手击打对手时的动量变化。通过测量击打前后的动量，可以计算拳头的力量输出，从而帮助拳手优化击打技巧，以实现更高效的能量传递和打击效果。

（四）能量守恒定律

系统的总能量在没有外力做功的情况下保持不变。生物力学中，能量守恒定律用于分析人体在运动过程中动能与势能的转化。例如，在跳高运动中，运动员起跳时将动能转化为势能，达到最高点时势能达到最大，动能几乎为零。通过能量守恒定律，研究者可以分析跳高时的能量转化效率，帮助优化起跳角度和速度，以提高跳跃高度。

（五）霍普金森效应

霍普金森效应是生物力学中的一种现象，描述的是高速冲击情况下，物体发生形变所需的时间远小于波速传播所需的时间。这一效应在研究运动损伤，尤其是高冲击力的伤害（如摔跤、撞击）中有重要应用。在橄榄球比赛中，球员之间的高速碰撞可能导致严重的头部或脊椎损伤。研究者利用霍普金森效应分析头盔和护具的防护效果，优化设计以减少碰撞带来的损伤风险，从而提高球员的安全性。

这些基本假说和定律为运动生物力学研究提供了坚实的理论基础。刚体假设、牛顿运动定律、动量守恒定律和能量守恒定律等经典理论仍然广泛应用于各类运动分析和技术优化中，为运动科学和康复医学提供了重要工具。然而，随着研究的深入和技术的发展，某些传统模型可能被更精细的动态模型所取代。

此外，新兴技术如高精度运动捕捉、仿真技术和人工智能的应用，使得运动生物力学的理论和模型在不断迭代和升级，为个体化训练、精准康复和新型运动装备设计提供更为精确的指导。这些持续发展的理论和技术手段将继续推动运动生物力学的进步，为提升人类运动表现和健康福祉贡献更大力量。

四、人体运动的基础概念与理论

运动生物力学的发展过程中,建立了一系列重要的理论、假设和模型来描述和分析人体运动。这些模型和假设构成了运动生物力学的基础工具,以下是按历史时间顺序和重要性列出的关键模型及其应用。

(一) 人体刚体运动假设

刚体假设是运动生物力学中的基本假设之一,于 19 世纪被提出。刚体假设假定人体各部分在运动过程中不发生形变,保持刚性不变。这种假设使得人体可以被简化为多个通过关节连接的刚性节段,便于数学建模和分析。该假设在早期运动分析中应用广泛,如跑步和跳跃分析中,将下肢简化为大腿、小腿和脚三个刚体来研究关节角度和力矩。

(二) 希尔肌肉模型

希尔肌肉模型由希尔(Hill)于 1938 年提出,用于描述肌肉的力学行为(图 0-8)。该模型将肌肉视为由主动收缩元件(肌纤维)和弹性元件(肌腱)组成,可以解释肌肉的长度-张力关系和力量-速度关系。希尔肌肉模型在解释肌肉如何在不同条件下产生力量方面发挥了重要作用,如在短跑、举重等高强度运动中的应用,可帮助优化训练和力量输出。

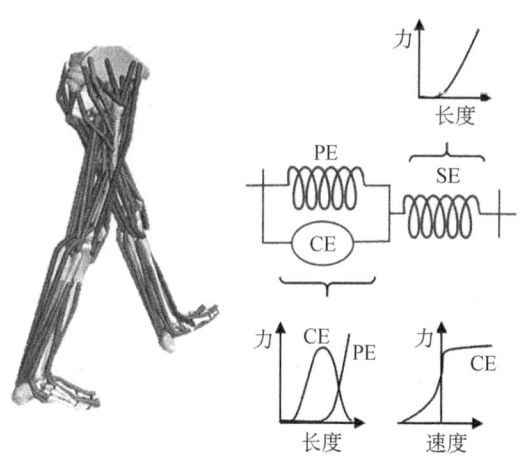

图 0-8　希尔肌肉模型
CE,主动收缩元件;PE,被动弹性元件;SE,非线性弹性元件

(三) 多节段模型

随着对运动分析需求的增加,20 世纪中叶,多节段模型应运而生。该模型将人体分解为多个相互连接的刚性节段,以更详细地分析复杂运动中的动力学行为。例如,在体操或田径运动中,多节段模型被用于分析运动员在空中旋转和翻转动作中的力学表现,以帮助教练制订更科学的训练计划。

(四) 三维运动分析模型

20世纪70年代，得益于运动捕捉技术和计算机技术的发展，三维运动分析模型被提出。三维运动分析模型结合了运动捕捉技术和生物力学算法，能够在三维空间中精确测量人体运动。该模型广泛用于描述复杂运动中的姿势变化、速度和加速度。例如，在网球项目中，三维运动分析模型用于研究发球动作的细节，以帮助优化技术并降低肩部和肘部的受伤风险。

(五) 硬件-人体相互作用模型

20世纪80年代，基于计算机建模技术的硬件-人体相互作用模型诞生，该模型用于研究人体与各种运动设备（如滑雪靴、自行车、跑步鞋）之间的相互作用，帮助设计更符合人体工学的装备，增强运动表现并降低受伤风险。例如，设计跑鞋时，研究者利用该模型来评估不同鞋底材料对足部压力分布和冲击力吸收的影响，从而开发出更舒适和安全的运动鞋。

(六) 能量模型

20世纪90年代，能量模型被提出，用于分析运动中能量的产生、分配和消耗情况。研究者可以通过这些模型来理解如何有效利用能量，以优化运动表现并延长耐力。在长跑比赛中，能量模型可以帮助分析跑者在不同阶段的能量消耗模式，指导他们制订合适的配速策略，以获得最佳比赛成绩。

(七) 功率谱分析模型

21世纪初期，基于大数据分析技术，功率谱分析模型被应用于运动生物力学研究。功率谱分析模型用于研究周期性运动中的振动和力的分布，特别是在步态分析和跑步等运动中。这种分析可以揭示运动中的周期特性和能量分布。在跑步分析中，功率谱分析模型用于研究跑步者步态的节奏和频率，帮助调整步频和步幅，以降低能量消耗和受伤风险。

综上，这些理论、假设和模型构成了运动生物力学的基础框架，为理解和优化人体运动提供了工具。然而，随着科学技术的进步和对人体运动理解的不断深入，这些模型的应用和有效性也在不断变化。部分经典模型仍在广泛使用，如刚体假设、多节段模型和希尔肌肉模型，它们提供了有效的分析手段并被广泛应用于运动科学和康复医学中。同时，一些模型已经不再使用或被简化，某些过于理想化的模型，随着新技术的发展和更精细的数据采集手段的引入，逐渐被更加复杂和精确的模型替代。例如，单纯的二维运动分析逐渐被三维运动分析所取代。此外，也有部分理论和模型在不断迭代升级和发展，现代运动生物力学模型越来越依赖高精度的运动捕捉技术、计算机仿真和人工智能。新的模型能够更好地描述人体的复杂行为，适应个体差异，为个体化训练和康复提供科学依据。尤其是机器学习和大数据分析的引入，使得模型能够处理更大规模的数据并在实际应用中实时调整。

随着运动生物力学的持续发展，这些理论、假设和模型将继续演进，为提升运动表现、预防和治疗运动损伤、改进运动装备设计及优化康复治疗提供更为有效的解决方案。

思考与讨论

1. 运用运动生物力学的基本理论与假说分析任意一项运动。
2. 请你谈谈,在日常运动训练过程中,运动生物力学有哪些运用?

参考文献

Ebashi S, 1991. Excitation-contraction coupling and the mechanism of muscle contraction[J]. Annual Review of Physiology, 53: 1-16.

Frederick E C, 1986. Kinematically mediated effects of sport shoe design: a review[J]. Journal of Sports Sciences, 4(3): 169-184.

Frontera W R, Ochala J, 2015. Skeletal muscle: a brief review of structure and function[J]. Calcified Tissue International, 96(3): 183-195.

Kuo A D, 2002. The relative roles of feedforward and feedback in the control of rhythmic movements [J]. Motor Control, 6(2): 129-145.

Wakeling J M, Nigg B M, 2001. Soft-tissue vibrations in the quadriceps measured with skin mounted transducers[J]. Journal of Biomechanics, 34(4): 539-543.

Winter D A, 1979. A new definition of mechanical work done in human movement[J]. Journal of Applied Physiology, 46(1): 79-83.

Zajac F E, Neptune R R, Kautz S A, 2002. Biomechanics and muscle coordination of human walking: Part I: Introduction to concepts, power transfer, dynamics and simulations[J]. Gait & Posture, 16(3): 215-232.

第一章

运动生物力学基本概念

1. 理解运动与力的基本概念。
2. 掌握角运动学与角动因学的基本原理,如角位置、转动惯量和角动量。
3. 了解功、功率与能量的定义及其在运动中的应用。
4. 运用流体力学知识分析水和空气对运动员及运动器械的影响。

第一节 运动与力

一、运动的定义、类型与特征

(一) 运动的定义

运动是描述物体相对于某一参考点或参考系的变化过程。物体在空间中位置随时间的变化即为运动。运动发生时离不开两项条件:空间与时间。同时运动的描述通常依赖于位移、速度、加速度等物理量,并通过这些量之间的关系来理解和分析物体的运动规律。

在运动生物力学中,运动的定义更为复杂和具体。除了考虑人体整体的位移,运动生物力学还研究关节的角运动、肌肉的收缩与放松等。通过分析这些生理运动,生物力学能够揭示人体在不同运动状态下的受力情况、能量消耗,以及运动效率。特别是对于竞技体育和康复医学,深入理解人体运动的基本定义和规律是制订科学训练计划和治疗方案的重要依据。

(二) 运动的类型

大多数的人体运动是一般运动,是同时包含线性运动与角运动的复杂运动形式。因此,为方便解析运动,我们将运动分为线性运动、角运动及一般运动(二者结合的运动)等类型(Zatsiorsky, 2002;Winter, 2009)。

1. 线性运动

线性运动(linear motion)是指物体或系统以相同速度和方向进行的匀速运动。运动过程中系统的各个部分不会相对于彼此发生位置变化,因此它们作为一个整体移动。线性运动也称为平移运动或平移。线性运动也可以被认为是沿着线的匀速运动。运动轨迹是直线的运动称为直线运动（rectilinear motion）；运动轨迹是曲线的运动称为曲线运动（curvilinear motion）。

直线运动是指物体上的所有点沿着一条固定的直线进行运动。因此，物体的运动方向始终保持不变，且物体上所有点移动相同的距离。换言之，直线运动是一种物体沿固定方向进行的平移运动，且所有点在该过程中都经历相同的位移。当一辆火车在平直的轨道上行驶时，车厢上的每一个点都沿着直线路径移动，车的前进方向保持不变，且所有点的移动距离一致。运动员在直线跑道上进行短跑比赛时，运动员的每一步都沿着直线轨迹，在运动过程中所有点的运动方向和距离都相同。

曲线运动与直线运动相似，都是物体上的所有点以相同的距离移动，并且物体的方向保持一致。不同之处在于，曲线运动中物体上所有点的运动轨迹是曲线。因此，曲线运动是一种物体沿着曲线路径移动的形式，物体的整体方向随着曲线的轨迹而变化。当一辆赛车在赛道上驶过弯道时，赛车沿着弯曲的赛道路径移动，车上的每个点都经历了曲线轨迹的变化。同样篮球运动员进行运球突破时，沿着曲线运动路径绕过防守队员，篮球和手部的运动方向不断调整，以适应复杂的运动轨迹。这些曲线运动的实例展示了物体如何在曲线路径上移动，方向和路径的变化让运动过程更加动态和多样。

因此，要判断一个运动是否为线性运动，可以设想在物体上选取两个点，并用一条假想的直线将它们连接起来。当物体移动时，观察这条假想线：它是否在整个过程中保持相同的方向？它的长度是否始终不变？如果这两个条件都满足，那么这个运动就是线性的。如果在运动过程中，这条假想线上的两个点始终沿着平行的直线路径移动，那么这个运动就是直线运动；如果这两个点沿着非直线的平行路径移动，那么这个运动就是曲线运动。人体行走时质心在垂直方向上不断起伏，在前进过程中构成曲线运动（图 1-1）。

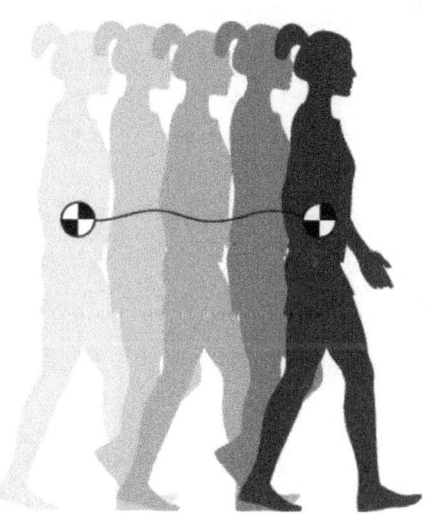

图 1-1　人体行走时质心的运动示意图
（Uchida et al., 2021）

2. 角运动

角运动（angular motion）是指人体或物体上的所有点绕着同一个固定中心线或轴进行圆周运动（或部分圆周运动）。这种运动的旋转轴可以位于物体内部或外部。当体操运动员在杠杆上进行旋转时，旋转轴穿过杠杆的中心；而滑冰选手或跳水运动员做旋转动作时，旋转轴则位于身体内部随着身体一起移动。

在人体运动中，角运动比线性运动更常见。例如，当你坐在椅子上并转动头部时，头部围绕颈部的旋转轴旋转，这就是角运动的一个例子。头部的每一个部分都沿着颈部这个固定轴进行圆周运动。即使涉及多个关节的动作，肢体依然可以表现为角运动。例如，当你在踢足球时，通过髋关节和膝关节的配合，腿部绕着这些关节旋转，使得脚踢向目标。这种复杂的动作仍然遵循角运动的基本原理，表明身体的不同部分围绕着关节中心进行旋转。因此，在判断一个运动是否为角运动时，可以在物体上设想任意两点并观察它们的运动轨迹。

如果这两个点沿着圆形路径运动,并且这些路径具有相同的中心点或转动轴,则为角运动。也就是说,如果假想的两点连线在物体移动时持续改变运动方向,这说明物体在进行转动。

3. 一般运动

一般运动(general motion)是线性运动和角运动结合的运动。它涉及身体的某些部分进行旋转运动,同时其他部分进行直线移动。例如,在踢足球时腿部绕着髋关节和膝关节旋转(角运动),而脚部沿直线轨迹移动(线性运动)。骑自行车时脚踏板的旋转使得整个自行车前进,这个过程中脚踏板的角运动和自行车的线性运动共同作用,形成了一般运动。因此,身体或物体的运动往往同时经历旋转和直线移动,而不是由单纯的线性运动或者角运动组成。

(三) 运动的特征

1. 距离和位移

(1) 距离(distance)是指人体或物体从一个位置移动到另一个位置时,沿实际路径移动的总长度。距离作为标量,表示运动的总长度而不涉及方向(图1-2)。例如,当一名运动员从 100 m 跑道的起点跑到终点时,他的路程就是 100 m。如果他在 400 m 的田径场内跑道上跑了两圈,路程则是 800 m。因此,距离只表示运动的总长度,不考虑运动的方向。无论物体如何移动,距离始终是一个非负值,反映了运动轨迹的全长。

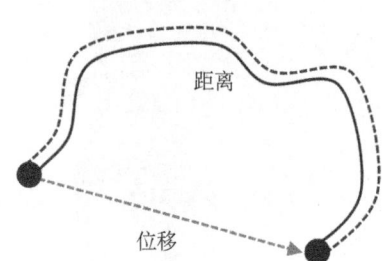

图 1-2 距离和位移示意图

(2) 位移(displacement)是指物体从初始位置到最终位置的直线距离,且具有方向性,是一个矢量。不同于距离,位移不仅描述了物体移动的总量,还包含了方向的信息(图1-2)。例如,在一场投掷比赛中,运动员从投掷圈投出铅球,铅球从起点到落地点的直线距离就是位移,即使铅球在空中呈抛物线轨迹飞行,位移依然是从投掷圈到落地点的直线距离。同样,游泳运动员从泳池的一端游到另一端,尽管可能采用不同的泳姿,最终的位移仍是两端之间的直线距离。位移作为矢量,其运算遵循平行四边形法则。因此在分析复杂运动时,必须考虑各个部分的运动方向和大小。通常,在曲线运动中,位移的大小小于路程,但在直线运动中,位移与路程相等。

2. 速率和速度

(1) 速度(velocity)是描述物体在单位时间内位移变化的矢量。它是位移与所用时间的比值,公式为

$$v = \frac{\Delta 位置}{\Delta 时间} = \frac{d}{\Delta t}$$

(公式 1-1)

其中,d 表示位移;Δt 表示时间间隔。

速度不仅有大小,还具有方向。因此,速度的描述必须包括运动方向及大小。如果物体沿着正方向移动,它的速度是正的;如果物体沿着反方向移动,它的速度则是负的。速度的变化可以反映两种情况:一是速率(运动的快慢)发生变化,二是运动方向发生变化,或者这

两者同时发生。

在大多数体育运动中,速度是关键参数。例如,在田径比赛中,运动员的速度决定了比赛成绩;在游泳比赛中,游泳者的速度影响着成绩和竞赛策略。当运动员从起点跑到终点时,跑步的速度是反映他在这段时间内运动快慢的指标。例如,若运动员在 100 m 跑道上用时 10 s,则其平均速度为 10 m/s。速度的变化可以反映运动状态的调整,如加速或减速,且通常在直线运动中,平均速度可以直接计算。

(2) 速率(speed)是描述物体运动快慢的标量,定义为物体所经过的总路程与所用时间的比值,公式为

$$速率 = \frac{长度(距离)}{时间} \quad (公式 1\text{-}2)$$

速率仅有大小,没有方向,通常用于描述运动的快慢程度。它与速度的区别在于速率不考虑方向。例如,在自行车比赛中,骑行者的速率可以表示为每小时骑行的总距离;在游泳比赛中,运动员的速率则表示为单位时间内的泳程长度。例如,在一次长跑比赛中,若运动员跑了 5 km 用时 20 min,则其速率为 15 km/h。速率对于理解运动的快慢具有直观性,但与速度不同的是,它忽略了运动的方向。

在力学中,速度和速率的常用单位是米每秒(m/s)和千米每小时(km/h)。然而,任何长度单位除以时间单位均可被接受为速度和速率单位。例如,1 m/s 的速度也可以表示为 1 000 mm/s 或 18 000 m/h。选择最适合的单位形式有助于准确表达运动数据,并满足实际应用的需求。

(3) 平均速度(average velocity)是指物体在一段时间内的总位移与时间间隔的比值。在直线运动中,平均速度是总位移与总时间的比率。例如,一辆车在行驶 10 km 的过程中花费了 20 min,那么其平均速度的大小 $|v| = 10/20 = 0.5$ km/min,这反映了整个行驶过程中车速的总体情况,但并不意味着车在整个路程中始终以这一速度行驶。在实际驾驶过程中,车速可能会因为红绿灯、路况等因素而变化。因此,平均速度只是提供了一个整体的速度描述,但要了解车辆在某一特定时刻或特定位置的实际速度,需要依赖瞬时速度的概念。

(4) 瞬时速度(instantaneous velocity)是指物体在某一特定时刻或特定位置上的速度,是在极短时间间隔内速度的极限值。随着时间间隔趋近于零,瞬时速度逐渐接近平均速度的极限值。尽管理论上时间间隔可以无限缩小,但实际上不可能完全消除时间间隔,因为没有时间的存在就没有位移,因此无法测量运动的快慢。

瞬时速度反映了物体在某一瞬间的实际速度,这个速度仅在通过该特定位置时才有效。在运动技术分析中,瞬时速度至关重要。它能够准确描述动作的临界状态。例如,在踢足球时,当球员用脚接触足球的瞬间,球的速度即为瞬时速度,这一速度反映了球在脚与球接触瞬间的运动状态,并不代表接触前或接触后瞬时球的运动情况。瞬时速度的大小直接影响运动成绩的好坏。

3. 加速度

加速度(acceleration)是物理学中用来描述物体速度变化快慢的一个重要物理量,它表示单位时间内速度的变化量。作为一个矢量,加速度既具有大小,也具有方向。其基本定义表达式为

$$a = \frac{\Delta v}{\Delta t} \qquad \text{(公式 1-3)}$$

其中，Δv 表示速度的变化量；Δt 表示时间的变化量。

在运动中，加速度起着至关重要的作用。根据牛顿第二定律，加速度与物体所受的净外力成正比，与物体的质量成反比。在直线运动中，尽管加速度和速度的方向在同一条直线上，但两者的方向并不总是一致。当加速度的方向与速度方向相同时，物体的速度会增加；而当加速度的方向与速度方向相反时，物体的速度则会减小，这种情况下我们通常称为负加速度。

(1) 瞬时加速度（instantaneous acceleration）是指物体在某一特定时刻的速度变化率，反映物体在特定瞬间的加速情况。当 Δt 趋于零时，人体平均加速度的极限值即为瞬时加速度。瞬时加速度可以定义为

$$a = \lim_{\Delta t \to 0} \frac{\Delta v}{\Delta t} \qquad \text{(公式 1-4)}$$

瞬时加速度是物理学中更为精确的概念，尤其在分析非匀加速运动时显得尤为重要。例如，在自由落体运动中，物体的瞬时加速度在理想情况下是恒定的，即等于重力加速度（g）。然而，在现实生活中，空气阻力等因素可能会导致瞬时加速度发生变化。

在运动生物力学中，瞬时加速度常用于精确描述运动员在某一瞬间的速度变化。例如，在跳远或撑竿跳的起跳瞬间，运动员的瞬时加速度直接影响他们在空中所能达到的高度和距离。掌握这些细微瞬间的加速度变化对于优化运动员的技术动作和提升运动表现至关重要。

(2) 平均加速度（average acceleration）是指物体在一段时间间隔内速度变化的平均速率，用来描述物体在整个时间段内速度变化的整体趋势。在直线运动中，平均加速度等于人体运动的末速度 v_1 与初速度 v_0 的差值和时间 Δt 的比值，即

$$\bar{a} = \frac{v_1 - v_0}{\Delta t} \qquad \text{(公式 1-5)}$$

在现实运动中，物体的加速度往往会不断变化。因此，平均加速度只能提供对整个过程中速度变化的概括。例如，在长时间行驶中，一辆汽车可能经历了加速、减速和匀速行驶等多个阶段，平均加速度能够反映出整个行驶过程中的速度变化趋势。虽然平均加速度不能提供瞬间的运动细节，但它对于分析整体运动状态有着重要意义。

(3) 角加速度（angular acceleration）是指物体在旋转运动中，单位时间内角速度的变化量。在圆周运动中，由于转轴和曲率半径是固定的，角加速度通常用来描述人体在旋转时角速度变化的快慢，用符号 β 表示。

人体的各个部分在运动时通常围绕关节轴进行旋转。因此，角加速度常用于表示这些部分的运动状态变化。在运动技术分析中，瞬时角加速度和平均角加速度都有着重要的应用。

瞬时角加速度描述了某一特定瞬间角速度变化的速率，其数学表达式为

$$\beta = \lim_{\Delta t \to 0} \frac{\Delta \omega}{\Delta t} \qquad \text{(公式 1-6)}$$

若某一时刻 t_1 的角速度为 ω_1,而在另一时刻 t_2 的角速度为 ω_2,则平均角加速度 $\bar{\beta}$ 可以表示为

$$\bar{\beta}=\frac{\omega_2-\omega_1}{t_2-t_1} \tag{公式 1-7}$$

瞬时角加速度能够精确描述特定瞬间的旋转变化,而平均角加速度则用于表征一段时间内的整体旋转状态。这两个指标在运动生物力学分析中各自发挥着不同的作用,帮助我们更好地理解和优化运动员的技术表现。无论是对于竞技运动还是日常活动,理解加速度的这些细节都可以带来技术和表现的提升。

二、力的定义与类型

(一)力的定义

力是物理学中的一个核心概念,它描述了物体间的相互作用,并且在运动生物力学中扮演着重要角色(Tipler et al., 2007;Halliday et al., 2013;Meriam et al., 2020;Zatsiorsky, 2002)。根据不同的研究角度,力可以从以下三个主要方面进行定义。

首先,力可以被定义为一个物体对另一个物体的作用。换句话说,力是两个物体之间的相互影响。例如,当你推一个物体时,你对它施加了力,这种作用力会使物体发生移动或形变。其次,力是引起一个物体运动状态发生变化的原因,或产生加速度的因素。根据牛顿第二定律,力的作用可以使物体的速度发生改变,这种改变可以表现为加速或减速,这一定义强调了力在改变物体运动状态中的关键作用。最后,力还可以定义为引起物体形变的原因。力作用于物体时,可能会导致物体的形状发生变化,如弹性物体的伸长或压缩。

力作为一个矢量,其影响因素包括大小、方向和作用点。这三个要素称为力的三要素,任何一个要素的变化都可能影响力的整体作用。当研究的是刚体的合外力时,力可以被视为一个滑动矢量,这意味着力的作用线上的任何点都不会改变力的作用效果。这个原理称为力的可传递原理,适用于单个刚体。然而,在多刚体系统中,力的传递效果可能会因不同环节的相互作用而发生变化,从而使得力的可传递性原理不再适用。

(二)力的类型

1. 内力

内力(internal force)是指物体或系统内部各部分由于相互作用而产生的力。在运动生物力学中,内力的研究对于理解人体运动和姿势的维持至关重要。内力通常表现为相互作用的成对力,包括作用力和反作用力,这些力作用在系统(如人体)内部的不同部位。虽然每个力都会对其作用部位产生影响,但由于它们的方向相反,不会对整个系统产生净效应。

在运动生物力学中,我们研究的重点是运动员的身体及其使用的器材。人体由各种器官、骨骼、肌肉、肌腱、韧带、软骨等组成,这些结构相互作用,形成了复杂的运动系统。肌肉通过收缩拉动肌腱,肌腱进一步拉动骨骼,而在关节处,骨骼与软骨相互作用,形成整体的协调运动。当内部结构受到拉力时,这种拉力称为牵引力(tractive force),结构本身则承受张力(tension);而当受到推力时,内在推力被称为压缩力(compressive force),结构本身则承受

的是压缩（compression）。当这些内力作用于组织时，会使组织保持在一起，但如果力超过了结构的承受能力，就会导致损伤，如肌肉拉伤、韧带撕裂或骨折。

虽然肌肉可以产生力并驱动身体的动作，但它无法单独改变身体的整体运动状态或重心位置。只有当外力作用于身体，或者身体对外物施加推力或拉力时，才能改变整体运动状态。例如，在篮球比赛中，防守球员跳起拦截对手投篮时，如果因为对方的假动作过早起跳，她的身体在空中受到的主要是重力作用，无法改变运动方向，必须重新接触地面，通过地面反作用力才能再次起跳。

理解内力对于分析运动伤害的机制非常重要。尽管内力对保持身体结构的稳定性和控制运动至关重要，但它本身并不能改变身体的整体运动状态。要实现这一点，必须依赖外力的介入。

2. 外力

外力（external force）是物体与外在环境所产生的交互作用力，我们可以将外力分为接触力或非接触力。非接触力则是发生于物体间不需要相互接触，包括重力（万有引力）、磁力和电力等；接触力是在物体间相互接触时产生，包括反作用力（如地面反作用力等）、摩擦力、肌力、弹性力、流体阻力、升力和浮力。

（1）重力（gravity）是地球对物体施加的向下引力，它是一个重要的外力，广泛影响着人体运动和各种体育活动。在地球上的任何物体，均受到重力的作用，重力的大小可以通过以下公式计算：

$$G = m \cdot g \tag{公式1-8}$$

其中，G 表示重力；m 表示物体的质量；g 表示重力加速度。重力加速度在地球表面大约为 9.8 m/s^2，这个值会因地球不同地点的纬度和海拔高度有所变化。例如，在赤道附近，重力加速度略小，为 9.78 m/s^2，而在两极地区，则稍大，为 9.83 m/s^2，在地球上其他地区物体的重力加速度介于 $9.78 \sim 9.83 \text{ m/s}^2$。

此外需要区分的是，质量和重量是两个完全不同的物理概念。重力的大小，也被称为重量，是指物体由于地球引力作用而产生的力量。质量指的是物体所含物质的总量，是物体的基本属性。质量作为一个标量，意味着它不随物体的位置变化而改变。而重量则是物体所受地球引力的大小，是物体产生加速度的原因，其大小会随着物体所在的位置而有所不同。因此，同一个物体在地球上任何地方的质量都相同，但其重量会因地球上不同的地点、纬度或海拔高度而有所不同。

在实际运动中，重力的作用方式取决于运动方向与重力方向的关系。当人体运动方向与重力方向一致时，重力起到推动作用。相反，当运动方向与重力方向相反时，重力表现为阻力。例如，在单杠的下摆动作中，重力帮助运动员顺利完成下落动作；而在上摆动作中，运动员需要克服重力的阻力才能完成上升动作。重力不仅影响运动员的表现，还在保持身体稳定性方面发挥重要作用。在站立时，运动员的重心需要保持在支撑面（如脚底）的范围内，以确保身体的平衡。若重心偏离支撑面，可能会导致失去平衡。在进行高难度动作时（如走钢丝），运动员必须精确控制身体重心，否则极易因重力作用而失去平衡。因此，研究重力对人体运动的力学作用时，要具体分析。

（2）摩擦力（frictional force）是一个沿接触面切线方向的力，其方向总是与物体的相对运动方向相反。当两个物体相互接触并存在相对运动或具有相对运动趋势时，它们之间会产生摩擦力。

当物体表面接触时，物体表面分子之间相互作用产生摩擦力。摩擦力的方向与接触表面平行。具体来说，当两个物体的接触表面没有相对滑动时，这种摩擦力称为静摩擦力 F_{f0}，它阻止物体开始移动。在两个接触表面开始相对滑动之前，静摩擦力会达到一个最大值，这个值称为最大静摩擦力 F_{f0m}。

最大静摩擦力 F_{f0m} 的大小与正压力 F_N 的大小成正比，即

$$|\boldsymbol{F}_{f0m}| = \mu_0 |\boldsymbol{F}_N| \qquad (公式1-9)$$

其中，μ_0 表示静摩擦系数，其大小与接触表面的光滑程度和材料的性质有关，而与接触面的大小无关。若物体在水平面上，则正压力 F_N 在数值上等于重力 G。若物体位于斜面上，则正压力 F_N 垂直于滑动斜面，在数值上等于物体重力在该方向上的分力。此外，静摩擦力总是满足：

$$|\boldsymbol{F}_{f0}| \leqslant |\boldsymbol{F}_{f0m}| \qquad (公式1-10)$$

当外力超过最大静摩擦力时，物体将发生相对滑动。一旦物体开始相对滑动，摩擦力变为滑动摩擦力 F_f。滑动摩擦力的大小通常小于静摩擦力，并且方向与物体的相对运动方向相反，其大小与物体的正压力 F_N 的大小成正比，即

$$|\boldsymbol{F}_f| = \mu |\boldsymbol{F}_N| \qquad (公式1-11)$$

μ 与两接触物体的材料性质及其表面状态等有关外，还与两接触物体的相对速度有关。在相对速度不太大时，可认为动摩擦因数 μ 与静摩擦因数 μ_0 近似相等，即 $\mu = \mu_0$。

摩擦力在运动中的作用既有正面也有负面。摩擦力可在运动过程中提供必要的抓地力和稳定性。例如，在跑步和跳跃时，地面与鞋底之间的摩擦力使运动员能够获得向前或向上的推力，帮助完成运动。在足球或篮球等球类运动中，摩擦力使运动员能够快速变向、停止或加速，提升比赛表现。然而，摩擦力也将会导致额外的能量消耗，运动员需要更多的力气来克服这些摩擦力。在长时间运动中，过大的摩擦力可能会降低运动效率，影响运动员的耐力和表现。因此，合理利用摩擦力，可以在运动中获得更好的效果，同时避免不必要的能量损失。

（3）弹力（elastic force）是指发生形变的物体要恢复原状时，对与它接触的物体产生作用的力。在力学中，弹簧的弹力是一个常被讨论的力。当弹簧被拉伸或压缩时，它会产生一个试图恢复到原来长度的力，这个力称为恢复力。弹簧的恢复力在弹性限度内与形变量成正比，即恢复力的大小与弹簧的伸长或压缩量成正比。这个关系可以用公式表示为

$$F = -kx \qquad (公式1-12)$$

其中，F 表示弹力；k 表示弹簧的劲度系数或刚度系数；x 表示弹簧的形变量；负号表示弹力的方向总是与弹簧的位移方向相反，这意味着弹力总是指向恢复弹簧原长度的方向。

这个公式通常被称为胡克定律，胡克定律最初是由英国物理学家罗伯特·胡克（Robert Hooke）在17世纪提出的。但实际上，早在中国东汉时期，学者郑玄在注解《考工记》时就已经提出了类似的思想。他指出"假令弓力胜三石，引之中三尺，弛其弦，以绳缓擩之，每加物

一石,则张一尺",弓的弹力与其拉伸的形变成正比,随着弦上负载的增加,弓的伸展量也会增加。这一观察揭示了力和形变之间的线性关系,比胡克的发现早了1 500年。

此外,当两个物体通过一定面积相互挤压时,彼此之间都会产生形变,即使这种形变微小到难以察觉但仍存在,并导致物体之间产生弹力。例如,当重物放在桌面上,桌面也会因重物的压迫而发生形变,并产生一个向上的弹力。这个弹力通常称为法向力(normal force),其大小取决于挤压力的大小,方向总是垂直于接触面并指向相反方向。

另一种常见的弹力是绳线对物体的拉力。这种拉力是由于绳线受力后发生了伸长形变产生的,其大小取决于绳线的收紧程度,方向沿着绳线指向收紧的方向。当绳子产生拉力时,其内部各部分之间也会产生相互作用的弹力。这种内部的拉力称为张力。但在实际应用中,如果绳线没有加速度,或者其质量可以忽略不计,那么绳线上各点的张力可以被认为是相等的,并且等于外力。

在跳高和跳远运动中,运动员依靠腿部肌肉的弹力来推动身体向上或向前。起跳前,运动员弯曲双腿,肌肉和肌腱被拉伸,储存了弹性能量。随着腿部肌肉的快速收缩,这些储存的能量被释放,产生弹力,将身体推离地面,从而实现更高或更远的跳跃。如果缺乏足够的弹力,运动员将难以获得足够的推力来完成有效的跳跃。此外,人体的关节和肌肉本身具有弹性,能够在运动过程中储存和释放能量。在跑步时,跟腱和腿部肌肉在每次落地时都会被拉伸,然后迅速回弹,帮助身体前进。这种弹力不仅提高了运动效率,还能在长时间运动中减轻疲劳感。研究表明,通过合理利用肌肉和肌腱的弹力,可以显著提高运动表现,并减少能量消耗。1978年,科米(Komi)和博斯科(Bosco)对垂直跳跃中肌肉储存的弹力进行了研究,发现利用这些储存的弹力可以跳得更高。该研究强调了弹力在瞬间力量输出中的关键作用,并推动了超等长训练方法的发展,这种训练方法广泛应用于提高运动员的爆发力。

(4) 地面反作用力(ground reaction force, GRF)是物体与地面相互作用时产生的力。当物体施加力在地面上时,地面会以相同大小、相反方向的力作用于物体,如人在行走过程中,人不仅受到重力,同时也受到来自地面的反作用力(图1-3)。根据牛顿第三定律,即每一个作用力都会有一个大小相等、方向相反的反作用力。这种力的存在是所有物体在地面上运动的基础。

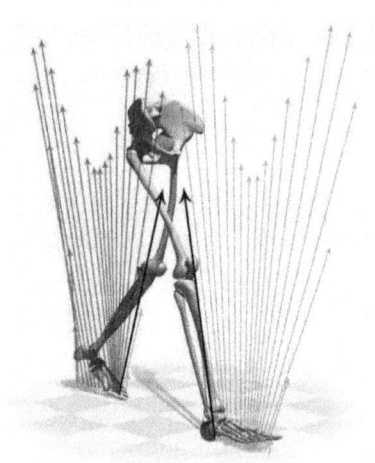

图1-3 行走时地面反作用力示意图
(Uchida et al., 2021)

地面反作用力可以分解为三个方向的分力:垂直方向的反作用力、前后方向的剪切力,以及左右方向的剪切力。垂直方向的反作用力通常用于对抗重力,支撑人体的重量;前后方向的剪切力则与运动的加速度和减速度有关;左右方向的剪切力则与运动的侧向稳定性相关。

因此,在运动生物力学中,地面反作用力被视为一个关键的分析指标,特别是在行走、跑步、跳跃等运动中。地面反作用力的大小和方向不仅影响运动员的表现,还直接与运动中受伤风险的评估相关联。通过测量和分析运动员在跑步或跳跃时的地面反作用力,可以发现运动中不正常的力分布或峰值,进而预估可能的受伤风险。例如,在跑步中,如果地面反作用力在前后方向上的峰值过大,可能意味着运动员的步态不均匀,增加了关节损伤的风险。

(5) 向心力 (centripetal force) 是物体在圆周运动中所需的力，它始终指向圆心。这个力的存在使得物体能够保持在圆形轨道上，尽管其速度大小不变，但运动方向不断变化，因此需要有一个力持续改变其方向，即向心力 F_c：

$$F_c = \frac{m|v|^2}{r}\left(-\frac{r}{|r|}\right) \tag{公式1-13}$$

其中，m 表示物体的质量；v 表示物体的速度；r 表示圆周轨道的半径的大小；r 表示物体相对于轨道圆心的位置矢量；负号表示向心力方向指向轨道圆心，方向与 r 相反。这一公式表明，向心力与物体的质量和速度的平方成正比，与轨道半径成反比。

向心力的来源多种多样。在行星绕太阳运行时，重力提供了必要的向心力，确保行星沿椭圆轨道运动。在车辆转弯时，摩擦力产生向心力，防止车辆滑出弯道。在荡秋千时，绳子的拉力提供向心力，使秋千沿弧形轨道运动。在带电粒子在磁场中运动的情况下，电磁力则提供向心力，使粒子保持在规定的轨道上。

在旋转参考系中，与向心力相反的是离心力。离心力指向远离旋转中心，其大小与向心力相等，是一种虚拟力，用于解释物体在旋转过程中所受的力学效应（图1-4）。

(6) 流体阻力 (drag force) 是指物体在流体中运动时，流体对其产生的反向作用力。这种阻力源于流体与物体表面之间的相对运动，以及流体内部的黏滞性。在运动过程中，流体阻力通常会影响物体的速度和运动轨迹，因此在运动生物力学中具有重要意义。

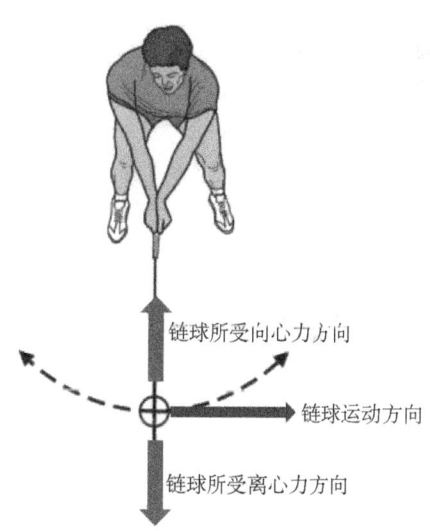

图1-4 掷链球动作中的向心力和离心力

流体阻力可以分为两种主要类型：黏性阻力和压差阻力。黏性阻力（又称摩擦阻力）是由于流体黏性引起的相邻流体层之间动量输运所产生的阻力，这种阻力在流体与物体表面相接触的区域尤为显著。压差阻力则是由物体在流体中运动时形成的压力差引起的。这种压力差通常出现在物体的前后端，尤其在高速运动中更为明显。

在运动生物力学中，流体阻力的大小受多个因素影响，如物体的形状、表面粗糙度、运动速度，以及流体的密度和黏度。减少流体阻力可以通过优化物体的形状（如采用流线型设计）或调整运动方式来实现。例如，游泳运动员通过优化入水角度和身体姿态，能够有效降低水阻，从而提高游泳速度。流体阻力不仅存在于水中运动中，在陆上运动中也同样发挥着重要作用。跑步、自行车等项目，空气阻力同样是运动员需要克服的重要因素。因此，理解流体动力学原理并优化运动姿态与装备设计是提高运动表现的关键之一。

三、力矩和扭矩

在现实生活中，许多物体不仅会在施力下沿直线运动，还会围绕某一固定点或轴线进行旋转。扭矩的概念就是为了描述这一现象而引入的。扭矩，也称为力矩，是描述力如何引起物体旋转的一种物理量。

(一) 力矩

力矩(moment)是描述力对物体旋转作用的物理量。它衡量了施加在物体上的力如何使物体围绕某一点或某一轴旋转。力矩的大小不仅取决于施加的力,还与力的作用点到旋转轴的距离有关。力矩的计算公式为

$$M = F \times d = |F| \cdot |d| \cdot \sin\theta \cdot n \qquad (公式1-14)$$

其中,M 表示力矩,方向遵循右手定则;F 表示施加的力矢量;d 表示力的作用点到旋转轴位置向量(其大小等于力臂长度);θ 表示力与力臂之间的夹角;n 表示单位法向量。当力的方向与力臂垂直时,$\sin\theta = 1$,力矩达到最大值。力矩作为矢量,具有方向,通常采用右手法则确定其方向:将右手的四指指向力的方向,旋转手掌的方向即为力矩的方向。

力矩广泛应用于机械设计和运动分析中。杠杆通过平衡两侧施加的力矩来实现物体的移动或提升。因此,杠杆原理表明,杠杆的平衡状态下,两侧力矩相等,其公式为

$$F_1 \times d_1 = F_2 \times d_2 \qquad (公式1-15)$$

其中,F_1 和 F_2 分别表示施加在杠杆两侧的力;d_1 和 d_2 分别表示两侧力的作用点到杠杆支点的距离。这个原理广泛应用于工具和机械设备中,如剪刀、起重机和撬棍等工具都利用了杠杆原理来放大施加的力,以完成各种任务。在运动生物力学领域,力矩用于分析人体关节的运动。例如,跑步时,腿部肌肉产生的力矩决定了膝关节的运动轨迹和效率。力矩的计算可以帮助优化步态,提升运动表现,并减少运动损伤。计算公式为

$$|M| = |F| \cdot |d| \cdot \sin\theta \qquad (公式1-16)$$

其中,$|F|$ 表示施加在腿部的力的大小;$|d|$ 表示力的作用点到膝关节的垂直距离;θ 表示力的方向与腿部的夹角。通过调整训练姿势和力量施加方式,可以改善运动效果并降低损伤风险。

(二) 扭矩

扭矩(torque)是力矩的一种特殊情况,主要用于描述力对物体围绕固定轴的旋转作用。例如,假设一个放置在桌子上的直尺,若施加的力垂直于桌面并通过直尺的中心(中心力),则直尺将沿着施加力的方向平移。如果施加的力虽然依旧垂直于桌面,但作用点偏离了直尺的中心(偏心力),直尺将不仅平移,还会绕着其中心进行旋转。这种由偏心力产生的旋转效应被称为扭矩或力矩。扭矩描述了力对物体绕某一旋转轴的旋转影响,是一种具有旋转性质的力。扭矩的计算公式为

$$\tau = F \times r = |F| \cdot |r| \cdot \sin\theta \cdot n \qquad (公式1-17)$$

其中,τ 表示扭矩;r 表示力的作用点到旋转轴位置向量(其大小等于力臂长度);F 表示施加的力;θ 表示 F 与 r 之间的夹角;n 表示单位法向量,方向垂直于 F 和 r 所在平面,符合右手定则。扭矩的单位为牛·米(N·m),这一单位在公制和英制系统中都遵循力乘距离的原则。在工程应用中,扭矩用于描述机械系统中的旋转效果,如发动机输出的扭矩。

在工程、机械和体育领域中,扭矩的概念发挥着关键作用。例如,开瓶器的设计利用杠杆原理,通过增加力的作用点离瓶盖边缘的距离,从而更容易将瓶盖打开。在汽车维修中,扭矩扳手用于精确测量施加在轮胎螺栓上的扭矩,以确保螺栓被正确紧固,避免在行驶过程中松动或损坏。此外,体育器械的设计,如高尔夫球杆,也依赖于对扭矩的计算,来优化球杆的挥动效果,提高击球的准确性和力度。

四、牛顿运动定律

牛顿运动定律是经典力学的核心基础。虽然这些定律最初是针对质点而提出的,但它们的应用范围非常广泛。实际上,复杂的物体可以视作由质点组成,因此牛顿运动定律可以用来推导刚体、流体和弹性体等各种物体的运动规律,从而建立起完整的经典力学体系。英国物理学家艾萨克·牛顿(Isaac Newton)在总结前人研究成果,尤其是在意大利物理学家伽利略(Galileo Galilei)的工作基础上,于1687年发表了他的著作《自然哲学的数学原理》。这本书的出版标志着经典力学体系的建立,其中总结出的三条基本定律就是我们通常所说的牛顿三定律。

(一) 牛顿第一定律

古希腊哲学家亚里士多德(Aristotle)曾提出一个广泛流行的观点,认为物体的自然状态是静止的。根据他的理论,要使物体以某个特定速度保持匀速运动,必须施加外力。此外,亚里士多德还认为,重物具有向地心运动的固有倾向,因其将地心视为自然位置。这些观点在他的时代被视为真理。例如,我们常观察到水平面上的运动物体最终会停下来,地面上抛出的石子也会回到地面。

这一观点在亚里士多德之后长期被许多哲学家和早期物理学家所接受。直至17世纪,伽利略对这一观点进行了修正。他通过实验发现,物体在水平面上逐渐静止的原因是摩擦力的作用。他的研究表明,在忽略摩擦力的情况下,物体若不受外力影响,将以恒定速度持续运动。伽利略的研究改变了之前对力的理解:力并不是维持物体运动的原因,而是改变物体运动状态的原因。

牛顿在1687年继承并扩展了伽利略的观点。他在《自然哲学的数学原理》中总结了这一理论,并提出了牛顿第一定律。该定律表述为一个物体将保持其静止或匀速直线运动状态,除非有外力作用使其改变运动状态。具体来说,一个静止的物体将保持静止状态,除非有合力(即未被其他力抵消的力)作用于它。同样,一个以恒定速度沿直线运动的物体,将继续以同样的速度和方向运动,除非有合力作用改变其速度或方向。牛顿第一定律通常表示为

$$F=0 \text{ 时}, v = \text{常矢量} \qquad (公式1-18)$$

这一定律也称为惯性定律,说明物体具有保持其运动状态不变的性质,这种性质被称为惯性。由于物体具有惯性,任何改变其运动状态的过程都必须有外力介入。在实际中,完全不受外力影响的物体是不存在的,因此,牛顿第一定律的验证通常需要考虑力的作用,不能简单地直接用实验加以验证。

(二) 牛顿第二定律

牛顿第二定律揭示了力、质量和加速度之间的相互关系，通常称为加速度定律。该定律表明：对于质量恒定的物体，施加在其上的合力会导致物体产生加速度，这一加速度的大小与施加的力成正比，与物体的质量成反比。牛顿第二定律通常表示为

$$F = ma \quad (公式1\text{-}19)$$

其中，F 表示作用在物体上的合力；m 表示物体的质量；a 表示物体的加速度。

这个公式说明，当一个力施加在物体上时，物体会沿着力的方向加速。加速度与施加的力成正比，而与物体的质量成反比。换句话说，力越大，物体的加速度越大；而同样的力作用下，质量越大的物体，其加速度越小。

当一个球被扔、踢或用工具击打时，球会沿着施加力的方向运动。如果施加的力增加，球的速度也会相应增加。如果一个 1 kg 重的球受到 10 N 的力撞击，其加速度将是 10 N/1 kg=10 m/s²。如果球的质量增加到 2 kg，同样的 10 N 力作用下，球的加速度将减小为 10 N/2 kg=5 m/s²。

牛顿第二定律不仅适用于静态物体，也适用于运动中的物体。在运动生物力学领域，这一定律对于理解运动员的动态行为尤为重要。例如，运动员在短跑起跑时施加的力量直接影响其加速度和最终跑步速度。当一名篮球运动员在进攻时被对方防守球员阻挡，运动员的加速度和最终速度将受到其初始速度、运动方向及防守球员施加的力的综合影响。如果防守球员施加的力较大，运动员的加速度会减少，可能会导致其速度减慢或改变方向。相反，如果防守球员施加的力较小，运动员的运动状态变化则较小，能够更容易地保持或调整自己的速度和方向。通过牛顿第二定律，我们能够分析运动员在这种情况下的动态反应和运动表现。

(三) 牛顿第三定律

牛顿第三定律说明物体间相互作用力的性质，又称作用与反作用定律。牛顿第三定律指出：任何两个物体之间的相互作用力是相等且方向相反的，即对于任何作用力，总有一个大小相等、方向相反的反作用力。

两个物体之间的作用力 F 和反作用力 F'，沿同一直线，大小相等，方向相反，分别作用在两个物体上。这就是牛顿第三定律，通常表示为

$$F = -F' \quad (公式1\text{-}20)$$

运用牛顿第三定律分析物体受力情况时必须注意：作用力和反作用力是互为依存关系，同时产生，同时消失，任何一方都不能孤立地存在，并分别作用在两个物体上；它们属于同种性质的力。例如，作用力是万有引力，那么反作用力一定也是万有引力。

这一定律表明了力的相互性。即当物体 A 对物体 B 施加力时，物体 B 也会对物体 A 施加大小相等、方向相反的力。例如，当运动员在跳跃时，脚对地面的推力是向下的，而地面对运动员的反作用力则是向上的。这种反作用力使得运动员能够离开地面。

(四)牛顿定律在运动生物力学中的应用

牛顿定律为运动生物力学提供了理论基础,从而有助于理解运动员的动作机制并指导运动训练和技术改进。在短跑比赛中,运动员从静止状态开始加速,这一过程涉及牛顿三大定律的综合应用。根据牛顿第一定律,物体会保持其静止状态或匀速直线运动状态,除非受到外力作用。在短跑起跑时,运动员的身体由于惯性倾向于保持静止。为了克服惯性并开始加速,运动员必须施加足够的外力。牛顿第二定律指出:施加的力决定了物体的加速度。运动员通过强有力的腿部推蹬,增加施加的力量,从而实现更大的加速度,提高起跑速度。因此,优化起跑姿势和发力方式可以有效提升短跑成绩。例如,在跳跃过程中运动员的脚对地面施加向下的推力,而地面对脚施加向上的反作用力。牛顿第三定律解释了这一反作用力如何使运动员离开地面。牛顿第二定律说明了施加在脚上的力量与跳跃高度之间的关系:力量越大,加速度越大,跳跃高度也越高。在起跳瞬间,运动员需要克服惯性(牛顿第一定律),通过发力蹬地实现迅速的加速度,从而提高跳跃效果。运动员通过增强腿部肌肉力量和改进跳跃技术,能够更有效地利用这些定律来提升跳跃能力。

因此,牛顿定律在运动生物力学中为分析和优化运动提供了重要理论支持。通过综合运用牛顿第一定律、第二定律和第三定律,可以深入理解运动员的起跑、突破、防守和跳跃等动作。科学应用这些定律,有助于提升训练效果,优化技术水平,减少运动损伤,从而提升运动表现。

第二节 角运动学与角动因学

一、角位置和角位移

在运动生物力学中,角位置和角位移是描述旋转运动的重要参数。它们不仅在分析人体关节运动中至关重要,还被广泛应用于运动器械的设计和运动表现的优化。角位置和角位移作为角运动学的重要组成部分,不仅为定量分析旋转运动提供了基本框架,还在运动表现的评价和优化中发挥着不可或缺的作用。这些概念的深入理解将有助于揭示更复杂的运动模式,为运动生物力学研究提供丰富的理论和实践依据。

(一)角位置的定义与描述

1. 角位置的物理定义

角位置(angular position)是指物体在旋转运动中相对于某一参考方向的位置,通常以弧度或度数为单位进行度量。描述了物体相对于参考方向的旋转角度。它用来表示物体在圆周运动中的位置。定义角位置时,首先要确定一个参考轴和零角位置。角位置的测量依赖于参考点的选择,这个参考点通常与物体的初始位置或某一特定位置一致。角位置通常以弧度(radian)或度(degree)为单位。弧度是一种无量纲的单位,是物理学中描述角度的标准单位,1弧度等于角度的弧长与半径的比值,即

$$\theta = \frac{s}{r} \quad \text{(公式 1-21)}$$

其中，θ 表示角位置；s 表示弧长；r 表示半径。角位置还可以通过下面的公式来表示：

$$\theta(t) = \theta_0 + \omega t \quad \text{(公式 1-22)}$$

其中，$\theta(t)$ 表示在时间 t 时的角位置；θ_0 表示初始角位置；ω 表示角速度。在此公式中，假设角速度 ω 为常数，角位置随时间的变化呈现线性关系。如果角速度不是常数，则角位置可以通过积分角速度函数得到

$$\theta(t) = \theta_0 + \int_0^t \omega(t) \mathrm{d}t \quad \text{(公式 1-23)}$$

角位置不仅反映物体的当前旋转状态，还可以用于描述物体在特定时间内的角度变化。实际应用中，如分析机械臂的运动时，角位置有助于了解各个关节的相对位置，从而精确控制运动路径。

2. 角位置的参考系

角位置的测量和描述依赖于选择合适的参考系。参考系定义了角位置的零点及其测量方向，通常包括参考轴和参考面。参考系的选择对于准确描述物体的旋转运动至关重要，它决定了角位置的表示方式及随时间的变化规律。常见的参考系包括固定参考系和移动参考系。在固定参考系中，参考轴不随时间的变化而变化，这通常用于描述相对于地面的旋转运动。在移动参考系中，参考轴随物体的运动而改变，这种参考系在分析物体内部运动或复杂的组合运动时尤其适用。在运动生物力学中，通常选择关节的初始位置作为参考系，以描述关节在运动过程中的旋转。例如，在膝关节的屈曲和伸展中，膝关节的初始直立位置可以作为角位置的零点，从而量化屈曲和伸展的角度变化。

3. 角位置在运动生物力学中的应用

在运动生物力学中，角位置广泛用于分析关节的运动，特别是在髋关节、膝关节、踝关节的研究中，角位置的精确测量和描述对于理解和优化人体运动至关重要。通过分析这些关节的角位置变化，研究者可以评估运动员的技术、诊断运动损伤，以及设计康复训练方案。例如，在步态分析中，髋关节、膝关节和踝关节的角位置变化是评价步态正常与否的重要指标。通过对这些关节角位置的精确测量，可以识别步态异常的早期迹象，为康复治疗提供科学依据。

（1）髋关节的角位置：髋关节作为下肢的主要旋转枢纽，其角位置直接影响到下肢的整体运动模式。例如，在跑步过程中，髋关节的角位置可以描述大腿相对于骨盆的旋转角度。通过测量髋关节的角位置变化，可以分析步态周期中的髋关节屈曲和伸展角度，这对于评估跑步技术和下肢力量有重要意义。

假设在跑步过程中髋关节的角位置 $\theta_{\text{hip}}(t)$ 随时间 t 变化，可以用以下公式来表示：

$$\theta_{\text{hip}}(t) = \theta_{\text{hip0}} + \int_0^t \omega_{\text{hip}}(t) \mathrm{d}t \quad \text{(公式 1-24)}$$

其中，θ_{hip0} 是初始角位置；$\int_0^t \omega_{\text{hip}}(t)$ 是髋关节的瞬时角速度。通过对这个公式的分析，可以了解髋关节在整个运动周期中的旋转规律。

(2) 膝关节的角位置：是描述腿部屈伸的重要指标，特别是在跳跃、蹲起等运动中，膝关节的角位置变化决定了运动的质量和效果。例如，在跳跃过程中，膝关节的角位置 θ_{knee} 反映了小腿相对于大腿的屈曲和伸展角度。在运动分析中，膝关节的角位置通常通过测量大腿和小腿之间的夹角来确定，公式如下：

$$\theta_{knee} = \theta_{thigh} - \theta_{shank} \quad \text{（公式1-25）}$$

其中，θ_{thigh} 表示大腿的角位置；θ_{shank} 表示小腿的角位置。通过分析膝关节的角位置变化，可以优化运动技术，降低运动损伤风险。

(3) 踝关节的角位置：对于步态分析和下肢力量的分布有重要影响。在行走或跑步中，踝关节的角位置 θ_{ankle} 描述了足部相对于小腿的旋转角度。踝关节的角位置可以用如下公式来表示：

$$\theta_{ankle} = \theta_{foot} - \theta_{shank} \quad \text{（公式1-26）}$$

其中，θ_{foot} 表示足部的角位置；θ_{shank} 表示小腿的角位置。通过对踝关节角位置的分析，可以评估足部在接触地面时的角度变化，进而优化步态模式。

（二）角位移的定义与计算

1. 角位移的物理定义

角位移（angular displacement）是物体在旋转运动中从初始位置到最终位置的角度变化。它反映了物体绕固定轴旋转的总角度，通常以弧度（rad）或度数（°）为单位进行度量。角位移不仅表示旋转的大小，还包含方向信息，因此在物理学中，角位移是一个矢量。角位移的计算公式为

$$\Delta\theta = \theta_f - \theta_i \quad \text{（公式1-27）}$$

其中，$\Delta\theta$ 表示角位移；θ_f 表示物体最终的角位置；θ_i 是物体初始的角位置。这个公式表示了物体从初始角位置旋转到最终角位置的角度差（图1-5）。与线性位移类似，角位移的符号反映了旋转的方向。通常定义逆时针方向为正，顺时针方向为负。因此，角位移不仅描述了物体旋转的幅度，还提供了旋转的方向信息。角位移在运动学和动力学分析中起着重要作用，如在分析刚体的旋转运动时，通过角位移可以进一步计算角速度和角加速度，从而更全面地描述物体的运动状态。

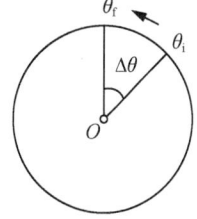

图1-5 角位移示意图

2. 角位移与线位移的关系

角位移与线位移之间有着密切的关系，特别是在描述物体沿圆周或弧形路径运动时。这种关系在刚体运动学中尤为重要，可以帮助我们理解物体在旋转运动中各个点的实际移动距离。当一个物体绕固定轴旋转时，位于旋转轴上的点没有线位移，而离轴较远的点则会随角位移产生线位移。这种线位移 s 与角位移 $\Delta\theta$ 之间的关系可以通过以下公式表达：

$$s = r \cdot \Delta\theta \quad \text{（公式1-28）}$$

其中，s 表示线位移，指物体上某一点沿圆弧路径移动的距离；r 表示物体上该点到旋转轴的

距离,即旋转半径;$\Delta\theta$是角位移,表示物体旋转过程中所经历的角度变化。这个公式表明,线位移s是角位移$\Delta\theta$和旋转半径r的乘积。因此,在相同的角位移下,物体上离旋转轴越远的点,其线位移就越大。例如,在一个旋转的轮子上,轮缘的点会比接近轮轴的点经历更长的路径。此外,该公式在生物力学中有助于分析关节运动时的肌肉拉伸和骨骼运动。例如,肘关节的屈伸运动可以通过测量其角位移来计算前臂在运动中的线位移,从而分析肌肉的工作量。

3. 角位移的实际应用案例

角位移在运动科学研究中有着广泛的应用。以投掷运动为例,研究人员通过测量肩关节、肘关节和腕关节的角位移,分析投掷过程中不同关节的协调性。研究发现,优秀的投掷运动员能够在投掷过程中精确控制这些关节的角位移,从而实现最大化的投掷距离和准确性。

此外,在高尔夫球运动中,挥杆动作的质量直接影响击球的距离和精度。挥杆时,球杆的角位移描述了球杆从开始挥杆到击球的旋转角度(图1-6)。通过测量球杆的角位移,可以分析挥杆动作的流畅性和力度分布。例如,球杆从起始位置(背挥杆的最高点)到击球点的角位移越大,通常意味着球杆的速度越高,从而有助于击球距离的增加。在这个过程中,挥杆角度的精确控制也能减小误差,使得球能够沿预定路线飞行。

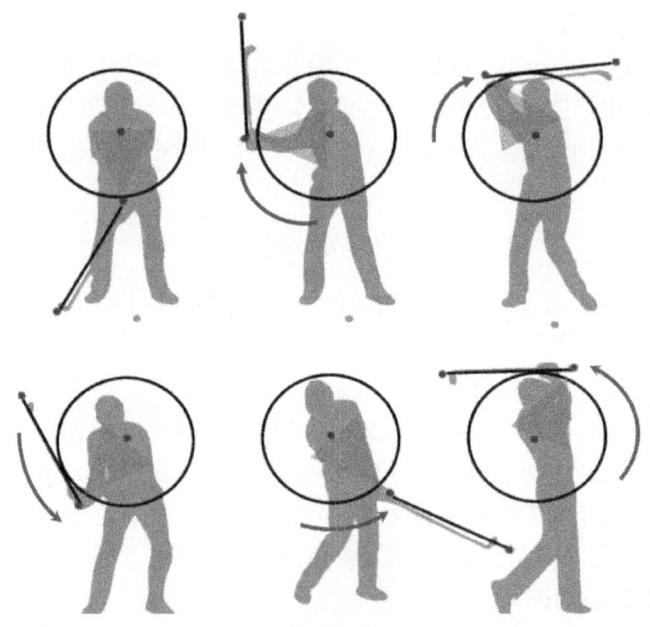

图1-6 高尔夫球挥杆动作角位移

在自行车骑行中,膝关节的角位移是评价骑行效率的重要参数。每当骑行者完成一次踩踏循环时,膝关节都会经历一个角位移,这个角位移直接影响肌肉的工作效率和能量消耗。通过测量和分析膝关节的角位移,运动生物力学专家可以优化骑行姿势,减少膝关节压力,降低受伤风险。例如,在骑行过程中,如果膝关节的角位移过大或过小,可能意味着骑行者的坐姿或踏板位置不正确,这会导致能量浪费或增加受伤的可能性。通过调整自行车的设置,如调节座椅高度和踏板角度,可以优化膝关节的角位移范围,从而提高骑行效率。

(三)角速度与角加速度

1. 角速度的定义与计算

角速度(angular velocity)是描述物体在旋转运动中角位移变化速率的物理量。它定义为单位时间内物体所经历的角位移,通常以弧度每秒(rad/s)为单位。角速度也是一个矢量,其方向可以通过右手定则确定:如果旋转的方向与右手四指的弯曲方向一致,那么拇指所指的方向就是角速度的方向。其表达式为

$$\boldsymbol{\omega} = \frac{\mathrm{d}\theta}{\mathrm{d}t}$$ (公式 1-29)

其中,$\boldsymbol{\omega}$ 表示角速度;$\mathrm{d}\theta$ 表示角位移的微小变化量;t 表示时间的微小变化量。在均匀圆周运动中,角速度是恒定的,可以用 $\boldsymbol{\omega} = \frac{\Delta\theta}{\Delta t}$ 计算,$\Delta\theta$ 是在时间间隔 Δt 内的角位移。对于非均匀圆周运动,角速度随时间变化,瞬时角速度可通过 $\boldsymbol{\omega}(t) = \frac{\mathrm{d}\theta(t)}{\mathrm{d}t}$ 计算。举例来说,假设一个物体以恒定角速度绕固定轴旋转,其旋转角度 $\theta(t)$ 可表示为

$$\theta(t) = \theta_0 + \boldsymbol{\omega}t$$

其中,θ_0 表示初始角位置;$\boldsymbol{\omega}$ 表示恒定角速度;t 表示时间。这个公式说明角速度 $\boldsymbol{\omega}$ 表示角位移随时间的线性变化率。通过测量物体在一定时间内的角位移变化,可以计算出角速度,从而分析物体的旋转行为。

2. 角加速度的定义与计算

角加速度(angular acceleration)是描述物体在旋转运动中角速度变化的速率。它定义为单位时间内角速度的变化量,表示角速度的变化快慢,单位通常为弧度每秒的平方(rad/s^2)。其表达式为

$$\boldsymbol{\alpha} = \frac{\mathrm{d}\boldsymbol{\omega}}{\mathrm{d}t}$$ (公式 1-30)

其中,$\boldsymbol{\alpha}$ 表示角加速度;$\boldsymbol{\omega}$ 表示角速度;t 表示时间。角加速度的单位是 rad/s^2。角加速度在生物力学中的应用包括分析运动员在动作中的加速和减速阶段,如在冲刺跑中腿部关节的角加速度分析。对于恒定角加速度 α,角速度 ω 随时间的变化可以表示为

$$\boldsymbol{\omega}(t) = \boldsymbol{\omega}_0 + \boldsymbol{\alpha}t$$ (公式 1-31)

其中,$\boldsymbol{\omega}_0$ 表示初始角速度;t 表示时间;$\boldsymbol{\alpha}$ 表示恒定角加速度。这些公式表明,角加速度不仅影响角速度的变化,还影响角位移的计算。通过测量角速度随时间的变化,可以求出角加速度,从而更全面地分析物体的旋转运动。

(四)角速度和角加速度在运动中的应用

角速度和角加速度在运动中的应用广泛,尤其在高速运动中。以棒球投手的投球动作为例,研究人员通过测量肩关节和肘关节的角速度与角加速度,评估投球技术的有效性和安全性。高水平的投手通常表现出较大的角速度和角加速度,帮助他们在短时间内将球速最

大化。

在生物力学研究中,关节角度分析是常用的技术,用于评估运动中关节的运动范围和稳定性。通过运动捕捉系统,研究人员可以精确测量人体各关节的角位置和角位移,分析运动中的姿态和动作质量。例如,在跳高运动中,髋关节和膝关节的角度变化可以预测运动员起跳的高度和动作的流畅性。

角位置和角位移不仅仅是运动学的基本概念,它们与动力学密切相关。在生物力学中,动力学研究力和力矩如何影响物体运动,而运动学研究物体运动本身。通过结合角位置、角位移与施加在关节上的力矩分析,研究人员能够更全面地理解关节在运动中的负荷和应力分布,从而预防运动损伤。

在康复训练中,角位移分析被广泛应用于评估患者的恢复进展。例如,在膝关节置换术后的康复过程中,物理治疗师可以通过测量膝关节的角位移,评估患者的关节活动度和功能恢复情况。研究表明,系统的角位移分析能够帮助治疗师制订更有效的康复计划,提高患者的恢复质量。

综上,角位置和角位移是运动生物力学中的基本概念,它们在描述和分析人体关节运动中扮演着关键角色。通过对角位置、角位移、角速度和角加速度的综合分析,研究人员和教练可以深入理解运动中的力学行为,优化运动技术并预防运动损伤。结合实际应用案例,这些概念在运动科学研究和实践中具有重要的指导意义。

二、牛顿运动定律——角运动

(一) 角运动的基本概念

角运动是刚体绕固定轴旋转的运动形式,是运动生物力学研究的重要领域。与线性运动不同,角运动中各点的速度和加速度是通过角速度和角加速度来描述的。理解角运动的基本概念,如角位移、角速度和角加速度,是分析和优化运动员技术动作的基础。

角位移是物体绕固定轴旋转时转过的角度,角速度则描述了物体单位时间内的角位移变化量,角加速度则是角速度的变化率。这些量在描述物体的旋转状态时至关重要,尤其是在分析运动员的旋转运动时,如体操运动中的空翻和跳水运动中的旋转动作。

(二) 牛顿第一定律在角运动中的体现

牛顿第一定律,也称为惯性定律,在角运动中的应用同样重要。牛顿第一定律通常描述为:没有外力作用时,物体将保持静止状态或匀速直线运动状态。在角运动中,这一定律则描述为"没有外力矩作用时,物体将保持静止状态或匀速旋转状态"。

牛顿第一定律在角运动中的体现是物体的角动量具有惯性。具体而言,若一个物体不受外力矩的作用,它的角动量将保持不变。这表明,如果物体正在旋转且没有受到外部力矩的干扰,它将持续以相同的角速度进行旋转;如果物体静止且不受外力矩,它将保持静止状态。例如,在太空中,由于几乎没有外部力矩的影响,一个正在旋转的飞行器将持续保持其旋转状态,直到有外部力矩(如喷射气流或操纵系统)对其施加作用。这种现象是牛顿第一定律在角运动中惯性特性的直接表现。

陀螺是牛顿第一定律在角运动中应用的典型例子。一个高速旋转的陀螺能够保持其旋转轴的稳定方向,即使受到轻微扰动时,它仍然能够恢复到原来的旋转状态。这也是为什么在古代和现代,陀螺在航海和航空领域中均作为一种辨别方向的工具。由于陀螺仪的旋转轴在空间中保持固定方向,能够帮助导航系统保持正确的方向,这就是牛顿第一定律在角运动中稳定性的体现。同样在运动员的旋转动作中,也体现了牛顿第一定律在角运动中的应用。根据牛顿第一定律,如果一个运动员在空中开始旋转,并且不施加额外的力矩或不受到外部力矩的影响,他将继续以恒定的角速度旋转。虽然牛顿第一定律表明在没有外力矩作用时,旋转状态保持不变,但运动员可以通过改变身体姿势内部施加力矩来调整旋转速度。这种调整方式通过改变转动惯量实现,但其前提仍然是在没有外力矩情况下,运动员将保持最初的旋转状态。

牛顿第一定律在角运动中的应用强调了,物体在没有外力矩作用时会保持其原有的旋转状态。这一定律不仅为理解旋转系统提供了基础,还在许多实际应用中发挥了重要作用,如陀螺仪的稳定性、运动员的旋转控制。牛顿第一定律的这种角运动形式在物理学中具有广泛的应用和深远的意义。

(三) 牛顿第二定律在角运动中的体现

牛顿第二定律在角运动中的应用涉及旋转运动的基本原理。牛顿第二定律描述了力与加速度之间的关系,而在角运动中,这一定律转化为描述扭矩与角加速度之间关系的形式。具体来说,牛顿第二定律在角运动中的应用可以通过以下公式表达:

$$\tau = I \cdot \alpha \qquad (公式1\text{-}32)$$

其中,τ 表示总扭矩,即使物体旋转的力矩;I 表示物体的转动惯量,描述物体对旋转的抵抗能力;α 表示角加速度。这一定律表明,物体的角加速度与外力矩成正比,与转动惯量成反比。转动惯量是描述物体抵抗角加速度的物理量,类似于线性运动中的质量。

在运动生物力学中,牛顿第二定律在角运动中的应用可以通过体操和跳水中的人体旋转动作来具体说明。在这两种运动中,运动员通过控制角加速度和旋转惯量来实现精确的旋转动作。这些控制依赖于施加的扭矩与物体(运动员身体)的转动惯量之间的关系,反映了牛顿第二定律在角运动中的实际应用。下面以体操运动和跳水运动中的技术动作为例对牛顿第二定律在角运动中的应用进行介绍。

1. 体操运动中的角运动应用

在体操运动中,运动员在完成高难度动作如空翻或转体时,需要精确控制其旋转速度和角度。牛顿第二定律在这类旋转动作中的应用体现在扭矩的应用、转动惯量的调整和角加速度的控制三个方面。在体操动作中,运动员通过手臂和腿部的力量给身体施加力矩,控制身体的旋转。例如,当运动员在单杠上完成一个旋转动作时,他会用手臂推杆以产生扭矩。这个扭矩的大小可以通过公式 $|\tau| = r \cdot |F| \cdot \sin\theta$ 计算,其中 r 是手臂到旋转轴的距离,F 是施加的力,θ 是力与力臂之间的夹角。运动员可以通过改变体态来调整自身的转动惯量 (I)。例如,在空翻中,运动员通过将双腿收紧来减少转动惯量,从而增加角速度 (ω)。这个过程符合公式 $\omega = \tau / I$,其中扭矩和转动惯量共同决定了角加速度 (α)。运动员还可以利用转动惯量和施加的扭矩来控制角加速度。例如,通过用力摆动手臂,运动员可以增加旋转的角加速度,从而调整旋转速度。根据牛顿第二定律 $\tau = I \cdot \alpha$,运动员通过改变施加的扭矩来

影响角加速度。

2. 跳水运动中的角运动应用

在实际的跳水比赛中,运动员通常要完成多个快速旋转的动作,如前空翻、后空翻或转体。为了实现这些复杂的动作,他们需要精确控制身体的旋转速度,这就涉及对转动惯量的调控。运动员可以通过收紧身体以增加旋转速度。在完成一个空翻动作时,运动员通常会通过收紧身体(如将双臂和双腿靠近躯干)来减小转动惯量。根据牛顿第二定律,在力矩不变的情况下,转动惯量减少将导致角加速度增大,从而使运动员以更快的速度旋转。这种技术被称为"抱膝"动作。例如,在进行一个后空翻三周半时,运动员在空中迅速收紧身体,使身体的质量集中靠近旋转轴。由此,运动员可以在极短的时间内完成多次旋转,为入水前的伸展动作预留更多时间。运动员还可以通过伸展身体以减缓旋转速度。在旋转的后期,尤其是在准备入水时,运动员会通过展开身体(如伸展手臂和腿)来增加转动惯量。此时,尽管力矩不变,但转动惯量的增加会导致角加速度减小,从而使旋转速度降低。这种减速有助于运动员在入水前调整身体姿态,以获得最佳入水角度和姿势。例如,在完成一个高难度的动作后,运动员在接近入水时会展开身体,将双臂和双腿伸直,使得转动惯量增大。这一动作不仅使旋转减速,还为运动员提供了更多的时间调整身体,使得入水更加平稳、减少水花。

除了转动惯量,跳水运动中的力矩也是影响角加速度的关键因素。在空中,运动员的身体姿势和肌肉的力量分布决定了力矩的大小和方向。通过调整姿态,运动员可以控制力矩的施加,从而控制旋转的方向和速度。例如,在某些复杂的旋转动作中,运动员通过特定的姿势变化或肌肉动作来改变力矩的方向,从而实现不同平面的旋转。这种对力矩的精准控制,使得运动员能够完成诸如转体加空翻的复合动作,并在短时间内完成多个旋转。

(四) 牛顿第三定律在角运动中的体现

牛顿第三定律在角运动中的应用同样具有重要意义。牛顿第三定律通常表述为:每一个作用力都有一个大小相等、方向相反的反作用力。在角运动中,这一定律体现在力矩(或扭矩)的相互作用上,也就是每一个力矩(或扭矩)都会有一个大小相等、方向相反的反力矩。

在角运动中,两个相互作用的物体之间会发生角动量的交换,这种交换正是牛顿第三定律的体现。例如,在花样滑冰或体操运动中,运动员经常通过手臂或腿部的动作来调整自身的旋转状态。这种调整的背后机制便是角动量在不同身体部位之间的交换。设想一位体操运动员在空中做360°转体,当他在空中收回双臂时,身体的转动惯量减小,角速度会因此增大。然而,依据牛顿第三定律,双臂受到的内力矩与身体受到的内力矩相等且方向相反。因此,当双臂收回时,它们会产生一个反作用力,使得身体的其他部分(如躯干)转动得更快。

牛顿第三定律不仅在单个物体内部的角运动中起作用,也在多个物体之间的角动量交换中发挥作用。例如,在双人花样滑冰中,两名滑冰运动员会通过手臂或身体接触来交换角动量。当一名滑冰者推动另一名滑冰者旋转时,根据牛顿第三定律,推动者也会受到一个相反的反力矩,使其自身的角速度发生变化。同样地,在机械系统中,如齿轮传动系统,两个啮合的齿轮会相互施加力矩。根据牛顿第三定律,一个齿轮对另一个齿轮施加的力矩与反力矩大小相等、方向相反。这种力矩的相互作用确保了两个齿轮的角速度能够相互关联且稳定。

此外，在体操运动中，如在平衡木上做旋转动作时，运动员会通过摆动手臂或腿部来产生力矩。这种摆动不仅改变了整体的转动惯量，同时依据牛顿第三定律，摆动的手臂或腿部也会产生一个反向的力矩，影响身体其他部分的旋转。这种相互作用力矩的调整是运动员在完成复杂动作时保持平衡和控制的重要手段。

三、转动惯量和角动量

（一）转动惯量

转动惯量（moment of inertia）是描述刚体绕固定轴旋转时对角加速度的抗性。它反映了物体的质量分布及其相对于旋转轴的距离，决定了物体在旋转运动中惯性的大小。转动惯量可以看作质量在旋转轴上的分布惯性，即物体各部分的质量及其到旋转轴的距离平方的乘积的总和。转动惯量的定义为

$$I = \sum_{i=1}^{n} m_i r_i^2 \qquad （公式1-33）$$

其中，m_i 表示物体上第 i 个质点的质量，r_i 表示该质点到旋转轴的距离。对于连续质量分布的物体，转动惯量的表达式为

$$I = \int r^2 \mathrm{d}m \qquad （公式1-34）$$

这表明，转动惯量不仅依赖于物体的总质量，还依赖于这些质量如何相对于旋转轴分布。质点离旋转轴越远，转动惯量越大，因此物体在旋转时更难改变其角速度。

此外，转动惯量反映了物体抵抗角加速度的能力，即物体在旋转运动中保持其角速度的倾向。转动惯量越大，物体在外力作用下的角加速度越小。这一点可以通过类比线性运动中的惯性来理解：质量大的物体难以加速，同样地，转动惯量大的物体在旋转时难以改变其运动状态。

（二）角动量

角动量（angular momentum）是物理学中用于表征物体在旋转运动中动量的一种物理量，它反映了物体相对于某一旋转轴的旋转状态。类似于线动量衡量物体的直线运动，角动量则用来衡量物体的旋转动能。在没有外部力矩施加的情况下，系统的角动量保持不变，这一特性体现了角动量的守恒性。

在经典力学中，角动量 L 定义为

$$L = r \times p \qquad （公式1-35）$$

其中，r 表示质点相对于参考点的位置矢量；p 表示质点的线动量。对于刚体，角动量可以表示为

$$L = I \cdot \omega \qquad （公式1-36）$$

其中，转动惯量 I 表示物体的质量如何分布在旋转轴周围；角速度 ω 表示物体绕轴旋转的速

率。这个公式表明,角动量不仅依赖于物体的旋转速度,还与物体的质量分布及其相对于旋转轴的距离密切相关。

角动量在物理学中具有至关重要的地位,其核心特征是角动量守恒定律。该定律指出,在没有外部力矩作用的情况下,系统的总角动量保持不变。角动量守恒定律不仅在天体物理中得到了广泛应用,如恒星和行星系统的旋转与轨道运动都遵循这一守恒原则,而且在日常生活中的旋转运动中也发挥了重要作用。例如,在体操和跳水等运动中,运动员通过调整身体姿态来控制旋转速度,同时系统的总角动量不变。此外,陀螺的稳定旋转现象也是角动量守恒的直接体现。综上所述,角动量及其守恒性为理解和分析旋转运动提供了基本的理论框架,并在从微观粒子到宏观天体的各种物理系统中具有广泛的应用。

(三) 转动惯量和角动量在运动生物力学中的应用

在运动生物力学领域,转动惯量和角动量是理解和优化运动表现的关键物理量。这些概念不仅帮助解释运动员的旋转动作,还为运动技术的改进提供了理论基础。在体操中,运动员的空中动作往往涉及复杂的旋转和翻滚。体操运动员在完成转体动作时,会通过改变身体姿态来调整转动惯量。例如,在完成空中转体时,运动员通常会将身体蜷曲,以减小转动惯量。这样在相同的角动量条件下,运动员的旋转速度会显著提高,使其能够在短时间内完成更多的旋转。这种调整使得体操运动员能够在动作中展示出更高的技术难度和灵活性,从而优化竞技表现。跳水运动员的动作中也涉及转动惯量和角动量的精细控制。跳水运动员在起跳后,通过蜷曲身体减少转动惯量以加快旋转速度。在空中完成多次旋转后,运动员通过伸展身体来增加转动惯量从而减缓旋转速度,以便在接近水面时控制身体姿态。这样的技术应用不仅要求运动员对角动量守恒原理有深刻的理解,还需要其在实际操作中具备极高的精准性和协调性。这种转动惯量和角动量的管理确保了跳水运动员能够在极短的时间内完成复杂的动作,并实现优质的入水效果。花样滑冰中滑冰运动员在旋转跳跃时,通过调整四肢的位置来改变转动惯量。例如,当运动员在旋转跳跃中将四肢靠近身体时转动惯量减少,从而提高旋转速度;而在准备落地时,运动员则会伸展四肢,增加转动惯量,减慢旋转速度。这种通过改变身体姿态来调节角动量的能力,使滑冰运动员能够在旋转过程中保持平衡,并完成精确的动作控制。

综上,转动惯量和角动量在运动生物力学中的应用展示了这些物理量在提升运动表现中的重要性。体操、跳水和花样滑冰运动中的这些基本的物理概念不仅解释了运动员如何通过精确的身体控制实现高水平的技术动作,也为运动训练和技术改进提供了科学依据。通过对转动惯量和角动量的深入理解,运动员能够在竞技场上表现出更加卓越的技巧和效果。

第三节　功、功率与能量

在运动生物力学中,功、功率和能量是理解人体运动的关键概念。它们不仅在运动员的表现评估中至关重要,还在康复训练和生物力学研究中发挥重要作用。

一、功与能量

(一) 功

在力学中,功(work)是力对物体作用效果的一种量度,反映了力对物体作用效果随物体位移的积累(Tipler et al., 2007; Halliday et al., 2013)。在运动生物力学领域,功的原理被广泛用于分析运动中力的应用及其对运动表现的影响。功的定义可以表述为力与物体位移在力的方向上的乘积。换句话说,当一个物体在外力作用下移动一定距离,这个外力已经对这个物体做了功(图1-7)。功(W)的计算公式为

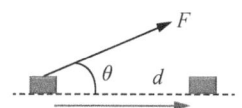

图1-7 外力对物体做功示意图

$$W = |\boldsymbol{F}| \cdot |\boldsymbol{d}| \cdot \cos\theta \quad \text{(公式1-37)}$$

其中,$\boldsymbol{F}$ 表示施加在物体上的力;$\boldsymbol{d}$ 表示物体的位移;θ 表示力的方向与位移方向之间的夹角。这一公式也表明,如果 θ 为零,即力的方向与物体的位移方向一致,功的值达到最大。即在运动过程中,力越接近物体的位移方向,所做的功越大。并且当一个力被施加到一个物体上,由于是相反的力而没有合力,如摩擦力或者物体本身的重力,因为物体没有运动,所以没有做机械功。

在国际单位制中,力(N)乘距离(m)称为功(J)。

$$1\,\text{J} = 1\,\text{N} \cdot \text{m} \quad \text{(公式1-38)}$$

焦耳的定义直接反映了功的物理意义,即1J的功等于在1m的距离上施加1N的力。这一单位与能量密切相关,因为功实际上是能量转化的表现形式之一。

在人体运动中,当肌肉产生张力并引起身体某部分的运动时,肌肉对身体的某部分做了功。根据主导身体活动的肌肉类型及其作用方式,机械功可以分为正功和负功。当肌肉产生的扭矩与关节的角运动方向一致时,肌肉所做的功称为正功;反之,当肌肉的扭矩与关节的角运动方向相反时,肌肉所做的功是负功。

正功和负功的概念具有重要意义。尽管人体的许多运动涉及协同肌和拮抗肌的共同作用,但当向心收缩占优势时,肌肉做正功;而当离心收缩占主导地位时,肌肉做负功。例如,在水平面上跑步时,肌肉所做的净负功等于肌肉所做的净正功。这种平衡关系对于保持运动的稳定性和效率至关重要。但实际情况往往更为复杂,正功通常比负功消耗更多能量,因拮抗肌的共同收缩使得能量消耗复杂化。

在运动生物力学中,功的概念是理解运动中的能量转移与消耗的关键。在跑步时,运动员的肌肉通过对地面施力来推动身体前进,这一过程中,肌肉做功克服地面反作用力,使身体获得动能并维持运动速度。在举重训练中,运动员不仅要克服杠铃的重力做功,还需要精确控制杠铃的旋转,以保持平衡并避免受伤。功的计算不仅涉及施加力的大小,还要考虑运动轨迹的复杂性。此外,功的原理还在骑自行车等运动中起到重要作用,通过功率计测量骑行者在单位时间内所做的功,教练员可以分析不同阶段的功率输出,制订更有针对性的训练计划,帮助运动员提升竞技表现。在这些运动中,功的原理不仅揭示了力与能量的复杂互

动,还为科学地优化训练和提升运动技术提供了坚实的理论基础。

(二) 能量

能量是物体或系统做功的能力。根据能量的定义,它是一种可以转化和传递的量,存在于不同的形式中。在任何物理过程中,能量的总量是守恒的,即在封闭系统中,能量不会凭空消失或生成,只会从一种形式转化为另一种形式,这一原则被称为能量守恒定律。这个定律是自然界中所有物理过程的基础。在自然界中,能量存在多种形式,包括光能、热能、核能、电能、生物能、化学能和机械能等。在运动生物力学中,重点关注机械能,它包括动能、势能和应变能(弹性能)三类。能量的单位是焦耳(J),在国际单位制中,$1\,\text{J} = 1\,\text{N} \cdot \text{m}$。

1. 动能

动能是物体因其运动状态而具备的能量,描述了物体由于运动而具备的做功能力,可以用以下公式进行计算:

$$E_k = \frac{1}{2} m \mid v^2 \mid \qquad (公式1-39)$$

其中,E_k 表示动能;m 表示物体的质量;v 表示物体的速度。

这一公式表明,动能与物体的质量成正比,与物体速度的平方成正比,即物体的质量越大,或者物体的速度越快,动能越大。

2. 势能

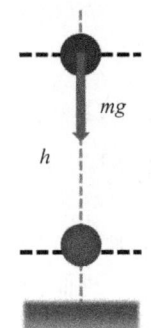

图1-8 物体下落时的重力势能

势能是由相互作用的物体间的相对位置决定的能量。势能在物理学中有多个形式,其中最常见的包括重力势能和弹性势能。

重力势能是指物体由于其在地球引力场中的位置而具备的能量。一个静止物体,只要它处于一定高度,当它下落时,就可以做功(图1-8)。这种能量是由于物体与地球的相对位置发生变化而具有的。其计算公式为

$$E_p = mgh \qquad (公式1-40)$$

其中,E_p 表示重力势能;m 表示物体的质量(kg);g 表示重力加速度(地球表面约为 $9.8\,\text{m/s}^2$);h 表示物体相对于参考点的高度。

重力势能主要取决于物体的高度和质量。高度越高、质量越大,物体的重力势能也越大。然而,计算重力势能时,仅需考虑物体的初始高度和最终高度,与物体上升的具体路径无关。无论物体是沿直线垂直升高,还是沿复杂的曲线路径上升,只要最终高度(h)相同,重力势能的变化都是一致的。因此,势能仅取决于物体相对于地面的垂直高度,与上升路径的形状无关。在运动过程中,重力势能的变化与运动状态紧密相关。例如,当运动员从高处跳下时,重力势能转化为动能,使运动员加速下落。在举重时,物体从低处升至高处,其重力势能增加。

弹性势能是弹性物体由于发生形变而储存的能量。当弹性物体被拉伸或压缩时,其内部的分子或原子结构发生变化,储存了能量,这种能量称为弹性势能。当物体恢复原状时,这种储存的能量会释放出来,推动物体回到其平衡状态。弹性势能广泛存在于各种弹性材料和结构中,如弹簧、橡皮筋,甚至生物体内的弹性组织。

根据胡克定律,弹性势能($E_弹$)的计算公式为

$$E_弹 = \frac{1}{2}K\Delta x^2 \qquad \text{(公式 1-41)}$$

其中,$E_弹$表示弹性势能(J);K表示弹簧的劲度系数;Δx表示弹簧的弹性形变。这个公式表明,弹性势能与位移的平方成正比,位移越大,储存的能量越多。

弹性势能在实际应用中发挥着广泛而重要的作用。在机械装置中,如弹簧秤和弹簧玩具,弹性势能的储存和释放帮助实现精确测量和推动物体(图1-9),利用弹簧的弹性特性来完成任务。在生物体内,弹性组织如肌腱和肌肉能够在运动过程中储存和释放弹性势能,这不仅提高了运动效率,还减轻了关节负担。例如,在跳跃和奔跑时,肌腱的弹性势能提升了运动表现。运动器械的设计也充分利用了弹性势能,如羽毛球拍的弹性结构可以提高击球效果,而滑雪板和自行车的悬挂系统通过吸收冲击力改善运动的舒适性和安全性。此外,弹性阻力带在力量训练和康复中被广泛应用,通过调整弹性带的拉伸量增加肌肉负荷,促进肌肉增长和恢复。这些应用展示了弹性势能在提高运动性能、优化装备设计及加速康复过程中的关键作用。

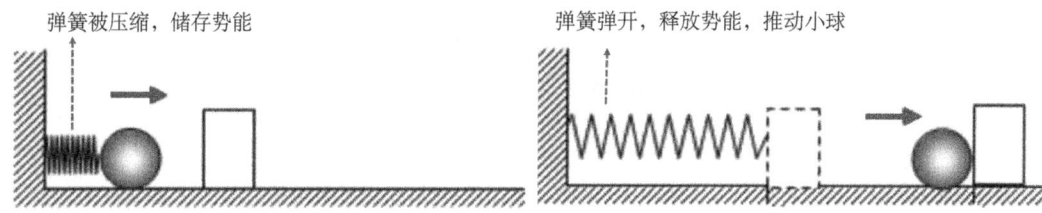

图1-9 弹性势能示意图

二、功率

功率是描述单位时间内完成功的量度,是物理学中一个重要的概念。在力学中,功率通常用于衡量机械系统中能量转换的速率。具体而言,功率定义为功与时间的比率,即在单位时间内所做的功。其公式表达为功率 = $\frac{功}{时间}$,即

$$P = \frac{W}{t} \qquad \text{(公式 1-42)}$$

功率的计算公式也可以表示为功率 = $\frac{力 \times 位移}{时间}$ = 力 × 速度,即

$$P = \frac{W}{t} = \frac{\boldsymbol{F} \cdot \boldsymbol{d} \cdot \cos\theta}{t} = \boldsymbol{F} \cdot \boldsymbol{v} \qquad \text{(公式 1-43)}$$

功率的单位在国际单位制中是瓦特(W),1瓦特等于1焦耳的功在1秒钟内完成,即

$$1\text{ W} = 1\text{ J/s} \qquad \text{(公式 1-44)}$$

肌肉功率在运动技术评价中具有重要地位。运动成绩的高低及动作技术的优劣,通常

取决于在完成动作过程中肌肉产生的功率大小，即肌肉将化学能转化为机械能的效率和速度决定了运动表现。在投掷、跳跃、短跑和举重等项目中，运动员的表现依赖于其机械力量的应用能力，或力与速度结合的能力，这对获胜至关重要。此外，研究表明，峰值功率与最大等距强度之间存在密切的关系，这意味着运动员的爆发力和肌肉力量直接影响其运动表现。

在运动生物力学中，功率是衡量人体运动中能量传递效率的关键指标。通过功率的计算，可以深入理解运动员在不同运动项目中的能量消耗和传递情况，从而优化训练和比赛策略。在耐力运动如跑步、骑自行车和游泳中，功率分析提供了重要的参考数据。对于跑步者来说，功率可以通过测量步幅、频率和地面反作用力来估算，以帮助评估运动员的能量消耗速率及体能状况。骑行中，功率计作为常见的工具，通过测量踏板的扭矩和转速，计算出骑行者的输出功率，为运动员和教练提供数据支持，以制订更加科学合理的训练计划。

功率不仅仅是描述做功速率的概念，更体现了能量传递和消耗的效率。在相同的时间内完成相同的功，功率较大的运动员展现出更高的能量利用效率，这种效率对运动表现具有重要意义。高功率输出意味着运动员可以更快速地完成动作或维持更高的运动强度，直接影响其在比赛中的表现。

动态运动中，功率的瞬时变化尤为重要。短时间内的高功率输出通常决定了运动员在关键时刻的表现，如短跑运动员在起跑瞬间需要迅速产生大功率，以最快速度离开起跑线，而举重运动员则需要在极短的时间内对杠铃施加巨大的功率，才能成功完成举重动作。功率的这些特性使其成为运动技术评价和训练优化的核心指标，在物理学和运动生物力学研究中占据重要地位。深入分析功率的作用机制和应用场景，有助于运动员优化运动表现并建立竞争优势。

三、能量的转换与守恒

1. 能量的定义

能量是一个物理量，它反映了物质运动的多样性和不同运动形式之间的可转换性。在生产和科学实践中，人们发现物质可以以多种形式运动，如机械运动可以通过动量来衡量。但更重要的是，不同的运动形式可以相互转化，而在转化过程中，它们遵循一定的数量关系。这意味着，一定量的某种运动形式的产生，总是伴随着等量的另一种运动形式的消失，这种转换遵循能量守恒定律。

能量的概念最早由19世纪初的英国物理学家托马斯·杨（Thomas Young）提出。能量的定义涵盖了多种运动形式之间的可转换性，这使其成为研究物质运动及其变化的重要工具。能量不仅体现了物质运动的状态，还反映了不同形式的能量之间的相互关系。具体来说，对于物体的每一个状态，总是对应一个唯一的能量值，而当物体的状态发生变化时，其能量值也会随之变化。因此，能量可以被视为物体状态的一个单值函数。在机械运动中，物体的状态通常由其位置和速度来描述，机械能则是这些状态参数的单值函数。通过动能定理等基本原理，我们可以具体了解机械能的表达形式及它与功之间的关系。例如，动能定理表明，物体的动能变化等于所做的净功，这为我们理解和计算能量转换提供了理论基础。

2. 能量转换与守恒

在运动过程中，能量在不同形式之间进行转换，遵循能量守恒定律，即能量不会凭空产生或消失，而是从一种形式转变为另一种形式。这个定律在各种物理现象和实际应用中都得到了验证。例如，在跳远中，运动员通过助跑积累的动能在起跳时转化为势能，到达最高点时势能达到最大，而下落过程中势能再次转化为动能，这直接影响跳跃的最终距离。弹性势能在爆发性运动中也极为重要，如篮球跳投时，运动员通过关节的屈伸储存弹性势能，并在起跳时释放以增强跳跃高度和射篮力量。然而，在实际运动过程中，能量并不是完全有效地转化为所需的形式。部分能量会以热能的形式散失。例如，长时间的跑步会导致身体通过出汗散热，这种能量的耗散会降低运动效率。因此，能量管理和提高能量转换效率成为运动科学研究的重要方向，通过优化能量利用和减少能量损失，可以显著提升运动表现和整体体能水平。

第四节 运动中的流体力学

一、流体力学基本知识

（一）流体的定义与基本性质

流体是指在剪应力作用下依然流动的物质，包括液体和气体两大类。流体的一个显著特征是，其分子间的结合力相对较弱，因而在受到力的作用时，流体会产生巨大的形变。这种性质使流体不同于固体，后者具有固定形状和体积，且在受到外力时，只发生有限的形变。尽管在一般语境中，"流体"一词经常与"液体"互换使用，但从力学的角度来看，流体是任何趋于流动或在剪切力作用下依然流动且不断发生形变的物质。气体和液体是具有相似力学表现的流体。球体在空气中运动时，球体周围的空气也在发生运动（图1-10）。

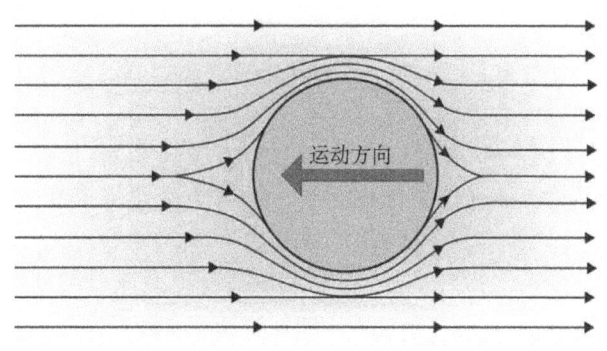

图1-10 运动的球体周围的流体流动

1. **流体的易变形性**

流体的易变形性指的是流体在剪切力作用下会产生持续形变的特性。与固体不同，固体在外力作用下可能会发生弹性形变或塑性形变，但在去除外力后可能会恢复到原来的形状。而流体则不会恢复到原状，它们在外力作用下会持续流动，并且形状也会不断变化。从易变形性的角度，流体与固体存在如下差异：①在受到剪切力持续作用时，固体的形变一般是微小的(如金属)或有限的(如塑料),但流体却能产生无限大(只要剪切力作用时间无限长)的形变。②固体内的剪切应力由剪切形变量(位移)决定,而流体内的剪切应力与形变量无关,由形变速率(切变率)决定。③当剪切力停止作用后,固体发生形变后能恢复或部分恢复,流体则不能恢复。④固体重量引起的压强只沿重力方向传递,垂直于重力方向的压强一般很小或为零,流体平衡时压强可等值地向各个方向传递,压强可垂直作用于任何方位的平面上。⑤固体表面之间的摩擦是滑动摩擦,摩擦力与固体表面状况有关,流体与固体表面可实现分子级的接触,达到表面不滑移。

流体的易变形性在运动生物力学中尤为重要,如在分析人体在水中游泳时,水对人体的阻力和推动力,以及空气对跑步者的阻力等,都与流体的易变形性密切相关。理解这一特性可以帮助运动员优化他们的运动姿势和技术,从而提高运动表现。

2. 流体的黏性

流体抵抗剪切形变的能力称为流体的黏性。流体的黏性反映了流体内部的摩擦力,即流体层间的相对运动所引起的阻力。黏性取决于流体的分子结构和温度。高黏性流体如蜂蜜,在流动时会表现出较大的阻力;低黏性流体如水,流动性更强。在相邻两层流体做相对运动时有内摩擦作用,一层流体对另一层流体做相对运动时,因存在黏性内摩擦作用而产生阻力,这种阻力被称为黏性切向力。通过内摩擦作用,黏性切向力可在流体内传递。当用棒旋拨脸盆中部的水时,盆内的水体被一层一层地带动做整体旋转运动。把棒取出后,盆壁通过黏性切向阻力使水旋转速度逐渐减小,直至静止。

流体内摩擦是两层流体间分子内聚力和分子动量交换的宏观表现。在常温常压下,静止液体分子间的平均距离保持为吸引力和排斥力相互平衡的距离。当两层液体做相对运动时,两层液体分子的平均距离加大,分子间的作用力表现为吸引力,这就是分子内聚力。液体快速层通过分子内聚力带动慢速层,慢速层通过分子内聚力阻滞快速层的运动,表现为内摩擦力。在一般条件下,气体分子间的距离远远超过平衡距离,内聚力作用极其微弱,但气体分子的随机运动剧烈,流层之间的分子交换频繁。当两层气体做相对运动时,快速层中动量较大的分子跃入慢速层后,给慢速层增加了动量。慢速层中动量较小的分子跃入快速层后,给快速层减少了动量。两层之间的分子动量交换表现为力的作用,称为表观切应力。气体内摩擦力即以表观切应力为主。

3. 流体的可压缩性

流体的可压缩性是指流体在外力作用下其体积发生变化的特性。与固体相比,流体的分子间距离较大,因此在外力作用下,流体的体积会发生明显的变化,尤其是气体的可压缩性比液体更为显著。在运动生物力学中,理解流体的可压缩性对于分析人体运动中的空气动力学和水动力学效应具有重要意义。

流体的可压缩性通常通过压缩系数和体积弹性模量来定量描述。压缩系数是指流体在单位压强变化下,其体积变化的相对大小。其数学表达式为

$$\beta = -\frac{1}{V}\left(\frac{\partial V}{\partial p}\right)_T \tag{公式1-45}$$

其中,β 表示流体的压缩系数;V 表示流体的体积;p 表示流体的压强;$\left(\frac{\partial V}{\partial p}\right)_T$ 表示在恒温条件下体积对压强的偏导数。压缩系数反映了流体在压强变化时体积变化的敏感性。对于理

想气体,压缩系数可以进一步表示为

$$\beta = \frac{1}{p} \quad \text{(公式1-46)}$$

这表明,理想气体的压缩系数与压强成反比,压强越大,气体的可压缩性越低。另一方面,体积弹性模量是描述流体可压缩性的重要参数,定义为在流体体积发生相对变化时,所需的压强变化量。体积弹性模量的数学表达式为

$$K = -V\left(\frac{\partial p}{\partial V}\right)_T \quad \text{(公式1-47)}$$

其中,K 表示流体的体积弹性模量,单位通常为帕斯卡(Pa)。对于不可压缩的液体,体积弹性模量通常非常大,这意味着要显著改变液体体积所需的压强变化非常大。例如,水的体积弹性模量约为 2.2 GPa,这表明在日常条件下,水的体积几乎不随压强的变化而变化,因此被视为不可压缩流体。

在流体力学中,研究可压缩性具有重要意义。尤其是在高速流体运动中,气体的可压缩性显著影响流场的特性。马赫数(Mach number,Ma)是一个关键参数,用于描述流体速度与声速的比值:

$$Ma = \frac{v}{c} \quad \text{(公式1-48)}$$

其中,Ma 表示马赫数;v 表示流体的流速;c 表示流体中的声速。当马赫数接近或超过 1 时,气体的可压缩性效应显著,流场中可能出现激波、膨胀波等现象。这些效应在航空动力学中尤为重要,如飞机在跨音速或超音速飞行时,空气的可压缩性显著影响气动力特性,从而影响飞行器的稳定性和控制性能。

在运动生物力学中,流体的可压缩性影响了许多实际应用。例如,在分析游泳、划船等运动时,水的可压缩性尽管很小,但仍然对流体阻力和浮力有细微影响。这些影响在高精度的运动分析和仿真中不容忽视。此外,在高空运动(如跳伞、滑翔等)中,空气的可压缩性对空气动力学特性产生重要作用,尤其是在高空低压环境下,空气的密度和压缩性变化会影响运动员的下落速度和姿态稳定性。

总之,流体的可压缩性在运动生物力学、航空动力学及工程系统设计中都具有重要作用。通过深入理解和准确计算流体的可压缩性,能够更好地预测和优化流体流动中的各类现象,为实际应用提供科学依据和指导。

(二) 流体的运动

流体运动的描述是流体力学的核心内容,涵盖了流体如何在空间中移动,以及与其接触的物体或界面如何相互作用。流体运动在运动中扮演着关键角色,尤其在游泳、划船、自行车等项目中显得尤为重要。例如,通过研究水和空气等流体对运动员的阻力与推动力,可以优化运动姿势和技术,提升运动表现。下面,我们将从流体运动的基本类型、流体运动的几何描述、流体力学的基本方程,深入探讨流体运动的基本原理和描述方法。

速度场是描述流体在空间中运动状态的基本概念。它表示每个空间点上的流体速度,

是一个矢量场。

1. 流体运动的基本类型

（1）层流与湍流：流体在运动时，其行为可以表现为层流或湍流，这两种流动形式在流体力学中具有不同的特性和应用场景（图1-11）。层流是流体在低速、黏性较大时表现出的稳定流动状态，流体各层之间平行移动，几乎没有混合，速度场光滑且可预测。层流的典型特征可以通过瑞利数（Rayleigh number，Ra）来判断，其公式为

$$Ra = \frac{\rho v L}{\mu} \quad \text{（公式1-49）}$$

其中，ρ 表示流体密度；v 表示流速；L 表示特征长度；μ 表示流体黏度。通常情况下，当 $Ra < 2\,000$ 时，流体呈现为层流。层流的运动轨迹平稳且有序，这使得其在诸如微流体设备、血液流动的研究等需要精确控制流动的领域中具有重要应用。例如，血液在狭窄的血管中流动时通常表现为层流，这种稳定性有助于保证血液的正常循环和氧气的高效传递。

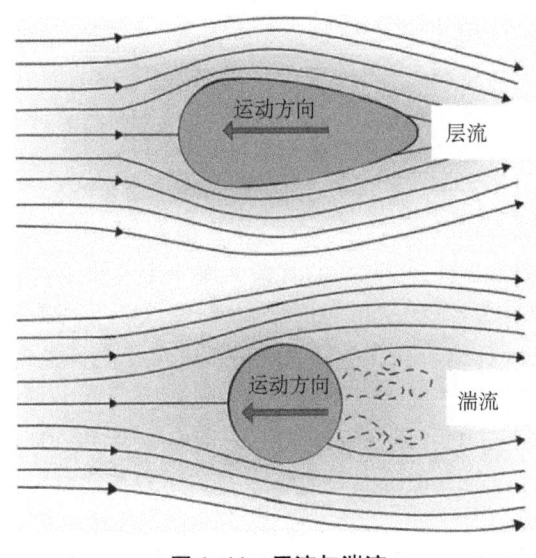

图1-11　层流与湍流

相较之下，湍流发生在高流速或低黏度的条件下，其特点是流体运动的不规则性和混乱性。湍流状态下，流体的运动充满了旋涡和涡流，速度和压力场波动剧烈，难以用简单的数学模型描述。湍流的发生通常与瑞利数的增大有关，当 $Ra > 4\,000$ 时，流体倾向于从层流过渡到湍流。湍流中的动量和能量传递更加复杂，流体粒子在各个方向上都有显著的运动，这种紊乱的流动形式在许多实际工程和自然现象中普遍存在，如大气风流、河流中的水流，以及飞机飞行中的空气流动。

（2）定常流与非定常流：流体的运动可以根据时间变化的特点分为定常流和非定常流。定常流是指流体在任意一点的物理量（如速度、压力、密度等）随时间保持不变的流动状态。在这种流动中，虽然流体在空间上可能经历不同的速度和压力变化，但在时间上这些变化是恒定的，流体的运动可以用较为简单的数学模型来描述。例如，流体在恒定流速下通过管道时，假设外界条件（如入口压力、温度等）不变，流体的速度场、压力场等参数在时间上不会发生变化，这种流动即为定常流。定常流的控制方程可以表示为

$$\frac{\partial v}{\partial t} = 0 \qquad (公式1\text{-}50)$$

其中，v 表示流体的速度。定常流广泛应用于水力发电、管道设计、航空航天工程等领域。在这些应用中，通过控制和优化流体的流动状态，工程师可以实现系统的高效设计和运行。例如，在设计飞机机翼时，工程师通常假设空气流动为定常流，以简化气动分析，并优化机翼形状以减少阻力。

相较于定常流，非定常流是指流体的物理参数随时间发生变化的流动状态。在这种流动中，速度场、压力场等参数在时间和空间上都不稳定，可能会随着外界条件的变化而显著波动。非定常流是自然界中更加常见的流动形式。由于非定常流的复杂性，它通常需要更为复杂的数学模型和数值模拟方法进行描述和预测。非定常流的基本控制方程为

$$\frac{\partial v}{\partial t} \neq 0 \qquad (公式1\text{-}51)$$

这种情况下，流体的运动状态不仅与空间位置有关，还与时间变化密切相关。非定常流动中，流体的动量、能量和质量都可能随着时间的推移发生显著变化，导致难以通过简化模型进行预测和分析。在航空航天、汽车工程等领域，非定常流动分析对于理解和控制不稳定现象至关重要。例如，在研究涡流效应时，非定常流动分析有助于理解飞行器在不同飞行条件下的空气动力学特性，并设计出能够应对各种复杂流动条件的飞行器。

（3）可压缩流与不可压缩流：流体的运动可以根据流体密度是否随压力变化而显著变化分为可压缩流和不可压缩流。不可压缩流是指流体在流动过程中密度几乎不发生变化的流动形式，这类流动通常适用于低速流体或液体流动的情况。由于流体密度保持恒定，不可压缩流的数学描述相对简单。在不可压缩流中，流体的连续性方程可以简化为

$$\nabla \cdot v = 0 \qquad (公式1\text{-}52)$$

其中，$\nabla \cdot v$ 表示速度场的散度。这意味着流体的体积流量在整个流动过程中保持恒定，不会发生收缩或膨胀。在实际应用中，大多数液体流动，如水在管道中的流动，通常被认为是不可压缩的。这一假设简化了流体力学的分析过程，使得流动方程更加易于求解。

相比之下，可压缩流是指流体在流动过程中密度发生显著变化的流动形式。当流体的速度接近或超过音速时，压缩效应尤为显著，此时流体的密度不再是一个常数，而是随压力变化而显著变化。可压缩流的数学描述更加复杂，其基本方程为可压缩性连续性方程：

$$\frac{\partial \rho}{\partial t} + \nabla \cdot (\rho v) = 0 \qquad (公式1\text{-}53)$$

其中，ρ 表示流体密度；v 表示速度场。由于密度不再恒定，流体在流动过程中可能会发生显著的压缩或膨胀（图1-12），这在高速飞行器、喷气发动机，以及高压气体输送系统中尤为重要。在这些应用中，忽略流体的压缩性会导致严重的计算误差，影响工程设计的准确性。

2. 流体运动的几何描述

流体运动的几何描述是流体力学中的一个重要方面，它帮助我们理解和分析流体在不同条件下的运动特性。流体运动的几何描述主要包括迹线、流线、脉线。

（1）迹线：是描述流体中某一特定流体质点随时间变化的路径。它是流体在给定时间

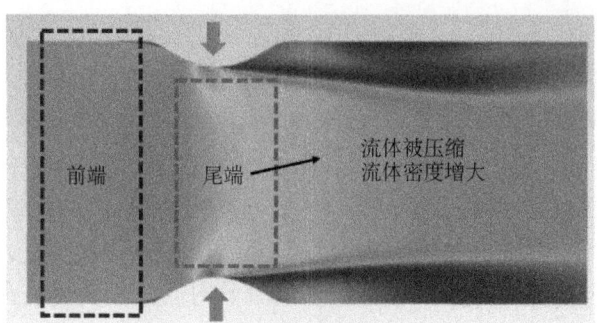

图 1-12　流体压缩模拟示意图

段内运动轨迹的集合,提供了流体粒子如何在空间中移动的完整路径,迹线上的每个点表示该点在此刻的坐标(图1-13)。迹线是流体动力学中重要的几何概念,有助于理解流体的流动模式和轨迹特征。迹线可以通过求解质点在流体中的运动方程来获得。假设我们关注一个质点在时间 t 内的运动轨迹,那么迹线的数学描述可以用速度场来表征。设质点的初始位置为 r_0,速度场为 $v(r,t)$,则质点的轨迹 $r(t)$ 满足下列常微分方程:

$$\frac{\mathrm{d}r}{\mathrm{d}t}=v(r,t) \tag{公式1-54}$$

其中,$r(t)$ 表示质点在时间 t 时的位置;$v(r,t)$ 表示质点在当前位置 r 上的速度矢量。通过积分这个方程,我们可以得到质点的完整轨迹:

$$r(t)=r_0+\int_0^t v(r(\tau),\tau)\mathrm{d}\tau \tag{公式1-55}$$

(2)流线:是流体中所有质点在某一时刻的运动方向的集合,提供了一个简洁而直观的方式来描述流体的瞬时运动方向和路径,流线上每个点的速度方向与流线相切(图1-13)。在流体中,每一点的流线方向与该点的瞬时速度矢量方向一致,它可以通过以下方式定义:

$$\frac{\mathrm{d}x}{u}=\frac{\mathrm{d}y}{v}=\frac{\mathrm{d}z}{w} \tag{公式1-56}$$

其中,(x,y,z) 表示空间坐标;u、v、w 分别表示流体在这些方向上的速度分量。这个方程表明流线的方向与速度场的方向相一致,且在流线上的每一点速度矢量都沿着流线方向。

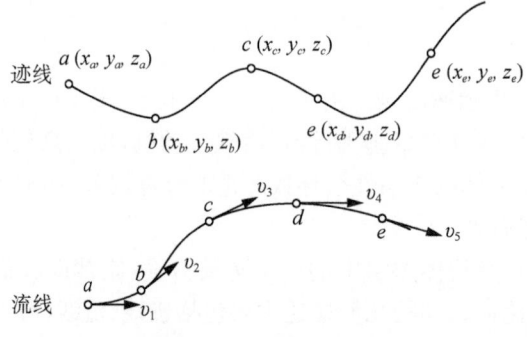

图 1-13　迹线与流线

(3) 脉线：是流体中某一质点的历史运动轨迹，描述了流体质点从某一初始位置到时间 t 时刻的完整路径。与流线和迹线不同，脉线特别关注质点在流动过程中的历史路径，是流体运动的动态特征的重要体现。若流体质点在初始时刻的位置为 r_0，在时间 t 时刻的位置为 $r(t)$，则脉线可以表示为从初始时刻到时间 t 的整个运动轨迹。脉线的数学描述可以通过速度场来获得

$$\frac{\mathrm{d}r(t)}{\mathrm{d}t}=v(r(t),t) \qquad \text{(公式1-57)}$$

其中，$r(t)$ 是质点在时间 t 的当前位置；$v(r(t),t)$ 是质点在时间 t 时刻的速度矢量。通过分析脉线，可以了解流体质点的历史路径。这对于理解流动过程中的混合、输送和扩散等现象至关重要。在计算流体力学（CFD）中，脉线用于可视化质点的运动轨迹。数值模拟结果可以通过脉线展示，从而帮助分析流体流动的动态特性。

3. 流体力学的基本方程

(1) 连续方程（continuity equation，质量守恒方程）：流体力学中的连续方程是基于质量守恒原理的基本方程，用于描述流体在流动过程中质量的守恒。这一方程的两种主要形式是积分形式和微分形式，它们提供了对流体流动不同层次的理解。

连续方程的积分形式适用于描述某一特定控制体积内的质量守恒情况。对于一个固定的控制体积 V，控制体积的表面积为 S，积分形式可以表示为

$$\frac{\partial}{\partial t}\int_V \rho \mathrm{d}V + \int_S \rho v \cdot n \mathrm{d}S = 0 \qquad \text{(公式1-58)}$$

其中，ρ 表示流体密度；v 表示流体速度；n 表示指向外部的单位法向量；$\mathrm{d}V$ 表示体积元素；$\mathrm{d}S$ 表示面积元素；$\frac{\partial}{\partial t}\int_V \rho \mathrm{d}V$ 表示控制体积内质量随时间的变化；$\int_S \rho v \cdot n \mathrm{d}S$ 表示流体通过控制体积表面的质量流量。积分形式的方程表明，控制体积内质量的变化率加上流体通过表面的质量流量总和必须等于零，以保证质量守恒。

连续方程的微分形式适用于描述流体在某一局部区域内的质量守恒情况。在局部微小体积内，微分形式为

$$1 + \nabla \cdot (\rho v) = 0 \qquad \text{(公式1-59)}$$

其中，$\frac{\partial \rho}{\partial t}$ 表示流体密度随时间的变化；$\nabla \cdot (\rho v)$ 表示质量流量的散度。微分形式的方程表明，密度的时间变化率加上流体质量流量的散度必须等于零。这种形式适用于流体的局部分析，能够在每一点上描述流体的质量守恒情况。

无论是积分形式还是微分形式，连续方程的核心都是确保流体在流动过程中质量的守恒。积分形式侧重于在整个控制体积内进行质量守恒的描述，而微分形式则在局部尺度上描述流体的质量守恒。

(2) 纳维-斯托克斯方程（Navier-Stokes equation，动量守恒方程）：流体力学中的核心方程，用于描述黏性流体的运动。它基于质量守恒、动量守恒和能量守恒原理，能够全面描述流体内部的黏性效应及外部作用力对流体运动的影响。动量方程的矢量形式为

$$\rho\left(\frac{\partial v}{\partial t} + (\nabla \cdot v)v\right) = -\nabla p + \mu \nabla^2 v + f \quad \text{（公式 1-60）}$$

其中，ρ 表示流体密度；v 表示速度矢量；p 表示流体压力；μ 表示流体的动力黏度系数；f 表示体积力（如重力）。这个方程描述了流体在时间和空间上的动量变化。

速度梯度矩阵描述了流体速度场在空间中的变化率。在流体力学中，速度梯度矩阵是一个非常重要的工具，用于分析流体的流动特性和应力分布。对于一个三维流场，速度梯度矩阵可以表示为

$$\nabla v = \begin{pmatrix} \dfrac{\partial u}{\partial x} & \dfrac{\partial u}{\partial y} & \dfrac{\partial u}{\partial z} \\ \dfrac{\partial v}{\partial x} & \dfrac{\partial v}{\partial y} & \dfrac{\partial v}{\partial z} \\ \dfrac{\partial w}{\partial x} & \dfrac{\partial w}{\partial y} & \dfrac{\partial w}{\partial z} \end{pmatrix} \quad \text{（公式 1-61）}$$

其中，u、v、w 分别表示速度在 x、y、z 方向的分量。速度梯度矩阵描述了速度场的空间变化。

应力张量矩阵是描述流体内部应力状态的工具，它在流体力学中用于分析流体的内部应力和形变情况。应力张量可以分为两个主要部分：正应力（由压力造成）和剪应力（由流体的黏性效应造成）。在三维空间中，应力张量矩阵可以表示为

$$\tau_{ij} = \begin{pmatrix} \tau_{xx} & \tau_{xy} & \tau_{xz} \\ \tau_{yx} & \tau_{yy} & \tau_{yz} \\ \tau_{zx} & \tau_{zy} & \tau_{zz} \end{pmatrix} \quad \text{（公式 1-62）}$$

其中，τ_{ij} 表示应力张量的分量。具体定义如下：τ_{xx}、τ_{yy}、τ_{zz} 是正应力分量（正向的法向应力），τ_{xy}、τ_{xz}、τ_{yz} 是剪应力分量（在不同面上的切向应力）。对于牛顿流体，黏性应力张量可以表示为

$$\tau_{ij} = \mu\left(\frac{\partial v_i}{\partial x_j} + \frac{\partial v_j}{\partial x_i}\right) - \delta_{ij} p \quad \text{（公式 1-63）}$$

其中，μ 表示流体的动力黏度系数；$\dfrac{\partial v_i}{\partial x_j}$ 和 $\dfrac{\partial v_j}{\partial x_i}$ 表示速度分量的梯度，描述了流体的剪切变形；δ_{ij} 表示克罗内克 δ 函数，当 $i=j$ 时 $\delta_{ij}=1$，否则 $\delta_{ij}=0$；p 表示流体的压力。

（3）伯努利方程（能量守恒方程）：伯努利方程是流体力学中的一个核心方程，用于描述在稳态、不可压缩和无黏性流体条件下，沿流线的流体压力、速度和高度之间的关系。它基于流体内能量守恒原理，是分析流体流动特性的一个重要工具。伯努利原理在液体和气体流体中均非常常见（图 1-14）。伯努利方程的基本形式可以表达为

$$\frac{p}{\rho} + \frac{v^2}{2} + gh = C \quad \text{（公式 1-64）}$$

其中，p 表示流体的静压力；ρ 表示流体的密度；v 表示流体的速度；g 表示重力加速度；h 表示流体的高度；C 为常数。伯努利方程的推导可以通过流体力学中的动量方程和能量守恒

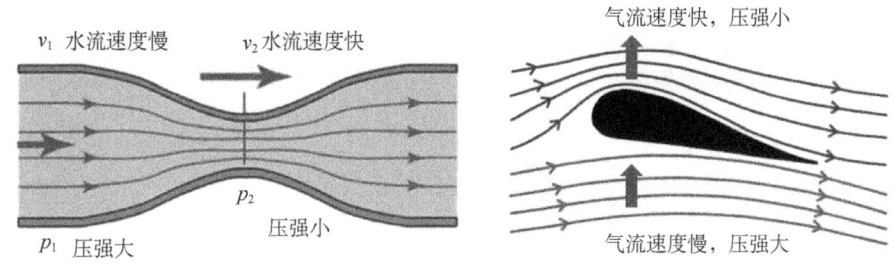

图1-14 伯努利原理在液体(左)与气体(右)中的体现

定律来完成。考虑一个理想流体流经的管道中,流体元素的动量方程为

$$\rho\left(\frac{\partial v}{\partial t}+(v\cdot\nabla)v\right)=-\nabla p+\rho g \qquad (公式1\text{-}65)$$

在稳态流动条件下,时间导数项 $\frac{\partial v}{\partial t}$ 为零。方程简化为

$$\rho(v\cdot\nabla)v=-\nabla p+\rho g \qquad (公式1\text{-}66)$$

对上述方程沿流线进行积分,并利用能量守恒原理,可以得到伯努利方程:

$$\frac{p_1}{\rho}+\frac{v_1^2}{2}+gh_1=\frac{p_2}{\rho}+\frac{v_2^2}{2}+gh_2 \qquad (公式1\text{-}67)$$

其中,下标1和2表示流体在两个不同位置的状态。

伯努利方程假设流体是不可压缩且无黏性的,这在实际情况中并不总是成立。对于高压或高速流动,需要考虑流体的压缩性和黏性效应。并且,伯努利方程适用于稳态流动条件,即流体性质在时间上不发生变化。在非稳态流动中,伯努利方程可能不适用。此外,伯努利方程仅适用于沿流线的分析,对于复杂的流动场(如涡流和流动分离),方程的应用可能需要进行更复杂的分析。

二、水对人体的阻力和动力

在体育运动中,尤其是涉及水中运动的项目,人体面临着来自水的阻力和动力,水的阻力和动力直接影响运动员的表现与效率。一方面,水对人体的阻力包括摩擦阻力和压差阻力。摩擦阻力源于水的黏性,它在人体与水的接触面产生摩擦力,随着流速的增加,摩擦阻力也会显著增加。在游泳时,运动员的流线型姿势有助于减少这种阻力,通过减少身体与水的接触面积,可以有效降低摩擦阻力。此外,表面粗糙度也影响摩擦阻力,因此专业泳衣的光滑设计有助于进一步降低摩擦阻力。另一方面,压差阻力是由于水流在身体表面产生的压力差引起的。体积较大和非流线型的身体姿势会增加这种阻力,游泳者通过优化体态、调整动作,如在蛙泳时改进腿部动作,可以减少压差阻力。随着游泳速度的提高,压差阻力显著增加,因此,技术上的改进和速度控制对于减少这种阻力至关重要。与此同时,水对人体的动力作用也不可忽视。浮力是水对运动员施加的向上推力,它等于被排开的水的重量,使得运动员能够在水中保持浮起状态,减少对关节的压力。水的反作用力则是水对运动员施加的推力,这种推力是运动员在水中施加力的反向力,决定了推进力的大小。游泳时,手臂和腿部的动作生成推进力,通过在水中进行有效的抓水和推动,可以获得最大化的这种反作用力,从而提高游泳速度和效率(Pendergast et al.,2005;Panton,2024)。

(一) 水对人体的阻力

在水中运动时,人体遇到的阻力对运动表现和效率具有显著影响。水对人体的阻力主要包括摩擦阻力和压差阻力。了解这些阻力的性质及其计算公式,有助于优化运动技术,提高运动效果。以下内容将详细探讨水对人体的阻力,并结合体育运动中的实际情况进行分析(Kuo,2002;Pendergast et al.,2005;Panton,2024)。

1. 摩擦阻力

摩擦阻力,也称黏性阻力,是由水的黏性引起的。当人体在水中移动时,水的黏性导致了与人体表面的摩擦力。摩擦阻力的计算公式为

$$F_f = \mu \cdot A \cdot v \tag{公式 1-68}$$

其中,F_f 表示摩擦阻力;μ 表示水的动力黏度系数(如水的动力黏度约为 1.0×10^{-3} Pa·s);A 表示物体与水接触的面积;v 表示物体相对于水的速度。

游泳运动中,摩擦阻力对运动表现具有重要影响。运动员的身体姿势和表面光滑程度直接影响摩擦阻力。例如,自由泳时,运动员通常保持流线型姿势,以减少与水的接触面积,从而降低摩擦阻力。专业泳衣的设计通过采用光滑材料,减少表面摩擦,从而提高游泳速度。研究表明,优化泳姿可以减少 10%~15% 的摩擦阻力,提高游泳效率。运动员在训练中通过调整姿势和使用高科技泳衣来优化摩擦阻力,从而获得更好的成绩。

在水中健身和水中跑步等项目中,摩擦阻力同样对运动强度和效果产生影响。由于水的黏性,运动员在水中运动时会遇到较大的阻力。这种阻力使得水中运动的强度增加。运动员通过调整运动姿势和使用适当的浮力装备,可以控制摩擦阻力,从而提升训练效果。例如,水中跑步时,运动员的腿部动作在水中会产生较大的摩擦阻力,因此,通过调整步伐和姿势,运动员可以有效地管理摩擦阻力,增加训练的强度。

2. 压差阻力

压差阻力,也称形状阻力,是由于水流在人体表面形成的压力差引起的。其计算公式为

$$F_p = \frac{1}{2} \cdot \rho \cdot v^2 \cdot C_d \cdot A \tag{公式 1-69}$$

其中,F_p 表示压差阻力;ρ 表示水的密度(如水的密度约为 $1\,000$ kg/m³);v 表示运动员相对于水的速度;C_d 表示阻力系数,取决于运动员的身体形状和姿势;A 表示阻力面积,即身体与水接触的横截面积。

游泳运动中,压差阻力对运动员的表现有显著影响。例如,在蛙泳中,运动员的腿部动作会增加身体的阻力面积,从而形成较大的压差阻力。运动员可以通过优化腿部动作和调整身体姿势来减少这种阻力,从而提高游泳效率。此外,游泳速度的增加会显著增加压差阻力,要求运动员在提高速度时改进技术,以减少因速度提升带来的额外阻力。例如,在仰泳中,保持身体水平有助于减少压差阻力,从而提升游泳速度和表现。

在水球比赛中,运动员需要克服水的压差阻力进行传球和射门。水的阻力使得水球的

传球速度比在陆地上慢,因此,运动员需要付出更多的力量和技巧来克服这种阻力。提高传球和射门的准确性和力量,运动员需要改进技术、增强力量,并调整技术和战术以适应水的阻力。在水中排球比赛中,运动员在击球和移动时同样面临水的压差阻力。由于水的阻力增加了运动的难度,运动员需要具备较高的体能和技术水平。

水对人体的摩擦阻力和压差阻力在各种水中运动中发挥着重要作用。摩擦阻力与水的黏性、接触面积和流速有关,而压差阻力则与水的密度、速度、阻力系数和接触面积相关。通过理解这些阻力的计算公式和特性,运动员可以采取有效的技术和装备调整来减少阻力,从而提高水中运动的效率和表现。在游泳、水球、水中排球等水中运动项目中,合理控制和优化阻力,不仅能提升运动表现,还能减少运动伤害,促进运动员的全面发展。通过科学的训练方法和技术优化,运动员能够在水中运动中实现更高的速度和效率,达到更好的竞技水平。

(二) 水对人体的动力

水对人体的动力是影响水中运动表现的重要因素之一。在游泳、潜水、水中有氧运动等各种水上和水中运动中,人体在水中所受的动力主要包括浮力、推力和反作用力。这些动力通过不同的方式影响运动员的速度、稳定性和效率。深入理解水对人体动力的作用机制及其在体育运动中的应用,不仅可以帮助运动员提高成绩,还能优化训练和技术策略。

1. 浮力与水中运动

浮力是当人体浸没在水中时,由于水的向上推动力而产生的一种动力。浮力的大小可以通过阿基米德原理来计算:

$$F_b = \rho \cdot g \cdot V \quad \text{(公式1-70)}$$

其中,F_b 表示浮力;ρ 表示水的密度(约 $1\,000\ \text{kg/m}^3$);g 表示重力加速度(约 $9.81\ \text{m/s}^2$);V 表示人体浸没在水中的体积。

浮力在水中运动中的作用非常明显,特别是在游泳和水中有氧运动中。浮力的存在使得运动员能够在水中保持漂浮,消除了对地面支撑的依赖,这与陆地上的运动相比,极大地降低了对关节和骨骼的压力。例如,在游泳中,浮力帮助运动员保持流线型姿势,从而减少阻力,提高划水效率。浮力也保证了运动员在水中以不同的身体姿势进行练习,从而锻炼不同的肌肉群,同时降低运动损伤的风险。在水中有氧运动中,浮力的作用尤为重要。这些运动通常可用于老年人、孕妇或伤后的康复方案设计,通过利用浮力,减轻运动中的负担。由于浮力的存在,这些运动可以在较低的强度下进行,而不失去运动的效果。例如,在水中慢跑时,浮力使得人体的实际重量减少,从而减轻了膝盖和踝关节的压力,同时提供了足够的阻力来进行有效的心肺锻炼。

2. 推力与划水动作

推力是由运动员通过划水或打腿动作与水的相互作用产生的动力,是水中前进的直接驱动力(图1-15)。在游泳中,推力的大小主要取决于运动员的划水和打腿技术。推力的公式通常可表示为

$$F_t = \rho \cdot A \cdot v^2 \quad \text{(公式1-71)}$$

其中,F_t 表示推力;ρ 表示水的密度约 $1\,000\ \text{kg/m}^3$;A 表示运动员划水或打腿的有效面积;v 表示运动员相对于水的速度。

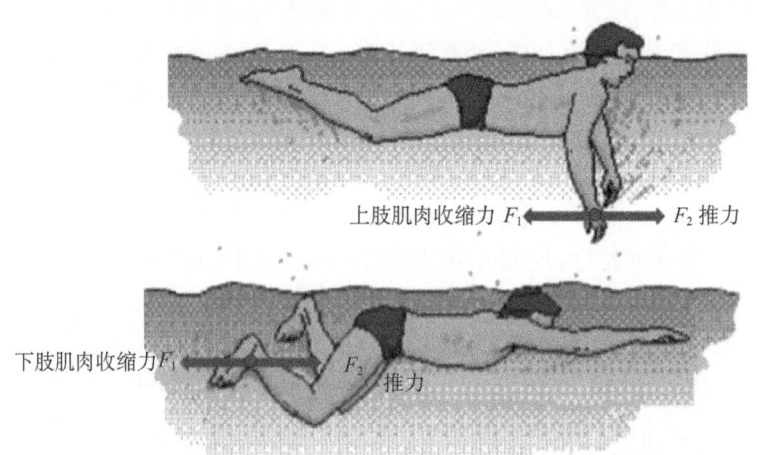

图 1-15 水对人体产生推动力示意图

游泳是推力应用最典型的运动之一。在自由泳中，运动员通过手臂的划水动作和腿部的打腿动作来产生推力。手臂动作的有效性取决于运动员手掌与水的相对位置及划水的力度和速度。运动员的手掌应该与水面垂直，以实现推力最大化，而腿部打腿动作的幅度和频率也直接影响推力的大小。例如，短频而快速的打腿动作可以产生较大的推力，适合短距离冲刺，而幅度较大的打腿动作则有助于保持长时间的稳定速度。除了游泳，推力在其他水中运动中也扮演着重要角色。例如，在水中自行车运动中，运动员通过脚踏板的运动与水的相互作用产生推力。虽然这种推力与游泳中的推力机制不同，但其原理仍然是基于水的密度和运动员运动的速度。通过优化脚踏板的运动节奏和力度，运动员可以有效控制推力，从而提高运动效率。

3. 反作用力与运动表现

反作用力是根据牛顿第三定律，即"作用力与反作用力相等且方向相反"原理产生的。在水中，运动员通过手臂划水或腿部打水动作对水施加作用力，水产生的反作用力推动其向前运动。

在游泳中，反作用力是运动员向前推进的关键力量。当运动员用力划水或打腿时，水的反作用力将推动他们向前。因此，运动员的动作越有力，反作用力越大，推进速度也越快。然而，反作用力的有效利用不仅依赖于力量，还依赖于技术。例如，蝶泳中的手臂动作和腿部打水动作需要极高的协调性，以确保每一次动作都能最大限度地利用反作用力。这不仅要求运动员具备良好的力量素质，还需要他们在动作上具备极高的准确性和节奏感。此外，在水球和水中排球等需要精确控制力量的运动中，反作用力也起到了至关重要的作用。例如，水球运动员在进行投掷时，通过手臂的挥动将水作为介质，施加推力，从而获得反作用力，将球射出。

三、空气对人体的作用

空气对人体的作用，从流体力学的角度来看，主要体现在空气阻力和升力的影响。这些作用在不同的体育运动中尤为显著，影响运动员的表现和技术策略（Cavagna et al., 1977）。

空气阻力是当物体在空气中运动时,气对物体施加的反向力,其大小与物体的速度平方成正比,公式为

$$F_d = \frac{1}{2} \cdot C_d \cdot \rho \cdot A \cdot v^2 \qquad (公式1-72)$$

其中,F_d 表示空气阻力;C_d 表示阻力系数;ρ 表示空气密度;A 表示物体的迎风面积;v 表示物体相对空气的速度。在高速运动中,空气阻力对运动员的影响尤为显著。随着速度的增加,空气阻力迅速增大,从而对运动员的速度和能量消耗产生重要影响。在短跑中,运动员需要克服大量的空气阻力,以维持高速奔跑。为了减少这种阻力,运动员通常可穿着紧身的运动服,这种设计可以减少身体的迎风面积并降低阻力系数。此外,运动员的跑步姿态也经过优化,以降低空气阻力,从而提高冲刺速度。以下从滑雪、跑步、跳远、自行车项目分析空气对人体的作用。

(一) 空气在滑雪运动中的作用

在滑雪运动中,空气的影响主要体现在空气阻力和升力两个方面。滑雪运动员在高速滑行时,空气阻力是主要的外部反向力。随着滑雪者速度的增加,空气阻力显著增大,这会影响运动员的滑行效率和速度。为了减少空气阻力,滑雪运动员采用流线型的姿态,如身体前倾,以减小迎风面积。这种姿态可以有效降低空气对滑雪运动员的反向力,从而提高滑行速度和减少能量消耗。滑雪运动员穿着的专用流线型滑雪服也是经过专门设计的,可有效减少空气阻力。这些服装材料和设计的优化,旨在减少空气在滑雪者身体表面的干扰,减少因空气摩擦带来的阻力。同时,滑雪运动员在滑行过程中,会根据风速和方向调整姿态,以进一步减少空气阻力。例如,滑雪者在高速下坡时,会尽量降低身体中心,减小迎风面积。

此外,空气升力在自由式滑雪和跳台滑雪中也发挥了重要作用。滑雪运动员通过调整姿态和动作来控制升力,帮助其在空中保持稳定和增加飞行距离。在这些项目中,滑雪运动员利用空气流动产生的升力来优化跳跃的高度和距离。调整身体姿态可以改变空气流动的方式,从而影响升力的产生和作用。

(二) 空气在跑步运动中的作用

在跑步运动中,空气阻力对运动员的速度和能量消耗有着直接影响。跑步时,运动员必须克服空气阻力以保持高速。这种阻力与运动员的速度成正比,速度越快,阻力越大。为了减少这种阻力,跑步者通常穿着紧身的运动服,这些服装经过特别设计,以减少迎风面积并降低空气阻力。在量化空气阻力对运动员的影响时,有时还需要分析运动员与空气的相对速度(图1-16)。此外,跑步者会调整跑步姿态,如保持低姿态和减少手臂的摆动,从而降低空气对其产生的反向力。跑步者在比赛中经常会根据风速和风向调整跑步策略。特别是在风大的情况下,跑步者会改变跑步方式和姿态,以最大程度减少空气阻力。优化的姿态和装备有助于提高跑步效率,减少能量消耗,从而提升跑步速度和成绩。在长时间的跑步中,减少空气阻力同样能帮助运动员保持较高的耐力水平和更好的竞技状态。

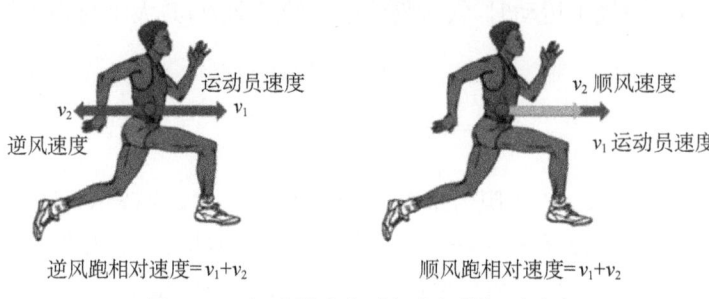

图1-16 运动员跑步时与空气的相对速度

(三) 空气在跳远运动中的作用

跳远运动中,空气的影响主要体现在助跑和空中飞行两个阶段。助跑阶段,空气阻力会影响运动员的速度。运动员在助跑时会尽量减少身体的迎风面积,通过调整姿态和步幅来降低阻力,从而提高助跑速度。在跳跃阶段,空气对运动员的影响则主要体现在飞行距离和高度上。运动员通过调整身体姿态来优化空气流动,利用空气的升力来增加跳跃的高度和飞行距离。在跳跃过程中,运动员的姿态调整对空气阻力和升力有直接影响。例如,弯曲膝盖和伸展双臂有助于改变空气流动的方式,从而提升飞行表现。运动员需要精确控制跳跃角度和姿态,以达到最佳的飞行效果。这些技术上的细节不仅影响跳远的成绩,还对运动员在比赛中的表现至关重要。

(四) 空气在自行车运动中的作用

自行车运动中,空气阻力对骑行速度和效率具有重大影响。骑手在高速骑行时,空气阻力成为主要的外部阻力。为了减少这种阻力,骑手通常采用低姿态骑行,这种姿态可以有效减小迎风面积,并减少空气对骑手身体的干扰。流线型自行车和专用骑行装备设计也是降低空气阻力的关键,这些装备通过减少空气摩擦来提高骑行速度。在比赛中,骑手还会根据风速和方向调整骑行策略和姿态。尤其是在逆风的情况下,骑手可能会调整姿势和骑行技术,以减少风对骑行的负面影响。装备的优化和姿态的调整可以显著提升骑行效率,使骑手在竞争中获得优势。充分理解空气动力学原理并合理应用,对提升运动员在自行车比赛中的表现具有重要作用。

四、空气对运动器械的作用

在竞技体育中,流体力学与运动器械的关系至关重要。空气作为一种流体,不仅影响运动员的表现,也对运动器械施加了的明显的作用力,从而影响其运动轨迹和速度。空气阻力和升力是流体力学中主要研究的力,这两种力作用在运动器械上,决定了它们在空气中的运动轨迹。无论是羽毛球、乒乓球、自行车,还是标枪,运动器械在空气中的表现都直接受到这些力的影响,因此理解并优化空气与运动器械的相互作用是提升竞技表现的关键。

空气阻力是运动器械在空气中运动时遇到的主要作用力之一。阻力的大小受器械的速度、形状、表面积及空气密度等因素的影响。当运动器械的速度增加时,空气阻力会呈平方比例增长,因此在高速运动中,减少空气阻力变得尤为重要。通过优化运动器械的形状和表面特征,运动员可以减少空气阻力,提升运动效率。例如,在自行车和赛车的设计中,流线型车身能够显著降低空气阻力,从而提高速度和节省体力。升力则是另一种影响运动器械的力,尤其在某些运动中表现得尤为明显。升力通常与运动器械的形状、运动速度和迎风角度相关,通过调整这些参数,可以改变器械的运动轨迹和稳定性。标枪运动就是一个典型的例子,标枪的设计需要精确控制升力,以确保标枪在飞行中达到最大距离和最佳稳定性。

空气的湍流效应同样是流体力学中不可忽视的因素。当运动器械在空气中高速运动时,空气流动会在器械表面形成边界层,边界层的流动状态决定了空气阻力的大小。如果边界层内发生湍流,空气阻力会显著增加。为了减少湍流的影响,许多运动器械采用了特殊的表面设计,如高尔夫球表面的凹陷结构,这种设计能够有效减少湍流,增加球的飞行距离。羽毛球特殊的羽毛结构使其在空气中的运动轨迹极为复杂,而乒乓球的轻巧设计也使得空气阻力成为影响球速和旋转的重要因素。通过分析这些运动器械与空气的相互作用,可以更好地理解流体力学在竞技体育运动中的应用,从而优化运动器械设计,提升运动员的竞技水平。

总的来说,流体力学在运动器械中的应用不仅仅局限于减少阻力和优化升力,还涉及运动器械的整体设计、材料选择及运动员的战术策略。在高水平竞技中,应用流体力学对运动器械进行优化可以为运动员带来显著的竞争优势。接下来,将分别针对自行车、羽毛球、乒乓球和标枪这四个项目,深入探讨空气对这些器械的具体作用。

(一)自行车运动中的空气动力学分析

在自行车运动中,空气动力学的应用至关重要,因为空气阻力是影响骑行速度的主要因素之一。空气阻力由两部分组成:压差阻力和摩擦阻力。压差阻力是由自行车和骑行者在行进过程中与空气的相互作用引起的,而摩擦阻力则是由于空气分子在车体表面滑动产生的。这两者共同决定了骑行过程中所需要克服的阻力大小。

首先,压差阻力主要与自行车和骑行者的迎风面积、形状及速度有关。迎风面积是自行车和骑行者正对风的有效面积,形状决定了空气绕过物体时形成的涡流和尾流区域。为了减少压差阻力,自行车设计师通常会优化车架、轮组及其他组件的形状,使其更加符合空气动力学原理。例如,车架通常采用流线型设计,减少空气在车架表面流动时的分离,从而降低尾流区的大小。尾流区越小,形成的低压区越小,因而所产生的压差阻力也就越小。摩擦阻力与空气在自行车表面流动的特性有关。表面越光滑,空气分子在表面滑动时产生的摩擦力就越小。因此,自行车的外表面通常采用光滑材料,甚至在某些高端车型中,还会使用特殊的涂层或技术,以减少摩擦阻力。此外,车轮的设计也是减少摩擦阻力的重要因素。细而窄的轮胎不仅减少了与地面的接触面积,同时也减少了与空气的接触面积,进一步降低了摩擦阻力。

除了自行车本身的设计,装备和附件的选择也会影响空气动力学性能。例如,风洞测试显示,戴有空气动力学优化头盔的骑手比戴传统头盔的骑手空气阻力更小。类似的,赛车服装也经过了专门设计,以减少在高速骑行时产生的空气阻力。甚至饮料瓶的位置、车轮的辐条形状等细节都会影响整体的空气动力学表现。最后,骑行速度对空气阻力的影响也非常显著。空气阻力与速度的平方成正比,这意味着当速度加倍时,空气阻力会增加到原来的四倍。因此,提升速度意味着需要克服更大的阻力。为此,自行车设计中的空气动力学优化就显得尤为重要,它不仅有助于降低骑行中的能量消耗,还能提高整体的骑行效率。

(二) 羽毛球运动中的空气动力学分析

羽毛球的独特结构决定了它在空气中飞行时受到的阻力性质。羽毛球由一个半球形的头部和16根羽毛构成,这些羽毛排列成圆锥形。羽毛球的头部密度较大,因此在击打时通常是头部先行,而羽毛部分在后方。这种设计使羽毛球在飞行过程中能够保持稳定的姿态,并且由于头部的空气阻力较小,羽毛部分的空气阻力较大,从而产生了一种天然的减速机制。当羽毛球高速飞行时,羽毛部分会遇到较大的空气阻力,使得羽毛球迅速减速。这种减速特性使羽毛球的飞行轨迹呈现出独特的弧线形状。羽毛球在空气中受到的阻力主要包括迎面阻力、摩擦阻力及涡流阻力(图1-17)。

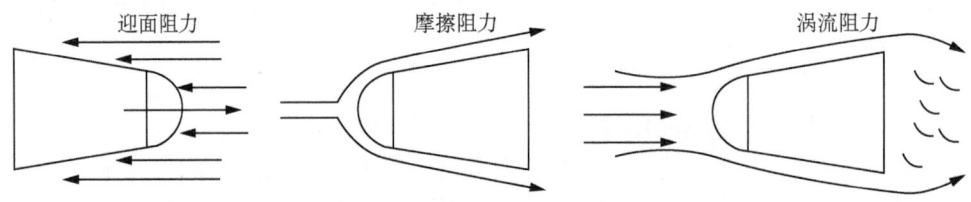

图1-17 羽毛球飞行时遇到的空气阻力

空气阻力是影响羽毛球飞行速度的主要因素之一。在羽毛球运动中,空气阻力的大小取决于球的速度、表面积及空气的密度。羽毛球的迎风面积较大,特别是羽毛部分的结构,使得其在飞行中会遇到明显的空气阻力。随着球速的增加,空气阻力呈平方关系增加。这意味着当羽毛球以高速飞行时,空气阻力会迅速增大,从而导致球速迅速下降。因此,在实际比赛中,运动员会利用这一特性,通过不同的击球方式来控制球的飞行速度和落点。例如,高远球的击打方式使羽毛球在空中飞行时间更长,利用空气阻力使其在对方场地内快速下降。

此外,羽毛球的飞行轨迹也受到空气阻力的影响。在羽毛球运动中,空气阻力不仅影响球速,还会改变球的运动轨迹。当以不同的角度和速度击打羽毛球时,空气阻力会对其轨迹产生不同的影响。例如,斜线球和杀球的速度较快,空气阻力相对较大,球在飞行过程中会迅速减速并呈现出较陡的下降轨迹。而在低速击打的情况下,羽毛球的轨迹会更加平缓。这种通过空气动力学效应产生的变化,使得羽毛球运动具有高度的战术性和技巧性。

(三) 乒乓球运动中的空气动力学分析

乒乓球运动具有节奏快速和球径多变的特点,而这些特性在很大程度上受空气动力学的影响。乒乓球在空气中的运动不仅与其速度有关,还受到旋转方式和轨迹变化的影响。通过空气动力学原理可以更深入地理解乒乓球在运动中的复杂行为。

乒乓球的飞行轨迹在很大程度上受到空气阻力的影响。乒乓球重量轻、体积小,且球速较高,在运动中与空气的摩擦会产生显著的空气阻力。这种阻力会随着球速的增加而增大,从而导致乒乓球在飞行过程中逐渐减速。空气阻力在一定程度上使乒乓球的飞行距离缩短,并影响球的落点和速度变化。运动员在击球时需要考虑空气阻力对球速的减缓作用,以便在控制球的飞行路径和精准度时做出合适的调整。

旋转是乒乓球运动中另一个重要的空气动力学因素。乒乓球的旋转通常通过击打时球拍与球的摩擦力来产生,常见的旋转方式包括上旋、下旋、侧旋和搓球等。旋转的产生会引发马格纳斯效应,即由于球体旋转使得周围空气流速在球体两侧产生差异,从而在球体上产生一个与旋转方向相关的升力或下压力。具体来说,当乒乓球以上旋飞行时,球体上方空气流动较慢,下方流动较快,导致球体下方压力较低,从而产生向上的升力,使得球的飞行轨迹呈上扬弧线。同理,下旋球由于下压力的作用,飞行轨迹会更加平缓,甚至在接近台面时突然下沉。侧旋球通过球拍的侧向摩擦产生,使球体在横向旋转时左右两侧空气流速不同,从而产生横向的偏转力。这种偏转力使得乒乓球在飞行过程中偏离直线轨迹,表现为球的运动路径向一侧弯曲。这种轨迹变化不仅增加了对手的接球难度,还可以通过改变旋转方向和速度来进行战术调整,从而提高比赛中的不可预测性。值得注意的是,乒乓球的空气动力学效应不仅限于旋转和轨迹。由于乒乓球表面有细小的凹陷,这些凹陷在空气流动中产生微小的涡流,使空气在球体周围的流动更为复杂。涡流的产生在一定程度上增加了乒乓球的空气阻力,并影响球体在旋转时的稳定性和方向性。运动员在比赛中可以通过调整击球力度和角度,利用这些空气动力学特性来控制球的速度、旋转和落点。

(四)标枪运动中的空气动力学分析

在标枪飞行的过程中,空气阻力和流体力学特性对其运动轨迹与最终成绩起着关键作用。理解标枪在空气中的运动方式,对于优化投掷技术和提升成绩具有重要意义。

标枪离手后的飞行轨迹主要受空气阻力和升力的影响。空气阻力是标枪在空气中飞行时最主要的阻力来源,直接影响标枪的速度和飞行距离。标枪在投掷后,随着其速度的下降,空气阻力的影响逐渐显著,导致标枪的飞行轨迹从上升逐渐转为下降。空气阻力主要包括两个部分:压差阻力和摩擦阻力。压差阻力来自标枪前端的迎风面积,而摩擦阻力则由标枪表面与空气的摩擦产生。

标枪的形状和结构对空气阻力的影响是不可忽视的。标准标枪通常为流线型,前端尖部锐利而尾部逐渐变粗,这种设计旨在减少空气阻力。流线型设计可以有效减少气流在标枪表面的分离,从而减小形成的尾流区,降低压差阻力。此外,标枪表面光滑,减少了空气在表面产生的摩擦阻力,使得标枪在飞行过程中尽量保持较高的速度。然而,即便如此,在高速飞行中,标枪仍会受到较大的空气阻力,这会导致标枪逐渐减速,并在飞行中产生较大的下坠速度。在标枪飞行过程中,升力的产生也起着重要作用。标枪的投掷角度和旋转都会影响其飞行轨迹。当标枪以一定的角度和速度投出时,空气流动的速度差异会在标枪上方和下方产生不同的压力,从而产生升力。尤其是标枪在飞行过程中会有一定的旋转,这种旋转会导致空气流动更加复杂,产生稳定的气流分布,从而在标枪的飞行中形成额外的升力。这种升力有助于标枪在飞行初期保持一定的高度,延长飞行距离。然而,升力的增加也伴随着更大的空气阻力,这需要通过精确的投掷角度和技术来平衡。

此外,标枪的运动轨迹也受到气流条件的影响。在风速较大的环境中,风的方向和强度会对标枪的飞行轨迹产生明显的影响。迎风情况下,标枪会受到更大的空气阻力,导致飞行距离缩短。而在顺风情况下,标枪的飞行距离可能会有所增加,但这也可能导致标枪的飞行稳定性下降。运动员在实际比赛中需要根据风速和风向调整投掷策略,以获得最佳的投掷效果。

思考与讨论

1. 如何在不同类型的运动中应用牛顿定律解释力的作用？在实际运动中，如何测量和调整这些力以提高运动效果？
2. 在体育运动中，如何通过调整角位置和角动量来优化运动表现？探讨角运动学原理在不同运动项目中的实际应用效果及其对运动员技术的影响。
3. 在不同的运动项目中，功、功率和能量如何影响运动效果？请结合实际案例讨论功率与运动表现的关系。
4. 在不同的运动环境中（水中与空气中），流体阻力如何影响运动员的表现？讨论如何通过改进技术或设备来减少这些阻力，从而提升运动效率和效果。

参考文献

Aristotle, 1912. De Motu Animalium. Translated by A. S. L. Farquharson. Oxford：Clarendon Press.

Basmajian J V, 1962. Muscles alive：their functions revealed by electromyography[M]. 3rd. ed. Baltimore：Williams & Wilkins.

Beer F P, Johnston E R, Cornwell P J, et al. , 2009. Vector mechanics for engineers：statics and dynamics [M]. New York：McGraw-Hill.

Beiser A, 2003. Concepts of modern physics[M]. 6th. ed. New York：McGraw-Hill.

Cavagna G A, Kaneko M, 1977. Mechanical work and efficiency in level walking and running[J]. The Journal of Physiology, 268(2)：467-481.

Goldstein H, 1980. Classical mechanics[M]. 2nd. ed. Reading：Addison-Wesley.

Halliday D, Resnick R, Walker J, 2013. Fundamentals of physics[M]. Hoboken：Wiley.

Hibbeler R C, 2004. Engineering mechanics：dynamics[M]. Upper Saddle River：Pearson/Prentice Hall.

Kuo A D, 2002. The relative roles of feedforward and feedback in the control of rhythmic movements [J]. Motor Control, 6(2)：129-145.

Kyle C R, Caiozzo V J, 1986. The effect of athletic clothing aerodynamics upon running speed[J]. Medicine and Science in Sports and Exercise, 18(5)：509-515.

Meriam J L, Kraige L G, Bolton J N, 2020. Engineering mechanics：dynamics[M]. Hoboken：John Wiley & Sons.

Panton R L, 2024. Incompressible Flow[M]. Hoboken：John Wiley & Sons.

Pendergast D, Mollendorf J, Zamparo P, et al., 2005. The influence of drag on human locomotion in water[J]. Undersea & Hyperbaric Medicine, 32(1)：45-57.

Rhee E, Hunt R, Thomson S J, et al., 2022. SurferBot：a wave-propelled aquatic vibrobot[J]. Bioinspiration & Biomimetics, 17(5)：1-19.

Schmidt R A, Lee T D, Winstein C, et al., 2018. Motor control and learning：A behavioral emphasis [M]. Champaign：Human Kinetics.

Tipler P A, Mosca G, 2007. Physics for Scientists and Engineers[M]. New York：W. H. Freeman.

Uchida T K, Delp S L, 2021. Biomechanics of movement：the science of sports, robotics, and rehabilitation[M]. Cambridge：The MIT Press.

White F M, 2016. Fluid mechanics [M]. New York: McGraw-Hill.

Winter D A, 1980. Overall principle of lower limb support during stance phase of gait[J]. Journal of Biomechanics, 13(11): 923-927.

Winter D A, 1984. Kinematic and kinetic patterns in human gait: variability and compensating effects [J]. Human Movement Science, 3(1-2): 51-76.

Winter D A, 2009. Biomechanics and Motor Control of Human Movement[M]. Hoboken: John Wiley & Sons.

Zatsiorsky V M, 2002. Kinetics of Human Motion[M]. Champaign: Human Kinetics.

第二章
肌肉骨骼系统运动生物力学

1. 掌握应力、应变等核心概念,了解肌肉骨骼系统内不同组织在力学作用下的行为特征及其对运动生物力学的影响。
2. 了解骨的生物力学特性和关节运动的生物力学原理,深入理解骨骼肌系统如何在运动中协同工作以维持人体结构稳定和运动功能。
3. 掌握骨骼肌、肌肉-肌腱复合体及关节周围结缔组织在运动中的生物力学特性,分析其在不同运动条件下的功能表现及潜在损伤机制。

第一节 肌肉骨骼系统的机械性能

一、应力

(一) 应力的基本概念与定义

应力的作用机制可以分为正应力和剪应力,是材料在外力作用下内部产生的抵抗变形的力。它的物理定义基于力的分布,即作用力除以受力面积,其公式为

$$\sigma = \frac{F}{A} \tag{公式 2-1}$$

其中,σ 表示应力;F 表示作用在材料表面上的力;A 表示受力面积。这个公式在描述宏观材料(如金属、塑料)的力学行为时非常有效。然而,在肌肉骨骼系统(如骨骼、软组织)中,不同组织的各向异性、非线性和复杂的微观结构使得应力的表现更加复杂。

应力的作用机制可以分为两种主要形式:正应力和剪应力。正应力与材料表面的法线方向平行,导致材料的拉伸或压缩;剪应力则平行于材料表面,导致材料的剪切变形。

肌肉骨骼系统具有独特的结构和功能特性,这使得它们的应力响应与常规材料不同。例如,骨骼具有高度有序的层状结构,肌腱则由胶原纤维组成,这些微观结构直接影响材料在外力作用下的应力分布。

此外,肌肉骨骼系统的力学性能通常是非线性的,即应力与应变之间的关系不是简单的线性关系。这种非线性特性需要通过复杂的力学模型和实验数据来进行描述与分析。

(二) 正应力

正应力是指作用在材料表面上的力沿法向方向施加,导致材料产生拉伸或压缩的应力。在肌肉骨骼系统中,正应力的表现形式多样且与组织的力学特性密切相关。正应力的定义为材料在受力方向上的单位面积所承受的力。根据作用力的方向,正应力可以进一步分为压应力和拉应力。

压应力(compressive stress):当力施加在材料表面并使材料压缩时产生的应力,压应力常见于骨骼和关节在承受体重或外部冲击时的情境中。压应力会导致材料的体积减小和密度增大,通常在骨骼中由外力或体重引起,作用于骨骼的轴向方向。长期的压应力可以引发骨密度的增加,这是骨组织的一种适应性反应,有助于增强骨骼的强度和耐受力。然而,过大的压应力可能导致骨骼的屈曲甚至骨折,尤其当施加的应力超过材料的屈服点时。在压应力作用下,材料会经历弹性变形和塑性变形两个阶段。在弹性变形阶段,材料能够恢复到原来的形状,而在塑性变形阶段,材料可能会发生永久性变形,无法恢复。

拉应力(tensile stress):当力使材料沿施加力的方向拉伸时产生的应力,拉应力在肌腱、韧带等组织中表现尤为显著。拉应力使材料沿着受力方向伸长,同时其横截面积会缩小。在肌肉骨骼系统中,拉应力的耐受性与材料的纤维结构密切相关。肌腱和韧带在拉应力下表现出高强度和良好的弹性,能够在一定范围内有效应对拉伸。然而,过大的拉应力可能导致这些组织撕裂或断裂,尤其是在超过其极限拉伸强度时。此外,长期的拉应力可能导致材料疲劳累积,最终引发微损伤甚至更严重的损害。在拉应力下,材料通常首先经历弹性变形,即材料在受力解除后能够恢复原状,随着应力的增加,材料会进入塑性变形阶段,此时材料可能发生永久变形,无法完全恢复。材料的极限拉伸强度则是指在断裂前材料能够承受的最大拉应力。

1. 正应力

肌肉骨骼系统的结构特点决定了其在正应力作用下的响应方式,从而影响它们的力学表现。骨骼作为人体中承受正应力最显著的组织之一,其结构的多层次特性,如皮质骨与松质骨的不同密度和排列方式,决定了其在压应力和拉应力下的不同力学表现。

在人体活动中,骨骼经常承受来自体重的压应力,特别是在下肢骨骼,如股骨和胫骨。这些骨骼结构承受着相当大的压应力,使其适应并增强结构强度。然而,若压应力过大,可能会导致骨骼的疲劳损伤,最终引发应力性骨折,如常见的胫骨应力性骨折。在某些运动如跳跃或跑步中,骨骼也会承受拉应力。此时,拉应力通常伴随肌肉的收缩,肌腱通过附着在骨骼上的部位将拉力传递给骨骼,从而形成拉应力。骨骼对拉应力的反应包括骨小梁的排列方向,这些微观结构在应力沿骨骼纵轴方向时提供额外的支持。

肌腱和韧带在骨骼与肌肉之间起着重要的连接作用,它们主要负责传导力和稳定关节(图2-1)。肌腱和韧带在承受拉应力时,其内部的胶原纤维会排列成紧密的束状结构,以应对这些力的作用。肌腱在肌肉收缩时承受拉应力,将力传递到骨骼上,从而推动肢体运动。其弹性模量和抗拉强度使其能够在较高的拉应力下保持功能,但反复的高强度拉应力可能会导致肌腱炎症或撕裂。韧带则在稳定关节和限制关节运动范围中扮演关键角色。当关节在极端运动范围内时,韧带承受的拉应力显著增加。如果超过韧带的承受能力,可能会导致韧带的拉伤或断裂。

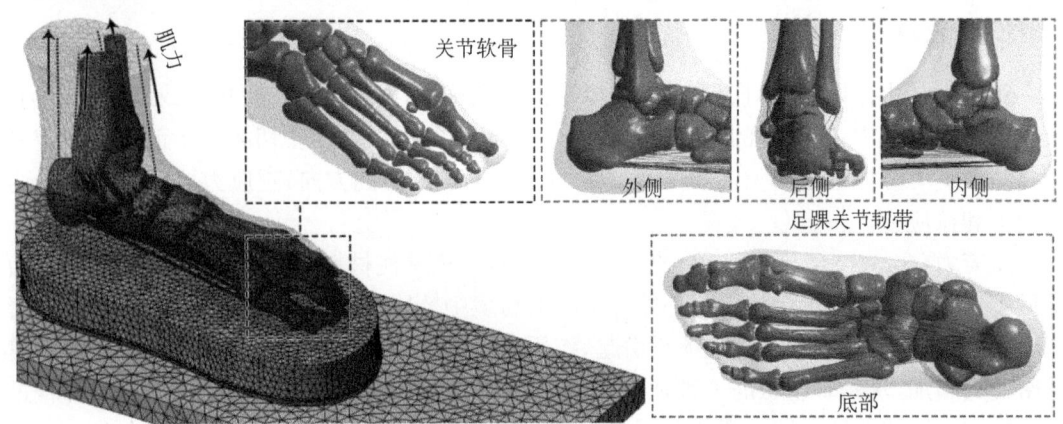

图 2-1　足踝关节主要肌腱和韧带示意图

在软组织中,虽然剪应力通常是主要的力学负荷,但正应力也会在一些特殊情况下显现。例如,在皮肤组织的创伤或手术缝合中,局部会产生拉应力。这些应力对组织的愈合过程和瘢痕形成具有重要影响。

2. 骨骼中的正应力:负荷与适应性

骨骼在日常活动和运动中承受的正应力主要源于机械负荷,这一过程体现了骨骼的适应性反应。根据沃尔夫定律(Wolff's law),如果骨骼负荷增加,就会发生重塑,使骨骼能够更好地抵抗这种负荷。换句话说,骨骼会根据所承受的正应力进行重新排列和重塑,以优化其功能和承载能力。同样,如果骨骼负荷减少,稳态机制将转向分解代谢状态,骨骼将只能够承受其所承受的负荷。

骨密度与应力的关系密切相关。通常,骨密度的增加与力学负荷(尤其是压应力刺激)呈正相关关系。那些长期承受较大负荷的骨骼,如运动员的长骨,常常展现出更高的骨密度和更厚的皮质骨。这是因为骨骼在面对较大负荷时,能够通过增加骨密度来增强其结构强度和耐受能力。在应力作用下,骨骼经历一个动态的重塑过程,这个过程涉及成骨细胞和破骨细胞的相互作用。成骨细胞负责构建新的骨组织,而破骨细胞则分解旧的骨组织。适当的应力能够刺激成骨细胞的活性,促进骨密度的增加。相反,长期缺乏应力可能导致骨质疏松症,因为骨骼在缺乏负荷的情况下,骨密度会减少,骨组织变得更加脆弱。

然而在某些情况下,如人工关节置换手术后,骨骼可能会经历"应力屏蔽效应"。在这种情况下,植入物承载了部分负荷,减少了骨骼所承受的应力,导致骨密度的下降。这种应力屏蔽效应可能会引发植入物周围的骨吸收,并导致植入物的松动。因此,理解和管理骨骼对不同应力的反应,对于确保骨骼健康和人工植入物的长期稳定性至关重要。

3. 肌腱与韧带中的拉应力:结构与功能

肌腱和韧带的力学功能高度依赖于其独特的纤维状结构。如图 2-2 所示,胶原纤维的排列方向与拉应力平行,这种结构使得这些组织能够高效地承受并传递来自肌肉的拉应力。胶原纤维是肌腱和韧带的主要组成成分,其优越的力学特性使它们在拉伸过程中展现出卓越的性能。胶原纤维的高拉伸强度和弹性模量使这些组织能够在承受拉应力时保持结构稳定,紧密的排列和一致的方向有助于减少组织的剪切变形,从而提升力的传递效率。

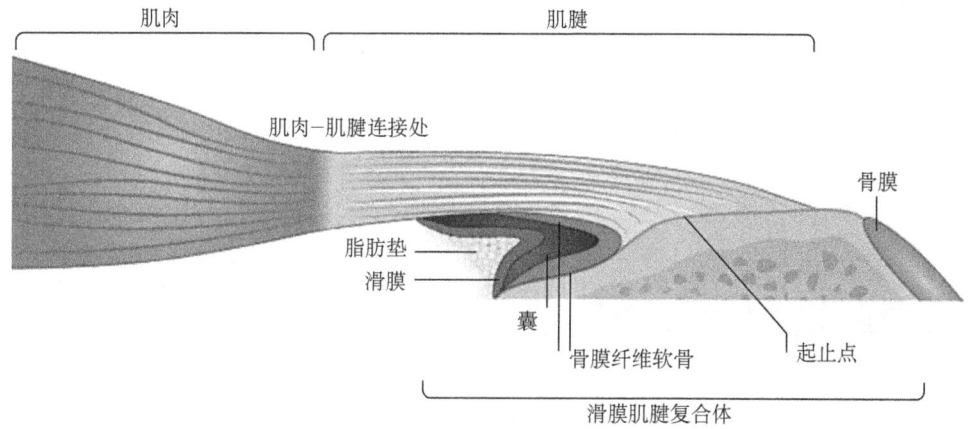

图 2-2　骨骼附着处肌腱结构和纤维软骨滑膜附着复合体(Gracey et al., 2020)

肌腱在长期和重复的拉应力作用下,会经历适应性变化。这些变化包括纤维的增厚和排列方向的优化,这一过程增强了肌腱的抗拉强度和耐疲劳性,从而降低了运动损伤的风险。肌腱的适应性不仅提高了其对高强度拉应力的耐受能力,还改善了其在动态负荷下的表现,使其能够更有效地传递力并减少损伤。

韧带则主要负责限制关节的过度运动,因此在关节经历极端活动(如过度扭转或伸展)时,韧带承受的拉应力显著增加。韧带的结构使其在拉应力下表现出较高的弹性,这种弹性帮助韧带在关节运动中提供必要的支持。然而,当拉应力超过韧带的承受能力时,可能会导致纤维断裂或韧带撕裂,这种损伤常见于剧烈运动或意外事故中。因此,了解和优化肌腱和韧带的力学特性对于预防与治疗相关损伤至关重要。

4. 正应力的计算方法与建模

在生物力学研究中,正应力的计算通常结合实验数据和计算模型进行,其中有限元分析(finite element analysis,FEA)是研究肌肉骨骼系统应力分布的常用方法之一。有限元分析的核心原理是将复杂的结构分解成多个小的有限元素,从而近似求解整个结构的应力分布问题。每个有限元素的应力状态通过求解相应的力学平衡方程来确定,从而得到整个模型的应力分布情况。

进行正应力分析时,模型构建是关键的一步。研究人员会基于生物组织的实际解剖结构来构建模型。例如,在骨骼的正应力分析中,模型不仅需要准确描述骨的几何形状,还必须考虑材料属性,如弹性模量和泊松比,以及外力条件,如体重和肌力。这些因素都会影响骨骼在不同负荷下的应力分布,因此必须在模型中得到准确体现。

为了确保有限元模型的准确性,通常需要通过实验数据进行验证。研究人员可以通过体外试验来测量骨骼在加载下的变形数据,并将这些数据与模型预测的应力分布进行对比。这种对比验证模型的可靠性,使得有限元分析不仅能提供理论上的应力分布预测,还能在实际应用中反映出真实的生物力学行为。通过这种实验与计算相结合的方式,生物力学研究能够更加准确地揭示肌肉骨骼系统在各种负荷条件下的应力响应,从而为相关的科学研究和临床应用提供可靠的数据支持。

5. 正应力在生物力学中的实验研究

正应力的研究不仅依赖于理论模型,还需要结合实验研究,以全面理解肌肉骨骼系统在实际条件下的力学行为。应变计测量是一种常用的实验方法,通过将应变计黏附于肌肉骨骼系统内各组织的表面,可以实时监测材料在受力条件下的应变。这些应变数据可以用于间接推算正应力的大小,从而帮助研究人员分析材料在各种负荷下的响应。

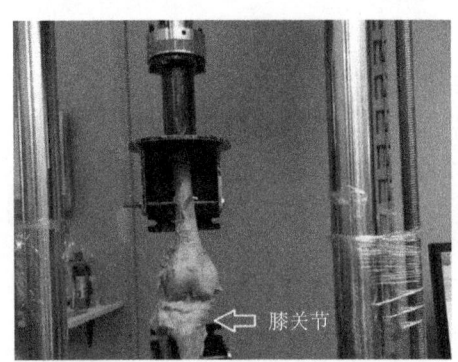

图 2-3 膝关节连接处应力测试

此外,力学测试仪器在评估肌肉骨骼系统内各组织的力学性能方面也发挥着重要作用。如图 2-3 所示,这些仪器可以用于进行拉伸、压缩和弯曲测试,从而帮助研究人员深入理解材料在不同应力条件下的力学行为。例如,通过拉伸测试,可以测定肌腱的抗拉强度和断裂延伸率,这些数据对于评估肌腱的耐久性和功能性至关重要。

在控制的实验环境下进行的材料力学性能测试则提供了对骨骼和软组织的关键力学参数的深入了解。这些测试揭示了材料在正应力作用下的应力-应变关系、极限强度和屈服点等重要参数。这些信息不仅帮助科学家们理解肌肉骨骼系统内不同组织的力学特性,还为临床应用和生物力学研究中的技术开发提供了基础数据。

通过将这些实验方法与理论模型相结合,研究人员能够更加全面地掌握肌肉骨骼系统在实际应力条件下的表现。这种结合不仅提升了对肌肉骨骼系统力学行为的理解,也为相关领域的应用研究提供了坚实的基础。

6. 正应力损伤机制

肌肉骨骼系统内不同组织在承受过度正应力时可能会出现不同类型的损伤。理解这些损伤机制对于预防运动损伤和设计耐用的医疗植入物至关重要。

骨骼是最常见的受损组织之一,尤其是在长期高强度压应力或拉应力的作用下,骨骼可能会发生疲劳损伤。疲劳损伤是持续的应力反复作用在骨骼上而累积的微小损伤,最终可能导致应力性骨折。这类骨折通常发生在高频率、重复性应力集中的部位,如长时间跑步导致的胫骨应力性骨折。骨骼的疲劳损伤需要通过适当的运动和休息来预防与治疗,以避免进一步的骨折和功能损失。

肌腱和韧带在承受过度拉应力时也容易受到损伤。肌腱损伤通常表现为纤维断裂,这种损伤常伴有急性疼痛和功能丧失,可能严重影响运动员的表现。韧带的损伤则经常发生在关节的过度伸展或扭转情况下,尤其是在高强度运动中。韧带的损伤可以导致关节的不稳定性和长期功能问题,因此,适当的预防和康复措施对于运动员的健康至关重要。

软组织虽然主要承受剪应力,但在创伤或极端应力的作用下也可能遭受正应力引起的损伤。例如,在皮肤过度拉伸时,可能会产生微小裂口。这些微裂口在外科手术和创伤愈合过程中尤为重要,因为它们可能影响伤口的愈合速度和质量。了解这些损伤的机制有助于开发更有效的治疗方法和保护措施,从而减少运动和医疗过程中发生的软组织损伤。

7. 正应力在临床应用中的意义

正应力分析在许多临床应用中发挥着至关重要的作用,尤其是在骨科、运动医学和康复领域。深入了解正应力如何影响生物组织的结构和功能,有助于制订更加有效的治疗方案,并改进医疗设备的设计,从而提升患者的治疗效果和生活质量。

在骨折愈合与修复方面,正应力的管理尤为重要。合理的应力分布对于骨折部位的愈合至关重要,适当的机械负荷可以促进新骨的形成和骨折的愈合。然而,不当的应力分布可能导致骨折愈合延迟或骨不连。使用内固定装置,如钢板和螺钉时,其设计和放置方式必须仔细考虑,以确保骨骼在愈合过程中承受适当的应力,促进骨愈合并降低并发症的风险。

在关节置换手术中(如髋关节或膝关节置换),人工关节的设计必须充分考虑植入物与周围骨组织之间的应力分布。如果植入物导致应力集中或产生应力屏蔽效应,可能会引发骨质疏松或植入物的松动,进而影响术后的康复和关节功能。因此,优化人工关节的设计以实现应力均匀分布,是提高手术成功率和长期效果的关键因素。

正应力分析在运动损伤的预防与康复中同样发挥着重要作用。通过分析运动员在训练和比赛中的应力分布,能够识别潜在的损伤风险区域,并制订相应的预防措施。此外,在康复过程中,逐步增加正应力的负荷有助于促进受伤组织的重建和功能恢复,从而加快康复进程,并减少再次受伤的可能性。

生物力学测试与诊断工具的发展也离不开正应力分析技术。例如,利用压力传感器测量足底压力分布,可以帮助诊断足部畸形或步态异常,进而制订个体化的矫正措施。这些技术的应用不仅提高了诊断的准确性,也使得治疗方案更加科学和个体化。

8. 前沿研究与正应力的未来发展方向

随着科学技术的不断进步,正应力分析的研究领域也在迅速拓展,呈现出一系列令人期待的发展方向。个性化医疗和三维(3D)打印技术的结合正在开辟新的可能。个性化医疗的兴起使得研究人员能够将正应力分析应用于根据患者的具体需求和解剖结构量身定制治疗方案。三维打印技术的应用为骨科植入物的定制提供了有力支持,医生可以基于患者的独特解剖特征,设计和制造专属的植入物,这不仅优化了应力分布,还减少了手术并发症的发生。

与此同时,计算生物力学和虚拟现实技术的融合正推动正应力分析向更高的精度与多尺度发展。先进的计算技术,如有限元分析和分子动力学模拟,为生物力学研究提供了强大的数据支持,使得模型能够在更复杂的环境中精确预测应力分布。虚拟现实技术的引入,更是为正应力分析提供了直观的三维视角,大大提升了医疗培训和手术规划的效果,使得医务人员能够在虚拟环境中进行更为详尽的训练和模拟,从而提高手术的成功率。

此外,应力与细胞生物学的交叉研究也逐渐成为一个重要领域。随着对细胞如何响应外力机制的深入了解,正应力分析开始融入细胞生物学研究。这包括探讨细胞在正应力下的生物反应,如基因表达的改变、细胞迁移和分化等。这一方向的研究为组织工程和再生医学提供了新的思路,有望在未来推动更多创新疗法的发展。

(三)剪应力

在理解了正应力之后,我们来探讨另一种重要的应力形式——剪应力。剪应力在生物材料中的表现形式与正应力截然不同,但同样重要。剪应力是指作用力平行于材料表面,导致材料发生剪切变形的应力。其基本公式为

$$\sigma = \frac{F_{\text{Shear}}}{A}$$
(公式 2-2)

其中，σ 表示应力；F_{Shear} 表示作用在材料表面平行方向上的力；A 表示受力面积。剪应力通常伴随着材料层之间的相对滑动，常见于生物组织的关节面、血管壁等处。

1. 剪应力与材料的剪切变形

剪应力在材料内部引发的层次结构滑移是导致剪切变形的根本原因，这种变形直接与材料的结构、组成及纤维方向密切相关。剪切模量是评估材料在受剪应力作用下抵抗变形能力的重要参数。它描述了材料抵抗剪应力引发的形变的能力。在肌肉骨骼系统中，剪切模量的差异显著影响其力学表现。例如，软骨组织的剪切模量相对较低，使其能够在关节运动过程中有效地吸收和分散剪应力，提供关节的缓冲和支持。

剪切应变是指材料在剪应力作用下的变形程度，通常以剪切角度的变化来表示。剪切应变的大小取决于施加在材料上的剪应力及材料的力学特性。在肌肉骨骼系统中，这种应变对于理解组织在实际生物负荷下的表现至关重要。例如，在软组织如皮肤或肌肉中，剪切应变的变化可以揭示组织在不同剪应力条件下的适应能力和潜在的损伤风险。

2. 生物材料中的剪应力：从微观到宏观

剪应力在肌肉骨骼系统中的表现与其微观结构密切相关，不同组织在应对剪应力时展现出独特的力学行为。例如，关节软骨是承受剪应力的主要生物组织之一。在关节运动过程中，软骨表面的剪应力主要由滑动摩擦力产生。软骨组织含有大量水分和蛋白多糖，这使得它能够有效吸收和分散剪应力，从而保护关节免受磨损。然而，长期的高剪应力可能对软骨造成损害，引发关节炎等疾病。特别是在关节负荷不均或运动不对称的情况下，剪应力的集中区域容易发生软骨磨损。为了适应剪应力，软骨组织会经历一定的适应性变化，如基质的重构和细胞外基质成分的调整，这有助于提高软骨的抗剪切能力，延缓退化进程。

血管壁中的剪应力同样具有重要的生理意义。血液流动产生的剪应力对血管壁有显著影响，不仅改变血管内皮细胞的形态和功能，还在动脉粥样硬化等心血管疾病的发展中扮演关键角色。适度的剪应力能够刺激内皮细胞释放一氧化氮（NO），这一生物分子有助于血管舒张和维持血管健康。然而，异常的剪应力，如长期的高剪应力或低剪应力，可能导致内皮细胞功能障碍，进而引发动脉硬化等心血管疾病。血管壁的力学响应包括结构的重塑和细胞功能的变化。例如，在高剪应力条件下，血管壁可能发生增厚和硬化，以适应新的应力环境，这种重塑反应对维持血管结构的完整性和功能至关重要。

3. 剪应力的计算方法与数值模拟和生物力学实验分析

与正应力类似，剪应力的分析也依赖于实验测量和数值模拟的结合。实验测量是评估剪应力的基础，通常需要使用特殊设计的力学测试装置，如剪切测试仪。这些仪器能够精确测量施加在材料上的剪切力和由此产生的变形量，从而计算出材料的剪应力和剪切模量。例如，在测试过程中，实验者通过施加已知的剪力并记录材料的变形，能够获得剪切模量这一重要参数，该参数反映了材料在剪应力作用下的抵抗能力。

与此同时，数值模拟方法为剪应力的分析提供了强大的工具。常用的模拟技术包括有限元分析和计算流体力学。这些方法允许研究人员在计算机上构建详细的肌肉骨骼系统模型，并预测不同条件下的剪应力分布。有限元分析可以用于模拟关节软骨表面或血管壁内的剪应力情况，帮助研究人员理解在复杂结构中剪应力的变化和分布。通过数值模拟，研人员能够探索各种设计方案和环境条件下肌肉骨骼系统内不同组织的剪应力响应,这对于开发耐剪应力的植入物、优化医疗器械设计及制订有效的治疗方案都具有重要意义。

4. 剪应力在临床应用中的重要性

剪应力的分析在多个临床应用领域中发挥着重要作用,尤其在关节保护、心血管疾病治疗和外科手术中表现得尤为关键。通过对剪应力的深入理解,可以显著改善这些领域的诊断和治疗策略。

在关节保护与运动康复方面,了解剪应力在关节运动中的作用至关重要。这种理解使得开发更有效的关节保护措施和运动康复方案成为可能。例如,设计运动鞋或关节支具时,可以通过降低关节表面的剪应力,来降低运动损伤的风险。通过这种方式,不仅能够缓解关节的负担,还可以在运动员或患者的康复过程中提供更好的保护。

在心血管疾病的治疗与预防中,剪应力分析提供了重要的指导。了解血管壁的剪应力有助于揭示血管疾病的发生机制,从而优化预防和治疗策略。例如,药物干预可以通过调节血流中的剪应力,来减缓动脉粥样硬化的进展。此外,在支架植入术中,设计支架形状以减少剪应力的集中效应,可以提高手术的长期成功率,降低术后并发症的风险。

外科手术与伤口愈合同样受益于剪应力的分析。在手术过程中,合理分布剪应力对于促进组织愈合和减少瘢痕形成至关重要。通过分析剪应力,可以改进伤口处理方法,并开发新型的手术缝合材料和技术,这些技术不仅能够增强愈合效果,还能提高患者的整体恢复速度。

5. 剪应力的未来研究趋势

随着技术的不断进步,剪应力的研究领域也在不断扩展,未来的发展方向呈现出几个重要趋势。首先,跨尺度剪应力分析将成为研究的重点。这一研究方向涵盖了从分子水平到组织层面的剪应力分析,旨在揭示剪应力在不同生物层次上的作用机制。通过这样的跨尺度研究,我们能够更全面地理解剪应力对生物组织的影响,从微观的分子机制到宏观的组织反应,提供一种全方位的视角。

此外,剪应力与人工假体或骨科植入物之间的相互作用将引起更多关注。未来的研究将集中于剪应力如何与新开发的人工假体或骨科植入物相互作用,尤其是那些具备自适应功能的材料。例如,开发能够响应剪应力变化的智能人工假体或骨科植入物,这些材料可用于设计更为高效的血管支架或关节植入物。这种材料的应用不仅可以提高植入物的功能性,还能有效应对体内环境的变化。

个性化医疗也是剪应力研究中的一个重要发展方向。随着精准医疗技术的进步,剪应力分析将被应用于个体化治疗方案的设计。利用个体化的患者数据进行模拟,可以预测特定关节或血管中的剪应力分布,从而为每位患者量身定制优化的治疗方案,提高治疗效果并减少并发症的发生。

剪应力对细胞生物学的影响也将是未来研究的一个重要方向。深入探讨剪应力如何影响细胞信号传导和基因表达,特别是在干细胞分化和组织再生中的作用,将为组织工程和再生医学领域提供新的见解。这一研究方向不仅有助于理解剪应力对细胞的影响机制,还可能推动新型治疗方法和再生技术的发展。

(四)正应力与剪应力的比较与综合分析

正应力和剪应力是生物力学中最基础的应力形式,对生物组织的结构与功能有着深远的影响。通过对这两种应力的详细研究，我们可以更好地理解肌肉骨骼系统中不同组织的力学行为，并将这些知识应用于临床实践中。

在未来的研究中，结合先进的计算技术与实验手段，将进一步揭示正应力和剪应力在复杂生物系统中的作用机制。这不仅有助于开发新的治疗方法，还将推动材料科学、组织工程和再生医学的发展。通过跨学科的合作与创新，正应力与剪应力的研究将继续为人类健康做出重要贡献。

1. 正应力与剪应力的联合作用与复合应力

在生物力学中，正应力与剪应力的联合作用常常导致复杂的复合应力状态，这种复合应力状态在人体的多个结构中普遍存在。复合应力是指在同一受力点上同时存在多种应力形式，包括正应力、剪应力及其变种。这些应力形式共同作用，导致生物组织在应力环境中的力学行为变得更加复杂，如骨骼、软组织和关节等部位都受到这些复合应力的影响。

复合应力的分类主要依据应力的性质和作用方向。常见的复合应力形式包括平面应力、体应力和多轴应力状态。平面应力通常出现在薄板状的结构中，如骨骼表面或关节软骨层。在这种情况下，应力主要沿两个主方向分布，第三个方向上的应力可以忽略。因此，平面应力分析常常简化为二维问题。体应力则涉及三维应力状态，常见于骨骼和关节深处的力学分析，考虑所有三个空间方向上的应力。体应力状态对于理解复杂结构中的内部应力分布至关重要，因为它能够全面描述组织在三维空间中的力学行为。多轴应力状态是复合应力形式中最复杂的，涉及不同方向上的多个正应力和剪应力。这种应力状态通常出现在复杂形状的骨骼和不规则形态的软组织中，挑战着传统的应力分析方法。

针对复合应力的理论与计算方法也在不断发展。应力张量是一种数学工具，用于描述不同方向上应力的综合作用，适用于三维应力分析。应力张量通过数学表达形式清晰地揭示了在多方向上应力的相互作用。莫尔圆是一种可视化工具，主要用于分析平面应力状态下的主应力和最大剪应力。它通过图解方法简化了复杂的应力关系，使工程生物力学中的应力分析更加直观和易于理解。有限元分析是一种高级数值模拟方法，用于处理复杂应力状态下的结构分析。该方法将复杂的组织划分为许多小的有限单元，通过求解这些单元中的力学方程，得出整个结构的应力分布情况。

2. 复合应力

肌肉骨骼系统在复合应力作用下展现的力学行为远比在单一应力状态下更加复杂。这种复合应力的存在通常会引发材料的非线性响应、应力集中效应及微观结构变化，这些效应对材料的力学性能和生物功能具有深远的影响。

复合应力常常导致肌肉骨骼系统内各组织的非线性力学行为。例如，在软组织和骨骼的弹性极限之外，材料的应力-应变曲线可能表现出明显的非线性区域。这种非线性行为主要由于材料在复合应力作用下的复杂内部相互作用所致。对于软组织，如肌腱和韧带，其应力-应变关系可能在承受高强度复合应力时表现出更为显著的非线性，这直接影响组织的功能和稳定性。骨骼在经历较大的复合应力时，尤其是在骨折和骨重建过程中，也可能显示出类似的非线性特征。

应力集中效应是复合应力作用下的一个重要现象。这种效应通常发生在材料的几何不连续处，如骨折边缘、关节表面或软组织附着点。在这些区域，由于几何形状的不规则性或材料的局部缺陷，应力会集中在小范围内，局部应力显著增加。这种应力集中常常成为材料损伤和退化的发源点,尤其是在高负荷或重复负荷的情况下。例如,在骨折的愈合过程中,骨折边缘的应力集中可能导致愈合不良或进一步的骨折。

复合应力还可以引起肌肉骨骼系统各组织内部微观结构的变化。这些微观结构变化包括软骨组织中的纤维方向重排、骨骼组织的再生与改建等。这些变化不仅影响材料的力学性能,还可能对其生物功能产生深远影响。例如,软骨在长时间承受复合应力时,可能会发生纤维的重排以适应新的应力分布,从而改变其力学特性。骨骼组织在经历复合应力时,可能通过骨重塑过程进行再生和改建,以增强结构强度和稳定性。这些微观结构的变化有助于材料适应复杂的力学环境,但也可能导致长期的性能变化和功能损失。

3. 多轴应力条件下的生物力学表现

多轴应力状态下的材料弹性与塑性表现显著不同于单轴应力状态。肌肉骨骼系统在多轴应力条件下的弹性和塑性行为常常受到显著影响。例如,软组织在多轴拉伸条件下通常表现出各向异性,即在不同方向上的力学特性有所不同,而在单轴拉伸条件下则趋向于各向同性。多轴应力使得材料内部的微观结构和组织安排会发生复杂的变化,从而影响其整体的弹性和塑性响应。

多轴应力条件下的疲劳与损伤过程也更加复杂。在重复运动或高强度活动中,肌肉骨骼系统内各组织如关节软骨和骨骼在多轴应力作用下可能经历加速磨损和损伤。例如,关节软骨在承受多轴应力时,其表面和内部结构可能出现更多的磨损和裂纹,这最终可能导致退行性疾病如骨关节炎。骨骼在高强度的多轴负荷下也可能出现疲劳裂纹,增加骨折的风险。多轴应力条件下的疲劳和损伤进程对于制订有效的预防和治疗策略具有重要意义。

动力学分析在运动过程中对多轴应力状态的影响尤为重要。通过动力学分析,研究人员可以预测生物组织在复杂运动模式下的应力分布。这种分析有助于理解运动过程中如何产生和分布多轴应力,从而为预防运动损伤和优化运动表现提供科学依据。例如,运动员的运动分析可以帮助识别特定运动模式下的应力集中区域,并指导如何调整训练方法以减少损伤风险。此外,动力学分析还可以用于改进运动装备的设计,确保在运动过程中提供适当的支撑和保护。

4. 应力与应变的相互关系及其在生物力学中的意义

应力和应变是描述材料在外力作用下变形与内部应力分布的关键物理量。在生物力学中,理解应力与应变的关系对于分析肌肉骨骼系统的力学行为至关重要。应力-应变曲线作为研究材料力学性能的基础工具,能够直观地展示肌肉骨骼系统内不同组织在受力时的表现。这些曲线反映了材料的弹性模量、屈服强度和断裂韧性等重要特性,而肌肉骨骼系统的各个组织因为不同的组织类型,在这些曲线上展现出独特的行为特征。例如,弹性行为在软骨和皮肤中较为常见,这些组织能够在受力后恢复原状;塑性行为则常见于骨骼,骨骼在承受应力时会出现永久性变形;黏弹性行为是许多软组织的典型表现,这些组织在应力作用下既表现出弹性又表现出黏性特征。

在生物力学模型中,应力-应变关系作为关键输入参数,通过实验数据建立的精确力学模型能够预测组织在各种应力条件下的表现。这些模型帮助研究人员深入理解组织在不同力学环境中的行为,从而为临床应用和治疗策略提供科学依据。

5. 动态载荷下的应力分析

动态载荷(如冲击、振动和周期性应力)对肌肉骨骼系统的力学行为产生深远的影响,因此，理解这些载荷下的应力反应对于预防运动损伤和设计更安全的人工假体和骨骼植入物至关重要。动态载荷往往会导致肌肉骨骼系统中的应力集中，尤其是在材料的边缘或结构不连续处。长期承受动态应力可能导致材料的疲劳失效，如骨骼可能出现应力性骨折，而软组织则可能发生撕裂。

冲击载荷是指在短时间内施加的大幅度载荷，常见于运动损伤或外伤。肌肉骨骼系统在冲击载荷下的力学行为包括高应力集中、应变速率敏感性及材料断裂的风险。由于冲击载荷的迅速施加，肌肉骨骼系统在面对这种应力时可能出现极端的力学反应。

为分析动态应力，研究人员通常采用时间序列分析和频域分析方法。这包括瞬态分析、模态分析和谐波分析等技术，这些方法有助于深入理解肌肉骨骼系统在周期性或瞬态载荷下的应力响应。通过这些技术，能够更准确地预测和评估材料在实际应用中的表现，从而优化人工假体和骨科植入物的设计和提高其耐用性。

（五）跨学科的视角与应力分析的未来发展

1. 力学与工程学的交叉研究

肌肉骨骼系统力学与工程学的交叉研究推动了新材料和新技术的发展。这些研究不仅深化了对肌肉骨骼系统力学特性的理解，也促进了植入物设计、组织工程和再生医学的发展。

2. 应力分析在计算生物学中的应用

计算生物学利用数值模拟技术深入研究生物系统中的应力分布与响应，这对于理解肌肉骨骼系统的力学行为和疾病机制具有重要意义。有限元分析作为一种强大的工具，在模拟复杂结构中的应力分布方面发挥着核心作用。通过将肌肉骨骼系统内不同组织分解为许多小的单元，有限元分析能够准确地预测应力和应变的分布。这种方法被广泛应用于骨骼系统、关节及生物植入物的设计和优化，帮助研究人员理解和改善这些结构在实际应用中的表现。

另外，计算流体力学用于模拟流体在生物体内的流动情况，特别是血液流动对血管壁的剪应力影响。计算流体力学技术对于揭示血管疾病的发生机制，如动脉粥样硬化，具有重要意义，同时也帮助优化医疗器械的设计，如心脏支架和人工瓣膜。通过分析流体动力学，计算流体力学可以提供关于血管和其他流体通道内部应力分布的宝贵信息。

分子动力学模拟则专注于在分子层面上研究肌肉骨骼系统的应力响应，尤其是在细胞和细胞外基质互动的情况下。这种模拟通过跟踪分子运动，揭示了细胞如何响应外部应力，并提供了关于肌肉骨骼系统机械性能的微观层面理解。分子动力学模拟对于研究细胞内部的力学行为和材料的微观结构特性至关重要。

多尺度建模将宏观、介观和微观层面的分析结合起来，提供了对肌肉骨骼系统应力行为的全面理解。通过将宏观结构的应力分析与微观结构的材料特性结合，多尺度建模能够更准确地预测肌肉骨骼系统在各种力学条件下的综合力学行为。这种整合方法有助于深入理解复杂生物系统中的应力分布，并指导更有效地设计和改进策略。

3. 新材料与新技术在生物力学中的前景

随着材料科学和技术的进步，许多新材料和新技术正在推动生物力学领域的发展。智能材料和自适应材料是这一领域中的重要进展，它们能够响应环境变化并调整其物理性能。

自愈合材料，作为一种智能材料，能够在受损后自动修复，从而减少长期使用中的磨损和损伤。这种材料在制造长期植入物，如人工关节和骨钉时表现出显著的优势，因为它们能够延长植入物的使用寿命并提高其可靠性。形状记忆合金是另一类重要的智能材料，它们能够在温度变化时恢复到原始形状。这种特性使得形状记忆合金在医疗器械中具有重要应用，如支架和血管内导管的设计（图2-4），因为它们可以提供精确的支撑和稳定性。

生物打印和组织工程技术也在不断发展，为再生医学和组织工程提供了新的可能性。3D生物打印技术能够按照设计图层逐层打印，制造个性化的植入物和组织模型。这项技术允许研究人员创建具有特定力学性能的骨骼模型和生物支架，能够更好地满足个体患者的需求。

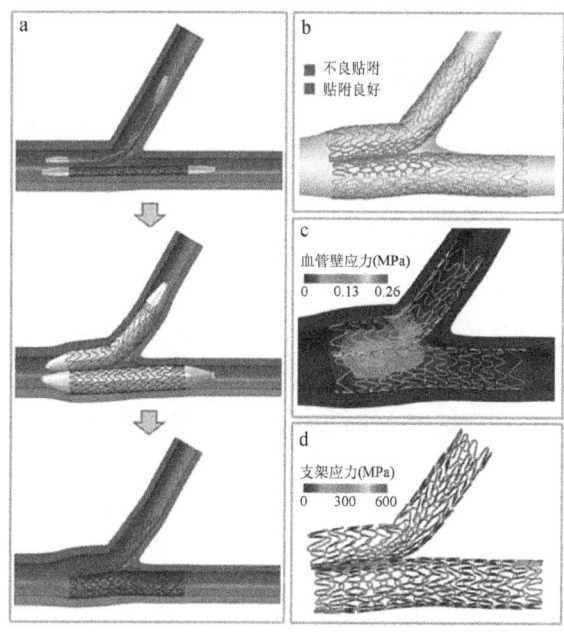

图2-4　通过仿真模拟技术对血管植入物进行应力分析

4. 大数据与人工智能在应力研究中的应用

大数据和人工智能在应力研究中的应用正变得越来越重要，为生物力学研究提供了全新的工具和方法。随着技术的发展，数据驱动的力学模型已经开始改变传统的研究方式。借助大数据技术，研究人员能够收集并分析大量的实验数据。数据驱动的力学模型利用机器学习算法来分析这些数据，识别应力和应变的模式与趋势，从而优化传统的理论模型。机器学习算法特别擅长处理复杂的应力数据，能够识别潜在的模式和异常，提升模型的预测准确性。例如，通过对运动员运动数据的分析，机器学习算法可以预测运动损伤的风险，帮助制订预防措施。数据融合技术进一步提升了分析的全面性，它通过结合来自不同来源的数据（包括实验数据、临床数据和模拟结果）以提供更为精准的力学分析和预测。

人工智能的引入也在智能诊断和预测方面带来了显著变化。人工智能系统能够自动分析医学影像，检测组织变化并预测疾病进展。例如，人工智能可以通过分析计算机体层成像（CT）扫描、磁共振成像（MRI）和X线影像来识别潜在的损伤和异常。通过对骨密度图像的分析，人工智能可以有效预测骨折风险，从而为患者提供早期干预。此外，基于历史数据和机器学习算法，人工智能能够建立预测模型，用于预测运动损伤、骨折愈合进程及植入物的使用寿命。这些预测模型不仅帮助医生做出更精准的诊断，还能优化治疗策略。

个性化医疗和治疗方案的制订也得到了人工智能和大数据技术的支持。通过分析患者的个体数据，人工智能能够量身定制治疗方案，满足患者的特定需求。个性化康复计划是这一领域的一个应用实例，人工智能系统能够分析患者的运动数据，提供个性化的康复建议，从而优化恢复效果。基于实时监测数据，人工智能还可以动态调整治疗方案，及时应对患者的实际情况和需求。这种实时调整能力使得治疗更加灵活有效，有助于提高治疗结果并缩短康复时间。

二、应变

(一) 应变的定义与分类

应变是描述物质在外力作用下形变的一个重要概念。它衡量了物质在受力后的变形程度,反映了力学行为对材料的影响。在运动生物力学中,理解应变的概念对于分析骨骼肌、肌腱及其他结缔组织的力学性能至关重要。应变不仅帮助我们描述和预测材料在实际应用中的行为,也为设计和优化运动设备及康复方案提供了理论基础。

1. 线应变与体积应变

应变的定义可以从线应变和体积应变两个方面来详细探讨。线应变是描述材料在受力作用下长度变化的比例。它是测量一维变形的基本参数,通常表示为物体长度的相对变化。线应变的计算公式为

$$\text{线应变} = \frac{\Delta L}{L_0} \quad \text{(公式 2-3)}$$

其中,ΔL 表示物体长度的变化量;L_0 表示原始长度。这种应变类型在分析肌肉和肌腱的线性变形时尤为重要。例如,当肌肉在收缩或伸展过程中发生变化时,线应变能够提供关于其变形程度的定量数据。

体积应变则描述了材料体积在受力作用下的变化。它用于衡量三维变形,反映了物体在各个方向上的整体体积变化。体积应变的定义为

$$\text{体积应变} = \frac{\Delta V}{V_0} \quad \text{(公式 2-4)}$$

其中,ΔV 表示物体体积的变化量;V_0 表示原始体积。在研究复杂的三维结构,如关节和结缔组织的力学行为时,体积应变为我们提供了对整体变形的了解。对于肌腱和韧带等组织,在受力时体积的变化直接影响其功能性和稳定性。

2. 弹性应变与塑性应变

在理解应变时,区分弹性应变与塑性应变是必不可少的。弹性应变是指材料在外力撤除后能够完全恢复到原始形状的变形。当材料经历弹性变形时,其应力与应变之间的关系是线性的,并且遵循胡克定律。具体而言,弹性应变遵循以下公式:

$$\text{弹性应变} = \frac{\sigma}{E} \quad \text{(公式 2-5)}$$

其中,σ 表示应力;E 表示弹性模量。这种应变在生物组织中表现为肌肉和肌腱在施加力后能够恢复到原始状态。例如,健康的肌肉组织在训练后能够迅速恢复到训练前的状态,这一过程依赖于其弹性应变特性。

与弹性应变不同,塑性应变是指材料在外力作用下发生了不可逆的变形,即使外力撤除,材料也无法恢复到原始状态。塑性应变的发生意味着材料经历了超过其弹性限度的应力。在生物组织中,塑性应变可以发生在肌肉过度拉伸或受力超限时,导致永久性损伤。例如,长期的过度训练可能会导致肌肉或肌腱的塑性应变,这种变形不仅影响运动功能,还可

能导致组织的结构性变化和功能障碍。

理解这两种应变形式对于运动生物力学的研究至关重要。弹性应变为运动组织提供了迅速恢复的能力，而塑性应变则提示我们关注过度负荷和损伤的风险。在运动训练和康复过程中，合理利用弹性应变原理并避免塑性应变是实现高效训练和有效恢复的关键。

（二）应变特性

肌肉骨骼系统的应变特性是理解人体组织如何在机械负荷下表现和反应的关键。骨骼、软组织如肌肉、肌腱、韧带等，都是肌肉骨骼系统的一部分，它们在生物力学研究中起着至关重要的作用。这些组织在结构上各有特点，因此在受到外力作用时，它们的应变行为和变形特性也各不相同。通过深入分析这些组织的应变特性，我们能够更好地理解它们的生物力学性能，进而优化运动表现和康复策略。

1. 骨骼、软组织的应变行为

骨骼作为人体的主要承重结构，其应变行为表现出与一般工程材料相似的特征。骨骼在受到外力时表现出弹性应变和塑性应变两种形式。在正常情况下，骨骼具有较高的弹性模量，这意味着它能够承受较大的应力而只产生较小的应变。当外力作用在弹性范围内时，骨骼可以恢复原状，而一旦超过弹性限度，骨骼就会发生塑性应变，甚至可能导致骨折。值得注意的是，骨骼的应变行为与其微观结构密切相关，如骨小梁的排列方向和密度都会影响骨骼的力学性能。

相比之下，软组织如肌肉、肌腱和韧带的应变行为与骨骼显著不同。软组织通常具有较低的弹性模量，表现出更大的柔韧性和可变形性。例如，肌肉在收缩和伸展过程中能够承受显著的长度变化，这种能力使其在运动中能够有效地调节身体姿势和动作。而肌腱和韧带则主要负责传递和缓冲力的传导，它们在运动过程中需要承受较大的拉伸和压应力。软组织的应变行为还受到组织内部胶原纤维的排列方式、含水量和组织的健康状况等因素的影响。

软组织的应变行为通常表现为非线性特征，在应力-应变曲线上可以看到不同的阶段。例如，初始阶段的应变主要是由于胶原纤维的重新排列和结构调整，随后在应力逐渐增大时，软组织的应变率会逐渐下降。这种非线性的应变行为对于理解和预测软组织在不同运动条件下的表现至关重要。

2. 应变率与组织变形的关系

应变率是指材料在单位时间内的应变变化率，它在肌肉骨骼系统的力学行为中起着关键作用。应变率的大小直接影响组织的变形特性，尤其是在动态运动和突发性应力情况下，肌肉骨骼系统的应变率表现出显著的时间依赖性。

在骨骼组织中，应变率对应力-应变关系有重要影响。研究表明，骨骼在高应变率下会表现出更高的强度和更低的变形能力。这意味着在快速的动态负荷下，如跳跃或突然转向，骨骼能够承受更大的应力而不易发生变形或断裂。这种行为可以部分归因于骨骼中含有的矿物质在高应变率下的反应特性。此外，应变率对骨骼的损伤风险也有直接影响，高应变率下骨骼的脆性增加，更容易导致应力集中和骨折。

对于软组织，如肌肉和肌腱，应变率同样是影响其力学性能的重要因素。在低应变率条件下，软组织表现出较大的变形能力和更高的柔韧性。这种特性在日常运动和缓慢的拉伸动作中表现得尤为明显,有助于组织在不受伤的情况下适应多种运动形式。然而,当应变率增加时,软组织的变形能力显著降低,表现出更高的刚性和抵抗变形的能力。在高速运动中,如冲刺或急停急转,肌肉和肌腱需要在短时间内承受巨大的应力,这时应变率的作用尤为突出。

高应变率下软组织的刚性增加可以有效地减少能量的损失,从而提高运动效率。然而,这也意味着软组织在高应变率下更容易受到损伤,因为高应变率会导致应力集中,增加组织撕裂或断裂的风险。应变率的变化还影响着组织的应力松弛和蠕变行为,这对于理解长期应力作用下的组织反应具有重要意义。

(三) 应变与组织适应性

应变不仅仅是组织在瞬时外力作用下的直接反应,它也是组织在长期负荷和重复使用过程中逐渐适应和重塑的关键因素。肌肉骨骼系统的组织,如骨骼和软组织,展现出惊人的适应能力,可以在持续的应力-应变循环中改变其内部结构和功能,以更好地应对未来的机械负荷。然而,这种适应能力是有限的,当组织承受的应力超出其适应能力时,疲劳应变便会发生,最终可能导致组织损伤。理解这些过程对于优化运动训练、预防损伤及设计有效的康复方案具有重要意义。

1. 重复应力-应变下的适应与重塑

当肌肉骨骼系统的组织反复经历应力-应变循环时,它们会逐渐发生适应性改变,这种适应被称为组织的重塑过程。以骨骼为例,骨骼在反复负荷下表现出显著的重塑能力。骨组织在持续的应力刺激下能够通过细胞活动来调整其微结构,从而增强其力学性能。例如,在长时间的负重训练中,骨密度会增加,骨小梁的排列更加优化,从而提高了骨骼的抗压和抗弯能力。这种适应性重塑不仅是骨骼应对日常机械负荷的机制,也是骨骼在应对更高强度运动时所必需的。

软组织如肌肉和肌腱同样展示了显著的适应性。肌肉在重复的应力-应变刺激下,会经历肥大和力量增加的过程。肌纤维的增粗、肌肉内部的血管和结缔组织的重构,使得肌肉能够更有效地承受更大的机械负荷(图 2-5)。肌腱和韧带的重塑过程则表现为胶原纤维的重

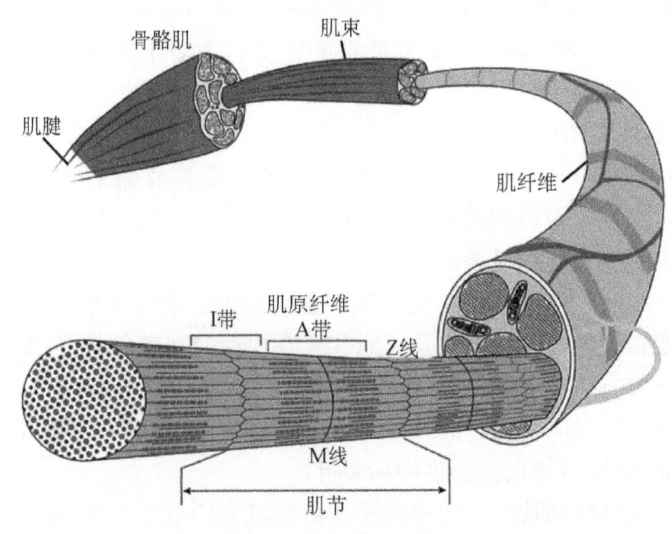

图 2-5　骨骼肌的结构

新排列和组织的加强。这些组织在反复拉伸和压缩的过程中,其应力分布和传导路径逐渐优化,使得它们在未来的运动中能够更加高效地工作,减少损伤风险。

然而,组织的适应性是一个渐进的过程,需要足够的时间和适当的负荷量。如果负荷过大或恢复时间不足,组织的适应过程可能无法跟上,这样便会引发疲劳应变。

2. 疲劳应变与组织损伤

疲劳应变是指组织在长期的重复应力-应变循环中,因无法充分恢复而逐渐累积的损伤。当组织反复经历应变,特别是在高负荷和高频率的情况下,微观结构如胶原纤维、骨小梁等会受到持续的微损伤。如果这些微损伤得不到有效的修复,随着时间的推移,它们会逐渐扩展和加重,最终导致显著的组织损伤或功能障碍。

骨骼中的疲劳应变通常表现为应力性骨折,这是由于骨骼在承受高强度的反复负荷时,微裂纹逐渐扩展,最终发展成骨折。应力性骨折常见于长期进行高强度运动的运动员,如跑步者或跳跃运动员。这种类型的骨折往往是骨组织无法跟上快速增大的机械负荷而导致的,其预防和治疗的关键在于合理的负荷管理与足够的休息恢复。

对于软组织而言,疲劳应变则更容易导致肌腱炎、韧带损伤等问题。例如,长时间的重复运动,如投掷、跑步或举重,可能导致肌腱的微观结构受损,引发炎症反应。如果得不到及时处理,这些微损伤会逐渐演变成更严重的撕裂或断裂。与韧带损伤的发生机制类似,疲劳应变导致的组织微损伤可能最终削弱韧带的结构完整性,增加韧带拉伤或断裂的风险。

疲劳应变的累积不仅与运动强度和频率有关,还与个体的生物力学特性、姿势、肌力平衡等因素密切相关。预防疲劳应变的关键在于合理设计训练计划,逐步增加负荷,确保充分的恢复时间,并注意姿势和动作的正确性。此外,通过定期体检和监测,可以早期发现疲劳应变的迹象,从而及时调整训练策略,避免严重损伤的发生。

第二节 骨骼的运动生物力学

在生物力学研究中,骨骼的运动生物力学是核心领域之一。深入理解骨的生物力学和关节运动的生物力学对于运动医学、康复治疗和运动训练具有重要意义。本节将详细探讨骨的生物力学和关节运动的生物力学,包括它们的基本概念、作用机制及应用。

一、骨的生物力学

骨骼系统是人体的支架,不仅承载了身体的重量,还保护了内部的脏器,并通过与肌肉的协调作用实现运动。骨的生物力学是研究骨骼在不同负荷条件下的力学行为与性能的学科,涵盖了骨的结构、力学性能、应力应变关系及其临床应用等方面。

(一) 骨的结构与功能

1. 骨的组织结构

骨的组织结构展示了其精妙的生物力学设计,这种设计使得骨在各种生理和机械负荷下能够高效地发挥作用。如图 2-6 所示,骨组织的主要组成部分包括骨皮质、骨松质和骨髓,每一部分都对骨的整体功能和力学性能产生着深远的影响。

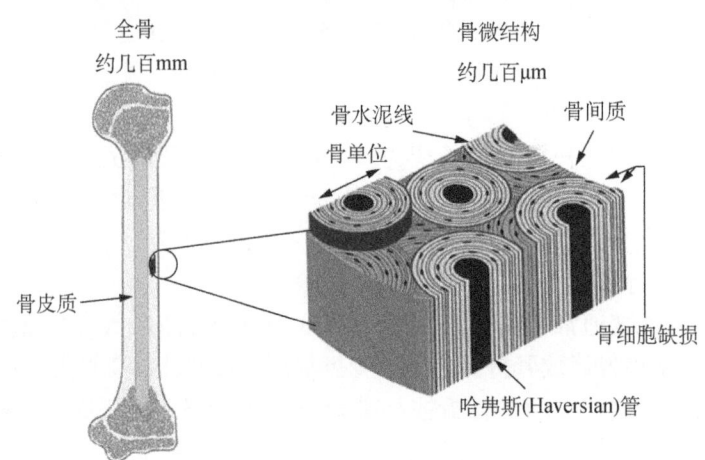

图 2-6　骨的宏观和微观结构(Obata et al., 2020)

骨皮质,即骨的外层结构,主要由致密的骨组织构成。其主要功能是提供骨骼的强度和稳定性。骨皮质的密度和厚度因骨骼部位的不同而有所差异。在长骨的中轴部分,骨皮质较厚,为骨骼提供强大的支撑能力和抵抗外部压力的能力。这一层结构中的骨小梁以高度有序的方式排列,使骨皮质在承受纵向和横向应力时表现出卓越的强度和稳定性。骨皮质的微观结构包括了大量的哈弗斯系统(或称为骨单位),它们由骨基质和嵌入其中的血管和神经组成,形成了复杂的网络。这种结构不仅增强了骨的强度,还为骨组织提供了必要的营养和氧气。哈弗斯系统通过其中心的哈弗斯管与周围的骨基质相连接,使得骨组织能够在负荷条件下维持良好的强度和耐久性。骨皮质的微观结构和整体设计体现了骨在应对各种力学挑战中的适应性和高效性。

在宏观尺度上,人类长骨由骨松质(海绵骨)和骨皮质组成,骨皮质中的次级骨单位(哈弗斯系统)是微观尺度上的基本结构单元,每个骨单位的中心是哈弗斯管,这些血管孔隙通过小管与哈弗斯系统中的骨细胞相连,小管仅在纳米尺度上可见。每个骨细胞位于称为骨陷窝的小孔隙内。

骨松质,是骨骼中一种特殊的骨组织,主要存在于长骨的端部、骨盆、脊柱和肋骨等部位。它的结构类似于海绵,由网状的骨小梁组成,这种网状结构不仅提供了良好的强度和轻质性质,还能有效分散施加在骨骼上的压力和冲击,从而减轻骨骼的整体负担。此外,骨松质为骨髓提供了重要的空间,骨髓在这里进行血液生成。骨松质中的骨细胞分布在骨小梁的表面和内部,通过小管相互连接,传递营养和信号。尽管骨松质的密度较低,但其通过骨小梁的排列和方向,仍然能够提供足够的强度和支持,确保骨骼的健康和功能。

骨髓腔则是骨内部的一个空腔,主要存在于长骨的中央部分。这个腔体充满了骨髓,骨髓是一个重要的造血组织。骨髓腔的存在不仅减少了骨的整体重量,使骨骼更加灵活,同时也为造血细胞的生成提供了适宜的环境。在骨髓腔中,造血干细胞不断分化,生成红细胞、白细胞和血小板等血液成分。骨髓不仅仅在造血过程中起作用,它还在骨的修复和再生中扮演重要角色。骨髓中的干细胞能够在骨折或损伤后迅速增殖,形成新骨,帮助骨组织的修复和恢复。

这些骨组织的微观和宏观结构共同决定了骨的力学性能。骨的弹性模量和抗压强度主要取决于骨皮质的密度和排列,而骨的整体强度和韧性则与骨小梁的结构密切相关。骨髓腔的存在使骨在维持强度的同时具有适当的轻质特性,这种结构上的优化使得骨骼能够有效地支撑身体的各种功能。在不同的生理和病理条件下,骨的结构可能会发生变化。例如,骨质疏松症导致骨皮质变薄、骨小梁疏松,这些变化会显著影响骨的力学性能和整体健康。

2. 骨的功能

骨的功能不仅限于支撑和保护身体,还包括运动、矿物质储存及造血等多个方面。每一种功能都反映了骨在维持人体健康和正常运作中的重要性。骨骼系统的这些功能不仅体现了骨的生物力学特性,还展示了其在日常生活中的重要作用。

骨骼系统首先作为人体的支架,为身体提供了结构性的支持。骨骼通过其坚固的结构支撑身体的各个部位,确保身体在各种动作和姿势下保持稳定。例如,脊柱不仅支撑了上半身的重量,还保护了脊髓这一关键神经结构。脊柱的每一个椎体通过关节和韧带连接在一起,使得脊柱能够有效地承受垂直方向的负荷,并保持灵活性以支持躯干的各种运动。同样,长骨如股骨和胫骨支撑着腿部的重量,在行走、奔跑及跳跃中起到至关重要的作用。骨骼的这种支撑功能是维持所有运动和姿势的基础,它确保了身体各部分在运动过程中的稳定性和协调性。支撑功能的实现依赖于骨骼的结构设计和力学特性,这使得骨能够在承受各种负荷的同时保持良好的稳定性和强度。

骨骼的保护功能同样至关重要。骨骼通过围绕内部脆弱的器官形成坚固的保护屏障。例如,颅骨保护着大脑,胸廓保护着心脏和肺,而骨盆则保护着下腹部的重要内脏。这种保护作用对于防止外部冲击和物理伤害至关重要,能够有效减少内脏器官在受力时受到的损伤风险。骨的结构设计考虑到了各个部位的保护需求。例如,胸骨和肋骨形成的胸廓不仅保护了心脏和肺部,还通过弹性和坚固性缓解了外部冲击。骨的保护功能展示了其在防止外部创伤和减轻内部损伤方面的重要作用,这种保护机制对于维持身体的整体健康至关重要。

在运动功能方面,骨骼系统与肌肉、关节共同合作,实现了人体的各种运动。肌肉通过附着在骨骼上的肌腱施加力量,使骨骼发生运动。骨骼的结构与关节的安排使得身体能够进行多种复杂的动作,如屈曲、伸展、旋转等。骨骼的这种运动能力是实现各种日常活动和运动表现的基础。例如,肘关节作为一个铰链关节,允许前臂在上下方向上运动,而肩关节作为一个球窝关节,支持手臂在多个方向上自由运动。运动功能的实现依赖于骨骼与肌肉的精确协调,骨骼提供了运动的杠杆作用,而肌肉则通过收缩和放松驱动骨骼的运动。关节的结构和运动范围决定了骨骼的运动能力,而骨骼的力学特性影响着运动的效率和安全性。骨的运动功能使得人体能够完成各种运动任务,从而实现日常生活和工作中的各种动作。

骨骼还在矿物质储存方面发挥重要作用。骨组织中含有丰富的矿物质,尤其是钙和磷,这些矿物质在体内的代谢和维持中发挥着关键作用。骨骼作为矿物质的储存库,通过释放或储存矿物质,调节体内的矿物质平衡。例如,当血液中钙离子浓度降低时,骨骼中的钙会被释放到血液中,以维持体内的钙平衡。相反,当血液中钙浓度过高时,骨骼则会吸收多余的钙,避免体内钙的过度积累。骨的这种矿物质储存和释放机制不仅有助于维持体内的矿物质平衡,还在调节体内代谢过程中发挥着重要作用。骨骼的矿物质储存功能在体内的矿物质平衡和代谢调节中起着至关重要的作用,确保了体内矿物质的稳定和健康。

骨骼系统在造血方面的作用同样不可忽视。骨髓是主要的造血组织,它在骨骼的骨髓腔中生成新的血细胞。这些血细胞包括红细胞、白细胞和血小板,它们在体内承担着输送氧气、免疫防御和凝血等重要功能。造血功能的正常运作对于维持体内血液的健康和功能至关重要。骨髓中的造血干细胞能够在需要时快速增殖,生成新的血细胞,以应对机体的生理需求。此外,骨髓中的造血细胞还参与了免疫系统的调节和修复功能,这对于维持身体的整体健康具有重要意义。骨髓的造血功能不仅支持了体内血液细胞的生成,还参与了免疫反应和组织修复,为整体健康提供了重要保障。

(二) 骨的力学性能

1. 骨的力学特性

骨的力学特性是指骨在受力作用下的表现,这些特性对于骨的生物力学功能至关重要。骨的力学特性包括弹性模量、抗拉强度、抗压强度和抗剪强度等基本指标,这些特性决定了骨在各种机械负荷下的行为和表现。对骨的力学特性的深入理解不仅有助于我们了解骨的正常功能,还能为骨折的预防和治疗提供科学依据。

弹性模量是衡量材料刚度的一个重要指标,它表示在施加应力时材料的变形能力。在生物力学中,骨的弹性模量反映了骨组织在受力时的变形程度及其恢复能力。弹性模量主要取决于骨组织的组成和结构。骨的弹性模量通常由骨皮质和骨小梁的结构特征决定。骨皮质层较厚且密度较高的骨骼通常具有较大的弹性模量,使其在受力时表现出较小的变形。这是因为骨皮质提供了强大的支撑能力,并能有效抵御外部压力。相比之下,骨小梁的网状结构则使骨的密度较低,从而赋予骨轻质特性。在骨负荷较大的区域,骨小梁的密度会显著增加,以增强骨的承载能力。弹性模量的变化可以影响骨的健康状态,如骨质疏松症患者骨的弹性模量降低,导致骨的脆性增加,易发生骨折。

抗拉强度是指骨在受到拉伸负荷时的最大承载能力。骨的抗拉强度由骨基质的成分和内部的纤维结构决定。骨基质中的胶原纤维提供了骨的韧性,而矿物质晶体则增强了骨的硬度和强度。骨的抗拉强度对于维持骨的完整性和稳定性至关重要,特别是在应对如肌腱牵引力等外部拉力时。例如,骨的抗拉强度对于运动员和老年人尤为重要,因为它直接影响骨在运动和负荷下的表现。骨的抗拉强度也与骨质的变化相关,如在骨质疏松症中,骨的抗拉强度会降低,从而增加骨折的风险。

抗压强度是指骨在受到压缩负荷时的最大承载能力。骨的抗压强度通常较高,因为骨骼需要承受来自身体重量的长期压力。骨皮质的厚度和骨小梁的排列在抗压强度中起着至关重要的作用。骨皮质层较厚的骨骼具有较强的抗压能力,能够有效地分担垂直方向的压力。而骨小梁的网状结构通过分散内外负荷,使骨在长期的压缩负荷下保持稳定。抗压强度的变化可能导致骨的脆弱性增加,尤其是在老年人或骨质疏松症患者中,骨的抗压强度降低,容易发生骨折。

抗剪强度是指骨在受剪切力作用下的能力。骨的抗剪强度决定了其在受到剪切力时的破坏能力和变形特性。骨小梁和骨皮质的微观结构在抗剪强度中扮演了关键角色。骨小梁的网状结构能够有效地分散剪应力,而骨皮质则提供了额外的抵抗力。骨的抗剪强度在预防骨折和保护骨骼完整性方面具有重要意义。例如,在剧烈运动或意外碰撞中,骨的抗剪强度决定了其受损风险。抗剪强度的降低可能导致骨折的发生,特别是在骨质疏松或骨骼损伤的情况下。

这些力学特性共同决定了骨的总体力学性能。了解骨的弹性模量、抗拉强度、抗压强度和抗剪强度等指标,对于研究骨骼的健康、疾病预防和治疗具有重要意义。这些特性不仅反映了骨在正常负荷下的表现,还帮助我们理解骨在异常负荷和病理条件下的变化。例如,运动员在高强度训练中的骨骼负荷变化、老年人骨质疏松的进展,都需要通过这些力学特性来进行评估和干预。

2. 骨的应力-应变关系

骨的应力-应变关系是描述骨在不同应力状态下变形行为的关键参数。这一关系对于理解骨的力学行为、弹性和塑性特性至关重要。如图2-7所示,应力-应变曲线是分析骨在受力时表现的重要工具,它能够揭示骨的弹性和塑性行为,并帮助我们预测骨的破坏风险。

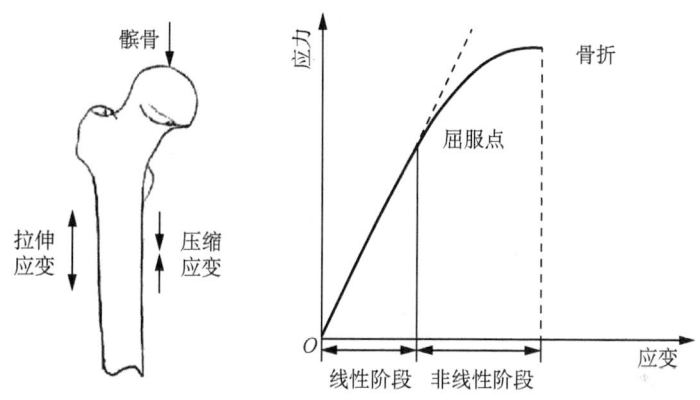

图2-7 骨骼的应力-应变关系,曲线的斜率表示骨骼的弹性模量

如图2-7所示,骨的应力-应变曲线通常分为两个阶段:线性阶段和非线性阶段。在线性阶段,骨的应力与应变成正比关系,这一阶段也称为弹性阶段。骨在弹性阶段表现出可逆的变形,即当负荷去除后,骨能够恢复到原始状态。这种线性阶段的应力-应变曲线呈直线,其斜率即为骨的弹性模量,反映了骨的刚度。在弹性阶段,骨的变形与施加的应力成线性关系,骨能够在较大的范围内承受负荷而不发生永久变形。当应力增加到一定程度后,骨会进入非线性阶段。在这一阶段,骨的应力-应变关系不再是线性的,表现出骨的塑性行为。在非线性阶段,骨的应力-应变曲线呈弯曲状,显示出骨在应力作用下的塑性变形。这一阶段的变形不可逆,骨的变形与应力的关系变得更加复杂。塑性阶段的曲线反映了骨的韧性和破坏机制,当骨的应力超过一定限度时,骨会发生不可逆的变形,最终可能导致骨折或断裂。了解骨的应力-应变关系有助于我们预测骨在不同负荷下的变形和破坏行为,以及制订相应的预防措施。

骨的弹性行为表现为应力-应变曲线的线性部分。在弹性阶段,骨的变形与应力成正比,骨能够在去除负荷后恢复到原始状态。弹性行为对于骨的正常功能和运动能力至关重要。例如,在运动过程中,骨骼需要承受不断变化的负荷,而弹性行为使得骨能够适应这些变化,并保持其功能和稳定性。弹性行为的存在确保了骨在承受负荷时不会发生永久变形,这对于维持骨的健康和运动能力至关重要。骨的塑性行为表现为应力-应变曲线的非线性部分。在塑性阶段,骨的变形开始表现出不可逆性,即骨在受力后无法完全恢复到原始状态。塑性行为使得骨能够在极端负荷条件下缓解应力集中，减少断裂风险。然而，长期的塑性变形可能导致骨的疲劳和损伤，因此，了解骨的塑性行为对于预防骨折和改善骨骼健康具有重要意义。塑性阶段的变形能够帮助骨在承受高强度负荷时分散应力，从而减轻骨的破坏风险，但也可能导致骨的损伤积累，最终影响骨的功能和稳定性。

3. 骨的疲劳与断裂机制

骨的疲劳和断裂机制是研究骨在重复负荷下的行为与骨折发生机制的重要领域。骨在长期的机械负荷作用下，可能会出现疲劳现象，最终导致骨折。了解这些机制对于预防骨折和改善骨骼健康具有重要意义，特别是在运动医学和老年人骨健康管理中。

骨的疲劳是指骨在重复负荷作用下逐渐产生损伤和性能下降的现象。骨的疲劳过程通常表现为微裂纹的逐渐扩展，这些微裂纹会随着负荷的重复作用逐渐增多，最终导致骨的强度和韧性显著下降。疲劳骨折的发生与骨的微观结构、负荷特性及骨的恢复能力密切相关。重复的机械负荷会导致骨组织中的微小损伤，这些损伤会逐渐累积，形成应力性骨折。疲劳骨折通常发生在负荷较大的区域，如运动员的胫骨或脚部。了解骨的疲劳机制有助于我们设计有效的运动训练计划和恢复策略，以减少骨折的风险。骨的断裂机制包括应力性骨折和创伤性骨折。应力性骨折是指骨在长期的重复负荷作用下，由于疲劳而发生的骨折。应力性骨折通常发生在骨的负荷较大或微观结构较薄弱的区域，如运动员在长时间训练过程中，骨的负荷可能超过其承载能力，导致应力性骨折的发生。应力性骨折的发生机制与骨的微观结构和负荷周期密切相关，因此，预防应力性骨折需要关注骨的负荷分配和恢复情况。适当的训练和恢复措施可以有效减少应力性骨折的发生。

创伤性骨折则是一次性外力作用导致的骨折。创伤性骨折通常发生在骨受到了剧烈冲击或碰撞时，如交通事故、跌倒或运动中的外力作用。创伤性骨折的发生机制与外力的强度和方向密切相关。在创伤性骨折中，外力的强度和作用方向决定了骨折的类型和严重程度。创伤性骨折的治疗通常包括骨折对位、固定及康复等步骤，以促进骨的愈合和恢复。了解创伤性骨折的发生机制可以帮助我们设计有效的预防措施，如佩戴护具和进行安全训练，以减少骨折的风险。

（三）骨的力学与临床应用

1. 骨质疏松症与骨折

骨质疏松症是一种慢性进展性骨骼疾病，主要特征是骨密度的减少及骨结构的退化，导致骨强度显著下降。随着骨密度的降低，骨质疏松症患者的骨骼变得更加脆弱，容易发生骨折。这种疾病在老年人群体中尤为常见，尤其是在绝经后的女性中，因为雌激素水平的下降会加速骨质流失。男性虽然也会患骨质疏松症，但其发生率通常低于女性。骨质疏松症不仅增加了骨折的风险，还对患者的生活质量产生了深远的影响。

骨质疏松症对骨的力学性能的影响是深刻的。骨质的主要成分包括骨基质和矿物质，骨基质主要由胶原蛋白构成，而矿物质主要是钙和磷。骨基质的退化和矿物质的流失使骨质的结构变得松散和脆弱。正常骨骼中的骨小梁形成了一个复杂的网状结构，这种结构能够有效分散施加在骨上的负荷，并提供必要的强度和稳定性。然而，在骨质疏松症中，骨小梁的密度显著减少，且骨小梁的结构变得稀疏和脆弱。骨小梁的减少导致骨的总体强度降低，使得骨骼更容易在承受负荷时发生断裂。微观结构的变化使得骨质疏松症患者的骨骼在承受相同的机械负荷时,产生更大的应力集中,从而增加骨折的风险。骨质疏松症对骨折风险的影响包括了多个方面。首先,骨密度的显著减少导致骨的抗压强度和抗拉强度显著下降。骨骼在承受相同的负荷时容易发生断裂,尤其是在受到冲击或外力时。其次,骨质疏松症患者的骨微结构变化使得骨骼的应力分布不均匀,这种不均匀的应力分布进一步增加了骨折的风险。例如,脊柱的椎体常因骨质疏松而发生压缩性骨折,这种骨折是由于骨质的流失和骨小梁的退化,使得椎体在承受正常的垂直负荷时失去稳定性。应力性骨折则多发生在长期的微创伤积累下,如长时间的步态负荷和过度使用,常见于运动员和活动量大的个体。

骨折的类型和机制在骨质疏松症患者中具有一定的特征。压缩性骨折通常发生在脊柱的椎体,是因为骨质流失和骨小梁退化导致骨体积缩小,使得骨体在负荷作用下失去正常的支撑能力。应力性骨折则发生在骨小梁受损和骨质疏松的情况下,由长时间的轻微负荷积累引起。这些骨折通常在骨质疏松的骨骼中表现出更高的脆性和更大的断裂风险。此外,骨质疏松症还可能导致骨微结构的其他退化,如骨皮质变薄和骨间隙扩大,这些变化共同影响了骨的整体强度和稳定性。骨质疏松症的管理包括药物治疗、营养干预和生活方式调整。药物治疗,如双膦酸盐类药物和选择性雌激素受体调节剂(SERM)能够有效减少骨吸收,增加骨密度,降低骨折风险。双膦酸盐类药物通过抑制破骨细胞的活性来减少骨质流失,而SERM则通过模拟雌激素的作用来增强骨密度。营养干预包括增加钙和维生素D的摄入,这些营养素对于维持骨健康至关重要。钙是骨质的主要矿物质成分,而维生素D则帮助钙的吸收和利用。生活方式调整,如增加负重运动和戒烟限酒,也能有效改善骨密度和骨强度。负重运动可以刺激骨组织的重塑和生长,提高骨密度和强度,从而减少骨折风险。

2. 骨植入物与修复

骨植入物在现代医学中发挥着重要作用,尤其是在骨折修复和骨病治疗方面。骨植入物的设计和使用旨在提供稳定的支撑,促进骨愈合,并恢复受损骨骼的功能。常见的骨植入物包括人工关节、骨钉和骨板等。这些植入物的设计必须考虑其与骨骼的力学兼容性,以确保其功能和效果。

如图2-8所示,人工关节主要用于替代受损或退化的关节,常见于治疗骨关节炎或严重的关节损伤。人工关节的设计必须模拟关节的生物力学特性,包括关节的活动范围、承载能力和运动稳定性。现代人工关节通常由高强度的合金材料、陶瓷或聚合物制成,这些材料具

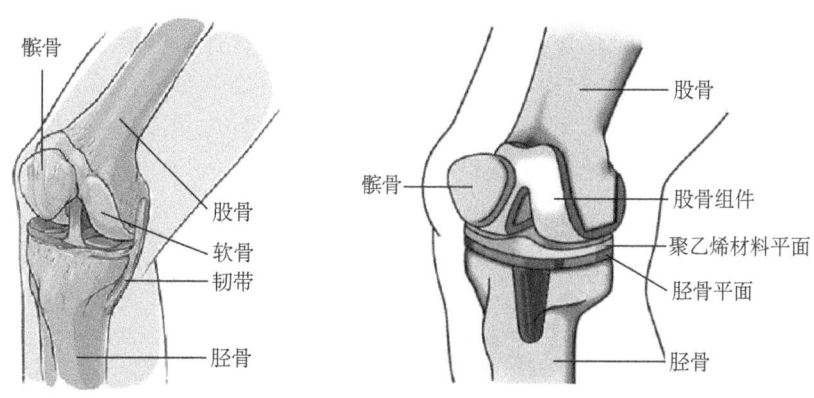

图2-8 正常膝关节解剖结构和人工膝关节植入物组件

有优良的机械强度、耐磨性和生物相容性。设计时需考虑关节的运动轨迹,以确保植入物能够在与骨骼的接触中保持良好的运动范围和稳定性。此外,人工关节的表面处理也很重要,经过特殊处理的表面可以减少磨损、提高耐久性,并降低对骨组织的刺激和炎症反应。

骨钉和骨板是用于固定骨折的常见植入物。骨钉通常用于长骨的骨折,通过内固定方式将骨折的断端稳定在一起,以促进骨愈合。骨板则用于固定骨折的多个断端,通常通过外固定的方式保持骨折位置的稳定。骨钉和骨板的材料通常选择高强度的合金材料,这些材料不仅具有优良的机械性能,还具备良好的生物相容性。设计时需考虑骨折的类型、位置及骨的负荷情况。骨钉和骨板的形状和尺寸也需经过精确设计,以确保其能够有效地固定骨折部位,并提供必要的支持。

骨植入物与骨骼的力学兼容性是设计中的关键考虑因素。力学兼容性指的是骨植入物与骨组织之间的力学匹配程度,这直接影响植入物的功能和骨愈合的效果。设计时需要确保植入物的刚度与骨的刚度相匹配,以避免骨植入物和骨组织之间的应力遮蔽现象。应力遮蔽现象指的是骨植入物在负荷作用下承担了过多的应力,从而导致周围骨组织的应力减少,影响骨的正常愈合。为了避免这一现象,设计师通常会选择具有适当刚度和弹性的材料,并优化植入物的形状和尺寸,以确保骨植入物能够与骨骼良好地配合,促进骨愈合。

3. 运动训练与骨健康

运动训练对骨骼系统的影响尤其是负重运动对骨密度和骨强度的积极作用,是现代运动医学的重要研究领域。负重运动包括跑步、跳跃、力量训练等,这些运动形式通过对骨骼施加负荷来刺激骨组织的生长和重塑,从而提高骨密度和骨强度。

负重运动能够通过多种机制改善骨骼健康。首先,当骨骼承受负荷时,会产生微小的损伤,这些损伤会引发骨组织的修复和再生。骨在修复过程中会增加新的骨基质,并通过矿化过程提高骨密度和强度。其次,负重运动能促进骨形成细胞(如成骨细胞)的活跃性,这些细胞在负荷下增加其活动量,促进骨基质的沉积和矿化,从而改善骨的结构和强度。

运动对骨密度的影响尤为显著。骨密度是评价骨强度的一个重要指标,较高的骨密度通常意味着较强的骨骼和较低的骨折风险。负重运动能够有效增加骨密度,通过对骨骼施加重复的负荷,刺激骨组织的适应性反应,从而提高骨密度。例如,跑步和跳跃等高强度负重运动对骨密度的提升效果较为明显,因为这些运动形式需要骨骼承受较大的负荷。研究还发现,负重运动的效果在青少年和年轻成年人中最为显著,这段时期是骨密度自然增加的关键时期。通过早期进行负重运动,可以显著提高骨密度,减少骨质疏松的风险。

运动对骨强度的影响不仅体现在骨密度的提高上,还包括骨的整体力学性能。负重运动能够增强骨的抗压、抗拉和抗剪强度,使骨骼在受到外部冲击和负荷时更具稳定性。定期的负重运动还能够改善骨的微观结构,增加骨小梁的密度和厚度,从而进一步提高骨的力学性能。此外,负重运动还能够增强骨的韧性和弹性,减少骨折的风险。

为了最大化运动对骨健康的益处,建议采用多种形式的负重运动,包括力量训练、跳跃运动和有氧运动等。这些运动形式能够全面刺激骨组织,提高骨密度和强度。运动计划应根据个体的身体状况和健康目标量身定制,并确保运动的安全性和适宜性。过度负荷或不适当的运动方式可能导致骨骼损伤,因此在制订运动计划时,建议咨询专业的运动医学专家,以确保运动的效果和安全性。

二、关节运动的生物力学

(一)关节的结构与分类

1. 关节的解剖结构

关节是骨骼系统中的重要组成部分,通过连接不同的骨骼,为身体的运动和稳定性提供支持。关节的解剖结构复杂且精细,包括关节囊、关节软骨、韧带和滑膜等组成部分,每一部分都在关节的正常功能和运动中扮演着关键角色。

关节囊是包围关节并保持关节稳定的结缔组织结构。它由外层的纤维膜和内层的滑膜组成。纤维膜负责提供关节的稳定性和支持,通常由坚韧的结缔组织构成,能够承受关节在运动过程中所承受的各种力。滑膜则是关节囊内层的薄膜,分泌滑液。滑液是一种透明的、黏稠的液体,能够润滑关节面,减少骨骼在运动过程中的摩擦,从而保护关节软骨免受磨损和损伤。滑膜还具有一定的营养供应功能,通过滑液为关节软骨提供必要的养分。

关节软骨是一种光滑且有弹性的组织,覆盖在关节骨端的骨面上,起到减少关节摩擦和缓冲冲击的作用。它的表面光滑且均匀,使得骨骼在运动时能够顺畅地滑动,避免了直接接触所带来的磨损。关节软骨主要由胶原蛋白纤维和丰富的基质组成,这种基质能够吸收和分散关节负荷,减轻运动时的冲击力。关节软骨的弹性和耐磨性使其能够在长时间的重复运动中保持稳定的性能。

韧带是连接骨骼并稳定关节的结缔组织。它们通常由富含胶原蛋白的纤维组成,具有很强的拉伸强度和耐力。韧带通过限制关节的过度运动和不正常运动,保持关节的稳定性。它们在关节的不同部位形成束状结构,有些韧带围绕关节形成环状,有些则在特定的方向上提供支撑。韧带的功能不仅包括限制关节的运动范围,还包括为关节提供支持和稳定,防止关节在运动中发生过度的位移。

滑膜是关节囊内层的一层薄膜,负责分泌滑液来润滑关节并减少摩擦。滑膜的内表面覆盖有一层细胞,这些细胞能够分泌滑液,保持关节的润滑状态,减少骨面间的摩擦,预防关节软骨的磨损。此外,滑膜还具有免疫功能,能够在关节内发现和清除异物和微生物,保护关节免受感染和炎症的侵害。

2. 关节的分类

如图 2-9 所示,关节的分类依据其结构和运动方式的不同而有所区别,根据这些关节的运动和结构,可以分为以下几类:平面关节、单轴关节(车轴关节、铰链关节)、双轴关节(鞍状关节、椭圆关节)、多轴关节(球窝关节)。

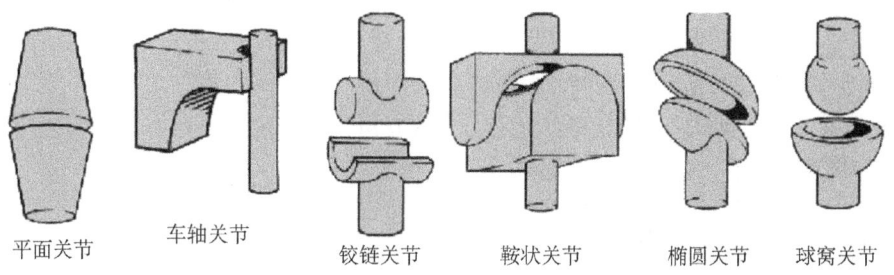

图 2-9　人体关节形状(Maciel et al., 2002)

平面关节的特点是允许骨骼之间发生轻微滑动和旋转,其关节面通常是平坦或仅略微凸起。关节面和小关节面之间的滑动使得这种关节具有一定的灵活性,但运动范围较小。平面关节能够允许多达6个自由度的运动,包括前后滑动、左右滑动及微小旋转。常见的例子包括腕骨之间、跗骨和跖骨之间的关节,以及胫骨和腓骨之间的关节。这些关节主要在维持稳定性和允许微小运动方面发挥作用,如在手腕的微调和脚踝的灵活运动中都起着重要作用。

单轴关节具有一个旋转自由度,使得它们可以绕着一个轴线进行旋转运动。单轴关节可以分为两种亚型:铰链关节和车轴关节。铰链关节的运动轴垂直于骨骼,允许像门铰链一样的屈伸运动,如肘关节和膝关节。车轴关节的轴线平行于骨骼,允许绕着该轴进行旋转运动,如颈椎之间的枢轴关节,允许头部的旋转运动。

双轴关节具有两个旋转自由度,允许围绕两个不同的轴进行运动。两个轴之间的相对位置和角度可以是任意的,一个轴的运动范围可能会受到另一个轴位置的影响。根据关节的槽形几何,双轴关节可以进一步细分为三种亚型:鞍状关节、椭圆关节和髁状关节。鞍状关节,如拇指的基部关节,允许前后和左右的运动;椭圆关节,如腕关节,允许绕两个轴的运动;髁状关节,如膝关节,允许类似的运动方式。双轴关节通常能够支持更复杂的运动模式,如膝关节允许屈伸和微小旋转。

多轴关节,又称为球窝关节,由于骨端的几何形状,这种关节具有多个旋转自由度。它通常通过三个正交轴来描述,这三个轴允许关节在多方向上进行旋转,使得这种关节具有最广泛的运动范围。一个轴的运动范围可以影响其他轴的运动范围,使得多轴关节具有极高的灵活性。肩关节和髋关节是多轴关节的典型例子,它们允许肢体进行各种复杂的运动,包括360°的旋转及在多个方向上的移动。这种关节类型是最具多功能性的,适合执行广泛的运动任务。

(二) 关节运动学

1. 关节运动的基本原理

关节运动是人体活动的基础,通过各种运动类型和组合,使身体能够完成多种复杂的动作。了解关节运动的基本原理有助于深入理解身体的运动机制及其相关的生物力学特性。如图2-10所示,关节运动主要包括屈曲、伸展、内收、外展、旋转等基本类型,每种运动类型都有其独特的生物力学特征和功能。

屈曲和伸展是最常见的关节运动类型。屈曲是指关节在两个骨骼连接处角度减小的运动,即弯曲运动。例如,弯曲手臂时,肘关节的角度减小,这种运动使得前臂靠近上臂。伸展则是屈曲的相反过程,指关节角度的增大,即伸直运动。伸展使得骨骼间的角度增加,如伸直手臂时,肘关节的角度变大。屈曲和伸展通常发生在铰链关节和球窝关节中,如肘关节和肩关节。

内收和外展则主要涉及关节在前后平面上的运

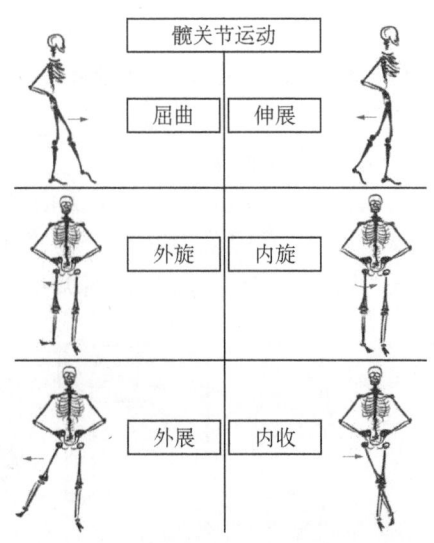

图 2-10 关节屈伸、内外旋、内收外展示意图(以髋关节为例)

动。内收是指某一部位向身体中线靠近的运动。例如，把手臂向身体的中线移动。外展则是相反的运动，即将部位远离身体中线。例如，把手臂从身体侧面抬起。内收和外展通常发生在肩关节和髋关节等球窝关节中，这些关节的结构允许在多个方向上进行运动。

旋转运动是指骨骼围绕关节的一个轴线进行转动。旋转运动可以是内旋，即骨骼朝向身体中心旋转；或外旋，即骨骼远离身体中心旋转。例如，颈部的旋转使头部能够向左或向右转动，髋关节的旋转允许大腿在多个方向上旋转。旋转运动主要发生在圆形关节和某些特殊结构的关节中，如脊柱的寰枢关节允许头部旋转，髋关节允许大腿的旋转运动。

关节的运动还包括对合运动，这是指骨骼在关节处相互靠近或远离的运动。例如，咀嚼时下颌骨向上移动，使其靠近上颌骨，这种对合运动使得牙齿能够有效咬合。对合运动通常发生在颞颌关节等特殊关节中，涉及骨骼在关节中的复杂运动模式。这些基本运动类型可以在多个关节和肌肉的协调作用下实现复杂的动作。不同关节的运动范围和模式决定了身体各部位的功能和运动能力，通过这些运动，身体能够完成各种日常活动和运动表现。

2. 关节运动范围与限制

关节的运动范围和限制因素直接影响着身体的运动能力和功能。关节的活动范围是指关节能够进行的最大运动量，而限制因素则是决定关节活动范围的各种生物力学因素。关节的结构、韧带紧张度及周围肌肉的影响共同决定了关节的运动范围和功能。

关节结构是影响关节活动范围的最直接因素。关节的结构类型如球窝关节、铰链关节等决定了其运动范围和能力。例如，球窝关节如肩关节具有较大的活动范围，能够支持手臂在多个方向上的运动，而铰链关节如肘关节则主要允许前后方向上的屈伸运动。关节表面的形状和接触区域也会影响关节的运动范围，如关节面上的软骨覆盖情况、关节囊的结构等。

韧带的紧张度对关节的稳定性和活动范围有着重要影响。韧带是连接骨骼并维持关节稳定的重要结构，它们通过限制关节的过度运动，提供必要的支持。韧带的紧张度直接影响关节的运动范围，当韧带过紧时，会限制关节的活动能力，而当韧带松弛时，则可能导致关节的过度活动和不稳定。韧带的紧张度通常与遗传因素、年龄及运动习惯有关，因此不同个体的关节活动范围可能会有所不同。

周围肌肉的影响同样对关节的运动范围起着重要作用。肌肉通过收缩和放松控制关节的运动，肌肉的力量和灵活性直接影响关节的活动范围。例如，强健的肌肉能够支持关节在更大的范围内进行运动，而缺乏力量的肌肉则可能导致关节的活动受限。此外，肌肉的协调性和稳定性也是影响关节运动的重要因素，不同肌肉的平衡与协调可以确保关节的顺畅运动，减少运动中的损伤风险。

关节的周围软组织，如肌腱、滑膜和关节囊的状态，也会对关节的运动范围产生影响。肌腱通过附着在骨骼上的方式传递肌肉的力量，影响关节的运动范围和控制能力。滑膜的健康状态直接影响滑液的分泌，从而影响关节的润滑和运动。关节囊的松弛度和弹性也决定了关节的活动范围，过度松弛可能导致关节的不稳定，过度紧张则可能限制运动范围。

（三）关节力学

1. 关节负荷与应力分布

关节负荷与应力分布是理解关节功能和预防损伤的关键因素。关节在日常活动和运动中承受不同的负荷,负荷的大小和分布直接影响关节的应力状态及其健康。通过力学分析,我们可以预测不同负荷条件下关节的应力分布,进而评估关节损伤的风险和可能的预防措施。

关节负荷的种类和来源可以分为静态负荷和动态负荷。静态负荷是指在静止状态下,关节所承受的持续压力,如站立时骨骼对地心引力的反应。动态负荷则发生在运动过程中,如跑步、跳跃等动作中产生的瞬时压力和冲击力。这些负荷通过关节的不同部位传递,引起关节内的应力分布。

关节的应力分布与其负荷条件密切相关。关节的应力主要包括压应力、剪应力和拉应力。在承受负荷时,关节的不同部位会受到不同类型的应力作用。例如,在膝关节的承重区域,主要会受到压应力,这种应力会使关节软骨和骨骼承受较大的压力。与此同时,关节边缘区域可能会受到剪应力和拉应力,这些应力可能导致关节软骨的磨损和损伤。应力分布的力学分析通常依赖于计算机模拟和有限元分析方法。这些方法通过对关节进行建模,将关节的几何形状和材料属性输入计算机模型中,模拟不同负荷条件下的应力分布。有限元分析可以帮助我们理解在不同的负荷下,关节的应力如何在关节表面和内部分布,预测应力集中区域及可能的损伤点(Zhang et al.,2024)。

应力集中是指在关节的某些特定区域,几何形状、材料特性或负荷分布不均等因素,导致应力显著增加。这些应力集中区域常常是关节损伤的高风险区域。例如,在膝关节内侧,长时间的压力集中,可能会导致半月板的撕裂或软骨的磨损。在肩关节的旋转袖区域,应力集中可能会导致肩部疼痛和功能障碍。通过力学分析,我们可以识别这些高风险区域,并采取针对性的预防和治疗措施,如调整运动方式、增加关节保护和支持等。

关节损伤的风险预测依赖于对应力分布的深入理解。研究表明,长期的高负荷、异常的运动模式和不均匀的负荷分布都会增加关节损伤的风险。例如,跑步过程中,如果鞋底设计不合理,可能导致膝关节的应力不均,增加骨关节炎的风险。通过对关节负荷和应力分布的分析,我们能够识别这些潜在的风险因素,并在运动和日常生活中采取措施减少对关节的损伤。

2. 关节滑液

关节滑液是关节内一种重要的生物液体,它在关节的润滑和减震中扮演着关键角色。了解关节滑液的功能和对关节健康的影响,对于维持关节的正常运作和预防相关疾病至关重要。

(1)关节滑液的组成和功能:关节滑液是一种黏稠的液体,主要由水、透明质酸、蛋白质和少量的细胞组成。透明质酸是滑液中的主要成分之一,它赋予滑液良好的黏弹性,使其能够在关节运动过程中提供有效的润滑。滑液中的蛋白质和其他成分则有助于关节软骨的营养供应和修复。滑液的正常分泌和循环能够有效降低关节内的摩擦力,减少关节运动时的磨损和疼痛。

(2)关节滑液在润滑中的作用:关节滑液的润滑作用通过形成润滑膜来实现,这层膜覆盖在关节软骨的表面,使得骨骼在关节中滑动时能够顺畅无阻。这种润滑作用能够减少摩擦力,降低关节的磨损和损伤风险。研究表明,当滑液分泌减少或其质量发生改变时,关节的摩擦力会增加,导致关节软骨的磨损加剧,进而引发关节炎等疾病。

(3)关节滑液在减震中的作用:除了润滑,关节滑液还具有减震功能。在关节承受负荷时,滑液通过吸收和分散外部冲击力,减轻关节软骨和骨骼的压力。例如,在跳跃或快速奔跑过程中,滑液能够有效地吸收和缓冲冲击力,减少对关节的损伤。这种减震作用对于保护关节结构、维持其正常功能至关重要。

(4) 关节滑液对关节健康的影响：滑液的正常分泌和质量直接关系到关节的健康。滑液的减少或变质常常会导致关节的运动困难和疼痛。例如，骨关节炎患者关节滑液的减少和质量下降，使关节的润滑和减震功能受损，导致其疼痛和功能障碍。滑液中的透明质酸水平降低是骨关节炎的重要标志之一，这种变化加剧了关节的退化过程。维持滑液的正常分泌和质量对于关节健康的维护至关重要。

(5) 影响滑液分泌和质量的因素：多种因素会影响关节滑液的分泌和质量，包括年龄、运动习惯、营养状态和关节损伤等。随着年龄的增长，关节滑液的分泌量和质量往往会降低，从而增加关节疾病的风险。适当的运动和良好的营养状态有助于维持滑液的正常功能。例如，通过负重运动和补充适当的营养素，可以促进滑液的分泌和改善其质量。此外，及时的关节护理和治疗也能有效保护滑液，预防关节疾病的发生。

（四）关节的功能与运动病理

1. 关节疾病与损伤

关节疾病与损伤是影响运动功能和生活质量的重要健康问题。常见的关节疾病如关节炎和半月板损伤等，不仅会显著影响关节的力学性能，还会对整体功能造成严重影响。对这些疾病的了解，以及如何有效预防和治疗，是维护关节健康的关键。

关节炎是一类常见的关节疾病，主要表现为关节炎症和疼痛。关节炎可以分为多种类型，其中最常见的包括骨关节炎和类风湿关节炎。骨关节炎是由关节软骨的退化引起的，通常伴随关节的磨损和炎症。它主要发生在负重关节如膝关节和髋关节，并随着年龄的增长而发病率增加。骨关节炎的主要症状包括关节疼痛、僵硬、肿胀和活动受限。随着病情的进展，关节的功能会逐渐恶化，影响日常生活和运动能力。

类风湿关节炎是一种自身免疫性疾病，它导致关节内膜（滑膜）的炎症。该疾病通常会引发关节的红肿、疼痛和功能障碍，严重时还会导致关节变形和骨破坏。类风湿关节炎不仅影响关节的正常功能，还可能伴随全身症状如疲劳、发热和体重下降。长期的炎症反应会对关节结构造成破坏，从而影响其力学性能。

半月板损伤是一种常见的运动性关节损伤，尤其在膝关节中较为常见。半月板是位于膝关节内的软骨垫，主要功能是缓冲膝关节的冲击、稳定关节并分散负荷。当膝关节遭遇外力或进行剧烈运动时，如急转弯或跳跃，半月板可能会发生撕裂或损伤。这种损伤常常会导致关节疼痛、肿胀、活动受限和不稳定感。半月板损伤的严重性可以从微小撕裂到完全断裂不等，具体的损伤程度会影响治疗方案和恢复过程。

无论是关节炎还是半月板损伤，这些关节疾病都会对关节的力学性能产生显著影响。关节炎会导致关节软骨的退化，降低关节的缓冲能力和承载能力。随着软骨的磨损和骨质的增生，关节的摩擦力增加，从而导致疼痛和功能受限。半月板损伤则会破坏关节的正常负荷分布，使关节在运动中变得不稳定。损伤的半月板无法有效地缓冲冲击力，从而增加了关节内的应力，可能导致进一步的关节损伤和功能障碍。

2. 运动损伤与预防

运动中关节损伤的发生是由于运动中的剧烈负荷、错误的运动技巧或不充分的热身等因素引起的。常见的运动损伤包括关节扭伤、肌肉拉伤和韧带损伤等。关节扭伤通常发生在关节的意外旋转或过度拉伸时，可能导致韧带的拉伤或撕裂。肌肉拉伤则是由于肌肉的过度伸展或收缩引起的损伤,而韧带损伤则是关节稳定结构的破坏,通常发生在剧烈运动或跌倒中。

预防运动损伤的策略:进行充分的热身和拉伸以准备肌肉和关节;使用适当的运动装备,如护膝和护踝,以减少运动中的冲击;逐渐增加运动强度,避免过度使用和突然的剧烈运动;保持良好的运动技巧和姿势,以减少对关节的压力。加强肌肉力量和灵活性训练也有助于提升关节的稳定性,减少运动损伤的风险。

关节损伤的康复则涉及恢复关节功能和减少疼痛的策略。康复过程通常包括物理治疗、运动治疗和药物治疗等。物理治疗通过专业的理疗手段,如冷敷、热敷、按摩等,帮助缓解关节的疼痛和炎症。运动治疗则包括针对性的关节运动和肌肉增强练习,以恢复关节的活动范围和稳定性。药物治疗包括使用抗炎药物和止痛药物,以缓解疼痛和炎症。整体的康复方案需要根据具体的损伤类型和个体的健康状况来制订,以实现最佳的恢复效果。

(五)关节运动的生物力学分析

1. 运动模拟与分析

运动模拟与分析是现代运动科学和生物力学研究中不可或缺的部分,通过计算机模拟技术和生物力学实验,能够深入了解关节运动的细节及其影响因素。计算机模拟技术在分析关节运动方面具有重要的应用价值。通过创建精确的关节力学模型和进行动态仿真,研究人员能够深入了解关节在不同运动条件下的行为和力学响应。关节力学模型通常基于生物力学原理和解剖学结构,通过对关节的几何形状、材料性质及外部负荷进行建模,模拟关节在运动中的表现。这些模型可以采用有限元分析等计算方法,分析关节在不同负荷下的应力分布和变形情况。

2. 生物力学实验

生物力学实验则为研究关节运动提供了实证数据,通过实际的实验手段验证计算机模拟的结果。实验手段包括力学测试和影像分析等,能够为关节运动学和力学特性提供真实的测量数据。

力学测试是通过仪器和设备对关节进行力学分析的一种方法。常见的测试设备包括力传感器、压力传感器和运动捕捉系统等。力传感器可以用于测量关节在运动中的负荷和应力,而压力传感器可以检测关节软骨和韧带的压力分布。运动捕捉系统则通过高精度的摄像头和标记点,记录关节的运动轨迹和角度变化。这些实验数据可以与计算机模拟结果进行对比,以验证模型的准确性,并为模型的改进提供依据。

影像分析则包括使用医学影像技术,如MRI、CT和超声等,对关节的内部结构和运动进行详细观察。MRI和CT可以提供关节的高分辨率图像,帮助研究人员观察关节软骨、韧带和骨骼的状态,以及损伤情况。超声则可以实时观察关节的运动过程,并评估关节内液体的流动情况。这些影像数据能够揭示关节在运动中的实际表现,并为研究关节力学和运动学特性提供重要的信息。

(六)关节力学在临床中的应用

1. 关节置换术与修复手术

关节置换和修复手术在治疗关节损伤和疾病方面发挥了重要作用。它们的目标是恢复关节的功能和缓解疼痛,但在手术过程中和术后康复阶段,需要考虑一系列的力学因素。这些因素包括植入物的设计、术后的功能恢复及其对整体运动系统的影响。

关节置换术是通过用人工关节替换受损的自然关节来治疗关节疾病的技术,如骨关节炎或类风湿关节炎。手术通常包括去除病变的关节面,并用合成材料如钛合金或高分子材料制成的人工关节进行替换。植入物的设计需要精确考虑与骨骼的兼容性,包括形状、材料、表面处理和固定方式等,以确保人工关节能够有效地与周围骨组织整合,并提供所需的力学支持。设计良好的植入物应具备足够的强度和耐磨性,同时还要考虑关节的运动范围和生物相容性。

术后的功能恢复是关节置换术成功的关键。术后的康复计划通常包括物理治疗、运动训练和药物管理等。物理治疗旨在恢复关节的活动范围、增强肌肉力量和提高关节稳定性。运动训练则着重于改善关节的功能和协调性,通过逐步增加负荷和复杂度,帮助患者恢复正常的活动能力。药物管理则包括使用抗炎药物和止痛药物,以缓解术后疼痛和炎症,促进康复过程。

关节修复手术主要包括对损伤或撕裂的关节结构进行修复,如半月板修复、韧带重建等。修复手术的成功不仅取决于手术技术,还取决于术后康复过程中的力学考量。例如,半月板修复手术需要确保修复后的半月板能够重新获得正常的力学功能,以有效缓冲膝关节的负荷。韧带重建手术则要求重建的韧带具有足够的强度和弹性,以恢复关节的稳定性。

植入物的设计和修复手术的效果受到多种因素的影响,包括手术技术、植入物材料、患者的生理状态和康复过程等。随着技术的发展,新型的植入材料和手术技术不断出现,如3D打印技术用于个性化植入物设计。这些技术的进步为关节置换术和修复手术提供了更多的选择和可能性,提高了手术的成功率和患者的生活质量。

2. 运动康复与训练

运动康复与训练在关节健康和功能恢复方面具有重要意义。根据关节的生物力学特性制订运动康复和训练计划,可以有效地提高关节的功能和运动表现。这些计划通常包括以下几个方面。

运动康复的主要目标是恢复关节的功能、减轻疼痛和提高运动能力。康复计划通常包括物理治疗、运动训练和功能训练等内容。物理治疗通过使用热敷、冷敷、按摩和超声波等手段,帮助减轻关节的疼痛和炎症,并促进血液循环。运动训练则侧重于加强关节周围的肌肉,以支持和稳定关节。功能训练则包括训练关节的活动范围、协调性和稳定性,以改善日常生活中的运动能力。

在制订康复计划时,需要充分考虑关节的生物力学特性,如关节的运动范围、负荷承载能力和力学稳定性。康复训练通常从低强度的运动开始,逐步增加强度和复杂性。常见的康复训练包括柔韧性训练、力量训练、平衡训练和功能训练。例如,对于膝关节的康复,初期可能会进行静态的伸展和屈曲练习,以恢复关节的活动范围。随着康复进展,可能会加入负重练习和动态平衡训练,以增强关节的力量和稳定性。

运动训练则更加注重提高关节的运动表现和整体运动能力。运动训练可以根据运动类型、运动目标和个体特点进行个体化设计。例如,对于运动员来说,训练计划包括增强爆发力、速度和灵活性的专项训练;而对于普通人群,则可能更注重日常活动的舒适性和耐力。运动训练的核心是通过科学的训练方案,提高关节的功能和运动表现,并预防运动损伤的发生。

在运动训练中,需要考虑关节的负荷承载能力和运动模式。例如,在负重训练中,需要选择适合的负荷和运动方式,以避免对关节造成过大的压力。通过合理的训练计划,可以有效地提高关节的强度、稳定性和灵活性,从而增强整体运动表现。

综合运动康复和训练的效果取决于科学合理的训练计划、个体化的康复策略和持续的训练实践。随着运动科学和康复技术的不断发展,新的训练方法和康复技术不断出现,为提高关节功能和运动表现提供了更多的选择。通过有效的运动康复和训练,可以改善关节健康,减少运动损伤,提高生活质量,并为运动员的竞技表现提供支持。

第三节　骨骼肌的运动生物力学

一、骨骼肌

(一) 骨骼肌的力学结构与功能

骨骼肌是人体运动系统中的主要执行器官,负责产生力量并驱动骨骼实现各种运动。其复杂的结构与独特的功能特性使得骨骼肌在生物力学中占有重要地位。通过对骨骼肌的结构与功能的深入理解,可以揭示其在运动过程中如何有效地产生力量、进行能量转换,并适应不同的运动需求。

1. 骨骼肌的基本结构与功能特性

骨骼肌由许多肌纤维组成,这些肌纤维被结缔组织包裹,并通过肌腱附着在骨骼上。肌纤维是肌肉的基本收缩单位,其内部结构决定了肌肉的力学性能。每根肌纤维由肌原纤维构成,这些肌原纤维是由成千上万的肌节(sarcomere)排列而成的。肌节是肌肉收缩的基本功能单位,其内部主要包含两种蛋白丝——粗丝(由肌球蛋白组成)和细丝(由肌动蛋白组成),这些蛋白丝通过滑动机制实现肌肉的收缩与放松。

在肌肉收缩过程中,神经信号通过运动神经元传递到肌纤维,触发钙离子的释放。钙离子与肌节内的调节蛋白结合,导致粗丝和细丝之间的交叉桥形成,并且随着三磷酸腺苷(ATP)分解提供能量,这些交叉桥会滑动,使得肌节长度缩短,从而引发肌肉整体的收缩。这一过程反复进行,使肌肉能够产生持续的收缩力。

骨骼肌的功能不仅仅限于产生运动,它还起到支撑身体结构、维持姿势,以及在不同情况下保护关节的作用。此外,骨骼肌还参与热量产生,通过不完全的肌肉收缩(如颤抖)在寒冷条件下产生热量,帮助维持体温。这些基本功能特性使骨骼肌成为身体复杂生物力学系统中的关键组成部分。

2. 肌纤维类型与力学性能

骨骼肌纤维并不是同质的,它们根据结构和功能的不同,主要分为三种类型:Ⅰ型(慢肌纤维)、Ⅱa型(快肌纤维)和Ⅱb型(超快肌纤维)。这些纤维类型在肌肉中的比例影响着整体肌肉的力学性能和功能特性。

(1) Ⅰ型(慢肌纤维):这种纤维富含线粒体和血红素,因而具有较高的耐久力和抗疲劳性。慢肌纤维收缩速度较慢,产生的力量相对较小,但它们能够长时间保持收缩状态。因此,这种纤维主要用于维持姿势和执行长时间的耐力运动,如慢跑和游泳。慢肌纤维的能量主要来自有氧代谢，因此它们在供氧充分的情况下能够高效工作。

（2）Ⅱa型（快肌纤维）：这种纤维是慢肌纤维与超快肌纤维之间的中间类型，具有较快的收缩速度和较大的力量输出，但其耐久力低于慢肌纤维。Ⅱa型纤维在中等强度的运动中发挥重要作用，如短时间内的冲刺或重量训练。它们既能够依赖有氧代谢，也能通过无氧代谢（糖酵解）迅速提供能量，因此在短时间内可以产生较大的力量。

（3）Ⅱb型（超快肌纤维）：这种纤维收缩速度最快，能产生极大的力量，但其耐久力最低。Ⅱb型纤维主要用于爆发性力量输出，如短跑、举重等高强度、短时运动。由于它们主要依赖无氧代谢来提供能量，Ⅱb型纤维在短时间内可以迅速发挥最大力量，但也容易因乳酸堆积而迅速疲劳。

肌纤维类型的比例不仅决定了肌肉的力学性能，也对个体的运动表现产生了深远影响。例如，长跑运动员通常拥有较高比例的Ⅰ型纤维，而短跑运动员和举重运动员则拥有更多的Ⅱb型纤维。这种肌纤维类型的分布受遗传因素影响，但通过特定的训练，肌纤维的比例也可以在一定程度上发生变化。耐力训练倾向于增加Ⅰ型纤维的数量和功能，而力量训练则可能促进Ⅱa型和Ⅱb型纤维的发育。

骨骼肌的力学性能不仅取决于肌纤维的类型，还受到肌纤维的排列方式、肌肉长度、肌腱弹性等多种因素的影响。平行排列的肌纤维通常能够产生较大的收缩速度，而羽状排列的肌纤维则更适合产生较大的力量。此外，肌肉长度与其张力之间存在着密切的关系，在肌肉的中等长度下，通常能够产生最大的张力，这是因为在此长度下，肌节内的粗丝和细丝可以形成最优的交叉桥数量。

（二）骨骼肌收缩与力学表现

骨骼肌收缩是人体运动的基本动力来源，它通过复杂的生物力学机制将化学能转化为机械能，从而驱动身体运动。骨骼肌的力学表现不仅取决于其收缩机制，还受到不同运动条件的影响，如运动的类型、速度和负荷等因素。这一部分将深入探讨肌肉收缩的生物力学机制，以及骨骼肌在不同运动条件下的力学表现。

1. 肌肉收缩的生物力学机制

肌肉收缩的生物力学机制主要基于肌节内的滑行丝理论（sliding filament theory），这一理论解释了如何通过肌纤维内部的蛋白结构产生收缩力。肌节是肌肉收缩的基本单位，其结构由粗丝（肌球蛋白）和细丝（肌动蛋白）交替排列而成。肌肉收缩的核心机制在于这些粗细丝之间的相互滑动。

当肌肉接收到来自神经系统的动作电位（action potential）时，钙离子通过横管（T-tubule）系统释放到肌节中，钙离子与细丝上的调节蛋白（如肌钙蛋白和肌球蛋白）结合，导致这些蛋白结构发生构象变化，从而暴露出肌动蛋白上的结合位点。肌球蛋白头部（即交叉桥）随后与肌动蛋白结合，形成交叉桥结合状态。通过ATP的水解，交叉桥发生扭动，带动细丝向肌节中央滑动，使肌节缩短，进而引发肌纤维整体的收缩。

这一过程中，ATP不仅为交叉桥的滑动提供能量，还通过ATP与肌球蛋白头部的结合，导致交叉桥解离，从而准备下一次结合和滑动的循环。这个循环过程会持续进行，直到神经信号消失，钙离子被重新吸收到肌浆网中，肌纤维进入放松状态。

肌肉收缩的力学表现与多个因素相关，包括肌纤维类型、肌节长度、收缩速度和外部负

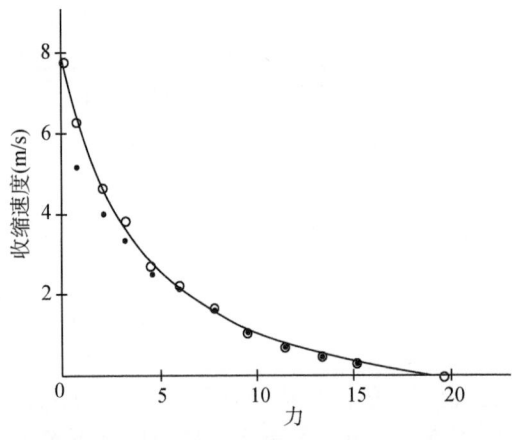

图 2-11　肌力与速度的关系(Wilkie,1949)

荷等。例如,肌节长度影响肌肉能够产生的最大力量,这是因为不同的肌节长度下,粗丝和细丝之间的重叠情况会发生变化。在中等长度下,肌肉通常能产生最大的力量,而过长或过短的肌节会导致交叉桥数量减少,降低肌肉的力量输出。

此外,收缩速度与力量输出之间也存在反比关系,这被称为力量-速度曲线(图 2-11)。在等长收缩(即没有长度变化的收缩)条件下,肌肉能产生最大的力量;而在等张收缩(即长度变化时的收缩)条件下,随着收缩速度的增加,肌肉的力量输出会逐渐下降。这一现象是由于在高速收缩时,交叉桥形成和滑动的时间较短,力量生成不完全。

2. 骨骼肌在不同运动条件下的力学表现

骨骼肌在不同运动条件下的力学表现是多变的,受制于运动形式、强度、速度和持续时间等多种因素。通过研究骨骼肌在各种条件下的表现,可以更好地理解肌肉在现实运动中的功能,并为运动训练和康复提供科学依据。

静力性运动(isometric exercise):在静力性运动中,骨骼肌虽然处于收缩状态,但肌肉长度保持不变。这种类型的运动主要用于增强肌力和耐力,因为它能够在不引起明显运动的情况下让肌肉处于高张力状态。静力性运动中,肌肉能够产生较高的力量,因为在此状态下,肌节处于相对理想的长度,并且肌肉的收缩速度为零,最大限度地允许交叉桥的完全形成。

等张性运动(isotonic exercise):分为向心收缩(肌肉缩短)和离心收缩(肌肉拉长)两种形式。在向心收缩中,肌肉克服外部负荷而缩短,如举重时将哑铃举起。向心收缩通常伴随着较快的收缩速度,因此肌肉产生的力量略低于静力性收缩。然而,在离心收缩中,肌肉被外部负荷拉长,如在举重放下哑铃时。尽管在这种情况下肌肉长度增加,但它却能够承受比静力性运动和向心收缩更大的力量。这是因为离心收缩时,肌肉处于拉伸状态,且交叉桥在拉伸过程中仍然尝试保持结合状态,从而增加了肌肉的张力。这种情况常用于力量训练中,因为它能有效刺激肌肉增长。

动力性运动(dynamic exercise):在动力性运动中,骨骼肌通过一系列连续的收缩和放松过程来完成运动,如跑步、游泳等。在这些运动中,骨骼肌的表现不仅受到单一收缩机制的影响,还受到收缩协调性、肌纤维类型、能量代谢途径等多重因素的调控。例如,在跑步中,骨骼肌需要快速且有力地收缩以推动身体前进,Ⅱb 型纤维在此过程中发挥着重要作用。而在长时间游泳中,Ⅰ型纤维因其高耐力性和抗疲劳性,成为主要的力量来源。

高强度间歇训练(high-intensity interval training,HIIT):在高强度间歇训练中,骨骼肌需要在短时间内进行最大力量的输出,并在短暂的休息后重复这一过程。由于这种训练要求肌肉快速适应不同的负荷和疲劳状态,肌纤维类型的适应性、神经肌肉的协调性,以及能量系统的高效运作均显得尤为重要。这种训练方式不仅能够有效提高肌肉的力量和爆发力,还能促进肌纤维类型之间的转换,提高整体的运动表现。

骨骼肌在不同运动条件下表现出的力学特性，展示了其在不同生理需求下的高度适应性。这种适应性不仅体现在肌纤维类型的动态调整上，也体现在肌肉的生物力学特性、神经肌肉控制机制及能量代谢的多层次调节中。理解骨骼肌在各种运动条件下的力学表现，对于设计科学合理的训练方案、预防运动损伤，以及促进运动员或患者的运动康复具有重要的意义。

（三）骨骼肌的力学适应性

骨骼肌的力学适应性是指肌肉在受到外部刺激，如训练或损伤时，其结构和功能随之发生的调整和变化。这种适应性包括对训练的正向适应，即通过反复的运动刺激增强肌肉的力量和耐力，也包括在损伤后的恢复过程，即肌肉结构与功能的修复与重塑。此外，骨骼肌的疲劳与损伤机制也是影响肌肉力学性能的关键因素，深入理解这些机制对于优化训练效果和预防运动损伤具有重要意义。

1. 肌肉在训练和损伤后的力学适应

肌肉的力学适应性在训练过程中表现得尤为显著。通过系统的训练，骨骼肌不仅能提高力量和爆发力，还能提升耐力和抗疲劳性。这种适应性主要依赖于肌纤维的结构变化、神经肌肉控制的改进及能量代谢系统的优化。

在力量训练中，肌肉适应的一个显著特点是肌纤维的肥大，即肌纤维的横截面积增大。这种肥大主要是通过肌纤维内蛋白质合成增加、肌纤维数目增多或肌纤维融合来实现的。随着训练的进行，肌纤维内部的肌节数量增多，收缩蛋白（肌动蛋白和肌球蛋白）含量增加，从而增强了肌肉的收缩能力和整体力量输出。此外，力量训练还可以促进神经肌肉系统的适应，通过提高神经兴奋性、增加运动单位的激活率及改善运动单位的同步性，进一步提升肌肉的力量表现。

在耐力训练中，骨骼肌的适应性主要体现在代谢能力的增强和纤维类型的转化。耐力训练通常会导致Ⅰ型纤维（慢肌纤维）的比例增加，这种纤维类型具有较高的线粒体密度和氧化酶活性，能够更高效地进行有氧代谢，从而延缓疲劳的发生。同时，耐力训练还可以促进毛细血管网的生长，增加肌肉组织的血液供应和氧气输送能力，进一步提高肌肉的耐力表现。与力量训练不同，耐力训练的效果更依赖于长期持续的低强度负荷，其适应过程通常较为缓慢，但适应效果较为持久。

然而，在运动中肌肉可能会遭受各种形式的损伤，如急性撕裂、挤压伤、过度拉伸或疲劳性损伤。这些损伤不仅影响肌肉的正常功能，还可能导致长期的功能障碍。幸运的是，骨骼肌具备一定的自我修复能力。肌肉损伤后，肌纤维中的卫星细胞（肌源性干细胞）会被激活，并分化为肌母细胞，这些细胞能够融合并形成新的肌纤维，从而修复受损组织。此外，受损肌肉还会通过增加结缔组织含量、增强肌肉韧性来适应外界压力，防止再次受伤。

肌肉在损伤后的修复过程也是一个适应性变化的过程。初期修复阶段，肌肉的再生主要集中在受损肌纤维的修复和炎症反应的控制上；在恢复期，肌肉的适应性表现为肌纤维的重新排列和结构的重塑，最终通过适当的康复训练，逐步恢复甚至超越损伤前的力学性能。

2. 骨骼肌疲劳与损伤机制

骨骼肌在运动中会经历不同程度的疲劳和损伤，这些现象通常是由过度使用或不适当的训练引起的。理解疲劳和损伤的机制，对于制订科学的训练计划和预防运动损伤至关重要。

肌肉疲劳是指在持续或高强度运动过程中，肌肉力量或动力输出能力的下降。这一现象主要与代谢疲劳、神经肌肉疲劳和肌肉微损伤等因素有关。代谢疲劳通常发生在高强度运动时，肌肉内的能量储备（如 ATP、磷酸肌酸）快速消耗，而乳酸和无机磷酸的积累则会干扰肌肉的正常收缩功能。与此同时，钙离子在肌纤维中的调控也可能因代谢紊乱而失调，导致收缩效能下降。神经肌肉疲劳则是由于运动神经元的信号传导能力下降，肌肉对神经刺激的响应减弱。此外，反复的高强度收缩可能导致肌纤维内部的微损伤，如肌节结构的破坏、细胞膜的受损等，这些损伤不仅直接削弱肌肉力量，还可能引发疼痛和炎症反应，加剧疲劳。

骨骼肌的损伤机制复杂多样，主要包括急性损伤和慢性损伤。急性损伤通常是由于外力直接作用或过度拉伸引起的，典型表现为肌纤维断裂、出血和炎症反应。肌纤维断裂后，受损部位会迅速吸引免疫细胞和卫星细胞进行修复，但在严重情况下，修复可能不完全，导致瘢痕组织的形成，影响肌肉的正常功能。慢性损伤则通常由长期的过度使用或反复的微损伤累积而成，这类损伤常见于职业运动员或高强度训练者，表现为慢性炎症、结缔组织增生及肌纤维退化等。

值得注意的是，骨骼肌的疲劳和损伤不仅仅局限于机械因素，生化和神经因素同样起着重要作用。例如，长时间的过度训练不仅会导致肌肉的机械性损伤，还可能引发系统性炎症反应，破坏体内的内环境平衡，从而影响整体的运动表现。预防和管理骨骼肌的疲劳与损伤，需要在训练中遵循科学原则，包括合理安排训练负荷、确保充足的休息和恢复时间，以及进行适当的康复训练。通过这些措施，可以有效地增强骨骼肌的力学适应性，降低疲劳和损伤的风险，从而提升运动表现和训练效果。

二、肌肉-肌腱复合体运动生物力学

（一）肌腱的生物力学特性

肌腱是连接肌肉和骨骼的重要结构，它们在运动中起到传导力量和稳定关节的作用。作为肌肉骨骼系统中的组织，肌腱具有独特的结构与力学性能，这些特性不仅决定了其在日常活动和运动中的功能，也对运动损伤的发生和康复有着重要影响。

1. 肌腱的结构与力学性能

肌腱主要由密集的胶原纤维、少量的弹性纤维和基质物质组成。胶原纤维是肌腱中最主要的成分，占其干重的 70%～80%，其中Ⅰ型胶原纤维约占总胶原纤维的 90%～95%。这些胶原纤维呈平行排列，使肌腱能够在受到拉伸时有效承载和传递力。肌腱中的胶原纤维以束状排列，束之间由弹性纤维和基质物质连接，形成一种具有层次结构的复合材料。这种结构使肌腱在承受拉力时表现出高强度和高韧性的特性，同时具有一定的弹性以缓冲冲击力。

在肌腱的微观结构中，每一束胶原纤维都由更小的原纤维（fibril）组成，这些原纤维通过分子间的氢键和共价交联形成牢固的结构，赋予肌腱高抗拉强度。随着应力的增加，这些微观结构会逐渐解开和伸展，从而允许肌腱在一定程度上被拉长。这种拉长通常是非线性的，即在低应力范围内，肌腱表现出较大的延展性；而在高应力范围内，肌腱的延展性显著降低，表现出更强的抵抗拉伸的能力。

肌腱的力学性能还受到其含水量和基质成分的影响。肌腱的含水量约占其湿重的70%，水分在其中不仅起到润滑作用，还通过调节基质的黏弹性能，影响肌腱的整体力学表现。基质中含有的蛋白多糖和其他大分子物质也有助于维持肌腱的结构稳定性和力学特性。

由于其高度组织化的结构，肌腱在承受拉应力时能够表现出极强的抗拉能力。然而，这种高抗拉性能并不是无限的，当超过肌腱的弹性极限时，胶原纤维可能会发生断裂，从而导致肌腱损伤。通常，肌腱的拉伸极限约为其初始长度的4%~10%，超过这一范围便可能引发微小或严重的撕裂。因此，理解肌腱的结构与力学性能对于预防运动损伤及设计有效的康复方案具有重要意义。

2. 肌腱在运动中的力学功能

在运动过程中，肌腱的主要功能是将肌肉产生的力传递到骨骼上，从而引发关节运动。此外，肌腱还在运动中起到储能和释放能量的作用，帮助提高运动效率，并减少肌肉的工作负荷。

肌腱的力学功能首先体现在其作为力的传递介质的角色上。当肌肉收缩时，肌腱将收缩力传递至骨骼，驱动骨骼运动。这一过程要求肌腱具有足够的刚性以确保力的有效传递，同时又需要一定的弹性以避免突然的力学冲击对关节和骨骼产生损伤。肌腱的弹性特性使其能够在运动中起到类似"弹簧"的作用，在被拉伸时储存能量，在松弛时释放能量。这种弹性储能和释放功能特别重要，在跳跃、奔跑等高强度运动中，肌腱的弹性有助于提高运动的经济性，减少肌肉的耗能。例如，在跑步过程中，跟腱（连接小腿腓肠肌与足跟的肌腱）在足部着地时会被拉伸，储存部分动能。当脚离地时，这部分储存的能量被释放，帮助推动身体向前，从而提高跑步的效率。跟腱的这种弹性特性不仅减轻了肌肉的负担，还降低了肌肉因持续高强度运动而快速疲劳的风险。

除了传递和调节力的功能外，肌腱还在稳定关节、保持姿势和协调运动中发挥关键作用。肌腱在连接肌肉与骨骼的同时，也参与了关节的稳定。通过紧密的解剖结构和适当的张力，肌腱可以限制关节的过度运动，防止关节在运动中发生脱位或损伤。例如，膝关节中的髌腱和髌韧带通过稳定髌骨的位置，帮助维持膝关节的正常运动轨迹，降低运动中的损伤风险。此外，肌腱在协调不同肌肉群的活动中也发挥着重要作用。通过调节肌腱的张力，神经系统能够控制不同肌肉的协同工作，从而实现复杂的运动模式。这种协调性对于完成高精度的运动，如平衡、投掷和攀爬等至关重要。通过合理利用肌腱的力学特性，运动员和训练者可以提高运动表现，并有效地预防潜在的运动损伤。

（二）肌肉-肌腱复合体的协调作用

肌肉与肌腱组成的肌肉-肌腱复合体是身体运动的关键生物力学单元，它不仅负责生成和传导力量，还在协调和适应各种运动任务中起着至关重要的作用。肌肉和肌腱的高度协调配合确保了有效的力量传递、运动控制和关节稳定，同时，肌肉-肌腱复合体的生物力学特性也会随着训练、损伤和康复而发生适应性变化。

1. 肌肉与肌腱的协同收缩与力传导

在运动中，肌肉通过主动收缩产生力，而肌腱则将这一力传递到骨骼上，引发关节运动。这种力量传导的过程涉及复杂的生物力学机制，确保肌肉和肌腱能够高效、协调地工作。

当肌肉收缩时，肌纤维缩短，并通过肌腱将收缩产生的张力传递至骨骼，推动骨骼运动。这个过程中，肌腱不仅起到力的传递介质的作用，还通过自身的弹性特性吸收部分应力，从而减少突然的力量冲击对关节和骨骼的损伤。这种弹性表现为肌腱在被拉伸时储存能量，并在松弛时释放能量，增强了运动的效率。这种储能和释放能量的机制在快速、爆发性运动中尤为重要，如跳跃和冲刺等。

肌肉和肌腱之间的协同收缩对于运动的平稳性和效率至关重要。肌腱的张力与肌肉收缩的节奏同步，这种同步性确保了力量的平滑传导，避免了运动中的不必要能量损耗。此外，肌腱的弹性还能缓冲因运动中突然改变方向或速度而产生的应力波动，保护肌肉和骨骼免受损伤。举例来说，在跑步时，小腿的腓肠肌收缩，跟腱将这种收缩力传导至足跟，从而推动身体向前。在足部着地时，跟腱被拉伸，储存部分动能；而在离地时，这部分能量被释放，辅助腓肠肌的力量输出，减少了肌肉的疲劳。这种协调的力传导不仅提高了运动的经济性，还减少了肌肉疲劳和受伤的风险。

此外，肌肉-肌腱复合体的协调性还与中枢神经系统的控制密切相关。神经系统通过调整肌肉的激活模式和肌腱的张力，精确控制不同运动任务中的力学输出。这种协调控制在复杂运动中表现尤为显著。例如，在投掷动作中，不同肌肉群的收缩顺序和强度必须得到精确调节，以确保力量通过肌肉-肌腱复合体有效传递到抛出的物体上。

2. 肌肉-肌腱复合体的生物力学适应

肌肉-肌腱复合体的结构和功能并不是固定不变的，而是能够根据不同的运动负荷、训练刺激及损伤康复的需求，进行生物力学上的适应和重塑。这种适应性对于维持运动能力、预防损伤及促进康复具有重要意义。

在长期的运动训练中，肌肉和肌腱会经历显著的结构性和功能性变化。对于肌肉来说，训练可以引起肌纤维的肥大，增加肌肉的力量输出能力；同时，肌肉的代谢能力也会增强，使其更耐疲劳。对于肌腱而言，训练同样能够引发适应性变化。肌腱的胶原纤维会变得更加紧密和有序，从而提高其抗拉强度和弹性。肌腱的含水量和基质成分也可能发生变化，进一步增强其力学性能。这些适应性变化使得肌肉-肌腱复合体能够更好地应对高强度运动中的力学需求。

例如，力量训练通常会导致肌腱变得更加粗壮和坚韧，这不仅提高了肌腱的抗拉强度，还使其在高强度运动中能够更好地传递力量。类似的，弹性训练则可以增加肌腱的弹性，使其在快速运动中更有效地储存和释放能量，提高运动表现。然而，过度或不当的训练也可能导致肌肉-肌腱复合体的负性适应。例如，长时间的高强度训练可能导致肌腱过度拉伸或受损，产生微小的撕裂和炎症反应。这种情况下，如果没有充分的恢复时间，肌腱可能会变得脆弱，更容易受伤。疲劳性应力（repetitive stress）可能导致肌腱纤维的退化，增加肌腱断裂的风险。

在损伤和康复过程中，肌肉-肌腱复合体的适应性变化同样重要。当肌腱受伤后，其结构和功能都会受到影响。在康复过程中，适当的运动刺激可以促进胶原纤维的重组和再生，恢复肌腱的力学性能。康复训练通常会逐步增加负荷，以促进肌腱的适应和重塑，从而恢复其正常功能。过早或过度的负荷可能导致再次损伤，而过少的负荷则可能导致肌腱变得僵硬和无力，影响其恢复。肌肉-肌腱复合体通过复杂的生物力学适应机制，能够在不同的运动条件下进行有效的调整和优化，以应对外界的各种挑战。了解这些适应性变化，对于制订合理的训练计划、预防运动损伤及设计康复方案至关重要。

(三) 肌腱损伤与康复

1. 肌腱损伤机制

肌腱损伤的发生往往与其在运动中的力学应力有关。肌腱主要由胶原纤维（主要是Ⅰ型胶原纤维）构成，这些纤维排列紧密、规则，赋予肌腱高度的抗拉强度和弹性。然而，当肌腱承受的应力超过其承受能力时，便可能导致损伤。

肌腱损伤可以分为急性损伤和慢性损伤两大类。急性损伤通常发生在肌腱承受了突然的、超出其极限的拉伸力或冲击时，如运动中的扭伤或跌倒。此类损伤往往表现为肌腱的部分或完全撕裂，伴随剧烈的疼痛和功能障碍。急性损伤的常见类型包括跟腱断裂和肩袖肌腱撕裂等。

慢性损伤则是由于长期的、重复性的应力累积所致，也被称为应力性损伤或过度使用损伤。这类损伤通常发生在反复进行同一类型运动的人群中，如跑步者的跟腱病或网球运动员的肘部肌腱病。慢性损伤的初期症状可能较为轻微，如轻度疼痛或不适，但随着应力的累积，肌腱的微观结构逐渐发生退化性变化，最终可能导致局部炎症反应、纤维断裂及更严重的功能障碍。

在慢性损伤的发展过程中，肌腱的微观结构逐渐发生改变。胶原纤维不断承受微小的撕裂和修复过程，最终导致纤维的排列紊乱、胶原交联减少、血管生成增加及基质成分的改变。这些变化削弱了肌腱的力学性能，使其更容易在未来的运动中再次受伤。此外，随着年龄的增长，肌腱的弹性和修复能力逐渐下降，这也是导致老年人更容易发生肌腱损伤的一个原因。

生物力学研究表明，肌腱损伤的发生与肌腱所受应力的类型和强度密切相关。过大的应力可能引发损伤，尤其是在这些应力反复作用的情况下。例如，在跑步时，跟腱不仅承受着来自肌肉收缩的拉应力，还要应对足部着地时的冲击力和剪切力。如果这些力学应力超过了肌腱的生理承受范围，或者肌腱在疲劳状态下无法有效应对这些应力，损伤便会随之发生。

2. 肌腱在康复中的力学重塑

当肌腱受到损伤后，康复过程中的力学重塑对其功能恢复至关重要。肌腱的康复不仅是一个生理修复的过程，更是一个力学适应的过程。通过适当的康复训练，肌腱可以重新适应并增强其结构和功能，以应对未来的运动需求。肌腱的康复过程通常分为三个阶段：急性炎症期、修复期和重塑期。

在急性炎症期，身体通过释放各种炎症介质来清除受损组织和启动修复机制。然而，在这个阶段，过度的运动或应力可能会加剧损伤。因此，康复的重点在于控制炎症、减轻疼痛，并为受损肌腱提供适当的休息和支持。

进入修复期后，受损的肌腱开始再生新的胶原纤维。此时，适当的力学刺激对于促进肌腱的修复非常重要。研究表明，适度的负重和拉伸训练可以促进胶原纤维的重新排列和交联，增强肌腱的强度和弹性。需要注意的是，这一过程需要逐步进行，以避免过度负荷对未完全愈合的肌腱造成二次损伤。

在重塑期，肌腱的力学性能逐渐恢复，并适应新的运动需求。此时的康复训练应逐步增加负荷和运动强度，以模拟实际运动中的应力情况。通过力量训练、弹性训练及特定的运动模式训练,肌腱的结构和功能将得到全面恢复和优化。此外,神经肌肉控制和协调性的恢复也是重塑期的一个重要方面,通过针对性的训练,可以提高肌肉与肌腱的协同能力,减少未来损伤的风险。

康复过程中的力学重塑不仅包括肌腱的结构性修复,还涉及肌腱与肌肉、骨骼之间力学关系的重新调整。例如,在跟腱损伤后,康复训练不仅要恢复跟腱的弹性和强度,还要调整小腿肌肉的力量分布和足部的着地模式,以确保运动的顺畅性和安全性。肌腱在康复过程中的力学重塑是一个复杂而关键的过程,它不仅关系到肌腱本身的修复,还涉及整个运动系统的功能恢复。通过科学合理的康复训练,可以有效促进肌腱的生物力学适应,最大限度地恢复其功能,预防再度受伤。

三、关节周结缔组织运动生物力学

(一)关节周结缔组织的功能与结构

如图 2-12 所示,关节周围的结缔组织是维持关节功能性与稳定性的关键组成部分,它们不仅在结构上支撑和保护关节,还通过调节和分配应力来确保关节的运动平衡。深入理解这些结缔组织的生物力学特性及其在关节中的力学作用,对于研究人体运动生物力学及制订预防损伤的策略有着重要意义。

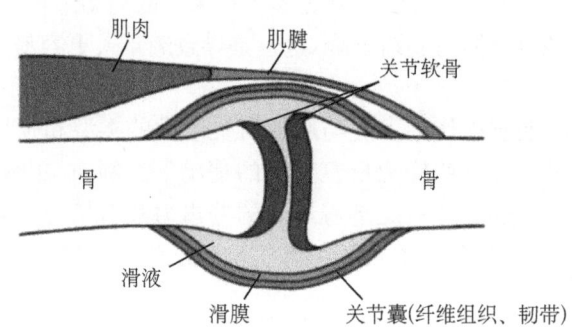

图 2-12　滑膜关节的示意图(Tozer et al., 2005)

1. 韧带、肌腱与关节囊的生物力学特性

韧带是连接关节内两块骨骼的结缔组织,主要由平行排列的胶原纤维束组成。这种结构使得韧带能够在承受拉伸力时表现出高抗拉强度,但在其他方向上的抵抗力较弱。韧带的主要功能是限制关节的过度活动,确保关节在特定范围内进行运动,从而避免关节脱位或其他损伤。例如,膝关节的前交叉韧带限制了胫骨相对于股骨的前移,防止了关节在跑步、跳跃等高强度运动中的过度应力。韧带的这种特性使其成为维持关节稳定性的重要组成部分。

肌腱则是连接肌肉与骨骼的结缔组织,同样由胶原纤维构成,但其功能侧重于传递肌肉收缩产生的力。肌腱不仅是力量传递的桥梁,还通过调节肌肉力量的方向和幅度来控制关节的运动。在运动中,肌腱必须承受巨大的应力,尤其是在高强度或重复性的运动中。例如,跟腱在跑步时会传递小腿肌肉的力量到足跟骨,使得整个下肢能够产生向前的推进力。由于肌腱必须承受并适应这些力量,其纤维结构具有高度的弹性和韧性,能够在运动过程中有效地储存和释放能量。

关节囊是包围关节的纤维性结构,具有多层次的复杂性。外层的纤维层由致密的结缔组织构成,赋予关节囊机械强度和弹性,使其在限制关节运动的同时,能够适应一定程度的变形。内层的滑膜层则分泌滑液,这种液体在关节腔内起到润滑作用,可减少关节面之间的摩擦,防止磨损。关节囊在结构上的独特性使其既能提供关节的基本保护,又能允许关节进行必要的运动。例如,肩关节囊的纤维层具有较大的伸展性,这使得肩关节能够进行大范围的运动,如旋转、内收和外展。

2. 结缔组织在关节中的力学作用

在关节中,韧带、肌腱和关节囊共同承担着确保关节功能性和稳定性的重任。它们各自具有独特的力学作用,同时在运动过程中相互协调,保障了关节的正常运作。

韧带在关节中的力学作用主要表现为限制关节的被动活动范围。韧带通过感知并响应外力的变化,能够迅速调节关节的位置,从而防止关节因过度运动而受损。例如,在快速变向运动中,踝关节的韧带可以通过限制脚踝的过度内翻或外翻来避免扭伤。这种力学作用是基于韧带的胶原纤维排列方向和生物力学特性,确保了在高负荷条件下关节的稳定性。

肌腱在关节中的力学作用则更为复杂,它们不仅传递肌肉的收缩力,还通过调节这一力的作用方式来影响关节的运动。例如,在跳跃的过程中,肌腱会通过储存和释放能量,帮助肌肉生成更大的力,使得运动表现更加高效。肌腱的这种弹性特性在降低运动中关节的负担和提高运动效率方面发挥了重要作用。此外,肌腱通过其弹性和延展性,也在动态运动中起到了缓冲和减震的作用,可保护关节免受突然的高强度冲击。

关节囊在关节中的力学作用则主要体现在保护和润滑方面。关节囊通过其纤维层提供机械保护,防止外部冲击对关节的直接伤害,同时通过滑液的润滑作用,减少关节内摩擦和磨损,延长关节的使用寿命。关节囊的滑液还在关节运动中起到了缓冲和分散应力的作用,尤其是在高强度或重复性运动中,滑液能够有效降低关节面之间的摩擦力,减少组织损伤的风险。例如,在跑步时,髋关节囊的滑液可以减少髋臼与股骨头之间的摩擦,保护关节软骨。

(二)结缔组织的力学适应与损伤

1. 结缔组织在运动中的力学响应

结缔组织,如韧带、肌腱和关节囊,在不同类型的运动和应力条件下表现出多样化的力学响应。这些组织的适应性使得它们能够在长时间的重复性运动或突然的高强度冲击中,保持稳定性和功能性。

韧带在运动中的力学响应主要表现在它们对拉应力的适应性。当韧带承受持续或反复的拉应力时,其内部的胶原纤维会发生重新排列,以适应新的应力分布。这种结构性变化能够增加韧带的拉伸强度,使其在日常运动中更好地限制关节的活动范围。然而,在过度的拉伸或频繁的极端运动中,韧带可能会失去其原有的弹性和适应能力,最终导致韧带松弛甚至断裂。这种情况下,韧带的力学响应超出了其生理极限,造成了不可逆的损伤。

肌腱在运动中的力学响应同样表现出显著的适应性。肌腱能够通过调整其胶原纤维的排列方向和密度,来应对不同的机械负荷。例如,在力量训练中,肌腱的横截面积可能会随着训练强度的增加而增大,这有助于提升肌腱的抗拉强度和弹性性能。此外,肌腱还具有一定的弹性模量,这使得它能够在运动过程中储存和释放弹性能量,从而提高运动效率。然而,肌腱在重复性高的运动中,如跑步或跳跃,容易产生微小的损伤,若得不到及时修复,可能会发展为慢性损伤,如跟腱炎。这种慢性损伤正是肌腱在面对持续应力时无法完全适应所导致的结果。

关节囊作为包围关节的保护结构,其力学响应主要体现在对关节内外压力的调节和对滑液的分泌调控。在关节运动过程中,关节囊能够通过微调其内部压力,确保关节腔内滑液的均匀分布,从而减少关节面的摩擦和磨损。关节囊的这种调节能力使得关节能够在各种运动中保持流畅的运动轨迹。然而,当关节囊承受过大的外力,如在摔倒或扭伤时,关节囊可能会受到撕裂或损伤,导致关节不稳定。这种情况下,关节囊的力学响应超出了其承受能力,导致了功能的失调。

2. 损伤机制与康复策略

结缔组织在应对外力时的损伤机制通常涉及过度的机械负荷、微小的反复性创伤及组织疲劳累积等因素。了解这些机制不仅有助于解释运动损伤的发生,还能为有效的康复策略提供科学依据。

韧带的损伤机制通常是急性过度拉伸导致的。在运动中,突然的方向改变或不协调的动作可能会使韧带承受超出其弹性极限的应力,导致韧带纤维的断裂或撕裂。例如,前交叉韧带损伤常见于高强度的跑跳运动中,当膝关节在屈曲状态下突然转动时,前交叉韧带会受到极大的剪应力,进而撕裂。对于这类损伤,康复策略通常包括手术修复和术后的功能性训练。手术修复旨在恢复韧带的结构完整性,而功能性训练则通过逐步增加运动负荷,促进韧带的力学适应,使其重新获得稳定关节的能力。

肌腱的损伤机制多为慢性应力积累所致。长时间的重复性运动,如跑步中的重复性冲击力,可能会导致肌腱的微小损伤得不到充分修复,逐渐发展为慢性炎症或部分断裂。肌腱的损伤往往表现为疼痛、僵硬和功能受限。康复策略包括减少运动负荷、使用抗炎药物及通过物理治疗促进肌腱的修复和重塑。此外,渐进性负重训练也被证明能够有效增强肌腱的抗拉强度和弹性,防止再次损伤。

关节囊的损伤机制则通常与关节的扭伤或外部冲击有关。关节囊在这些情况下可能会发生撕裂或挫伤,导致关节内的滑液渗出和关节不稳定。对于关节囊的损伤,康复策略通常侧重于减少关节负荷和促进软组织的愈合。物理治疗中的关节松动术和热疗常用于改善关节囊的血液循环,促进损伤部位的愈合。此外,逐步恢复的关节活动度训练也是康复过程中的重要环节,旨在恢复关节囊的功能性,并避免粘连或功能受限的发生。

(三) 关节功能的维护与优化

关节功能的维护与优化是保障运动表现和日常生活质量的重要方面。关节的健康不仅依赖于其结构的完整性,还取决于关节周围结缔组织的功能状态。这些结缔组织,包括韧带、肌腱和关节囊,通过调节关节的稳定性、活动度和应力分布,确保关节在不同运动环境下的正常功能。为了更好地维护和优化关节功能,了解运动训练对关节周围结缔组织的影响,以及有效地预防和处理关节结缔组织损伤的方法,显得尤为关键。

1. 运动训练对关节周围结缔组织的影响

运动训练对关节周围结缔组织有着深远的影响。适度的训练可以增强这些组织的力学性能和适应能力,从而提高关节的稳定性和功能。然而,不当或过度的训练可能会导致结缔组织的过度应激和潜在损伤。

韧带在适度的运动训练中,能够通过适应性增厚和增强,从而提高其抗拉伸性能。研究表明,力量训练和弹性训练可以促进韧带的强度增加,使其能够更好地稳定关节,减少损伤风险。此外,运动训练还能提高韧带的弹性,使其在拉伸过程中能够更有效地储存和释放能量,从而提高运动效率。然而,过度的训练,尤其是高强度、高频率的运动,可能会使韧带承受过多的机械负荷,导致微小损伤的累积,最终增加韧带损伤的风险。

肌腱在运动训练中的适应性表现尤为显著。力量训练尤其能够促进肌腱的横截面积增加和胶原纤维的重新排列,从而提升其抗拉强度和弹性模量。这种适应性增强了肌腱在高强度运动中的承载能力,并减少了运动引发的应激损伤风险。此外,适度的有氧训练也能增加肌腱的血液供应,促进其代谢废物的清除和营养物质的供应,有助于维持肌腱的健康。然而,长期的高强度训练可能会导致肌腱的过度使用,尤其是在缺乏足够恢复时间的情况下,肌腱可能出现慢性炎症或部分断裂,这些问题需要通过调整训练计划和增加恢复时间来避免。

关节囊在运动训练中的反应主要体现在其对关节内压力和滑液分泌的调节能力上。规律的运动训练可以增强关节囊的功能,使其更好地调节关节内外的压力平衡,从而减少关节磨损和软骨退化的风险。运动还可以促进关节囊内滑液的生成,这对关节润滑和营养供应至关重要。然而,高冲击性的运动,尤其是在未做好充分热身的情况下,可能会对关节囊造成过度的应力,导致关节囊撕裂或挫伤。因此,合理安排运动强度和类型,对于关节囊的保护和功能维护至关重要。

2. 预防与处理关节结缔组织损伤的方法

关节结缔组织的损伤常见于高强度运动和不当的运动模式中,因此,预防关节损伤应当成为运动训练中的核心目标。同时,一旦出现损伤,及时和有效的处理对于恢复关节功能、预防长期后遗症至关重要。

预防关节结缔组织损伤的方法主要包括合理的运动计划、适当的热身和拉伸,以及使用防护装备。合理的运动计划应包括渐进性的训练强度和负荷安排,避免突然增加运动量,尤其是在进行高强度运动或引入新训练项目时。此外,运动前的充分热身可以增加关节周围结缔组织的血流量和柔韧性,降低韧带和肌腱的拉伤风险。拉伸训练,尤其是动态拉伸,可以提高关节囊和周围肌肉的活动度,减少关节囊的压力和损伤可能性。对于某些易损伤的关节,如膝关节和踝关节,使用护膝或护踝等防护装备,可以提供额外的稳定性和保护,特别是在进行高冲击性运动时。

处理关节结缔组织损伤的方法则需要根据损伤的类型和严重程度制订个体化的康复计划。对于急性损伤,如韧带扭伤或肌腱撕裂,初期处理应包括休息(rest,R)、冰敷(ice,I)、加压(compress,C)和抬高(elevate,E),即 RICE 原则,以减少肿胀和疼痛。接下来,逐步恢复运动功能的物理治疗,包括轻柔的关节松动术和渐进性负重训练,是恢复结缔组织弹性和强度的关键。同时,使用非甾体抗炎药可以帮助减轻炎症和疼痛,促进组织愈合。对于慢性损伤,如长期的肌腱炎或韧带松弛,康复策略可能需要更长时间的功能训练和负荷管理,避免过早恢复高强度运动,以防止损伤复发。

此外,功能性训练,如平衡和协调训练,也在预防和处理关节结缔组织损伤中起着重要作用。通过增强周围肌肉的力量和协调性,可以分担关节的负荷,减少结缔组织的应力。同时,改进运动技术和姿势,避免关节承受不必要的应力,也是预防损伤的重要策略。

思考与讨论

1. 应力和应变的定义是什么？
2. 人体关节有哪些分类？
3. 如何更好地运用运动生物力学知识解决实际问题？

参考文献

范钦珊,任文敏,陈艳秋,等,2004. 材料力学[M]. 北京:清华大学出版社.

Adejuyigbe B, Kallini J, Chiou D, et al., 2023. Osteoporosis: molecular pathology, diagnostics, and therapeutics[J]. International Journal of Molecular Sciences, 24(19): 14583.

Enab T A, 2014. Performance improvement of total knee replacement joint through bidirectional functionally graded material[J]. International Journal of Mechanical & Mechatronics Engineering IJMME-IJENS. 14(2): 104-113.

Freedman B R, Rodriguez A B, Leiphart R J, et al., 2018. Dynamic loading and tendon healing affect multiscale tendon properties and ECM stress transmission[J]. Scientific Reports, 8(1): 10854.

Frost H M, 2004. A 2003 update of bone physiology and Wolff's Law for clinicians[J]. The Angle Orthodontist, 74(1): 3-15.

Fung D T, Wang V M, Laudier D M, et al., 2009. Subrupture tendon fatigue damage[J]. Journal of Orthopaedic Research, 27(2): 264-273.

Gibson L J, 1985. The mechanical behaviour of cancellous bone[J]. Journal of Biomechanics, 18(5): 317-328.

Gracey E, Burssens A, Cambré I, et al., 2020. Tendon and ligament mechanical loading in the pathogenesis of inflammatory arthritis[J]. Nature Reviews Rheumatology, 16(4): 193-207.

Itthipanichpong T, Thamrongskulsiri N, Tangpornprasert P, et al., 2023. Cortical suspensory button fixation has superior biomechanical properties to knotless anchor suture in anterior cruciate ligament repair: a biomechanical study[J]. Scientific Reports, 13(1): 7572.

Krans J L, 2010. The sliding filament theory of muscle contraction[J]. Nature Education, 3(9): 66.

Learmonth I D, Young C, Rorabeck C, 2007. The operation of the century: total hip replacement[J]. The Lancet, 370(9597): 1508-1519.

Li J L, Qin L, Yang K, et al., 2020. Materials evolution of bone plates for internal fixation of bone fractures: a review[J]. Journal of Materials Science & Technology, 36: 190-208.

Lim H, Choi I Y, Hyun S H, et al., 2021. Approaches to characterize the transcriptional trajectory of human myogenesis[J]. Cellular and Molecular Life Sciences, 78: 4221-4234.

Lu Z H, Sun D, Kovács B, et al., 2023. Case study: The influence of Achilles tendon rupture on knee joint stress during counter-movement jump-Combining musculoskeletal modeling and finite element analysis [J]. Heliyon, 9(8): e18410.

Maciel A, Nedel L P, Freitas C M D S, 2002. Anatomy-based joint models for virtual human skeletons [J]. IEEE: Proceedings of Computer Animation, 2002: 220-224.

Mihcin S, Ciklacandir S, Kocak M, et al., 2021. Wearable motion capture system evaluation for biomechanical studies for hip joints[J]. Journal of Biomechanical Engineering, 143(4): 044504.

Morris P D, Iqbal J, Chiastra C, et al., 2018. Simultaneous kissing stents to treat unprotected left main stem coronary artery bifurcation disease: stent expansion, vessel injury, hemodynamics, tissue healing, restenosis, and repeat revascularization[J]. Catheterization and Cardiovascular Interventions, 92(6): E381-E392.

Mow V C, Ateshian G A, Spilker R L, 1993. Biomechanics of diarthrodial joints: a review of twenty years of progress[J]. Journal of Biomechanical Engineering, 115(4B): 460-467.

Obata Y, Bale H A, Barnard H S, et al., 2020. Quantitative and qualitative bone imaging: a review of synchrotron radiation microtomography analysis in bone research[J]. Journal of the Mechanical Behavior of Biomedical Materials, 110: 103887.

Reilly D T, Burstein A H, 1974. The mechanical properties of cortical bone[J]. Journal of Bone & Joint Surgery, 56(5): 1001-1022.

Snedeker J G, Foolen J, 2017. Tendon injury and repair-A perspective on the basic mechanisms of tendon disease and future clinical therapy[J]. Acta Biomaterialia, 63: 18-36.

Thomopoulos S, Parks W C, Rifkin D B, et al., 2015. Mechanisms of tendon injury and repair[J]. Journal of Orthopaedic Research, 33(6): 832-839.

Tozer S, Duprez D, 2005. Tendon and ligament: development, repair and disease[J]. Birth Defects Research Part C, Embryo Today, 75(3): 226-236.

Walter B, Ropes M W, Hans W, 1940. The physiology of articular structures[J]. Physiological Reviews. 20(2): 272-312.

Wilkie D R, 1949. The relation between force and velocity in human muscle[J]. Journal of Physiology, 110(3-4): 249-280.

Xue Z C, Xu H T, Ding H L, et al., 2016. Comparison of the effect on bone healing process of different implants used in minimally invasive plate osteosynthesis: limited contact dynamic compression plate versus locking compression plate[J]. Scientific Reports, 6(1): 37902.

Zhang L J, Zhang Q L, Zhong Y L, et al., 2024. Effect of forefoot transverse arch stiffness on foot biomechanical response: based on finite element method[J]. Frontiers in Bioengineering and Biotechnology, 12: 1387768.

Zhao Y C, Vatankhah P, Goh T, et al., 2021. Hemodynamic analysis for stenosis microfluidic model of thrombosis with refined computational fluid dynamics simulation[J]. Scientific Reports, 11(1): 6875.

第三章

运动生物力学分析技术

1. 理解运动生物力学分析技术的基本概念。
2. 掌握平面运动分析技术和三维运动分析技术的原理与应用。
3. 了解动力学分析中的身体环节参数及其测量方法。

第一节 运动学分析技术

一、平面运动分析技术

人体的运动是在一定的时间和空间上进行的，人体运动学是在不考虑运动原因的前提下，对人体运动状态进行研究的定量描述，并对人体在空间的位置随时间变化的规律进行探究，从而揭示人体运动的情况。人体运动学参数的测定，是运动生物力学实验方法的核心内容，通过对运动技术图像的获取解析，获得人体运动的位移、速度等各项特征参数，从而比较真实地反映出运动的情况。本节我们将讨论如何在平面使用运动学变量分析方法对运动学进行测量。

（一）运动位置的描述

1. 参考系与坐标系

位置是指物体或身体的一部分在空间中的特定地点。在运动生物力学中，运动位置是研究运动如何在空间中发生的重要基础，通常通过坐标系进行描述。运动具有相对性，选择不同的参考系描述同一物体的运动往往会有不同的结果，因此在描述物体运动时，应根据研究目的选择并说明参考系的类型。参考系分为惯性参考系和非惯性参考系。其中，惯性参考系把相对于地球静止的物体或相对于地球做匀速直线运动的物体作为参考标准，常见的惯性参考系包括跑道、体操器械等；非惯性参考系把相对于地球做变速运动的物体作为参考系，在描述人体运动的局部肢体运动状态时，往往采用非惯性参考系。

根据选定的参考系，只能定性地描述物体的运动情况。为了定量地描述物体的位置变化,需要在参考系上标定尺度,即建立坐标系。笛卡尔坐标系是用来描述运动位置的主要工具,在笛卡尔坐标系中可以建立一个或多个参考系。一个可取且无须重复定义的参考系为惯性参考系或牛顿参考系,也称为绝对参考系、全球坐标系(GCS)。根据运动或物体在不同空间维度上的位置和运动轨迹差异,坐标系可分为一维坐标系、二维坐标系和三维坐标系。一维坐标系仅有一个空间维度,用于描述单一方向的运动,如计算百米跑的位移、速度及加速度,物体沿直线运动的情况等;二维坐标系包含两个空间维度,用于描述物体在平面上的运动,如跳远过程中身体重心的变化等;三维坐标系包含三个空间维度,用来描述物体在立体三维空间中的运动,如篮球的飞行轨迹等(图3-1)。

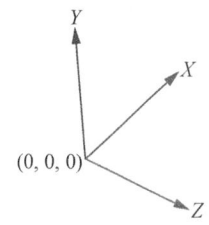

图3-1 三维坐标系

国际运动生物力学学会(International Society of Biomechanics in Sports,ISBS)采用的坐标系为GCS轴,规定X轴方向与物体运动的水平方向平行,Y轴方向与X轴垂直且垂直向上,Z轴方向与X-Y轴形成平面垂直。坐标轴系统中,可以采用左手位或右手位,其区别在于相对于X轴与Y轴形成的平面,Z轴指向左侧还是右侧。在GCS中,采用右手位系统。另外,一些测力台制造商及三维生物力学应用器械常使用的GCS可能与ISBS规定的坐标系存在差异,如在生物力学领域中,Y轴常与运动的水平方向一致,X轴在水平面与Y轴垂直,Z轴与X-Y轴形成的平面成直角且垂直向上。原点的确定是在GCS中对位置进行量化的基础,任何一点都能通过与原点的位置关系进行描述。原点的位置能够随意确定,通常被定义在地平面上便于对动作进行研究的恰当位置。如使用测力台时,原点常放于测力台中心或一角的位置。

2. 自由度

空间中一个指定点的位置可以通过包含三部分信息的坐标位置(X,Y,Z)来描述,但若想对一个刚体进行完整描述则需要质心位置(X,Y,Z)及描述方向的三个旋转角度。专用于定义一个点或物体位置的独立参数的数量称为物体的自由度,一个点有三个自由度,一个刚体具有六个自由度。尽管对一个运动进行完整描述需要包含空间(三维)运动,然而当人体在进行走、跑等运动时,由于额状面和水平面运动范围很小,主要的环节运动可以由X轴和Y轴组成的矢状面进行定义。当只对主要环节进行定义时,能够简化描述动作的测量、分析和解释,更好地理解实际运动过程中发生在主要平面的运动。此外,通过自由度描述一个点的位置时,由三个参数(X,Y,Z)变为(X,Y),对于一个在二维坐标系中的刚体来说,自由度由六个缩减为三个,通过两个坐标轴(X,Y)及一个角度(θ)即可定位一个平面上的物体。

(二)运动学数据测量

1. 测量方法

人体运动学参数的测定,是运动生物力学实验方法的核心内容,通过对运动技术图像的获取解析,能够获得人体运动的位移、速度等各项特征参数,从而比较真实地反映运动的情况。对运动学参数的采集的基本方法也是多种多样的,随着科学技术的进步与发展,运动学参数的测量方法已经从静态进入动态,采集工具和方法也得到了不断地改进与提高。在现代科学技术的辅助下,运动学参数的测量方法由最初的高速摄影法逐渐被录像解析系统所取代。为解决分析过程中存在的快速反馈及误差问题,开发了红外拍摄技术的高速运动捕捉系统和基于惯性传感器的动作捕捉系统,红外光电运动分析系统能够精确地记录粘贴在人体表面标志点（marker）的位置，并在此基础上推算出关节和骨骼的位置。另外，由于运动过程中皮肤的非固定性，红外光电运动分析系统也受到一定质疑。高速荧光透视成像技术（high-speed fluorescence imaging）是一种结合了高速成像和荧光技术的先进成像方法，能够在极短时间内捕捉到物体内部结构和动态过程的详细信息，是一种先进的医学影像测量技术。具有高时间分辨率、高空间分辨率、高灵敏度等优势，能够捕捉快速动态过程，提供高时间分辨率的成像数据，并结合X射线成像的优势，能够揭示物体内部的微观结构，并能检测到低浓度的分子或微小的结构变化。高速荧光透视成像技术的出现，实现了对人体骨骼、关节运动的三维追踪分析，能够提供深入的关节运动分析，有助于理解运动损伤的机制，并为运动员的训练和康复提供科学指导。但与此同时，高速荧光透视成像技术存在设备复杂且昂贵、数据处理复杂、对受试者具有一定的辐射等局限性，从而限制了其在运动生物领域中的推广。

（1）传统摄影（像）法：1871年，美国摄影师迈布里奇通过24个固定照相机和2个轻便蓄电池，拍摄了一匹马的奔跑状态并测量出马的步长及四足腾空的现象，从而开创了用摄影法测量运动学数据的新方法。摄影记录人体运动具有拍摄速度快、精度高、可复制清晰照片等优点，但也存在拍摄条件要求高、胶片处理过程较为复杂、器材消耗较大等弊端。由于采用非接触式的测试，不影响人体的正常运动，因此摄影法的测试结果能够较为真实地反映运动的实际情况。

20世纪90年代后，随着录像技术与计算机技术的发展，录像拍摄逐渐取代摄影拍摄成为人体运动生物力学分析的主流技术。其具有价格低廉、拍摄条件要求低，同时增加了逐点追踪解析以提高运动图像特征点的人工判断、提取的精度和速度，并可以进行修改，反馈速度也得到了提升。相较于摄影拍摄，录像拍摄能够实时观察到拍摄对象并即刻回放摄像，使用者能够及时对影像的正确性进行检查。但录像拍摄解析对关节点的获取仍停留在人工研判的水平上，存在着误差大、速度慢等缺点。因此，如需准确地获取图像所提供的运动学信息，首先需要利用图像解析技术确定人体各关节点的图像空间坐标，并对原始数据进行平滑处理。低通滤波是进行数据平滑的常用方法，它通过有选择性地抛弃或衰减一个频率，让低频信号不衰减而通过过滤器，同时使高频噪声衰减，从而使数据曲线更加平滑。对于二阶低通滤波，5~10 Hz的截止频率基本能够满足运动生物力学分析中的平滑要求。

（2）红外拍摄系统：是录像拍摄技术的进一步拓展与延伸，能够解决人体运动分析技术分析中的快速反馈问题，不需要一帧一帧确定关节中心点进行解析。尽管仍存在采集过程无法重现、反光标志点易受室外光线的影响等不足之处，但由于其具备较高的自动化程度和精度及具备较快的反应速度而成为目前实验室研究的主流测试系统，常见的包括瑞典的Qualisys、英国的Vicon、美国的Motion、加拿大的NDI's Optotrak及意大利的BTS。

2. 测量参数

运动学参数主要分为线量与角量，线量参数包括位移、速度、加速度；位移指质点在一段时间内位置的改变，其大小等于质点运动的起点到终点的直线距离，方向始终指向终点。速度是位移与通过这段位移所经历的时间之比，表达式为

$$v（速度）=\frac{\Delta x（位移）}{\Delta t（时间）}$$

（公式3-1）

加速度是描述速度变化快慢的物理量,具有大小和方向,加速度的绝对值越大,表示物体的速度变化越急剧,包括平均加速度和瞬时加速度。平均加速度表示一段时间内物体的速度改变量与这段时间的比值,单位为 m/s²。公式为

$$平均加速度\ a = \frac{\Delta v(速度变化)}{\Delta t(时间变化)} \tag{公式3-2}$$

平均加速度只能反映一定时间间隔内速度变化的平均情况,若想要了解某一瞬时物体的加速度,则需要计算物体的瞬时加速度。当平均加速度的 Δt 接近于零时,平均加速度就转化为瞬时加速度,公式为

$$瞬时加速度\ a = \lim_{\Delta t \to 0} \frac{\Delta v(速度变化)}{\Delta t(时间变化)} \tag{公式3-3}$$

角量参数包括角度、角速度、角加速度。角度表示物体或关节转动的角度,角速度是单位时间的角位移,描述物体转动的快慢,单位为 rad/s(弧度/秒)或(°)/s(度/秒),角加速度指角速度的变化率,描述角速度变化快慢的物理量,单位为 rad/s² 或(°)/s²。

二、三维运动分析技术

三维运动分析(three-dimensional motion analysis,3DMA)系统产生于 20 世纪 60 年代,它的出现使得人们能够定量分析人体的三维运动及其变化过程。三维运动分析系统主要包括运动数据采集和分析处理两大系统。运动数据采集系统包括红外线反光标记和三维摄像仪,反光标记置于体表上,且对测试者没有任何束缚,能准确计测出人体的自然动作。分析处理系统包括运动分析主机和各种分析软件,如建立人体模型并对其进行模型化处理分析时,需使用建模软件;进行步态分析时,需使用步态分析软件;有时还需联合三维测力平台,以测量地面反作用力、力矩、剪切力等。考虑到目前实验室的主流测试系统以红外拍摄技术为主,下面将以英国的 Vicon 红外高速运动捕捉系统为例,对红外拍摄与解析技术的原理与操作流程进行介绍。

(一)运动数据采集及预处理

运动分析系统常用单个摄像机或多个摄像机来构建二维或三维运动数据,为了精确地获取运动数据,需要十分重视数据的采集及处理、分析方法。摄像机的定位,摄像机的速度和取样频率,摄像机的同步,图像空间的校准,数据的捕获、同步转换,以及解剖模型标志点的放置等会对结果产生影响。

1. 摄像机定位

数据采集由一组拍摄运动的摄像机组成,二维或三维的差异决定摄像机的位置与数量。二维研究仅需要一个摄像机,但由于二维运动在一个平面内进行,摄像机必须准确放置来捕捉这个平面内的运动,因此相较于三维运动,二维运动对摄像机的放置位置更加严格。如在矢状面分析中,摄像机的位置相对于研究者关注的运动应该呈直角,从而获取最大精确度。

摄像机的数量与位置不仅用于标志物的识别与追踪,也能够对标志物的坐标精度产生影响,采用更多的摄像机能够有效减少误差。三维运动至少需要两台摄像机,且摄像机应放

置在 60°～120°之间的位置，为了提高测试的准确度，目前实验室大多采用 10 个甚至更多的摄像机。摄像机应安放在镜头和所要拍摄目标同等距离的地方。

2. 摄像机的速度和取样频率

在记录标记点运动中，曝光时间是最需要关注的问题之一。曝光时间与相机系统中的摄像速度有关。摄像机系统能够记录快速的运动模式，运动越快，取样频率和快门速度必须要快。目前，已有 10 kHz 取样量的摄像机，但学者们普遍认为 50 Hz 的取样量足以满足研究人体运动的需要。快门速度是摄像机快门开放的时间量，当快门开放时间过长，图像将变得模糊。对于正常行走，要求快门速度为 1/250 秒或者更高，对于短跑，则要求快门速度为 1/1 000 秒或者更高。

3. 摄像机的同步

用多个摄像机拍摄同一个运动任务，来自一个角度的数据可以和其他角度的数据构建动作的三维动画。为了使摄影机视图同时结合，所有的摄影机必须对准一个单独的运动活动，被称为同步化事件。此外，通过相机上的带电耦合装置能够确保每台摄像机都能够精确地捕捉到相同的图像。除摄像机之间的彼此同步外，还需要利用晶体管-晶体管逻辑实现摄像机与力、压力、肌电之间的同步。

4. 摄像机图像空间的校准

通过二维的图像推断三维坐标，要求有摄像机内和摄像机外两个来源的信息，摄像机内的内在参数包括焦距、图像中心与透镜的关系等，外在参数包括相机和图像在测量坐标系系统中的位置和方向等信息，一般为实验室坐标系统或全局坐标系统。通常采用静态校准、动态校准等技术获得内在和外在参数。

运动分析系统数据在很大程度上取决于校准程序的准确性，校准框架中每个摄像机在空间的位置很重要，校准坐标位置内的任何错误将影响所追踪动作的准确度。对于实验室的测试，误差应在所有的平面中保持在 ±0.1 mm 内。在生物力学中，静态校准（static calibration）是指在分析或研究动态运动之前，对身体或设备进行的一系列静态测量。这些测量用于校准或调整系统，以确保随后的动态测量准确和可靠。为了精准摄像机的外在参数，必须设定总坐标系，动态校准可以采用多种组织形式，其中最常见的是采用静态框架以设定原始或零位置与正 X 和正 Y 轴的方向。除静态框架外，还有动态框架，采用光束法平差（bundle adjustment）的程序。

5. 数据捕获

当摄像机的设置被校准后，测试者将标记点附在测试者身上后，便可以记录运动。标记点通常由反射材料制成，当摄像机发出的光射向标志点时，这种材料能够将光反射回摄像机镜头。标记点常放置于特定解剖部位的皮肤上，可单一代表某一个关节或者某个部位。通常情况下，标记点应被放置于每个环节末端的目测转动中心或放在近侧端和远侧端的解剖标志上。错误的标志点放置位置将会导致相对误差和绝对误差，相对误差是由两个或多个刚性部位的标志之间的相对运动导致，绝对误差是由标志点相对于其所代表的骨骼标志运动导致，相对误差与绝对误差被称为软组织伪影。视频采集完成后，数据将直接转移到计算机硬盘上。

6. 数字化、数据过滤

数字化跟踪是使用标志或关节中心的视觉印象来识别身体的过程，包括手工数字化和自动数字化。手工数字化是指使用计算机和标志物,选择测试者身体关节测试并将其输入计算机中进行存储,然后识别身体上另外的点进行运动简图的构建。自动数字化是指在测试第一帧中识别一次,剩下的运动测量过程会自动追踪标志点。

数据过滤指对每个标记点或位置坐标进行加工过滤,从而减少随机化误差的生成。对于运动学的时间导数,只有位置数据中的噪声被消除,才能够得到有效的加速度图像。关于消除数字化处理中产生的高频噪声的平滑方法有很多,包括低通滤波、分段五次样条函数、傅里叶级数重建等。其中最常使用的过滤器为低通滤波器,典型的低通滤波器是二阶或四阶的巴特沃斯滤波器,低通滤波器允许低频率数据通过,阻止高频率数据通过,从而使随机数字化误差和软组织伪影误差被过滤掉。

(二)运动学测试

数据分析是指对平滑后的原始数据进行运算,从而获取运动学相关参数。总体来说,运动学分析系统能够产生的参数包括人体各关节坐标、位移、速度,人体各关节的角度、角速度,人体重心的坐标、位移、速度等,并能够根据以上基本参数,对其他参数进行计算。

OpenSim 和 Visual 3D 是进行数据分析的常用软件,OpenSim 是一个用于构建、分析与动态模拟肌肉骨骼系统的免费软件包,自首次发布以来,该软件已广泛应用于与生物力学研究相关的诸多领域,包括骨科和康复科学、神经学、运动科学、医疗设备设计、人体工程学分析和设计、动画模拟、机器人研究和教育方面。Visual 3D 是由 C-Motion 公司研发的人体运动捕捉数据的分析软件,其通过接收红外高速运动捕捉系统的运动视频采集、三维测力台机表面肌电数据,进行人体模型的构建和分析。这里我们主要对 OpenSim 软件进行数据分析的流程进行介绍。通过 OpenSim 对数据进行分析的步骤主要包括数据准备、文件格式调整、缩放、逆向运动学的计算、数据分析等阶段。

(1)数据准备:构建研究模型,测试受试者身高、体重等基本数据,采集静态与动态数据,收集外力,测量肌电图。

(2)调整文件格式:使用 MATLAB 将 .C3D 文件转换为 .trc 文件与 .mot 文件并调整坐标系,将实验室坐标转换为 OpenSim 中使用的模型坐标。

(3)缩放:基于测量所得的人体身高、体重及标记点位置等数据,进行肌骨模型缩放仿真实验,从而将软件中的原始模型与真实的人体肌骨参数匹配,从而实现标记点运动位置的准确对应,增加后续逆运动学、逆动力学等分析的科学性。

(4)计算:进行逆向运动学等计算。

(5)统计分析:根据需要,对输出的数据进行统计分析。

(三)数据分析

在数据分析中,我们往往需要将特定运动条件下多次实验得到的数据进行分析,这就需要将受试对象多次的实验结果进行整合,从而得到总体均值数据进行进一步分析。由于每个受试者每次测试的运动持续时间可能不同,因此计算总体均值的第一步需要将测试过程的时间进行标准化。时间的标准化通过选定截取固定动作作为100%,通过重新调节采样频率作为持续时间的百分比。为了完成时间标准化,需要对给定运动学变量的原始数据进行插值,从而找出在特定时刻变化的数值。我们需要找到101个时间间隔数据点,从而确定数据值被1%的时间间隔分开。对数据进行插值的方法有很多，其中较为常见的包括线性插值与样条函数。线性插值适合在足够高的采样频率下采集数据，其假设采集的数据以等时间间隔分开，任意两个连续时刻间的动作为线性的。对于快速运动或采样频率不够高时，可以采用样条函数的方法。完成实验数据的标准化后，即可产生总体平均数，并能够计算平均值和标准差，从而能够对同一研究下不同运动条件的平均数据进行对比分析。

第二节 动 力 学

一、身体环节参数及其测量

人体测量学主要用来测量人体环节的长度、围度、质心和惯性参数等，身体环节参数是人体测量学中的一个子学科，主要关注身体及每个环节的惯性参数。人体惯性参数是指人体整体及各环节的质量、质心位置、转动惯量和转动半径，是建立人体模型的基础参数，也是进行定量研究和建模仿真的重要组成部分，只有确定了身体各环节的物理特征和惯性参数后，才能够进行人体运动的动力学分析。不同国家和地区在选择人群、建立人体模型及采用测试方法等方面存在差异，因此目前人体惯性参数有所差别。

(一) 人体惯性参数特征量

1. 质量

质量是指物体含有物质的多少，单位为 kg，是衡量人体惯性大小的物理量，用来描述物体保持原有运动状态的能力，质量越大其保持原运动状态的能力越大。质量是恒量，在任何位置始终保持不变，具有大小，不具有方向。

人体不同环节的质量称为各环节的绝对质量，计算各环节质量的标准方法是用研究对象的体重乘以该环节占总体质量的比例。环节质量(m_s)被定义为

$$m_s = p_s m_{总}$$
(公式 3-4)

其中，$m_{总}$ 表示身体总质量；p_s 表示环节的质量比例。由于各环节的绝对质量之和等于人体的总质量，因此所有的 p 值总和应为 1。公式表达为

$$\sum P_s = 1$$
(公式 3-5)

其中，$\sum P_s$ 指所有身体环节的质量比例之和。

2. 质心

物体的质心是其重量作用的位置，在这个位置所有质量都可以被认为起作用。通常情况下，物体的重心和质心是重合的，因为重心是物体所受重力的合力作用点，而质心是物体质量分布的中心点，重力均匀作用在物体上每一个微小部分的力。然而当物体远离地球表面、物体受到巨大引力源的影响，以及物体的内部质量分布与密度存在巨大差异时，重心和质心可能会产生差异。此外，由于人体的可变性，质心的精确位置也会随着肢体位置的变化

而发生变化,我们可以通过计算得到简单物体的质心。对于不规则物体的质心,则需要采用试验的方法找到质心。首先,将物体悬挂在靠近边缘的位置,放下铅垂线并将其标记在运动对象上,然后从另一个方位将物体悬挂,放下铅垂线进行标记,两条线的交点即为质心。

3. 环节质心

人体环节质心在各环节中的位置基本固定,为了推广和简化环节质心位置的计算,登普斯特(1995)提出了用每个环节末端或远端到环节重心的距离与环节长度(L_s)的比值(R)值来进行计算。假设 $r_近$ 和 $r_远$ 是环节近端和远端到环节重心的距离,则比值为

$$R_近 = r_远 / L_s \qquad (公式\ 3\text{-}6)$$

$$R_远 = r_近 / L_s \qquad (公式\ 3\text{-}7)$$

因此,计算环节的质心位置,需要先量化环节末端点的坐标。

4. 肢体和整个身体的重心

为计算肢体(通常由几个相连环节组成)的重心,可以通过计算组成这个肢体的几个环节重心坐标的加权平均值来实现,具体公式为

$$x_{limb} = \sum_{i=1}^{L} p_{s,i} \cdot x_{cg,i} \qquad (公式\ 3\text{-}8)$$

$$y_{limb} = \sum_{i=1}^{L} p_{s,i} \cdot y_{cg,i} \qquad (公式\ 3\text{-}9)$$

其中,(x_{limb}, y_{limb})表肢体重心的坐标,L 表示肢体所包含的环节数,($x_{cg,i}$, $y_{cg,i}$)表示每个环节的重心,$p_{s,i}$ 指每个环节的质量比例。

同理,若整个身体所包含的总环节数量为 N,(x_{total}, y_{total})表示整个身体重心的坐标,则有

$$x_{total} = \sum_{i=1}^{N} p_{s,i} \cdot x_{cg,i} \qquad (公式\ 3\text{-}10)$$

$$y_{total} = \sum_{i=1}^{N} p_{s,i} \cdot y_{cg,i} \qquad (公式\ 3\text{-}11)$$

5. 转动惯量

转动惯量也被称为质量惯性矩(mass moment of inertia),是指一个物体改变自身转动而产生的抵抗。当物体平动时,惯性的大小由物体的质量来度量,而当物体转动时,其惯性大小则由转动惯量来进行度量。转动惯量的大小受物体质量分布、形状及转动轴的影响,因此其公式因物体的形状、质量分布和转动轴的位置而异。尽管相较于转动惯量,研究者更关心人体的平动,但转动惯量对于体操、蹦床、跳水、花样滑冰等技巧类运动项目的分析具有重要意义。对于一个刚体绕固定轴的转动惯量,基本公式为

$$I = \sum m_i r_i^2 \qquad (公式\ 3\text{-}12)$$

其中,I 表示转动惯量;m_i 表示物体上第 i 个微小质量单元的质量;r_i 表示该质量单元到旋转轴的距离。当物体的质量分布为连续时,可采用积分形式进行表示,公式为

$$I = \int r^2 \mathrm{d}m \qquad \text{(公式 3-13)}$$

其中，$\mathrm{d}m$ 表示物体上的微小质量元素；r 表示质量元素到旋转轴的距离。由于转动惯量受物体形状、质量分布等影响，不同几何形状物体有特定的转动惯量公式，如对于半径为 0 的细棒，绕中心轴的转动惯量为

$$I = \frac{1}{12}ml^2 \qquad \text{(公式 3-14)}$$

其中，m 表示细棒的质量；l 表示细棒的长度。

（二）人体惯性参数标准化及特点

在人体惯性参数测量时，人体环节的划分及人体环节关节点的判定是参数测量过程中非常重要的基础性技术环节，由于包括头部、躯干、四肢等在内的人体环节在运动过程中的相对位置在不断进行变化，因此环节的质心及人体质心也在不断发生着变化。此外，不同国家和地区关于人体惯性参数所采用的方法与标准也有差异，我国曾于 1998 年发布《成年人人体质心》标准，并于 2004 年被《成年人人体惯性参数》替代，增加了"人体惯性参数、人体环节转动惯量"等术语，并增加了成年人人体转动惯量的有关内容。

人体总重心位置由身体各环节重量及其在空间上的分布情况决定，性别、年龄、体型、运动专项、姿势、生理、心理等因素皆能够在一定程度上对人体总重心的位置产生影响。因此，对人体某一姿势转动惯量的计算与测量，主要针对的是当时某一瞬间的基本情况。由于人体转动惯量具有瞬时性和可变性的特点，运动员常根据运动目的对身体姿势进行调整，从而改变转动惯量，完成各种技术动作。

（三）人体惯性参数测量方法

1. 称重法

称重法也被称为平衡板法，通过应用力矩平衡方程，测量人体总质心的位置，具有简便易行的优点。伯恩斯坦等先后变换姿势对称重法进行了研究，取得了重要的研究成果。然而上述方法必须事先知道环节质心坐标和环节相对重量之间的某个参数。2004 年，李世明等（2004）采用人体总重心原理，将环节（链）重量矩测量与环节（链）重心半径测量相结合，解决了平衡板实际测量人体运动环节重量及重心半径的基础理论问题，引入最优化理论计算了上下躯干、上臂、前臂等 12 个环节的重量参数，为青少年及特殊个体的环节重量、重心位置的检测提供了安全可靠的方法。

2. 水浸法

水浸法分为浸入法和注入法。根据阿基米德原理，将所要测量的整体或环节浸入盛满水的容器中，根据排水量的多少确定整体或环节的体积，浸入水中的体积等于被排出水的体积，再与人体平均密度相乘，从而得到整体或环节的质量，此为浸入法。注入法则是将整体或环节放入容器后，再进行注水。由于水浸法使用的环节材料为尸体材料的平均密度，直接应用于活体将会造成一定偏差，且人体各环节受肌肉、骨骼、细胞间质等影响，密度会存在差异；另外，先浸入水中的环节可能会影响后浸入的环节数据。因此，尽管水浸法具有简单易

行、费用低廉等优点,但也存在精度不够,存在测量误差等不足。

3. 放射性同位素法

放射性同位素法是一种利用放射性同位素进行研究、检测或分析的技术。1978年,扎齐奥尔斯基用放射性同位素法(γ射线扫描法)对人体环节惯性参数进行了研究,通过分析人体各部位对射线的透过率和吸收程度,推算出各部位的密度值。基于这些密度值,进一步可以确定各部位的质量、质心的分布位置及转动惯量等关键的惯性参数。这种方法有效地攻克了在大规模样本中测量活体惯性参数的难题,并已被运动生物力学领域的研究者广泛采纳。

4. CT法

CT扫描技术通过对人体进行全面的分层摄影,捕捉到详细的断层图像。利用先进的图像处理系统,分析图像中的灰阶差异,从而测量出不同组织和器官在各个截面上的面积大小。结合相邻切片之间的距离,可以推算出这些组织和器官的具体体积。通过将体积与相应组织、器官的密度值相乘,便能够计算出人体各环节的质量、质心位置以及转动惯量等关键惯性参数。CT扫描技术的引入,标志着人体惯性参数测量研究方法的一次革命性进展,它使得首次在大规模样本基础上获得中国成年人详细环节惯性参数成为可能。

5. MRI法

MRI自20世纪70年代末期以来经历了迅猛的发展。这项技术基于量子力学原理,通过探测原子核中电子的磁矩运动产生的磁场变化,再由计算机处理这些磁场信息,转化为具有不同密度的图像,从而清晰地展示出人体组织结构。与CT扫描相比,MRI技术提供了更为清晰的图像数据,这使其成为测量人体环节惯性参数的一种高效方法。

利用MRI技术,可以精确获得人体各环节的体积和质量分布,进而确定质心位置等关键参数。此外,通过MRI技术,研究人员还能够建立一套用于计算人体环节惯性参数的回归方程,这些方程有助于更准确地评估人体的质量特性和运动特性。MRI技术的应用,为人体运动生物力学研究提供了一种新的视角和强有力的工具。

6. 数学模型计算法

数学模型计算法是一种通过模拟人体环节的几何形状来推导环节参数的方法。主要步骤:初始阶段,对参与者的各个身体环节进行精确的几何尺寸测量;然后基于这些测量数据,构建出相应的人体环节的数学模型,这些模型通常采用规则几何体的形式,如圆柱体、长方体或椭球体等;在模型中,假设人体各环节的密度是均匀分布的,并且与人体相应部位的实际密度相匹配;最终,通过数学计算,从这些模型中推导出人体的惯性参数,包括但不限于各环节的质量、质心位置和转动惯量等。

7. 运动学技术

运动学技术是一种间接测量方法,它通过分析运动学参数来估计人体的惯性参数。这种方法涉及使用一个特制的弹簧装置,使受试的身体部位在受控条件下进行振动。然而,这种技术并不适用于测量躯干等大体积环节的惯性参数。为了获得准确的测量结果,受试者的肌肉需要保持在完全放松的状态,以避免对弹簧系统的振动特性造成影响。通过应用小振动理论,可以推导出数学方程,这些方程基于弹簧系统的被动阻尼振动特性,用于估算关节和身体各环节的惯性参数。

二、力及其测量

力是驱动人体运动的根本原因,在运动生物力学的研究中,动力学测试正日益成为研究者关注的焦点。通过将运动学数据与动力学数据相结合,可以更全面地揭示运动技术的生物力学原理。当前,动力学测试的主流技术包括三维测力台、足底压力分布测试系统和等速力量测试系统等。本部分将重点介绍这些主要的测试技术。

(一) 三维测力台

在生物力学领域,测力台是一种基础且关键的工具,它通过与地面齐平安装来捕捉由受试者产生的地面反作用力。测力台的应用可追溯至19世纪晚期,马雷(Marey)使用橡胶板测量压力,这为后续的测量奠定了基础。测力台能够记录受试者在行走、跑步或其他运动过程中对地面施加的地面反作用力及他们的应用点,即压力中心(COP)。地面反作用力由三个互相垂直的成分构成,它们通过作用在压力中心上来体现。从解剖学视角来看,这些分力可以被划分为垂直分力、内外侧力和前后分力。具体来说,垂直分力主要体现了身体的重量及身体是如何通过肢体的运动来维持支撑的;前后分力则主要揭示了运动中向前加速和减速的力;而内外侧力则显示了身体在水平面上从一侧到另一侧的移动力度。

图 3-2　Kistler 公司的测力台(a);
　　　　AMTI 公司的测力台(b)

1. 测力台的类型

自1965年以来,研发生产测力台的公司主要有三个,分别为 Kistler 公司、AMTI 公司(图3-2)和 Bertec 公司。随着科学技术的发展,测力台在测试精度上显著提升,减少了外部干扰的影响,同时提高了测量系统的灵敏度,这主要得益于测力台有了更高的固有频率。此外,测力台的便携性也得到了增强,使得它们更容易在不同的测试环境中使用。

根据传感器的工作原理将测力台分为应变式和压电式两大类。压电式测力台以其高灵敏度和宽广的测量范围而著称,能够捕捉高达1 000 Hz甚至更高频率的信号,并且在三个垂直方向上都能保持这一性能。相比之下,应变式测力台在垂直方向上能够达到1 000 Hz的测量频率,而在水平方向上的频率响应则为500 Hz,其自然频率通常为400~500 Hz。尽管压电式测力台在技术上提供了更优异的性能,但它们的成本也相对较高,因此可以根据研究目的进行针对性购买。

2. 测力台原理

三维测力台系统由几个关键组件构成:测力平台、信号调节放大器,以及计算机数据采集和处理设备。测力平台由一个长方形的踏板、传感器和底座构成,其中踏板和底座由安装在四个角落的传感器所连接。当受试者踏上台面时,脚对踏板的作用力会被分布在踏板四角的传感器所感应。三维测力台不仅能测量三个方向的分力(F_X、F_Y、F_Z)、压力中心,同时能够测量三个方向上的力矩(M_X、M_Y、M_Z)。

(1) 压电式测力台:以瑞士 Kistler 公司的产品为例,其传感器由三组环形石英压电晶体组成,这些晶体叠加形成圆柱体。每组晶体由于切割自单晶硅的不同方向(分别沿 X、Y、Z

三个坐标轴方向切割),因此对三个正交方向的力具有不同的压电响应。由于压电效应产生的电荷与施加的力成正比,通过测量电荷量,可以确定沿相应方向的力的大小。这种测量不仅捕捉到弹性力,也包括惯性力,这使得压电晶体式三维测力台能够精确地测量动态力,无须依赖速度或加速度的补偿。

压电效应产生的电荷信号非常微小,为了便于计算机进行数据采集,必须通过电荷放大器放大这些信号。三维测力台的输出信号需经电荷放大器处理后,才适合输入计算机。放大器的增益应根据被测量力的大小灵活调整,并且为了提高信号的信噪比,放大器中应集成低通滤波器。放大后的模拟电压信号通过计算机控制的模数转换器(A/D 转换器)接口,利用数据采集程序将原始数据存储于计算机中。随后,根据具体的测量需求和系统内置的应用程序,可以计算并得到所需的外力、力矩和压力中心等参数。

压电式测力台存在测量范围广、外力作用下变形小、稳定性高、固有频率高,以及重量轻便、体积较小等优点,但与此同时也存在着价格昂贵、信号漂移等缺点。因此在每次进行试验之前,应关闭设备从而使所有信号下降到零后重新设置测力台。当进行站立平衡评估或进行静态测试时,出现信号漂移的情况,可以让测试者站立在平台上 30 秒后再次重新进行测量。

(2)电阻测力台:电阻应变片传感器形式多样,常见的有圆环式、双环式、圆柱式等。电阻应变片的主要功能是将非电量的力转化为应变,通过应变引起电阻的变化,并将其转化为电压或电流的变化,经过放大后,最终与数据采集系统连接,得到力的六个分量。在外力作用下,电阻应变片会发生相应的伸长或缩短。只要该形变局限在弹性极限内,便遵循胡克定律,即形变与所受力成正比或存在近似线性关系。电阻值可以表示为

$$R=\rho\frac{1}{S}(l+\alpha\Delta T) \quad\quad\text{(公式 3-15)}$$

其中,ρ 表示电阻系数;l 表示电阻丝的长度;S 表示电阻丝的横截面积;α 表示电阻丝温度系数;ΔT 为形变前后的温度差。

由于 $\alpha\Delta T$ 通常可以忽略不计,而电阻丝在受力时的形变被限制在胡克定律允许的范围内,其绝对伸长或缩短的值有限,因此其径向变化也微乎其微,即电阻丝横截面积 S 的变化可以忽略不计。此外,对于相同材料,电阻丝的电阻系数 ρ 也是恒定的。因此,电阻值可近似表示为

$$R\approx\rho\frac{l}{S} \quad\quad\text{(公式 3-16)}$$

综上所述,电阻应变式三维测力台在受外力作用时会发生形变,引起电阻应变片长度的变化。在量程范围内,电阻应变片长度的变化与外力之间呈线性关系,对应的几何应变会导致电阻值的相应变化。以 AMTI 为例,该设备具有非线性误差和滞后误差小、价格适中、受温度影响小等优点,适用于静态和低频率测量。因此,AMTI 被广泛用于运动生物力学相关测试中。

(二)足底压力分布测试系统

人体在静止站立或者动态行走时,在自身重力的作用下,足底在垂直方向上受到一个地

面的反作用力,被称为足底压力。尽管测力台提供了地面反作用力和重心的路径,但它并不提供足部在受力时各区域所承受的应力分布情况。随着运动科学和医学工程等学科的不断进步,研究者和专业人士的需求已经超越了仅仅获取足底整体压力数据的层面。他们现在寻求更深入的理解,希望详细了解足底在不同区域的压力分布情况。足底压力的大小与分布能反映人体腿、足结构、功能及整个身体姿势控制等信息,测试、分析足底应力,对临床诊断、疾病程度测定和术后疗效评价均具有重要意义。要获取关于足部在静态和动态活动期间与地面接触点压力的详尽信息,需要借助专门的足底压力测量系统来进行分析。这类系统能够详细展示足部不同区域在接触地面时的压力分布,对评估和理解足部功能和步态分析至关重要。

1. 压敏垫和薄膜

由薄膜或步行垫组成的压力测量系统,允许受试者在其上行走并留下足迹。足迹的颜色深浅或墨水的分布反映了受试者在行走过程中足底不同区域的压力分布。这些系统的优势在于能够直观地展示压力分布,并通过足迹图案识别出足底的高压力区域和潜在的异常区域。然而,尽管这些足迹图案提供了压力分布的视觉信息,但是它们并不能量化具体的压力数值,也无法捕捉和展示在行走过程中足底压力的动态变化情况。

2. 足底压力计(光学)

足底压力计测量系统通常由一个置于透明玻璃板上方的弹性垫组成。当受试者在步行垫上行走时,它会根据受到的压力程度发生压缩并逐渐变暗。玻璃板下方的镜面设置为 $45°$,从而反射并捕捉压力引起的垫子颜色变化,随后由摄像机拍摄并记录这些图像。通过软件处理这些图像数据,系统计算出足底的压力值及其动态变化,进而通过图形识别技术呈现足底压力随时间的变化,并绘制出压力与时间的关系曲线图。相较于传统的压力传感器,这种足底压力测量系统依赖于摄像机的高分辨率来捕捉压力变化,从而提供了更高的压力分辨率。然而,大多数系统的数据采集频率被限制在 25 Hz,这使得它们更适合于步行状态的数据收集,而不适合快速运动的运动项目。此外,这些设备通常是固定的,需要安装在地板下,这限制了它们的便携性。

3. 电子传感器

当足底受到压力作用时,电子传感器通过特定的转换机制,将所承受的压力转换为电压、电导或电阻的变化,从而实现压力的间接测量。这些传感器本身并不直接测量压力,而是记录其感知区域内力的变化,并将其转换为相应的压力值。在现有的技术中,电阻式和电容式传感器技术是最常用的两种类型。尽管这两种技术在足底压力测量中得到了广泛应用,但它们各自都存在一定的局限性。因此,选择适合的测量系统的关键在于根据具体的测量需求和应用场景,评估并确定哪种技术能够更好地满足这些要求。为了确保测量的准确性和可靠性,选择传感器时需要考虑多种因素,包括但不限于传感器的灵敏度、测量范围、稳定性及对环境因素的适应性。通过综合考量这些因素,可以更精确地捕捉足底压力的分布和变化,为运动分析、疾病诊断和康复评估等应用提供有力的数据支持。

(1)电容传感器:这种技术基于电容的变化原理,当两块电板中夹有介电材料时,受力挤压会导致两板间距离改变,从而改变介电材料的性质,进而引起电容变化。诸如 Novel 和 AMCube 等商业制造商已将该技术应用于其压力测量系统中。

(2)电阻式薄膜压力传感器(FSRS):由两层薄膜和压力敏感的碳浆组成,基于电阻变化的原理。当传感器受到按压时,碳浆的电阻会发生变化,系统通过测量传感器的电阻值来计算压力值。当传感器卸载时,电阻非常高;当施加压力时,电阻会减小。在鞋内压力测量系统中使用该技术的优点是鞋垫可以设计得非常薄(仅 2 mm);但缺点是传感器老化速度快,重复使用后设备的敏感性会发生变化,需要频繁更换。这些传感器非常薄,容易变形,因此在使用时需特别小心,确保传感器在鞋内不会折叠,因为折叠可能会导致计算出的峰值压力过高。

(三) 等速测试系统

等速测试系统也称等动测力系统,是一种用于评估肌肉力量的设备。它能够在特定的速度下测量肌肉在不同关节角度下的力量输出,包括肌力、耐力、爆发力等多种数据。相对稳定是等速测试最显著的特点,其在整个运动过程中所产生的阻力与作用的肌力成正比。等速肌力测试能够客观地对运动功能进行量化评定,具有良好的信度和效度、准确性和敏感性,同时具有较高的安全性,目前已经广泛应用于运动员肌肉力量评定、训练及运动器官系统伤病防治与康复领域。等速测力仪测试可以直接测量得到的主要参数有峰值力矩、总功、功率、最大力矩对应的角度等。在测试中,除了可以直接得到所测肌群的力矩、总功、功率等不同收缩速度下的具体数值外,还可以得到力矩、总功和功率在不同收缩方式下随速度变化的曲线图,以及产生最大力矩、总功和功率所对应的角度。

三、功、能量和功率测量

在力学中,功和能量是两个密切相关的概念。功是能量转换的度量,任何能量从一种形式转变为另一种形式的过程,都是通过做功来实现的。能量则是物体做功能力的反映。如果一个物体能够做功,就表明它具有能量。物体做功的能力越大,它所具有的能量也越大。在人体运动过程中,速度、姿势、位置的变化,以及运动器械在人体作用下的速度或空间位置的改变,本质上都是由于人体肌肉的收缩力牵引骨杠杆发生机械位移,从而对外做功产生的。这些过程实际上是人体在中枢神经系统的支配下,将体内储存的化学能转化为机械能和势能的过程。即使在静止状态下,虽然没有改变人体或器械的机械能状态,但体内的化学能仍在消耗,并以热量的形式散发。因此,从广义上讲,人体的运动过程就是一个能量转换的过程。理解人体运动中的功与能量转换的关系,对于正确认识运动规律、分析研究运动技术及提高运动成绩都具有重要意义。

(一) 基本概念与计算方法

1. 功

功是衡量力对物体产生位移效果的物理量,它体现了力在克服阻力并推动物体沿其方向移动过程中的作用(图 3-3),公式为

$$功 = 力(F) \times 位移量$$
$$W = |\boldsymbol{Fs}| \qquad (公式 3\text{-}17)$$

功的单位用力乘以位移量(牛顿×米或 N・m)来表示。在国际单位制中,功的单位是

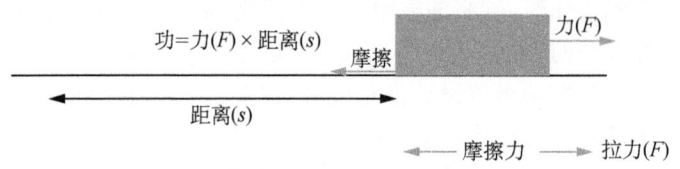

图 3-3 直线做功

焦耳(J),1 焦耳定义为用 1 N 的力使物体沿力的方向移动 1 m 所做的功。由于 1 N·m=1 J,这两个单位在描述功时可以通用。尽管功和力矩在单位上都是 N·m,它们代表的物理意义却截然不同。力矩是指力垂直于物体的旋转轴作用时产生的旋转效果,它与力作用点到旋转轴的距离及力的大小有关。而功则是在力的方向与物体位移方向相同时,力对物体所做的工作量度。简而言之,力矩关注的是力使物体产生旋转的能力,而功关注的是力使物体沿直线路径移动的效果。

功随着物体的加速而产生。根据牛顿第二定律,物体的质量、加速度与作用力 F 之间的关系为 $F=ma$,功等于力与位移的乘积,因此可以得出:功=质量×加速度×位移,即 $W=m \times a \times s$。尽管力和位移是矢量,但功是一个标量,只有大小而没有方向。然而,功的符号可以反映能量的传递方向。当力的方向与物体的运动方向一致时,功为正,这意味着能量正向地作用于物体,增加其动能;当力的方向与物体的运动方向相反时,功为负,这通常表示物体克服阻力而做功。

2. 功率

功率是指做功或传递能量的速率,在力学上表示做功的快慢程度。功等于作用在物体上的力与物体移动距离的乘积,而功率则衡量的是做功的速度,假设 Δt 时间内所做的功为 ΔW,那么在 Δt 时间内的平均功率公式为

$$\bar{p} = \frac{\Delta W}{\Delta t}$$

(公式 3-18)

为了更准确地反映每一瞬时做功的快慢,可用瞬时功率表示,公式为

$$p = \lim_{\Delta t \to 0} \Delta W / \Delta t$$

(公式 3-19)

国际单位制中,功率的单位是焦耳每秒(J/s)或瓦特(W),1 W=1 J/s。

3. 能量

当物体做功时,能量会转移到该物体或从该物体转移,因此功可以视为能量的转移形式。做功导致能量发生变化,功和能量的单位相同,均为 J。能量是物体由于运动或因其相对位置的变化而具有的做功能力。与位置相关的能量称为势能,与运动相关的能量称为动能。能量可以在不同形式之间转化,但不能被创造或消失。在转化过程中,尽管单独的动能或势能可能会增加或减少,但动能和势能的总量保持恒定。

(1)动能:是物体由于运动而具有的能量,动能的大小取决于物体的质量和速度。如果物体的质量为 m,平动速度为 v,则其平均动能 E_k 的计算公式为

$$E_k = \frac{1}{2} m |\bm{v}^2|$$

(公式 3-20)

同样，转动的物体也具有动能。如果物体的转动惯量为 I，转动角速度为 ω，则其转动动能 E_ω 为

$$E_\omega = \frac{1}{2} I |\omega^2| \tag{公式3-21}$$

在大多数情况下，人体的转动并非整体以固定姿势转动，而是各个部分绕各自轴进行独立地转动。在这种情况下，可以在参考系中选定一个参考轴，然后分别计算各部分相对于该参考轴的转动惯量和转动动能。将各部分的转动动能相加，从而得到整个人体相对于该轴的总转动动能。

(2) 势能：是一种储存能量的形式，其大小由相互作用物体间的相对位置决定。常见的势能类型包括重力势能和弹性势能。重力势能与物体相对于基准位置的高度有关。例如，一个静止的物体只要处于一定高度，当它下落时，就能够做功。这种能量是由于物体与地球之间的相对位置变化而产生的。重力势能是物体在重力场中因其位置而具有的能量，其计算公式为

$$E_{重} = mgh \tag{公式3-22}$$

其中，m 表示物体的质量；g 表示重力加速度；h 表示物体相对于基准高度的位置。如一个质量为 m 的物体从地板（高度为 0）被垂直提升到高度 h，则它所做的功为 mgh。

需要注意的是，重力势能不依赖于物体从初始高度 h_0 提升到最终高度 h 的具体路径。无论是垂直提升还是沿着曲线运动，只要最终高度相同，物体的势能就相同。因此，如果质量为 m 的物体沿着复杂轨迹上升，最终高度仍为 h，那么其势能与沿垂直路径上升的情况是一样的。

弹性势能是物体因弹性形变而具有的能量。就像物体通过提升位置可以储存重力势能一样，物体通过形变也可以储存势能。这种因形变而储存的能量称为弹性势能或应变势能。弹性势能总是伴随着弹力。当物体发生形变时，施加使物体形变的力被储存在物体中，并可以作为弹性能量被释放出来。例如，拉满的弓能够将箭射出，这说明发生弹性形变的物体也可以对外做功。在弹性限度内，如果弹簧的弹性系数为 K，弹性形变量为 Δx，则弹性势能的计算公式为

$$E_{弹} = \frac{1}{2} K \Delta x^2 \tag{公式3-23}$$

弹性系数 K 取决于物体材料的性质，表示物体储存能量的能力。在运动训练中，已知人体的某些组织（如肌肉、肌腱和韧带等）及某些器材（如蹦床、跳水的跳板和跳马的助跳板等）可以储存这种应变能。当这种应变能释放出来时，可以帮助人体运动。例如，蹦床、撑竿跳的撑竿等都是通过形变储存弹性势能，并在随后的释放过程中影响人体的运动表现。

4. **功与能量的原理**

功是能量的表现形式，能量是做功能力的衡量。功与能量之间可以相互转化，能量的大小可以通过做功来测量。

(1) 做功对能量的改变：在体育运动中，人们非常关注人体或器械速度的变化。在质量恒定的情况下，速度的变化意味着动能的变化，也表明对人体或器械做了功。例如，当抓住

空中飞行的篮球时,肌肉通过做负功来减少球的动能。

(2) 机械能守恒和转化定律:根据功能原理,如果系统所受的内外力(除重力和弹性力)都不做功或所做功的总和为零,或者物体所受的合外力为零,那么系统的总机械能将保持不变。在这种情况下,系统的动能和势能可以相互转换,但总机械能不变,这就是机械能守恒定律。在体育运动中,严格意义上的机械能守恒是不存在的。因为在运动过程中,人体的机械能可以通过肌肉活动增加(由化学能转化为机械能),也可以由于克服摩擦力等因素消耗一部分机械能。然而,从整体上看,自然界的总能量是守恒的。在这一前提下,各种形式的能量可以相互转化。能量既不能被创造,也不能被消灭,只能从一种形式转换为另一种形式,这就是自然界最基本、最重要的规律——能量守恒与转化定律。

四、逆向动力学分析

逆向动力学是力学的一个分支,它将运动学和动力学联系起来,由运动物体的运动学和惯性特征间接确定力与力矩的过程。逆向动力学的理论基础是基于牛顿-欧拉方程,该方程结合了牛顿第二定律和欧拉方程,描述了刚体在力和力矩作用下的平动与转动。与正向动力学通过已知的力和力矩来预测运动的结果不同,逆向动力学通过已知的运动(如位置、速度、加速度),结合人体各部分的质量和惯性参数,利用牛顿-欧拉方程逆向推导出产生这些运动所需的力和力矩。从而帮助我们分析复杂运动中的内在动力学,理解肌肉、骨骼和关节在不同运动中的负荷分布与功能表现。逆向动力学在运动生物力学中的应用非常广泛,其计算结果可以帮助研究人员和运动员理解特定动作中的负荷分布,从而对技术动作进行优化,提升运动表现,减少受伤风险。

(一) 概念与计算

力是一种物理量,单位为 N,描述了一个物体对另一个物体的推拉作用。力为矢量,具有大小和方向。力的作用可以引起物体的加速($F = ma$),改变物体的形状,或保持物体的静止状态。力矩,也称为扭矩,是描述力对物体产生旋转作用的物理量。力矩是一个矢量,具有大小和方向,单位是 N·m。力矩的大小取决于作用力的大小和力臂的长度。公式为

$$M = F \times d \qquad (公式3-24)$$

其中,M 表示力矩;F 表示作用在物体上的力;d 表示力的作用点到旋转轴位置向量(其大小等于力臂长度)。

(二) 关节力矩的计算方法

关节力和关节力矩是数学概念,并非真实的实体,因此无法直接测量。1970 年之前,应用逆向动力学研究人体运动的实例较少。然而,随着测力台技术的发展,使得步态中的地面反作用力得以测量,以及基于视频或红外摄像技术的自动跟踪和半自动运动分析系统的出现,显著减少了处理运动数据所需的时间。这些技术的进步激发了逆向动力学领域的新研究,推动了人体运动分析的深入发展。

在运动学测试章节，我们对 OpenSim 软件进行了介绍，并将使用 OpenSim 对运动学数据分析的流程进行了介绍。当进行逆向动力学分析时，我们需要将测力台测得的地面反作用力数据、计算出的运动学结果等进行输入，从而计算出逆向动力学数据。

第三节　人体运动的计算机分析、建模及仿真

一、肌电信号和肌电图

肌电图用于研究骨骼肌的电活动信号。早在 16～17 世纪，人们就已经发现了肌肉收缩与电之间的关联，并开始进行相关研究。1666 年，弗朗切斯科·雷迪首次记录了肌肉与电之间的关系，证明了电鱼的电能来源于肌肉，强调了肌肉收缩与电信号之间的联系。1791 年，路易吉·加瓦尼通过一系列蛙类肌肉收缩实验，证实了使用金属杆刺激蛙的前腿肌肉组织会引起收缩并产生力，这被认为是人类对肌电现象的最早认识。1849 年，杜波依斯·雷蒙德发现并描述了人体运动与肌肉电活动的联系，成为最早检测到肌肉自主收缩时电信号的人。1929 年，埃德加·阿德里安和德特勒夫·布朗克引入了针电极，用于记录肌肉收缩期间产生的电信号。从 20 世纪中叶起，随着计算机技术和神经生理学研究的迅速发展，肌电技术已经广泛应用于疾病诊断、肌肉功能评估、肌肉疲劳分析及运动技术的合理性分析等领域。

（一）肌电信号检测方法

根据电极引导方式的不同，肌电图又分为针电极肌电图（needle electromyography，nEMG）和表面肌电图（surface electromyography，sEMG）。

1. 针电极肌电图

针电极法曾是肌电信号检测中最常用的技术，尽管近年来无创的表面肌电图技术已成为首选方法。然而，对于那些无法从皮肤表面检测到的深层肌肉信号，针电极法仍然必不可少。针电极通过皮肤和脂肪层插入肌肉中，这些针通常非常细（直径为 0.3～0.5 mm），可以由多种材料制成，其中最常见的是外科级不锈钢，并带有特氟龙涂层（图3-4）。针电极上有一个或两个探测区域，分别用于单极或双极配置中的电信号接收。针电极法只能检测到电极附近少数几个运动单位产生的肌电信号。由于电极非常接近肌纤维，信号来源（肌纤维）与检测区域之间的距离仅为 0.5～3 mm。这使得针电极法获取的信号频谱更广，包括更多的高频成分，而这些成分在信号传递到表面电极时通常会被低通滤波器滤掉。需要注意的是，针电极插入肌肉的过程可能会对肌纤维造成损伤，因此针电极信号可能包含反映这种损伤的成分。此外，当

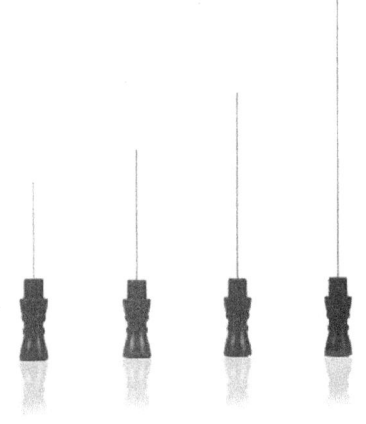

图 3-4　针电极

肌纤维收缩时，针和电线电极会发生移位，导致电极与肌纤维之间的空间关系改变，从而引起运动单位动作电位（MUAP）形状的变化，最终影响信号的波幅和频谱。应明确的是，这些信号的变化与肌肉内的生理因素无关，而是由于电极与肌纤维之间空间结构的改变所致。

2. 表面肌电图

通过放置在肌肉上方皮肤表面的电极来检测。电极通常由可重复使用的固体材料制成，也有一次性使用的银或氯化银电极。这些电极有不同的形状和大小，单极排列是最常见的基本配置。电极的形状、大小及电极间的距离决定了被检测肌肉组织的面积，因此，电极覆盖的肌肉面积和运动单位数目与这些因素直接相关。然而，若电极过大或电极之间的距离过远，可能会采集到周围非目标肌肉的电信号，这些干扰信号被称为串扰信号，可能会误导对目标肌肉活动的分析和识别。另外，表面电极通常用于检测接近皮肤表面的浅层肌肉的电信号，无法可靠地记录深层肌肉的电活动信号。即使是浅层肌肉，若在电极与肌肉之间存在较厚的脂肪组织，也会对肌电信号的波幅和频率产生绝缘效应，从而影响信号的质量和准确性。在体育科学研究领域中，一般使用表面电极采集肌电信号，因此我们将着重对表面肌电的情况进行介绍。

（二）表面肌电工作原理

表面肌电信号反映了骨骼肌活动时产生的电信号。这些信号通过电极从人体皮肤表面传输到放大器，经过放大处理后，再通过信号调理电路传送到模数转换器。模数转换器将模拟信号转换为数字信号，随后数字信号进入控制系统，实现数据显示、信号处理及存储等功能。

1. 电极

提取肌电信号的第一步是使用电极导出电信号。表面电极主要分为干电极和湿电极两类：干电极需要直接接触皮肤，通常通过黏胶、绑缚等方式固定在皮肤表面，但由于皮肤与电极之间的电阻较大，导电性能较差；湿电极需要在电极与皮肤之间加入导电凝胶或导电复合薄膜。导电凝胶中含有导电离子，大大改善了皮肤的导电性能，接触电阻显著降低。由于皮肤与电极之间存在阻抗，为了更准确地测量表面肌电信号，肌电信号放大器需要具备高输入阻抗。此外，皮肤表面存在角质层，为了提高信号的质量，需要使用纱片和乙醇擦拭掉油脂和角质层，确保更好的电接触。

2. 放大器

在获取肌肉收缩产生的肌电信号时，肌电图放大器是至关重要的部分，因为所有数据都是通过放大器放大后得到的。此外，为了减少噪声干扰，放大器应尽量靠近信号记录点。肌电信号的主要能量分布在 0～450 Hz 的低频范围内。表面肌电信号在高于 450 Hz 的频率下容易失真，而在低于 20 Hz 的频率下，则容易受到噪声和人为干扰的影响，从而增加了数据解释的难度。

3. 模数转换器

模数转换器的作用是将来自模拟放大电路的信号转换为数字信号。其关键性能指标主要有两个，即转换速率和转换精度。模拟信号是连续的，而模数转换器会以固定的时间间隔 T 记录表面肌电信号。时间间隔 T 越短，采样频率就越高。为了避免信号丢失，采样频率应至少是信号最高频率的两倍。

(三) 表面肌电信号测量流程

（1）测量前的准备工作：在实验前，测试人员应测量受试者的身体形态参数。这些参数包括体重、身高、被测关节的围度及皮脂厚度等。

（2）受试者的准备工作：在测试前，受试者需进行热身，以激活肌肉。热身时间应根据测试环境的温度和运动员的实际状态来确定。基本原则是测试时运动员的状态应尽可能接近正式训练后的准备活动状态。

（3）测试仪器的准备工作：在每次实验之前，应先对仪器进行预热，让系统处于待机状态。此外，还需进行肌电仪的初始设置。

（4）皮肤处理：使用75％的医用酒精仔细擦拭表面电极安放点及其周围皮肤，以去除油脂和坏死的角质层。

（5）安置表面电极：在皮肤处理完成并完全干燥后，才能将表面电极固定在皮肤上。

（6）电信号检查：在所有电极粘贴完毕后，必须逐个检查电极的牢固性，并确认电极是否正确连接到相应的通道。然后，通过让每块肌肉收缩来检查电信号。

(四) 影响肌电信号质量的因素

肌电信号较弱，微小的干扰因素可能会显著影响测试信号的准确性，因此，在测试过程中应尽量避免一切可能导致肌电信号变化的因素。信噪比（signal-to-noise ratio，SNR）是衡量肌电信号质量的公认指标。它表示有效肌电信号与噪声信号的比率。有效肌电信号的幅度受肌肉收缩强度、传感器的位置、肌纤维方向及传感器特性（如电极大小和电极间距）的影响。无用的噪声信号则主要取决于电子传感器与皮肤接触的质量。为达到最佳信噪比，需要尽量减少运动噪声、生理噪声、外部干扰及来自非目标肌肉的无用信号（即串扰信号）。

1. 电极位置

电极位置是获取高信噪比肌电信号的关键因素之一。肌肉、脂肪和皮肤组织对电流有内阻，并对肌电信号产生低通滤波效应，这种滤波特性取决于肌纤维与电极之间的距离。因此，传感器的位置对表面肌电信号特征有显著影响。将传感器放置在肌腱起止点或神经支配区附近时，信号波幅较低，而在肌腹中部通常会获得较大的波幅信号。为了提高信号质量，传感器应尽可能垂直于肌纤维排列，或在适当情况下沿着肌纤维方向排列。此外，电极必须稳固固定，避免在测试过程中移动，以确保测量的图形准确，并应在电极固定位置预留肌肉活动空间。电极的放置位置在不同个体之间应遵循统一的规定，并且在同一受试者的不同测试中，应确保电极始终贴在同一位置。

2. 传感器特征

在大多数情况下，双极配置是首选，因为它有助于消除外部噪声干扰。电极的选择取决于检测面积，双极配置下则取决于电极之间的距离。随着检测面积和电极间距的增大，传感器获取的信息量和肌电信号的波幅都会增加。然而，电极的面积和间距不宜过大，以尽量减少来自相邻肌肉的肌电信号干扰。为了确保信号的一致性，建议使用固定间距的肌电图传感器。由于运动过程中皮肤可能伸展，单独贴附的电极间距可能会改变。而在双极配置中，肌电信号的波幅和频率受电极间距的影响，间距越大，频率越低。因此，在肌电图记录期间，保持固定的电极间距是确保信号波幅和频率信息一致性的关键。

3. 基线噪声和皮肤电极

基线噪声主要来自放大器系统的热噪声和皮肤电极的电化学噪声。热噪声由放大器内部的半导体物理特性引起，电化学噪声则源于电极金属与皮肤电解质之间的离子交换，其波幅与电极表面电阻的平方根成正比。虽然清洁皮肤和电极表面、增大电极面积可以降低基线噪声，但完全消除噪声仍然不可能。为了确保肌电图传感器与皮肤的牢固连接，有效的皮肤准备至关重要。这包括去除皮肤表层的死细胞和油脂，并在必要时用乙醇清洁电极贴附区域，同时剃除多余毛发以降低阻抗，确保传感器紧密贴合。此外，使用过滤器也是最小化基线噪声的关键措施。

4. 运动噪声

运动噪声是传感器与皮肤的相对运动产生的，通常影响低频段的肌电信号，可能导致对肌电图数据的误解。运动噪声的一个主要来源是电极-皮肤界面的化学平衡变化，这种变化通常发生在肌肉收缩期间，因肌肉体积的变化而导致。另一个噪声来源是肌肉和皮肤传递给电极的脉冲。在电极和皮肤之间凝胶、电解质材料都能够显著影响这一问题。为减小运动噪声的影响，适当的滤波措施是必要的。通过对 20 Hz 以上的信号进行高通滤波，可以减少低频段的运动噪声。

5. 生理噪声

生理噪声是指来自研究肌肉以外的组织产生的电信号，如心电图（EKG）。为了降低这种噪声，可以将肌电图传感器适当远离噪声源。将传感器电极以等电位平面排列（即两个电极与噪声源等距）通常可以有效减少肌电信号中的生理噪声。

（五）表面肌电信号处理

目前，肌电信号分析研究主要集中在两大方向：一是电生理信息与肌电信号特征的关系，属于基础研究；二是现实功能与肌电信号特征的关系，属于应用研究。基础研究侧重于探讨肌电信号的产生机制及其与神经电生理之间的联系，研究内容包括神经控制方式、运动单位的募集模式、神经肌肉传导速度，以及肌肉代谢产物对肌电信号的影响等。应用研究则侧重于分析不同条件下肌电信号与功能特性之间的关系。例如，探讨不同形式的肌肉运动中的力-电关系，研究某些疾病或年龄变化对肌电信号的影响，分析不同动作下的肌肉疲劳，以及表面肌电诱发的电刺激中的信号特征。

在分析方法方面，表面肌电信号分析可分为线性和非线性两大类。线性分析方法又可细分为时域分析、频域分析和时频域分析。

1. 时域分析方法

时域分析将肌电信号视为时间函数，通过分析得出表面肌电信号的幅值、激活时间顺序等特征指标。描述肌电振幅的主要指标包括平均整流振幅、均方根振幅和积分肌电等。通常，选取一段时间长度为 T（包含 N 个数据点，采样间隔为 Δt）的信号 $\text{Data}[i]$，可以计算以下几种幅度指标。

（1）平均整流振幅（AEMG）：又称平均整流肌电值。由于肌电信号本质上是交流信号，直接求平均值无法有效反映其振幅。因此，需要对信号进行修正，将负电压转为正电压（取绝对值）。计算公式如下：

$$\mathrm{AEMG} = \frac{1}{N}\sum_{i=0}^{N} |\mathrm{Data}[i]| \qquad (公式3\text{-}25)$$

值得注意的是,平均整流振幅是分析一段特定长度肌电信号的关键指标之一。由于平均化后的信号幅度与所选时间段的长度无关,平均整流振幅能在很大程度上反映特定任务或动作下所选肌肉的表面肌电活动输出。

(2) 均方根振幅(RMS):是表面肌电信号分析中的常用指标,特别适合分析信号的波幅。计算均方根振幅涉及三个步骤:对信号每个数据点进行平方、计算这些平方值的平均值,然后取平方根。均方根振幅提供了肌电信号的物理量度,因为它反映了信号的能量。因此,与传统的数学方法(如平均整流值或积分值)相比,均方根振幅更能有效地描述肌电图的波幅。其计算公式如下:

$$\mathrm{RMS} = \sqrt{\frac{1}{N}\sum_{i=0}^{N}\mathrm{Data}[i]^2} \qquad (公式3\text{-}26)$$

(3) 积分肌电(iEMG):通过对特定时间段内的原始肌电信号进行积分得到的指标,即表示该时间段内肌电信号的总面积。计算公式为

$$\mathrm{iEMG} = \sum_{i=0}^{N} |\mathrm{Data}[i] \times \Delta t| \qquad (公式3\text{-}27)$$

2. 频域分析方法

通过分析表面肌电信号的频率信息,能够提取更多的特征。最初,这种分析使用傅里叶变换将时域信号转换为频域信号,从而进行频谱或功率谱分析。目前,功率谱分析在肌肉疾病诊断和肌肉疲劳检测中广泛应用。常用的指标包括中位频率(median frequency, MF)和平均功率频率(mean power frequency, MPF)。这两个指标反映了肌电信号的频率分布特性,但与运动电位沿肌纤维的传输速度有直接关系,存在一定的局限性。其计算公式如下:

中位频率:

$$\int_0^{\mathrm{MF}} S(f)\mathrm{d}f = \int_{\mathrm{MF}}^{\infty} S(f)\mathrm{d}f = \frac{1}{2}\int_0^{\infty} S(f)\mathrm{d}f \qquad (公式3\text{-}28)$$

平均功率频率:

$$\mathrm{MPF} = \frac{\int_0^{\infty} fS(f)\mathrm{d}f}{\int_0^{\infty} S(f)\mathrm{d}f} \qquad (公式3\text{-}29)$$

其中,f 表示频率;$S(f)$ 表示功率谱密度;$\mathrm{d}f$ 表示频率分辨率。

3. 时频域分析方法

时频域分析是一种先进的信号处理技术,克服了传统傅里叶变换在提供时变频率信息方面的局限。通过结合时域和频域信息,该方法能够揭示信号频率随时间的变化特性,特别适用于表面肌电信号分析。常见的时频域分析方法包括短时傅里叶变换、韦格纳·维尔分布、崔·威廉姆斯分布,以及小波变换等。小波变换因其独特的时频局部化能力而受到广泛关注。它通过自适应调整时间窗和频率窗的大小,实现对信号的精细时频分析。在低频区域,小波变换提供高频率分辨率和低时间分辨率;在高频区域,则提供高时间分辨率和低频

率分辨率。这使得小波变换能够像"数学显微镜"一样,精细地分析信号的不同频率成分。数学上,小波变换通过连续小波变换(continuous wavelet transform,CWT)展开平方可积函数,达到对信号的时频分析目的。其公式为

$$\mathrm{WT}_f(\alpha,\tau)=\langle f(t),\varphi_{\alpha,\tau}(t)\rangle=\frac{1}{\sqrt{\alpha}}\int_R f(t)\varphi^*\left(\frac{t-\tau}{\alpha}\right)\mathrm{d}t \quad (公式3-30)$$

其中 $\mathrm{WT}_f(\alpha,\tau)$ 表示小波变换系数,α 表示尺度参数,τ 表示平移参数,$f(t)$ 表示待分析的输入信号,$\varphi_{\alpha,\tau}$ 为小波函数的基函数,R 为实数域 $(-\infty,+\infty)$,$\varphi^*\left(\frac{t-\tau}{\alpha}\right)$ 为共轭处理的小波函数的基函数。小波变换与傅里叶变换的主要区别在于,小波基具有尺度 α 和平移 τ 两个参数。因此,当函数经过小波变换时,实际上是将一个时间函数投影到二维的时间-尺度平面上,这有助于提取信号的某些本质特征。

二、经典肌肉模型

肌肉的独特性在于它能够将神经信号转化为引发骨骼运动的力,从而按照特定顺序推动骨骼系统的运动。研究经典肌肉模型在运动生物力学中具有重要性,因为它们为理解肌肉的力学行为、运动仿真与预测、康复训练的指导、肌肉功能的评估与诊断提供了关键理论基础。这些模型帮助优化训练和康复方案,预防运动损伤,并推动多学科交叉研究的进展,是理解和改善人体运动不可或缺的工具。

(一)希尔肌肉模型

希尔肌肉模型是生物力学中一个经典的肌肉力学模型,用于描述肌肉收缩时的力-速度关系。这个模型由英国生理学家希尔于1938年提出,因此被称为希尔肌肉模型(图3-5)。它在理解和分析肌肉的生物力学行为,尤其是在运动过程中肌肉如何产生力量方面,具有重要意义。基本的希尔肌肉模型包括收缩成分(CC)、串联弹性成分(SEC)和平行弹性成分(PEC)。

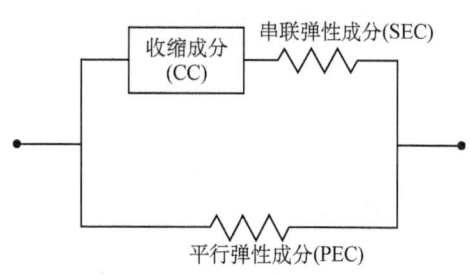

图3-5 希尔肌肉模型的组成部分

1. 收缩成分

希尔肌肉模型中的收缩成分代表肌肉对神经信号的主动响应,负责产生力量。收缩成分的力学行为由四种基本关系决定:刺激-激活关系描述了神经刺激如何激活肌肉;力-激活关系表现了肌肉在不同激活状态下的力量生成能力;力-速度关系揭示了收缩速度与力量生成之间的反向关系;力-长度关系反映了肌肉长度对其力生成能力的影响。这些关系综合描述了收缩成分的力学特性,对分析肌肉在运动中的功能至关重要。

(1)刺激-激活:在希尔肌肉模型中,刺激-激活关系是理解肌肉如何响应神经刺激并产生力量的基础。该关系描述了肌肉激活状态如何与神经刺激的输入相关。

在希尔肌肉模型中,神经系统信号(刺激或兴奋)与肌肉产生力量的潜力密切相关。从

生理学角度看,这一特性体现了刺激-激活耦合过程。首先,α运动神经元的动作电位激活了沿肌纤维传导的运动单位动作电位。运动单位动作电位沿横小管传导,进入肌质网,导致钙离子释放到肌小节中。这一过程称为刺激,因为它独立于在肌小节内产生实际力量的机制。在肌小节中,横桥将含有肌动蛋白和肌球蛋白的粗肌丝与细肌丝连接。肌动-肌球蛋白复合体响应钙离子的释放,从静息状态(无横桥接触与潜在力量)转变为激活状态,产生力量。刺激过程代表输入,而激活过程则是对这一输入的输出。

当一个运动单位首次被激活时,从神经动作电位的触发到横桥的激活之间存在时间延迟。这个延迟分为两部分:首先是神经肌肉连接点传导肌肉动作电位到达肌质网的时间;其次是钙离子从肌质网释放并接触细肌丝的时间。一旦钙离子与细肌丝接触,肌钙蛋白与原肌球蛋白的屏蔽作用被移除,横桥接触产生力量。当不再需要产生力量时,α运动神经元停止发送信号。然而,在短暂的时间内,肌小节内的钙离子仍然足以维持横桥的激活,即使刺激已经停止。这种被动激活过程比主动激活持续时间更长,直到肌质网回收钙离子。

(2)力-激活:希尔肌肉模型中的力-激活关系描述了肌肉在不同激活水平下的力生成能力。这一关系显示,肌肉的力输出如何随神经刺激的强度和频率变化而变化。通常,随着激活水平的增加,肌肉会产生更大的力。为了将激活状态(即潜在力的百分比)转换为实际力输出(以N或最大力的百分比表示),理论上假设力-激活关系是线性的。这意味着激活程度与力输出直接相关,如10%、20%或50%的激活分别对应10%、20%或50%的力。需要注意的是,这种线性关系是基于理论假设的,而在实际实验中,无法完全脱离具体运动学状态来测量产生的力。

(3)力-速度:希尔肌肉模型中的力-速度关系是描述肌肉在不同收缩速度下产生力量特性的关键。这一关系通常通过希尔公式进行数学表达,该公式呈现为等轴双曲线的形式:

$$(P+a)(v+b)=(P_0+a)b \qquad (公式3-31)$$

其中,P和v分别表示肌肉收缩成分在特定时刻的力和速度;P_0表示肌肉收缩成分在等长收缩状态下能够达到的最大力;a和b表示描述肌肉动力学特性的常数,决定了双曲线的形状及其在力轴和速度轴上的截距,这些常数与肌肉类型和物种相关联。1988年,埃德曼(Edman)提出,传统的希尔公式可能需要调整,尤其是在低速高力的情况下,以更准确地反映肌肉在向心收缩时的力-速度曲线。这表明,尽管希尔模型在概念上有效,但在某些特定情况下,可能需要采用不同的数学表达方式来更精确地描述肌肉收缩成分的力-速度特性。此外,希尔方程主要适用于等长收缩或向心收缩,而在处理离心收缩(即肌肉伸长)时,方程则需要相应的调整。

(4)力-长度:希尔肌肉模型中的力-长度关系描述了肌肉在不同长度下产生最大力的能力。这一关系表明,肌肉在其最佳长度(即肌小节处于理想初始长度时)能够产生最大的力量。随着肌肉长度的增加或减少,所能产生的力会逐渐下降。这是因为肌动蛋白与肌球蛋白之间的横桥形成的数量会受到肌肉长度变化的影响。通常,在过度伸展或压缩的状态下,横桥的有效数量减少,导致力输出下降。因此,力-长度关系在分析肌肉功能和设计训练计划时具有重要意义。

2. 串联弹性成分

希尔肌肉模型中的串联弹性成分代表与肌肉收缩成分串联的弹性组织部分。串联弹性成分在肌肉力输出和运动控制中起着关键作用,因为肌肉产生的力需要通过串联弹性成分来传递。串联弹性成分的主要功能是储存和传递肌肉产生的力量,它对肌肉的力-位移关系具有重要影响。在肌肉收缩时,串联弹性成分会伸长并储存弹性能量;而在肌肉放松时,串联弹性成分则会回弹,将储存的能量释放到骨骼系统中。除了连接肌纤维与骨骼的肌腱外,串联弹性成分还包括连接外部肌腱与肌纤维的腱膜(有时称为"内部肌腱")及肌纤维的连接结构(如Z线)。虽然一些研究人员将肌肉收缩成分等同于肌纤维,将串联弹性成分等同于肌腱,但这种划分并不完全准确。串联弹性成分的非线性弹性是希尔肌肉模型的一个重要特性,对肌肉力的反应有显著影响。

3. 平行弹性成分

在希尔肌肉模型中,平行弹性成分代表与收缩成分平行的弹性组织,主要由肌纤维膜和结缔组织构成。平行弹性成分在肌肉的静态力学行为中发挥关键作用,反映了肌肉在不同长度下的弹性响应。当施加力于非激活的被动肌肉时,肌肉会抵抗并被拉伸至更大长度,这种抵抗力主要来源于平行弹性成分,而非由非激活的收缩成分产生。平行弹性成分通常包括环绕肌肉并将肌纤维分隔的筋膜等结构。平行弹性成分的主要作用是提供肌肉的被动弹性,影响肌肉在没有主动收缩时的力学特性。它的非线性弹性行为表明,平行弹性成分的弹性响应随肌肉长度的变化而变化。在肌肉的伸展和收缩过程中,平行弹性成分储存并释放弹性能量,从而影响肌肉的力-长度关系。这种非线性特性使得希尔肌肉模型能更准确地模拟肌肉在不同长度下的力学行为,从而为分析和预测肌肉力学性能提供重要依据。

(二)赫胥黎肌肉模型

赫胥黎肌肉模型是描述肌肉收缩机制的经典模型,由赫胥黎(Huxley)提出。该模型基于肌动蛋白和肌球蛋白之间的相互作用,详细解释了肌肉如何在收缩过程中产生力量。赫胥黎肌肉模型主要包括以下几个关键点。

1. 横桥理论

Huxley模型的核心是横桥理论(cross-bridge theory),它描述了肌动蛋白和肌球蛋白之间的相互作用。肌球蛋白的头部(横桥)在结合肌动蛋白之前,需要通过ATP水解来获得能量,使其处于高能状态。肌球蛋白的头部与肌动蛋白结合,形成横桥,并通过一系列化学和机械过程推动肌动蛋白丝滑动,从而引起肌肉收缩。

2. 收缩机制

该模型认为肌肉收缩是通过横桥的形成和解离来实现的。横桥循环包括结合、拉动(动力冲程)、解离和恢复四个阶段。每个横桥的形成和断裂都伴随力的产生和能量的释放。收缩过程中,肌动蛋白丝在肌球蛋白头部的拉动下滑过,导致肌肉收缩。

3. 力-长度和力-速度关系

该模型解释了力-长度和力-速度关系的变化。模型通过实验数据提供了力-长度和力-速度曲线的描述,并提出了肌肉收缩时的力生成机制。力-长度关系描述了肌肉在不同长度下的力输出,尤其强调肌肉在其最适长度(即肌节长度)时产生最大力。而力-速度关系则解释了肌肉在不同收缩速度下的力量变化,指出肌肉在较慢的收缩速度下能产生更大的力。

4. 力的产生

该模型进一步表明,力的产生不仅依赖于肌肉的长度和收缩速度,还受到肌肉的激活状态和ATP(能量源)的影响。肌肉的激活状态主要由钙离子浓度调控。钙离子与肌钙蛋白结合后,改变肌动蛋白的构象,暴露出结合位点,从而促进横桥的形成。赫胥黎肌肉模型通过描述横桥的形成、运动和断裂,提供了对肌肉收缩力学行为的深入理解。

三、肌肉骨骼建模

(一) 肌肉骨骼模型

在生物力学中,人体可以被视为一个解剖环节系统,这一系统通过关节连接,并通过肌肉、韧带和其他内部结构运转。该系统与外部环境相互作用,通过上述机制进行调控,以产生有意识的动作。肌肉骨骼建模是将这些因素系统地结合在一起,以更好地理解人体动作的过程。由于直接测量人体肌肉、骨骼和关节力的方法通常受限,建立肌肉骨骼模型成为预测解剖结构内部负荷的最佳方式。肌肉作为驱动人体活动的动力源,是连接神经系统和骨骼系统的中介结构。通过肌肉骨骼模型,能够更深入地理解运动中的能量生成和控制过程。同时能够建立各种测量参数之间的关系,计算一些无法直接测量的参数,如控制人体运动的内力、关节肌肉力矩、关节肌肉功率及做功情况等。建立、评估和使用肌肉骨骼模型是一个复杂的过程,具有近似性、简化性和不确定性。尽管如此,关于肌肉骨骼模型的研究仍在稳步增长。因此,理解肌肉骨骼模型在应用中面临的机遇与挑战至关重要。通过学习建模过程和使用方法,可以更好地发现人体运动中的科学问题,从而加深对肌肉骨骼模型的理解(图 3-6)。

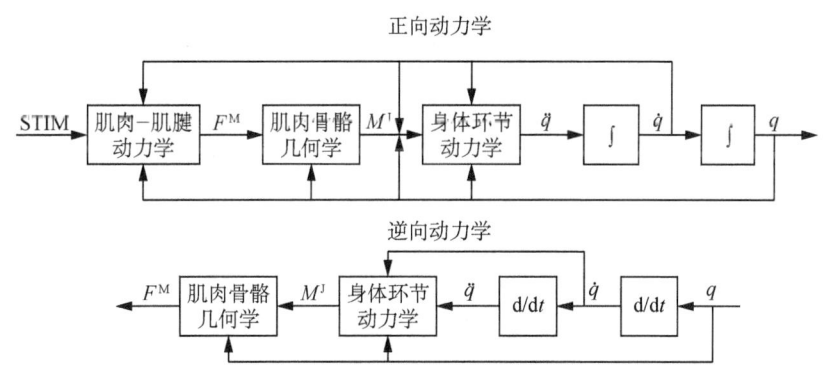

图 3-6 基于肌肉骨骼模型的逆向动力学与正向动力学分析概述

STIM 表示刺激信号;F^M 表示肌肉力;M^J 表示广义力矩;q 表示关节角度;$\dot{q}$ 表示关节角速度;$\ddot{q}$ 表示关节加速度。

1. 骨骼几何学和关节模型

在生物力学中,骨骼几何学和关节模型的建立是关键的研究领域。骨骼作为身体支撑肌肉的框架,其准确建模对于肌肉起源和附着点的分配,以及纤维排列的分析至关重要。骨骼的表面几何形状通常通过手持式数字化装置、激光扫描仪或影像学(如 CT 或 MRI)来获取。然而,由于建立完整骨骼模型的工作量巨大,研究中通常会使用经过缩放的常规模型来代表个体。这种缩放可能带来模型的不准确性,主要原因包括:①个体之间骨骼形状的未知差异;②个体肌肉起止点之间的差异;③缩放过程中的误差。为解决这些问题,影像学技术可以用于扫描受试者,生成特定个体的真实骨骼模型。

从力学角度来看,骨骼几何结构至关重要,因为它直接影响着人体的力传递和运动模式。骨骼的形状、尺寸和排列决定了肌肉的起止点和关节的运动范围，这些因素共同作用，影响关节的力学优势、稳定性和效率。准确的骨骼几何结构有助于精确计算肌肉和关节在运动中的应力分布，预测运动损伤风险，并优化人体运动的力学性能。因此，了解和建模骨骼几何结构对于设计有效的康复方案和提升运动表现具有重要意义。

从建模角度来看，关节的描述和表达方式对肌肉骨骼模型的准确性至关重要，因为它直接影响模型对关节运动复杂性和多样性的模拟。关节不仅是骨骼的连接点，还涉及多维度的运动和力传递。骨与骨之间的关节结构决定了表面软组织（如韧带和肌肉）的力学特性，这些组织必须维持骨骼运动的顺畅和关节的完整性。准确描述关节的结构、运动范围和运动轴的排列，有助于模型更真实地再现人体的运动方式。这样的描述对于预测运动过程中关节的应力分布、评估损伤风险及开发符合人体工学的设备和治疗方法都是至关重要的。因此，关节的精确建模是提升整体肌肉骨骼模型精度和实用性的关键。

2. 被动关节特性

被动关节特性指的是关节在没有主动肌肉收缩参与时所表现出的力学行为。这种特性主要由关节周围的被动组织（如韧带、肌腱、关节囊和软骨）决定。尽管在大多数人体运动中，主动肌肉是关节运动的主要动力来源，但被动组织在关节运动中为稳定性和支撑提供了重要保障，并且在不同运动范围内表现出复杂的非线性弹性行为。因此，净关节力矩的产生实际上包括两个主要部分：由主动肌肉产生的主动关节力矩和由被动组织产生的被动关节力矩。对于大多数人体可动关节，在正常运动范围内被动力矩的作用较小，因此在某些肌肉骨骼模型中并未被考虑，但当关节运动接近其最大运动极限时，被动力矩将变得显著。

被动组织的力学行为包括：①韧带和关节囊的作用，韧带和关节囊是连接关节周围骨骼的重要结构，它们在关节运动过程中限制过度运动范围，提供被动稳定性。这些组织的应力-应变关系通常是非线性的，表现为初始阶段的低刚度（在小变形范围内）和随变形增大的高刚度。这种特性有助于保护关节在极限运动范围内免受损伤。②软骨的力学特性，软骨覆盖在关节表面，提供润滑和减震功能。它在承载负荷时表现出黏弹性特性，即软骨在加载和卸载过程中会表现出时间依赖的应力松弛和应变恢复行为。这些特性对关节的长期健康至关重要。

被动关节特性对模型的影响可表现为：①关节运动范围限制，被动组织的弹性特性直接影响关节的运动范围。模型中对被动关节特性的准确描述有助于预测关节在极限运动范围下的力学响应，评估潜在的损伤风险。②能量储存与释放，被动关节组织在运动中会储存和释放能量，从而影响整个运动链中的力学和运动学特性。例如，韧带的弹性可以在运动的特定阶段储存弹性能量，并在适当的时机释放，从而影响关节的动力学响应。③被动力的建模，在肌肉骨骼模型中，通常需要引入被动力组件来描述被动关节特性。这些力可以通过非线性的弹簧-阻尼模型来表示，结合关节角度、速度和外部加载条件，模拟关节的被动力响应（图3-7）。

在运动生物力学研究中，准确的被动关节特性模型能够帮助优化运动员的训练计划，减少关节损伤风险，提升运动表现。因此，考虑到这些在肌肉骨骼模型中常被忽视的效应，对于确保模型结果的准确性至关重要。同时，将被动关节力矩纳入肌肉骨骼模型可以防止在正向动力学仿真过程中出现不切实际的关节姿势。

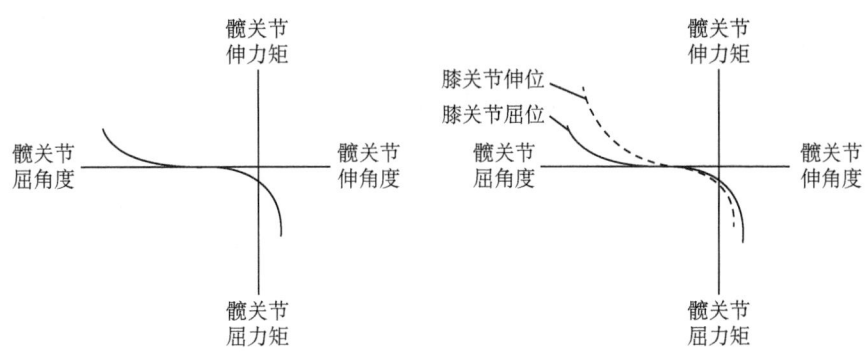

图 3-7 被动关节力矩曲线

3. 肌肉运动学和力臂

肌肉运动学和力臂是肌肉骨骼建模的关键要素,它们共同决定了肌肉如何施加力并对关节运动产生影响。

肌肉运动学的基本概念包括:①肌肉起止点与肌肉路径,肌肉运动学描述了从肌肉起点到止点的路径,这条路径决定了肌肉在收缩时对关节施加的力的方向和大小。②肌肉路径的变化,在关节运动过程中,骨骼位置的变化会导致肌肉路径发生改变。这种动态变化影响肌肉的有效力臂,因此,精确模拟肌肉长度的变化对确定肌肉所能产生的力至关重要。

肌肉力臂是指从关节旋转轴到肌肉施力方向的垂直距离。力臂长度决定了肌肉产生的力矩大小,关节角度的变化会动态地改变力臂长度,这对肌肉的力矩输出产生影响。

4. 肌肉长度预测方程

肌肉长度预测方程在肌肉骨骼建模中至关重要,因为它决定了不同关节角度和运动状态下肌纤维的长度。这对于理解肌肉收缩行为、力生成能力及整个运动系统的动力学特性至关重要。

肌肉长度与关节角度的关系主要包含以下几方面:①肌肉长度与关节角度的几何关系,肌肉的长度主要受关节角度及肌肉在骨骼上的起止点位置影响。关节角度的变化会导致肌肉长度的伸缩,进而影响其收缩状态和力生成能力。通过几何分析,可以建立肌肉长度与关节角度的关系,通常以几何方程或插值表的形式表达。②肌肉群之间的协调,多关节运动通常涉及多个肌肉群的协调收缩。肌肉群之间的长度变化和相互关系对于整个运动系统的效率与稳定性至关重要。肌肉长度预测方程应考虑这些协同作用,以准确预测复杂运动中的肌肉长度变化。

肌肉长度预测方程的类型主要有:①简单几何模型,基本的肌肉长度预测方程可通过简单的几何模型构建,如使用关节角度的正弦或余弦函数来表示肌肉长度变化。这种方法适用于单关节肌肉,但对多关节肌肉或路径复杂的肌肉,精确度可能不足。②基于路径的预测方程,对于多关节或路径复杂的肌肉,预测方程通常基于路径计算。通过模拟关节运动过程中肌肉路径的动态变化,可以更准确地预测肌肉长度。这些方程通常基于解剖学路径数据,并结合关节角度的实时更新。③优化与拟合方法,当肌肉长度变化无法通过简单几何模型或路径模型准确预测时,可以采用优化和拟合方法。通过实验数据(如运动捕捉或影像学数据)进行拟合,能生成符合特定运动条件的最佳长度预测方程,从而提高复杂运动中的预测精度。

(二) 模型控制与优化

控制模型在肌肉骨骼建模中起着至关重要的作用,用于模拟神经系统如何控制肌肉以实现特定的运动和力量输出(图 3-8)。通过模拟肌肉的激活和协调,控制模型帮助我们理解和预测人体如何执行复杂的运动任务。控制模型的类型取决于研究问题的性质和所使用的肌肉骨骼模型的特性。通常,控制模型可以分为以下几类:基于肌电图的模型、理论神经控制模型,以及优化模型。

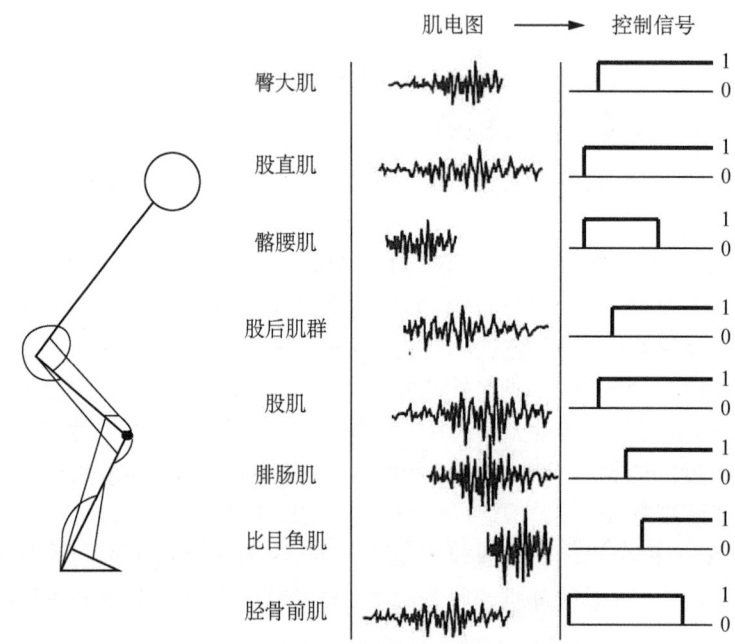

图 3-8　包含 8 个肌肉骨骼促动器的垂直跳模型

数字 1 表示肌肉在此阶段被激活;数字 0 表示肌肉在此阶段没有被激活

1. 基于肌电图的模型

基于肌电图的模型使用实际测量的肌电图信号作为控制输入,反映中枢神经系统在特定运动中发出的控制信号。这种方法能够直接反映特定个体的实际控制策略,计算效率高,适用于动态优化等应用。然而,肌电图模型的局限性在于,深层肌肉难以通过表面电极测量,且肌电信号需要经过复杂的预处理才能适用于模型。此外,肌肉骨骼模型的简化可能导致控制信号与实际情况的差异。

2. 理论神经控制模型

理论神经控制模型基于对中枢神经系统控制和运动协调的理论进行建模。这类模型可以通过模拟神经网络或应用运动控制原则(如下肢运动的近端至远端动作时序)来预测肌肉的激活模式。这种方法的优点在于它能够直接将神经系统的特性纳入肌肉骨骼模型中,但挑战在于大脑如何管理这些控制信号仍不完全清楚,且验证这些模型输出的合理性也具有难度。

3. 优化模型

优化模型在肌肉骨骼建模中尤为重要,通过调整模型参数或控制变量,使模型更精确地符合实验数据或达到特定的运动目标。优化模型通常分为静态优化和动态优化两类,各自适用于不同的应用场景。

(1) 静态优化:用于确定特定时刻或姿势下的最佳肌肉激活模式,通常以最小化能量消耗、关节力或力矩为目标函数。在静态优化中,模型的输入通常包括关节角度、外部负荷及生物力学约束条件(如肌肉的最大力量和关节运动范围)。优化算法通过调整肌肉激活水平,使得目标函数达到最优。静态优化计算相对简单,适合分析单个姿势或特定运动状态下的肌肉激活和力输出(图 3-9)。然而,它仅关注单一时刻的最优解,忽略了运动的时间连续性,因此在动态运动场景下(如步行或跑步)可能不足以反映肌肉的激活策略。此外,静态优化假设肌肉力输出与关节运动的关系是瞬时的,忽略了肌肉的动力学特性。

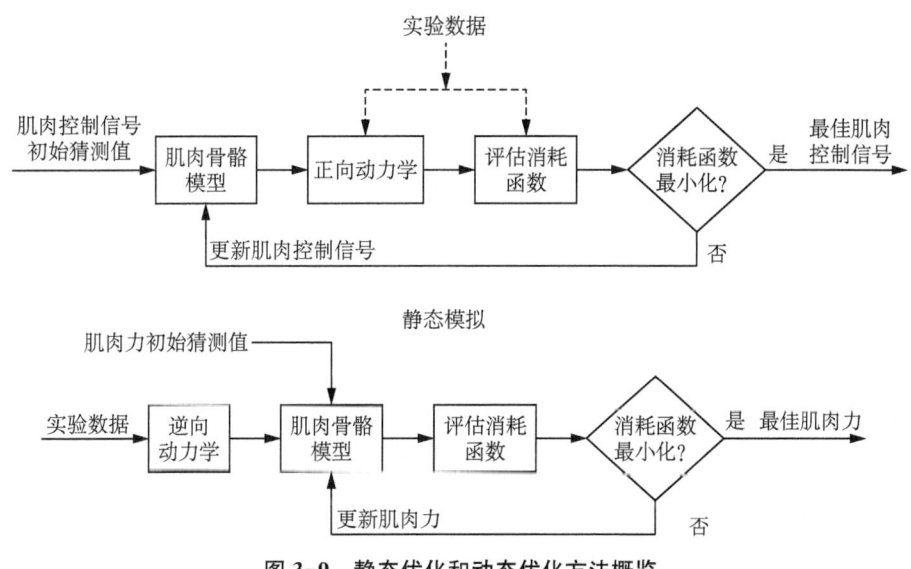

图 3-9 静态优化和动态优化方法概览

(2) 动态优化:在整个运动过程中寻求最优的肌肉激活策略,能够捕捉肌肉和关节的时间依赖特性,提供更全面的运动分析。动态优化通常通过求解一组描述运动系统动力学行为的动态方程,并在整个运动路径上最小化或最大化目标函数。目标函数可能涉及能量消耗、运动时间、关节力矩和肌肉疲劳等。优化算法通过迭代调整肌肉激活模式和运动路径,使得整个运动过程中目标函数达到最优。动态优化在考虑时间连续性上具有优势,能够更好地模拟实际运动中的肌肉激活策略,尤其适用于复杂运动分析(如步态分析、跳跃、投掷等)。然而,动态优化的计算复杂度较高,特别是在多步预测和多目标优化的情况下,通常需要大量计算资源和时间。此外,动态优化的结果对初始条件和模型参数非常敏感,可能导致解的多样性或不稳定性。

(三) 分析技术与模型验证

在肌肉骨骼建模中,分析技术和模型验证是确保模型准确性与可靠性的关键步骤。这些技术不仅用于评估模型的性能,还用于改进模型的结构和参数设定,以更好地反映实际的人体运动和力学行为。

1. 诱导加速度

诱导加速度分析是一种先进的生物力学分析技术，用于研究关节力矩、肌力或外部力对身体各部分加速度的贡献。通过计算这些力在各关节和身体部位上诱导的加速度，研究人员可以确定哪些肌肉或力矩在运动中起主导作用。这一分析方法在理解复杂的多关节运动（如跑步、跳跃或投掷）中的力学贡献时尤为有用。诱导加速度的计算通常依赖于逆动力学分析，通过已知的运动学数据和外部力数据反推各关节和肌肉的力矩。然后，使用这些力矩来计算各个肌肉对特定运动的贡献，从而确定哪些肌肉在运动中起到关键作用。这一技术有助于优化运动表现、设计康复训练方案，以及开发运动辅助设备。

2. 功率分析

功率分析用于评估肌肉和关节在运动中的能量交换与效率。在运动过程中，肌肉不仅生成力，还要消耗能量来执行运动。通过功率分析，研究人员可以量化肌肉和关节在不同运动阶段中的功率输出，识别哪些运动模式更为节能或高效（图3-10）。功率分析通常分为正功率和负功率两部分，前者代表肌肉主动生成能量的部分，后者代表能量的吸收或耗散。例如，在跑步中，小腿肌肉在脚离地时生成正功率，而在着地时吸收冲击力生成负功率。通过分析这些功率的分布，可以帮助运动员调整技术，提高运动效率，并减少损伤风险。

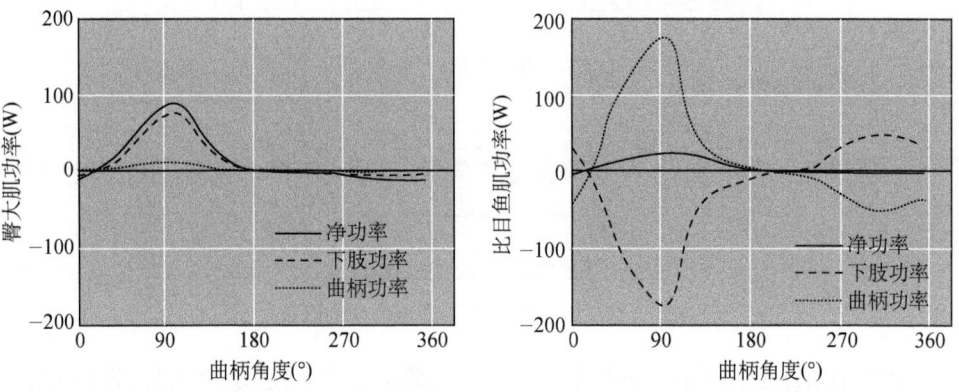

图3-10　在坐位蹬车的曲柄周期过程中臀大肌与比目鱼肌所产生的净功率及肢体与曲柄的功率情况（Neptune et al., 2000）

3. 敏感性分析

敏感性分析是一种评估各参数对模型整体输出影响的技术，在肌肉骨骼建模中常用两种主要类型的敏感性分析。第一种类型的敏感性分析旨在确定特定因素如何影响人体运动能力。第一种类型的敏感性分析旨在确定特定因素如何影响人体运动能力。例如，体育科学家可能会探讨哪些肌肉参数（如力量、肌纤维类型、缩短速度）对短跑速度具有关键影响。通过一个能够模拟最大速度短跑的模型，可以调整单个肌肉参数，从而确定其对短跑速度的影响程度。第二种类型的敏感性分析是系统性地探讨模型参数变化如何影响模型反应。这类分析主要用于模型开发与评估阶段，旨在深入理解模型的行为和性能。在此过程中，研究者系统地修改模型参数，以评估这些变化对特定模型输出的影响。例如，通过调整肌肉和关节参数，预测关节力矩对这些变化的敏感性。

通常情况下，肌肉骨骼模型对某些参数更为敏感。然而，不同模型或同一模型在不同动作中的敏感性可能会有所变化，因此在不同情境下需要谨慎对待这些敏感性结果。

  4. 模型验证

  模型验证是确保肌肉骨骼模型在真实世界中应用的准确性和可靠性的重要步骤。验证过程通常涉及将模型输出与实验数据进行比较，以评估模型的预测能力和精度。验证的结果可以帮助研究人员调整模型结构、参数设定及假设，以提高模型的准确性。在模型验证中，通常使用运动捕捉系统、测力台、肌电图等设备获取实际的运动数据，并将这些数据与模型输出进行对比。模型验证的成功与否取决于模型对现实生物力学现象的准确模拟能力。因此，验证不仅是对模型本身的评估，也是对模型假设、算法和参数设定的一次全面审查。通过这些分析技术与模型验证的结合，研究人员可以确保肌肉骨骼模型的科学性和应用性，从而为运动科学、临床康复和人体工学研究提供可靠的工具。

四、人体运动的计算机仿真

  人体运动的计算机仿真是指利用计算机模型来模拟和分析人体在各种运动状态下的行为和动力学特性。这种技术在康复医学、运动科学等领域具有广泛的应用。通过计算机仿真，研究人员可以在虚拟环境中精确地再现复杂的运动场景，进而对运动机制进行深入研究。仿真不仅能够帮助我们理解人体的生物力学行为，还能够为运动损伤的预防和康复提供科学依据。

  人体运动仿真在生物力学中的应用包括运动分析、损伤机制研究、康复治疗设计、运动表现优化等。通过仿真，研究人员可以预测不同运动条件下的关节负荷、肌力分布、能量消耗等关键指标，从而为运动员、患者及普通人的运动行为提供科学指导。此外，仿真还可以用于评估新型运动装备和康复设备的效果，为产品研发提供数据支持。

（一）建模的基本过程

  1. 确定建模目标

  任何建模过程的第一步都是明确模型的目标。这包括确定要研究的具体运动现象或功能，以及模型的用途。建模目标的确定将直接影响模型的复杂性和精度。例如，研究关节受力和肌肉激活模式的模型可能需要更高的细节，而用于教育的演示模型则可以简化。

  2. 数据收集与参数化

  一旦确定了建模目标，下一步就是收集必要的数据并进行参数化。这包括人体测量数据（如骨骼长度、关节角度、质量分布）、肌肉生理参数（如肌力、纤维长度、收缩速度），以及运动捕捉数据。参数化是将这些生物测量数据转化为模型输入的过程。精确的参数化是确保模型能够真实反映人体运动的关键。

  3. 几何建模

  几何建模是指建立人体骨骼和肌肉的三维几何结构。这一过程通常依赖于现有的人体解剖数据库或通过医学成像技术（如 MRI 或 CT）获取的个体数据。几何建模的精度会直接影响后续的动力学和运动学分析。

  4. 力学建模

  力学建模是为几何模型赋予力学属性的过程。这包括定义关节的运动学特性（如自由度、关节刚度）、肌肉的动力学行为（如力-长度关系、力-速度关系），以及外部力的作用（如地面反作用力、空气阻力）。力学建模的准确性决定了仿真结果的物理可靠性。

5. 模型求解与验证

在完成几何和力学建模后，模型求解是下一步的重要环节。这涉及使用计算工具对模型进行动力学仿真，求解运动方程，得到所需的运动模式或力学响应。模型求解通常需要依赖于特定的软件平台，如 OpenSim 或 AnyBody。在模型求解后，模型验证是确保仿真结果准确性的重要步骤。验证通常通过将仿真结果与实验数据进行对比来进行，如比较仿真得到的关节力矩与实验测得的数据。验证的结果可以帮助调整和优化模型，提高其可信度。

6. 模型的优化与调整

在初步验证模型之后，通常需要进行优化与调整，以提高模型的精度和适应性。这可能涉及调整模型参数、优化算法，或引入更复杂的生物力学行为。这一过程往往是迭代的，通过不断修正模型来获得更加准确的仿真结果。

7. 模型的应用与扩展

最后，经过验证和优化的模型可以应用于具体的研究问题，如分析特定运动方式下的关节受力、评估运动损伤风险或优化运动表现（图 3-11）。此外，模型还可以根据新的研究需求进行扩展，如加入新的运动模块或更加复杂的力学环境。

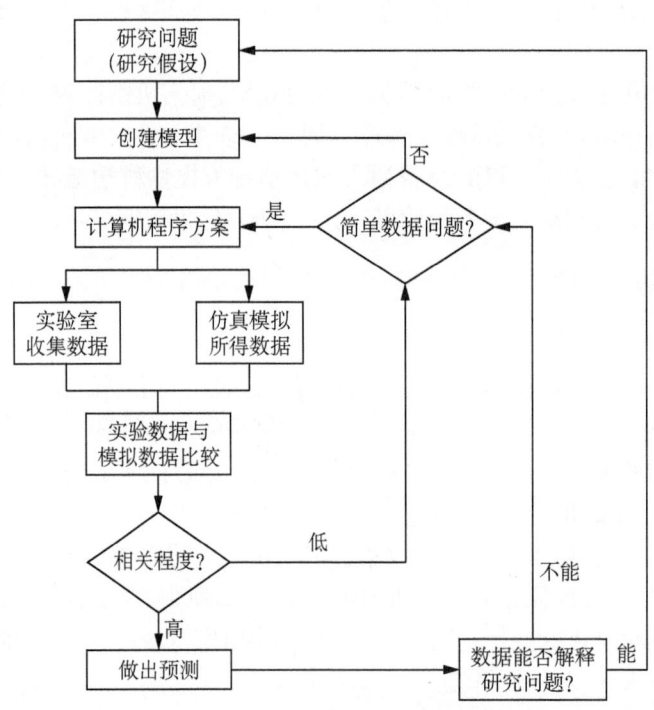

图 3-11　力学模型构建流程图

（二）计算模型的基础

1. 微分方程

在人体运动仿真中，微分方程是描述运动系统动力学行为的基本工具。微分方程通常用来表达系统中各部分的速度、加速度与力之间的关系。对于简单的刚体模型,牛顿第二定律可以通过微分方程来描述。而对于更复杂的多体系统,拉格朗日方程或汉密尔顿方程则是常用的工具。这些方程通过描述系统在时间上的变化,帮助我们理解运动过程中的动态特性。

2. 多体动力学

多体动力学是人体运动仿真的核心,它涉及多个刚体之间的相互作用和约束。在多体动力学中,每个刚体通常被视为一个独立的实体,彼此之间通过关节、韧带等连接。通过建立刚体之间的动力学关系,可以模拟人体在运动中的真实行为。多体动力学模型通常包括关节角度、速度、加速度及外力等参数的描述。这些模型为复杂运动的仿真提供了数学基础,并能够处理多种生物力学现象。

3. 正向动力学

正向动力学是通过已知的肌肉激活模式和外力来预测人体运动的过程。正向动力学的关键在于计算关节力矩、肌肉力量等动力学参数,并根据这些参数推导出运动轨迹。正向动力学通常用于研究运动控制和协调,因为它能够直接模拟不同肌肉激活模式下的运动结果。然而,由于需要精确地建模肌肉和关节的动力学特性,正向动力学的计算过程较为复杂,对模型的准确性要求也较高。

4. 逆向动力学

逆向动力学是通过已知的运动轨迹来推导出施加在人体上的力和力矩。这种方法通常用于分析实际运动数据,因为它可以从实验测得的运动轨迹中计算出人体各部分的力学负荷。逆向动力学通常依赖于运动捕捉系统获取的关节角度、速度等数据,结合人体的力学模型,推算出肌力、关节反作用力等重要指标。这种方法在运动损伤预防、康复训练设计等领域具有重要应用。

5. 优化算法

优化算法在人体运动仿真中扮演着关键角色,尤其是在寻找最佳运动策略或参数设置时。优化算法的目标是通过调整模型中的控制变量,使得某一目标函数(如能量消耗、运动效率、损伤风险等)达到最优。优化算法可以应用于静态优化和动态优化,前者用于特定时刻的最佳姿势分析,后者则在整个运动过程中寻找最优的肌肉激活策略。通过优化算法,研究人员能够深入理解人体运动的调控机制,并为实际应用提供科学建议。

(三) 人体力学的建模

1. 骨骼模型

(1) 刚体假设:在人体运动仿真中,骨骼通常被视为刚体,这意味着骨骼的形状和体积在运动过程中保持不变。刚体假设简化了运动的分析,使得我们可以使用经典力学方法来描述骨骼的运动状态。在多体动力学模型中,每块骨骼作为一个刚体,通过关节连接,形成一个复杂的机械系统。刚体假设虽然简化了问题,但在某些高精度仿真中,考虑骨骼的弹性和形变可能是必要的。

(2) 关节约束:是骨骼模型中的重要部分,它定义了骨骼之间的运动范围和相对运动方式。不同类型的关节(如铰链关节、球窝关节、滑动关节)具有不同的运动自由度。在仿真中,关节约束通常用来限制骨骼之间的相对运动,以确保仿真结果符合生物学现实。例如,膝关节通常被建模为铰链关节，其运动主要限制在一个平面内，而肩关节则作为球窝关节，具有更高的运动自由度。

2. 肌肉模型

（1）希尔肌肉模型：是最常用的肌肉模型之一，用于描述肌肉的力学行为。该模型将肌肉视为由并联和串联的弹性元件和黏性元件组成，并结合肌肉的主动收缩和被动伸展特性。希尔肌肉模型能够较好地模拟肌肉在不同收缩速度和负荷条件下的力输出，并且在许多运动仿真中表现出较高的精确度。该模型的优点在于其简洁性和广泛的适用性，然而，由于其简化特性，希尔肌肉模型在某些复杂条件下可能无法完全准确地描述肌肉的动态行为。

（2）基于肌电图的肌肉模型：通过直接使用肌电信号来控制肌肉的激活模式。肌电图记录了肌肉在运动中的电活动，是肌肉收缩的直接反映。通过将肌电图信号输入肌肉模型中，研究人员可以精确地模拟不同运动条件下的肌肉行为。基于肌电图的模型通常用于实际运动仿真，因为它能够捕捉到个体特异性的肌肉激活模式。然而，由于肌电图信号的复杂性和易受噪声影响的特点，该模型的精度依赖于信号处理的质量。

3. 软组织力学

（1）韧带和肌腱：在人体运动中起着至关重要的作用，它们负责连接骨骼与肌肉，传递力量并稳定关节。在仿真中，韧带和肌腱通常被建模为非线性弹性体，其力学行为依赖于应力-应变关系。韧带和肌腱的建模对于准确预测关节运动和受伤风险至关重要。例如，膝关节韧带的建模可以帮助研究人员分析运动中的韧带应力，预测可能的损伤场景。

（2）软骨与关节接触模型：软骨在关节运动中起到减震和润滑的作用，关节接触模型用于描述软骨之间的相互作用。软骨的力学行为通常被建模为黏弹性材料，其变形特性与关节的运动状态密切相关。关节接触模型的准确性对仿真结果的影响重大，尤其是在高负荷或极端运动条件下。通过考虑软骨的非线性行为和流体力学特性，研究人员可以更好地模拟关节在动态运动中的响应，从而为关节损伤的预防提供科学依据。

（四）计算工具与软件

目前，对于构建较为简单的人体运动模型，研究者常通过自编软件实现快速模拟。然而，面对复杂度高、自由度多的人体运动模型，采用专业的商用人体运动仿真软件成为主流选择，如 AnyBody 及 OpenSim 等。这些软件凭借其强大的功能，能够依据研究需求灵活构建多样化的人体模型。同时，结合高精度动作捕捉系统获取的人体运动学参数，它们能够深入进行人体系统的动力学分析，精确计算肌力分布。此外，通过模拟外界环境，这些软件还能有效分析运动中人体与器械（或环境）之间的相互作用力关系，为运动生物力学研究提供强有力的支持。

1. OpenSim

OpenSim 是一个强大的开源软件平台，用于建模、仿真和分析人体运动，旨在为研究人员、工程师和临床医生提供工具，以理解和分析人体运动中的生物力学与神经控制机制。OpenSim 已被广泛应用于运动科学、康复工程、假肢和矫形器设计等领域，通过帮助创建详细的肌肉骨骼模型并进行动态仿真，揭示人体运动的复杂性。

OpenSim 的理论基础源于人体运动的动力学和动力学原理。它将人体视为由刚体组成的链条，每个刚体代表一个骨骼，关节则定义了这些刚体之间的运动约束。通过建立这样的模型，OpenSim 能够模拟人体运动过程中各个骨骼和关节的相对运动，并计算出由肌肉收缩产生的力和力矩。OpenSim 的理论基础包括：①刚体动力学，OpenSim 的核心是刚体动力学，它将人体分解为一系列连接在一起的刚体，每个刚体表示一个骨骼。刚体之间通过关节连接，允许特定的运动自由度，如旋转和平移。刚体动力学方程用于描述这些刚体在运动过程中如何相互作用，以及如何受到肌肉、地面反作用力和外部载荷的影响。②肌肉模型，OpenSim 使用希尔肌肉模型来模拟肌肉的收缩行为。希尔肌肉模型包括了肌肉的弹性元件、黏弹性元件和主动收缩元件，能够模拟肌肉在不同收缩状态下的力生成能力。这些模型允许研究人员根据关节角度、肌肉长度和收缩速度，预测肌肉产生的力。③逆动力学与前向动力学，在 OpenSim 中，逆动力学用于通过已知的运动轨迹计算出驱动关节运动的力和力矩，而前向动力学则是通过已知的初始条件和施加在关节上的力，预测人体的运动轨迹。逆动力学和前向动力学是 OpenSim 中的两个主要分析工具，它们帮助研究人员理解肌肉骨骼系统在不同运动条件下的行为。④优化与控制，OpenSim 还支持优化和控制策略的研究，如静态优化和动态优化。这些方法允许在给定的运动任务中，确定肌肉的最佳激活模式，或通过优化某个目标函数（如能量消耗最小化）来预测运动控制策略。

  OpenSim 建模分析人体动作时，可以根据个人的实验目标、条件选择自行建立个性化模型，还是利用网站提供的现有模型。整个模拟过程包括模型构建、运动数据导入、仿真的执行、数据的分析等步骤。OpenSim 的工作流程包括：①模型构建，主要包括几何建模、肌肉和软组织建模、接触模型及模型缩放等部分组成。模型缩放是 OpenSim 的一个重要步骤，通过模型缩放，可以根据实验数据或解剖测量结果，对骨骼几何和肌肉路径进行缩放，以确保模型的尺寸和形状与特定个体相匹配。缩放过程中，通常会根据测量的骨骼标志点的位置来调整模型的比例，进而准确模拟个体的运动模式。这一步骤对于提高仿真的准确性和个体化分析的有效性至关重要。②动数据导入，在仿真人体运动之前，通常需要将实验室中捕捉的运动数据（如关节角度、运动轨迹等）导入 OpenSim。这些数据通常通过运动捕捉系统获得，如 Vicon 系统。OpenSim 可以处理这些数据，并将其与模型进行匹配。如果研究涉及肌电图数据，也可以将其导入 OpenSim，以便与模型的肌肉激活模式进行对比。③仿真分析，导入运动数据后，可以根据软件相关步骤执行逆向运动学、逆向动力学等一系列操作，这些计算基于已知的运动轨迹和模型定义的肌肉骨骼系统。同时能够进行前向动力学仿真及静态优化与动态优化，从而能够对模型的准确性及肌肉的最佳激活模式进行验证。④结果分析，仿真结束后，不仅能够对关节力矩、肌力、接触力等力学进行分析，还能够对运动路径、肌肉激活模式等进行分析。这些分析有助于直观地理解运动过程中的关节和肌肉行为。并用于优化运动表现或设计康复方案。

  目前，OpenSim 的应用主要集中在运动分析、康复工程、假肢和矫形器设计、运动障碍研究，以及基础生物力学研究等方面。其具体应用场景主要包括：①在运动表现分析中，OpenSim 能够帮助研究人员深入理解运动员的生物力学特性，如跑步、跳跃和投掷等运动的力学过程。通过建模和仿真，研究人员可以探讨不同训练方案或技术调整对运动表现的影响，并最终帮助运动员优化他们的动作，降低受伤风险，提高竞技水平。②在康复工程领域，OpenSim 被用于个性化康复方案的设计和评估。临床医生可以利用 OpenSim 构建患者的个体化肌肉骨骼模型，并模拟不同康复方案对患者运动功能恢复的效果。这不仅提高了康复治疗的精准性，还缩短了患者的康复时间，提升了治疗效果。此外，OpenSim 在研究运动障碍的病因和发展机制方面也具有重要价值，帮助医生和研究人员更好地理解诸如脑瘫、卒中等疾病对患者运动能力的影响,并开发有效的治疗策略。③假肢与矫形器设计是另一个 OpenSim 的重要应用领域。通过仿真,工程师可以优化假肢的设计,使其更符合患者的运动需求和生物力学特性,从而提高假肢的舒适度和功能性。同样,在矫形器的设计过程中,OpenSim 可以模拟矫形器对患者步态的影响,帮助设计出更有效、更舒适的产品。

2. AnyBody

AnyBody 是另一款功能强大的人体运动仿真软件,专注于肌肉骨骼系统的建模和动力学仿真。与 OpenSim 相比,AnyBody 更侧重于力学分析,尤其是在复杂运动模式下的肌力和关节力矩的计算。AnyBody 的强大之处在于其基于优化的仿真功能,能够在给定的运动条件下计算最优的肌肉激活策略。由于 AnyBody 和 OpenSim 在许多核心功能上具有高度相似性,此处不再对 AnyBody 进行详细的介绍。

3. 自定义算法的集成

在实际研究中,标准的软件工具可能无法完全满足特定研究需求,此时需要定制仿真流程。自定义算法的集成可以通过脚本语言(如 MATLAB、Python)或插件的方式实现。这种灵活性允许研究人员开发特定的优化算法、控制策略或数据处理流程,以适应特殊的仿真需求。例如,某些研究可能需要整合先进的机器学习算法来预测运动模式,或者开发新的优化方法来提高仿真精度。

(五) 有限元建模在运动生物力学中的应用

有限元分析是运动生物力学中常用的数值方法,用于研究复杂的生物力学问题。有限元建模通过将复杂的几何结构分割成小的单元,模拟应力、应变、变形等力学行为,从而帮助理解人体组织在不同运动和受力条件下的响应。有限元建模的主要步骤包括以下几步。

(1) 几何建模与网格划分:有限元建模的第一步是对解剖结构进行精确的几何建模,通常基于医学影像数据(如 MRI、CT)生成高分辨率的三维模型。随后,使用有限元软件对模型进行网格划分,将复杂结构划分为有限数量的小单元,以提高计算精度。

(2) 材料属性定义:在有限元模型中,每个单元都需要定义材料属性,如弹性模量、泊松比、密度等。对于生物组织,通常需要考虑各向异性、非线性、黏弹性等复杂材料特性。

(3) 边界条件与载荷施加:在模型中设置合适的边界条件,模拟现实中的固定约束和力学载荷。这些条件可能包括肌肉收缩力、关节接触力、外部施加的压力等。

(4) 仿真与结果分析:通过有限元软件进行计算,分析模型在不同载荷和边界条件下的应力分布、变形情况、接触压力等。结果可以帮助研究人员理解运动过程中关节、骨骼和软组织的力学行为,并用于优化运动表现或设计保护装置。

(5) 应用场景:有限元建模广泛应用于研究骨折愈合过程、关节置换术后的应力分布、肌肉骨骼系统的疲劳特性、运动损伤的预测与预防等领域。此外,有限元建模还可用于设计和优化运动装备,如鞋底、护膝等,以提高运动员的表现和安全性。

(六) 挑战与未来方向

1. 计算效率的提升

随着仿真模型的复杂性增加,计算效率成为一个重要的挑战。高分辨率的模型、复杂的优化算法及多样化的仿真场景都会增加计算的负担。提高计算效率的方法包括使用并行计算、优化算法,以及更高效的数值求解方法。此外,实时仿真是未来发展的一个重要方向,尤其是在虚拟现实和人机交互应用中。实现实时仿真要求硬件和软件的高度优化,以确保在复杂运动场景下的流畅运行。

2. **模型验证与不确定性**

仿真模型的准确性是确保仿真结果可信度的关键。然而,模型的建立往往涉及许多假设和简化,这可能引入不确定性。模型验证是评估仿真结果可靠性的重要步骤,通常通过与实验数据的对比来进行。除了传统的验证方法,敏感性分析也是评估模型不确定性的重要手段,它能够揭示哪些参数对仿真结果的影响最大,从而帮助研究人员识别和改进关键模型成分。

3. **个性化仿真**

个性化仿真是未来人体运动仿真的重要发展方向。每个人的体型、肌肉分布、骨骼结构等都存在差异,这使得标准化的仿真模型难以满足个性化需求。通过整合个体化的生物测量数据和肌电图信号,研究人员可以开发出更适合特定个体的仿真模型。这种个性化仿真在康复医学、运动训练、假肢设计等领域具有巨大的潜力,能够提供更加精准和有效的指导。

4. **跨学科整合**

人体运动仿真是一个高度跨学科的领域,涉及生物力学、计算机科学、神经科学、材料科学等多个学科。未来的发展将依赖于这些学科的进一步整合,如结合神经控制模型和肌肉骨骼模型,实现从神经信号到肌肉运动的全流程仿真。此外,仿真与人工智能的结合也是一个重要趋势,通过机器学习算法可以自动优化仿真模型,提高其准确性和适应性。

第四节 高级运动生物力学分析技术

一、运动生物力学信号分析

信号是随着时间或空间变化而变化的传递信息的变量。它们可以表现为各种形式,如声波、电压、电流、磁场、位移等。这些信号通常用于传递信息或表征系统的状态。信号的变化可以是连续的或离散的。连续信号(模拟信号)是指在时间或空间的每一瞬时上都定义的信号。这些信号可以在任何时间点上取值,如电压随时间的变化。离散信号(数字信号)通常通过数模转换器在特定时间间隔内进行采样,创建一个等效的数字信号。这种信号只在离散的时间点上定义。

(一) **信号特征**

信号可以用若干特征来描述,其中最常见的包括频率、振幅、偏移(直流偏移)和相位角(偏移)(图 3-12)。这些特征对于理解信号的行为和对其进行分析非常重要。

(1) 频率(f):代表信号振动的速率,通常用每秒的周期性变化次数(赫兹,Hz)来表示。频率的高低决定了信号的变化速度。

(2) 振幅(a):是信号的最大变化量,量化了信号的强度或大小。它表示信号偏离其平均值的最大程度。对于一个正弦信号,振幅决定了波形的高度。

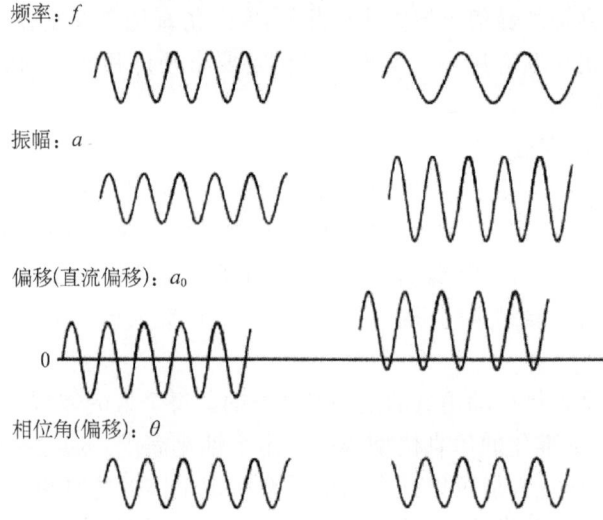

图 3-12　随时间变化的信号的四个关键要素

（3）偏移（a_0）：或直流偏移，是信号的平均值，代表信号的基线或零点偏移。对于一个周期性信号，偏移表示信号的中间值在直流水平上的偏移量。

（4）相位角（θ）：是信号在时间轴上移动的相对位置，表示信号的起始位置或延迟。它决定了信号在单位时间内的相对位置。

这些特征可以用一个正弦波方程来描述：

$$\omega(t) = a_0 + a\sin(2\pi f t + \theta) \qquad \text{（公式 3-32）}$$

其中，t 表示时间；f 表示频率；a 表示振幅；a_0 表示偏移；θ 表示相位角。这个方程描述了一个随时间变化的正弦信号。

角频率（ω）是一种替代频率的表达方式，公式为

$$w = 2\pi f \qquad \text{（公式 3-33）}$$

其中，ω 表示每秒的弧度变化量，通常用于简化涉及频率的计算。使用角频率，信号方程可以改写为

$$\omega(t) = a_0 + a\sin(\omega t + \theta) \qquad \text{（公式 3-34）}$$

信号在时间 t 上以不连续的间隔被采样。采样频率决定了采样时间间隔。如果采样频率为 100 Hz，则采样间隔为该频率的倒数，即 0.01 秒。这意味着每隔 0.01 秒会记录一个样本数据。因此，时间 t 取值为 0，0.01，0.02，…，T 中的任意一个，其中 2 Hz 表示数字信号的周期长度。例如，将一个频率为 2 Hz 的正弦波方程与一个频率为 20 Hz 的正弦波方程相加，可以表示为

$$\omega(t) = \sin(2\pi 2 t) + \sin(2\pi 20 t) \qquad \text{（公式 3-35）}$$

(二) 信号类型及采集

1. 常见信号

（1）肌电信号：用于测量肌肉在运动中产生的电活动，帮助理解肌肉的激活模式和力量

输出。

(2) 地面反作用力:通过测量足底压力垫或测力台,可以得到地面对身体施加的反作用力,这是动力学分析的重要基础。

(3) 关节角度与姿态:使用运动捕捉系统或加速度计等传感器记录身体各个关节的运动角度和姿态变化。

(4) 加速度与惯性测量单元(IMU)数据:IMU 包含加速度计和陀螺仪,记录人体运动时的线性加速度和旋转角速度,广泛用于运动追踪。

(5) 压力分布和力矩信号:压力传感器测量身体接触表面的压力分布,力矩传感器则评估关节力矩,这些信号对评估局部载荷和人体运动的动力学特性至关重要。

2. 信号采集技术

(1) 传感器类型与选择:不同类型的生物力学信号需要采用不同的传感器,如表面肌电电极用于肌电信号采集,测力台用于地面反作用力采集,运动捕捉系统用于记录关节角度等。传感器的选择应基于研究目标和实验条件。

(2) 数据采集设备与系统:现代数据采集系统通常包括高精度的数据采集卡、多通道输入模块、同步时钟和计算机接口,能够同时处理多种类型的传感器输入数据。常用的数据采集系统如 Vicon、Noraxon、Delsys 等。

(3) 采样频率与数据分辨率:信号采集过程中,采样频率和数据分辨率的选择至关重要。肌电信号通常要求高采样频率(1 kHz 以上),而地面反作用力等动力学信号的采样频率则可能稍低。数据分辨率应足够高以捕捉信号的细节,但过高的分辨率也可能增加数据处理的负担。

(4) 噪声与干扰的处理:在采集过程中,信号易受环境噪声和电子干扰的影响。为提高信号质量,通常使用屏蔽电缆、滤波器和数字信号处理技术来减小噪声。

3. 信号预处理

(1) 数据滤波与降噪的方法

1) 低通滤波:低通滤波用于去除高频噪声,如在肌电信号处理时,常用低通滤波器去除 50 Hz 以上的噪声。

2) 高通滤波:高通滤波用于去除低频噪声和基线漂移,尤其是在分析关节角度或姿态信号时,常用高通滤波器去除由于传感器移动或接触不良引起的低频干扰。

3) 带通与带阻滤波:带通滤波器用于提取特定频率范围内的信号成分,如肌电信号中的 0.01~450 Hz 频段;带阻滤波器(如陷波滤波器)用于去除工频干扰(50 Hz 或 60 Hz)。

(2) 数据校准与标准化

1) 传感器校准:在采集信号之前,对传感器进行校准以确保数据的准确性。校准过程通常包括零点校准和增益校准,以消除传感器固有的误差。

2) 信号幅值标准化:标准化处理可将信号转换为统一的尺度,便于不同实验或个体之间的比较。在肌电信号处理中,常见的标准化方法是将信号幅值归一化为最大自愿收缩(MVC)的百分比。

3) 数据对齐与时间同步:对于多传感器系统,确保不同传感器数据的时间同步至关重要。这通常通过硬件同步或后期处理中的时间对齐技术实现,以保证信号分析的准确性。

(3) 特征提取

1) 时域特征:时域分析关注信号的时间变化,常见特征包括均值、标准差、峰值和信号的包络线等。时域特征提取简单,适用于初步的信号分析。

2) 频域特征:频域分析关注信号的频率成分,通过傅里叶变换等方法提取信号的频率特征,如频谱、功率谱密度等。频域分析可揭示信号中隐藏的周期性或振荡特性。

3) 时频域分析(小波分析):小波分析等时频域方法将信号在时间和频率两个维度上进行分解,适用于非平稳信号的分析,如运动中的肌电信号。这些方法能够捕捉信号的瞬时变化特征。

4. 数据分析与建模

(1) 统计分析

1) 描述性统计:描述性统计用于总结信号的基本特征,如平均值、方差、偏度、峰度等,用以快速了解数据的分布情况。

2) 方差分析:用于比较不同组别或实验条件下信号的差异性,常用于评估不同动作或肌肉激活状态之间的显著性差异。

3) 相关性分析与回归分析:相关性分析用于评估两个或多个信号之间的线性关系,而回归分析用于建立信号之间的数学模型,以预测或解释信号的变化。

(2) 频域分析

1) 傅里叶变换:是将时域信号转换为频域信号的常用方法,是频域分析的核心工具。它通过分解信号为不同频率的正弦波和余弦波的组合,揭示信号的频率成分(图 3-13)。在实际应用中,对于离散的数字信号,我们常用离散傅里叶变换(discrete Fourier transform,DFT)来进行计算。然而,由于 DFT 的计算复杂度较高,为了提高计算效率,通常使用快速傅里叶变换(fast Fourier transform,FFT)。

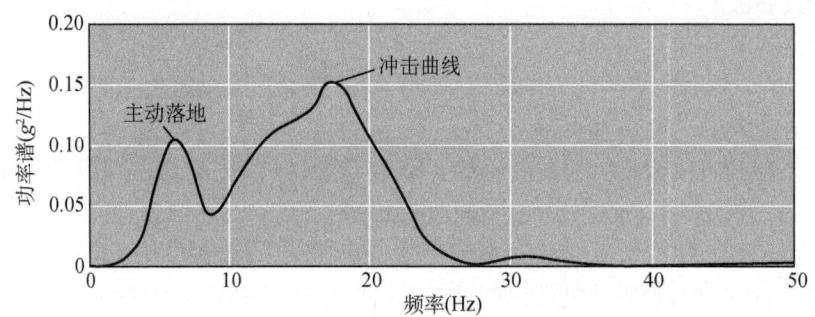

图 3-13 跑动时腿的加速度曲线(频域图)

FFT 的基本原理是将一个长度为 N 的信号分解为多个长度为 $N/2$ 的子序列进行递归计算,从而大大减少了计算量。具体来说,FFT 通过将原始信号分为奇数项和偶数项,然后分别计算其傅里叶变换,最终合并结果。设 $x(n)$ 是一个长度为 N 的离散信号,其 DFT 定义为

$$X(k) = \sum_{n=0}^{N-1} x(n) e^{-j\frac{2\pi}{N}kn} \qquad (公式 3\text{-}36)$$

其中,$X(k)$ 表示信号在第 k 个频率分量下的频域表示。通过分解信号,FFT 使得我们只需

计算一半的傅里叶系数,剩下的部分可以通过对称性关系快速计算得到。这种方法在每一级递归中都减少了计算量,从而降低了计算复杂度。

2) 功率谱密度分析(power spectral density, PSD):是一种用于描述信号在频域中功率分布的技术。它主要用于分析随机信号或非周期信号的频率特性,是信号处理中的一种重要工具。通过功率谱密度分析,研究者能够更好地理解信号在不同频率下的能量分布,从而识别出信号的主要频率成分和噪声特征。

功率谱密度 $S_x(f)$ 定义为信号功率在每单位频率上的分布情况。对于一个连续时间信号 $x(t)$,其功率谱密度可以通过信号的自相关函数 $R_x(\tau)$ 进行傅里叶变换得到

$$S_x(f) = \int_{-\infty}^{\infty} R_x(\tau) e^{-j2\pi f \tau} d\tau \qquad (公式3\text{-}37)$$

其中,$R_x(\tau)$ 表示信号在不同时间延迟下的相关性,是信号在时间上的统计特性。

对于离散信号 $x(n)$,功率谱密度可以通过 DFT 计算得到

$$S_x(f) = \mathrm{DFT}\{R_x[m]\} \qquad (公式3\text{-}38)$$

其中,$R_x[m]$ 表示离散信号的自相关序列;DFT 表示用于将时间域信号转换为频域。

(3) 时频分析:是用于处理和理解信号的复杂特性的技术,通过将信号在时间和频率域中同时表示,提供了对信号局部特性更全面的视角(图 3-14)。在运动生物力学中,时频分析可以帮助揭示肌肉活动、运动模式及其他生理信号的瞬时变化和频率特性。

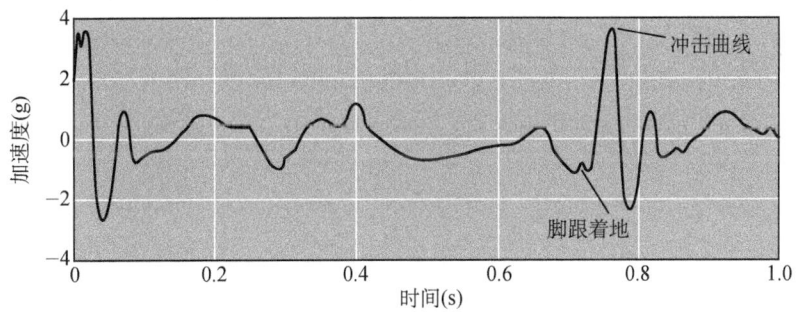

图 3-14 跑动时腿的加速度曲线(时域图)

1) 小波变换:是一种将信号分解为不同尺度的小波成分的时频分析技术。与傅里叶变换不同,小波变换能够提供信号在不同时间尺度上的局部特性,因此在处理非平稳信号(信号的统计特性随时间变化)时表现尤为突出。在运动生物力学中,小波变换可以用于分析短时内肌肉活动的突发性变化。例如,分析步态数据中步态周期的突发变化,或者识别运动过程中突发的肌肉疲劳信号。由于其能够有效处理突发事件和短时振荡,小波变换在运动信号的降噪和特征提取中具有重要应用。

2) 短时傅里叶变换(STFT):是一种通过在信号上滑动窗口来分析其频率内容的方法。STFT 将信号划分为若干个短时间窗口,在每个窗口内应用傅里叶变换,从而获得信号在时间窗口内的频谱信息。STFT 特别适用于分析信号在短时间窗口内的频率变化。在运动生物力学中,这种方法可用于分析肌肉收缩过程中频率的变化,如运动员在跑步或举重时的频谱特征分析。它可以帮助研究者识别运动中的频率模式及其随时间的变化,为运动表现优

化和疲劳评估提供支持。

3）希尔伯特-黄变换（HHT）：是一种非线性和非平稳信号分析方法，通过分析信号的瞬时频率和幅值信息，适用于处理复杂的生物信号。HHT包括两个主要步骤：经验模态分解（EMD）和希尔伯特变换（HT）。HHT在运动生物力学中的应用包括对复杂运动信号的分析，如高强度运动中的肌肉活动、步态分析中的非线性振荡等。HHT能够揭示信号中的非线性动态特性和瞬时频率变化，为研究者提供更深入的信号理解，尤其适用于分析那些包含复杂非平稳特征的运动信号。

5. 信号处理工具与软件

（1）常用工具与软件

1）MATLAB与Python的信号处理工具箱：MATLAB和Python是信号处理的常用编程环境，提供了丰富的信号处理函数和工具箱，支持数据滤波、频谱分析、小波变换等各种信号处理任务。

2）LabVIEW与Simulink：LabVIEW是一种图形化编程环境，常用于实时数据采集与处理。Simulink是MATLAB的附加模块，用于动态系统建模和仿真，适合处理生物力学中的复杂信号。

3）EMGworks与Delsys系统：是专门用于肌电信号采集与分析的软件，提供了信号滤波、特征提取、时频分析等功能，适用于运动生物力学研究。

（2）信号处理中的编程与自动化

1）自定义脚本与算法开发：通过编写自定义脚本，研究者可以实现特定的信号处理算法，如自定义滤波器设计、特征提取和数据分析流程，以满足不同研究需求。

2）数据处理的自动化流程：为了提高分析效率，可以开发自动化数据处理流程，确保每次实验或分析的一致性和重复性。这对于大规模数据分析尤其重要。

6. 高级信号分析技术

在现代运动生物力学研究中，高级信号分析技术扮演着重要角色。这些技术不仅提升了数据处理和解释的能力，还推动了运动表现优化、损伤预防和康复治疗的进步。

（1）机器学习与信号分类

机器学习在信号分析中的应用日益广泛，其核心目标是通过学习从数据中提取特征并进行分类，以实现对信号的有效解释和预测。下面将对三种主要的机器学习技术及其在运动生物力学中的应用进行介绍。

1）支持向量机（SVM）：是一种监督学习算法，旨在通过寻找一个最佳的超平面来进行分类。SVM通过在特征空间中构建一个最大间隔的超平面，将不同类别的数据点分开。该算法在面对高维特征空间时表现良好，适用于处理复杂的分类问题。在运动生物力学中，SVM可以用于分类肌电图信号，以预测不同运动类型或阶段。例如，SVM可以通过分析肌电信号特征来识别运动员的运动类型（如跑步、跳跃、行走等）或动作阶段（如启动、加速、减速）。此外，SVM还可以用于评估运动模式的稳定性和一致性，帮助研究人员识别和纠正运动异常。

2）神经网络：是一类模拟人脑神经元连接结构的计算模型。通过多个层次的神经元节点，神经网络能够自动学习输入数据中的复杂特征关系。深度学习是神经网络的一种扩展，其通过多个隐藏层来捕捉更深层次的数据特征。常见的神经网络模型包括前馈神经网络

(feedforward neural network，FNN)、卷积神经网络（convolutional neural network，CNN)和循环神经网络（recurrent neural network，RNN）。神经网络,特别是深度学习模型,在运动生物力学中被广泛应用于运动模式识别、动作分类和异常检测等任务。例如,通过训练CNN,可以从肌电图信号中自动提取复杂的特征,实现高准确度的运动模式分类。RNN特别适合处理时间序列数据,如步态周期分析和运动过程中动态变化的预测。深度学习模型还可以用于异常检测,如识别运动员训练中的不寻常模式,及时发现潜在的运动损伤风险。

3）模式识别与分类:模式识别是一种通过提取信号特征并进行分类的技术。它包括数据预处理、特征提取和分类器设计三个主要步骤。首先,通过预处理技术对信号进行去噪和标准化;其次,使用特征提取方法从信号中提取关键特征;最后,使用分类器（如SVM、神经网络等)对特征进行分类和预测。模式识别技术在运动生物力学中的应用涵盖了多个方面。通过分析生物力学信号（如肌电信号、运动捕捉数据等),模式识别可以识别不同的运动模式或动作阶段。例如,通过对运动员的步态数据进行模式识别,可以将步态周期划分为不同的阶段（如起步、加速、稳定期等),并进一步分析运动员的步态特征。模式识别技术还可以用于运动性能监测,如实时识别运动员的疲劳状态或运动姿态异常,从而提供个体化的训练建议和康复方案。

（2）数据融合与多传感器分析

1）多传感器数据融合:通过融合来自不同传感器的数据（如肌电信号与惯性测量单元数据),可以提高信号分析的精度和鲁棒性,获得更全面的运动分析结果。

2）数据融合算法:常见的数据融合算法包括卡尔曼滤波、粒子滤波和贝叶斯推理等,它们用于结合多源数据,生成更加准确和一致的结果。

3）跨模态信号融合:结合不同类型信号（如生物电信号与影像数据)的分析,提供更丰富的信息。例如,通过结合肌电信号与运动捕捉数据,可以更精确地分析肌肉活动与运动模式之间的关系。

7. 信号分析中的挑战与前沿研究

（1）数据质量与完整性

1）数据丢失与修复:在信号采集过程中,传感器故障或干扰可能会导致数据丢失。常用的数据修复技术包括插值、重构和预测等,以尽量保留信号的完整性。

2）高噪声环境下的信号处理:在嘈杂或复杂环境中,信号的噪声水平可能较高。先进的滤波和噪声抑制技术,如自适应滤波和小波降噪,能够显著提高信号的质量。

3）信号的时间与空间分辨率权衡:信号分析过程中,时间分辨率与空间分辨率之间可能存在权衡。例如,提高时间分辨率可能会降低空间分辨率,反之亦然。这需要根据具体应用进行平衡。

（2）实时信号分析

1）实时数据处理技术:实时信号分析要求信号处理系统具备低延迟和高效计算能力。通常使用优化的算法和硬件加速器（如图形处理单元)来实现实时处理。

2）实时反馈与控制:实时信号分析的一个重要应用是闭环控制系统,通过分析实时信号,能够即时调整运动或操作。例如,在康复训练中,通过实时分析患者的肌电信号,自动调节康复设备的阻力或运动轨迹。

（3）个性化信号分析

不同个体的生理特征差异可能导致信号分析结果的差异。个性化信号分析方法包括自适应算法和个性化模型，以更好地适应个体差异。个性化建模是指为每个个体建立专属的信号分析模型，从而提供更加准确和定制化的分析结果。

8．应用场景与案例研究

（1）运动表现分析

1）专业运动员的信号分析：通过高精度信号分析，了解运动员的肌肉激活模式、运动技术和能量消耗，有助于优化训练方案，提高运动表现。

2）运动损伤预防与康复：信号分析可以用于识别运动中的不良模式或过度使用风险，帮助制订有效的预防和康复计划，减少运动损伤的发生。

（2）临床与康复中的信号应用

1）康复训练中的生物力学信号监测：在康复训练中，实时监测患者的肌电信号、关节角度和力学数据，能够帮助康复师调整训练强度和模式，促进患者的康复进程。

2）肌肉功能、监测康复进展，以及制订个体化的康复训练计划。

（3）人体工效学与工作场所分析

1）工作场所的动作分析：通过信号分析评估工作场所中的动作和姿势，识别潜在的工伤风险，优化工作流程，改善工作效率和安全性。

2）长时间姿态与运动监测：在办公环境中，通过长时间监测工作者的姿态和运动，可以识别出不良姿势或重复性劳损的风险，并提出相应的干预措施。

二、人体动态系统的协调性分析

（一）运动协调性的概述

1．运动协调性的定义

运动协调性是指个体在执行特定动作时，能够合理控制身体多个部位、关节和肌肉群之间的关系，以高效、平稳地完成运动任务的能力。它包括神经系统对肌肉运动的精准控制，使各部分身体的运动同步和适配，从而达到预期的运动效果。

2．运动协调性的重要性

运动协调性是影响运动表现的关键因素。良好的协调性不仅能够提高运动效率，减少能量消耗，还能帮助运动员在复杂的运动环境中保持平衡和控制能力。此外，协调性对于日常生活活动也至关重要，如行走、跑步、举重等，都是基于良好的运动协调性，缺乏协调性可能增加受伤的风险。

3．运动协调性与运动表现的关系

运动表现不仅依赖于力量、速度和耐力等体能因素，还高度依赖于运动协调性。协调性差的运动员可能在执行复杂动作时难以达到最佳表现，甚至在简单的动作中也容易出现失误。通过提高运动协调性，运动员能够更加自如地控制动作细节，从而在比赛中占据优势。例如，体操运动员的动作高度依赖精细的协调控制，以完成高难度的翻转和平衡动作。

(二) 运动协调性的测量与评价

运动协调性的测量与评价是研究和训练中的重要环节。常见的评价方法包括时空参数分析、角度-时间曲线分析和相位关系与相位角分析等。通过这些方法，可以量化运动过程中的协调性指标，进而为个体化的训练方案提供科学依据。

1. 时空参数分析

时空参数分析是指对运动过程中时间和空间参数进行量化分析的过程。这些参数包括步幅、步频、关节角度的变化速率等。在协调性研究中，时空参数分析可以揭示不同运动阶段之间的时间协调性和空间一致性。例如，步态分析通过测量步长、步宽和步频的变化，可以评价运动员的步态协调性。

2. 角度-时间曲线分析

角度-时间曲线反映了关节角度随时间变化的轨迹，是评估运动协调性的常用方法之一。通过分析关节角度的变化模式，可以揭示运动中不同关节的协调性。例如，在跑步中，膝关节和髋关节的角度-时间曲线分析可以帮助理解这些关节在不同跑步阶段的配合情况。

3. 相位关系与相位角分析

相位关系与相位角分析是运动协调性研究中常用的量化方法之一，用于评估周期性运动中不同身体部位或关节之间的协调性。相位关系描述了两个或多个关节，或身体部位在运动周期中的相对位置，而相位角则量化了这种相对位置在时间轴上的具体表现。通过相位关系和相位角分析，研究者可以深入了解运动过程中身体各部分的同步性和协调性，从而为运动训练和康复提供科学依据。

(1) 相位角的定义与计算：相位角是描述周期性运动中某个时刻运动状态的重要参数。它表示了在 个完整周期内，特定运动部位或关节相对于一个基准位置的角度。相位角的计算通常基于关节角度-时间曲线，利用这些曲线在周期内的特定特征点（如最大值或最小值）来确定相位角。数学上，相位角可以通过以下公式计算：

$$相位角 = \frac{t}{T} \times 360° \qquad (公式3-39)$$

其中，t 表示时间点；T 表示一个完整的运动周期。相位角通常用度数表示，范围 $0° \sim 360°$，对应着运动周期中的不同位置。例如，在跑步过程中，如果一个关节在周期的中间（即 $t = T/2$）达到其最大角度，那么该时刻的相位角将为 $180°$。

(2) 相位关系的定义与应用：相位关系指的是两个或多个周期性运动之间的时间同步性或相位差异。它反映了这些运动在时间轴上的协调性。例如，步行时髋关节和膝关节的相位关系可以揭示它们在步态周期中的协调情况。相位关系通常通过相位差的计算来表示，即两个运动之间的相位角差异：

$$\Delta 相位 = 相位角_1 - 相位角_2 \qquad (公式3-40)$$

如果两个运动的相位差为零，说明它们在时间上完全同步，即同时达到各自的关键位置（如最大角度）。而相位差为 $180°$ 则表示这两个运动在时间上完全反相，意味着一个运动达到最大角度时，另一个正好达到最小角度。通过相位关系分析，研究者可以判断身体不同部位在运动中的协调一致性。

（3）相位关系与运动协调性的关联：相位关系是评估运动协调性的一个关键指标。在复杂运动中，多个关节和肌肉群需要协调工作以实现平稳、高效的动作。通过分析相位关系，可以量化这些部位之间的协调性。例如，在跑步中，髋关节和膝关节的相位关系对步态的平稳性至关重要。如果相位关系出现异常，可能导致步态不稳或增加受伤的风险。

此外，相位关系的变化还可以用于检测和分析运动中的不对称性或协调障碍。例如，在单腿跳跃时，左右腿的相位关系应该保持一致，而如果某一侧腿的相位角显著偏离，可能表明该侧腿存在肌力或神经控制问题。

（4）连续相对相位分析：除了离散的相位关系分析，连续相对相位分析也是一种常用的方法。连续相对相位分析能够提供更为详细的关节或身体部位之间在整个运动周期中的相位关系信息。通过计算运动过程中的连续相对相位，可以捕捉到运动中微小的协调性变化和动态调节。

计算连续相对相位的步骤通常包括：①信号预处理，对原始关节角度数据进行平滑处理，以去除噪声和干扰；②角度标准化，将关节角度数据标准化到0°～360°范围内，确保计算的一致性；③相位角计算，基于标准化后的数据计算每一时刻的相位角；④相对相位计算，通过计算两个关节之间的相位角差，得到连续的相对相位值；⑤数据分析，对连续相对相位数据进行分析，提取关节协调性的动态特征。连续相对相位分析能够提供比离散相位关系更为丰富的信息，特别是在复杂运动如跳跃、投掷等需要精细协调的动作中，具有重要的应用价值。

（5）状态空间中的相位关系分析：是一种先进的分析方法，用于研究非线性和复杂系统的动力学行为。在运动协调性研究中，状态空间中的相位关系分析可以帮助揭示关节或肌肉群之间的复杂互动关系。

状态空间由一个或多个变量的相互关系构成，如关节角度与角速度之间的关系。通过在状态空间中绘制轨迹，可以直观地观察运动系统在不同状态下的行为。相位关系在状态空间中的表现通常反映为轨迹之间的相对位置和形态，如吸引子的形成。

吸引子是状态空间中一个稳定的轨迹，表示系统在长期运行过程中趋向于某种稳定状态。通过分析状态空间中的相位关系，可以识别出不同运动模式下的稳定性和协调性特点。例如，在跑步中，髋关节和膝关节的状态空间轨迹可能会形成特定的吸引子，这反映了它们在运动周期中的协调关系。

4．运动协调性的评估方法

运动协调性是指在多次重复同一动作时，动作表现的稳定性和一致性。通过测量动作的一致性，可以间接评价运动协调性。高一致性通常表明个体对该动作的协调控制较好，而一致性较差则可能反映出协调性不足或神经肌肉控制的稳定性不佳。

（三）神经肌肉协调性

1．神经肌肉系统在运动协调中的作用

神经肌肉系统是控制运动协调性的核心。中枢神经系统通过传递神经信号来调控肌肉的收缩与放松，进而实现身体各部位的协调运动。该系统的高效工作依赖于感觉反馈、运动计划的精确制订和执行等多个因素。因此，神经肌肉系统的健康与功能直接影响运动协调性。

2．肌肉协同作用与运动协调性

肌肉协同作用指的是多个肌肉群在执行特定运动时相互协作的过程。在运动中，肌肉群之间的协同作用是实现复杂运动协调性的关键。例如,在跳跃动作中,腿部肌肉需要协同工作,以产生足够的推力并保证身体平衡。缺乏肌肉协同作用的运动可能表现为动作不稳定、不准确,甚至导致运动损伤。

3. 神经控制的复杂性与运动协调性

神经控制的复杂性在于其需要整合来自多种感觉源的反馈信息,并迅速调整运动输出以应对环境变化。这种复杂的控制机制是运动协调性得以实现的基础。例如,在不平坦地面上行走时,神经系统需要实时调整步态,以维持身体的平衡和稳定。神经控制的缺陷或失调可能导致协调性障碍,表现为动作的不精准或无法顺利完成。

4. 不同运动类型的神经肌肉协调性

不同类型的运动对神经肌肉协调性的要求各不相同。例如,精细运动如打字或弹钢琴需要高度精确的神经肌肉控制,而大肌群参与的运动如举重或跑步则更注重力量与速度的协调性。理解不同运动类型下的神经肌肉协调性特点,可以帮助制订更有针对性的训练方案,以提升特定运动的表现。

(四) 关节运动协调性

1. 关节之间的协调与耦合

关节之间的协调与耦合是实现高效运动的重要基础。耦合指的是多个关节在运动过程中相互关联、共同完成特定动作的现象。例如,在步行时,髋关节、膝关节和踝关节的运动彼此紧密关联,通过协调的关节活动,人体得以平稳前进。耦合不良会导致运动效率低下,甚至可能引发运动损伤。

2. 多关节运动中的协调性

多关节运动是指涉及多个关节同时参与的复杂运动,如跑步、跳跃、投掷等。在这些运动中,各关节的协调性决定了动作的连贯性和效率。例如,在投掷动作中,肩关节、肘关节和腕关节需要协同工作,才能保证力量的有效传递和精确控制。多关节运动的协调性不足可能导致动作分解、力量浪费和精度下降。

3. 关节运动轨迹与协调性

关节运动轨迹是指关节在运动过程中所经过的路径。通过分析关节运动轨迹,可以揭示运动的协调性特点。例如,分析投篮时手臂的运动轨迹,可以判断投篮动作的连贯性和准确性。轨迹分析在运动训练中具有重要意义,可以帮助运动员优化动作路径,提升运动表现。

4. 关节运动障碍与其对协调性的影响

关节运动障碍是指关节损伤、退化或其他疾病导致的运动功能受限。这些障碍通常会对运动协调性产生负面影响,使得动作变得不稳定、不精确。常见的关节运动障碍包括关节炎、关节脱位和软组织损伤等。治疗和康复措施的主要目标之一是恢复关节的正常运动功能,从而改善整体的运动协调性。

(五) 运动协调性的研究方法

1. 定量分析与定性分析

运动协调性的研究方法包括定量分析和定性分析。定量分析方法,如统计分析、时频分析和信号处理技术,用于量化运动协调性的各项指标;定性分析方法,如运动观察和专家评估,用于描述和解释运动协调性的表现和特征。这两种方法的结合可以全面理解运动协调性的复杂性和影响因素。

2. 动态系统理论在协调性研究中的应用

动态系统理论提供了一种理解运动协调性的新视角。该理论认为运动协调性是一个动态变化的过程,通过系统的反馈和调整实现平衡和稳定。动态系统理论在运动协调性研究中的应用包括建模和模拟运动系统的动态行为,从而分析不同因素对协调性的影响。

3. 协调性研究中的实验设计与数据分析

协调性研究中的实验设计包括选择适当的实验任务、测量工具和数据采集方法。数据分析方法则包括统计分析、信号处理和模型拟合等技术。良好的实验设计和数据分析能够确保研究结果的可靠性和有效性,为运动协调性研究提供科学依据。

4. 运动协调性研究的前沿方向与挑战

运动协调性研究的前沿方向包括高维数据分析、机器学习应用和实时协调性监测等。这些方向旨在进一步理解运动协调性的复杂机制,并应用先进技术改进训练和康复方法。研究中的挑战包括数据的高维性、个体差异的影响及实验条件的控制等。通过解决这些挑战,可以推动运动协调性研究的发展和应用。

参考文献

D. 戈登·E. 罗伯逊,格雷厄姆·E. 考德威尔,约瑟夫·哈米尔,等,2022. 生物力学研究方法[M]. 刘宇,李立,等,译. 上海:上海交通大学出版社.

吉姆·理查兹,2022. 运动康复力学应用:生物力学基础与临床[M]. 第2版. 吴广亮,阳煜华,肖军,译. 北京:清华大学出版社.

李世明,金季春,2004. 人体总重心圆测量失真的理论与实验研究[J]. 体育学刊,11(4):42-45,58.

陆阿明,赵焕彬,顾耀东,2018. 运动生物力学[M]. 第4版. 北京:高等教育出版社.

曲峰,2008. 运动员表面肌电信号与分形[M]. 北京:北京体育大学出版社.

宋和胜,钱竞光,唐潇,2015. 基于软件OpenSim的人体运动建模理论及其应用领域概述[J]. 医用生物力学,30(4):373-379.

赵焕彬,李建设,2008. 运动生物力学[M]. 第3版. 北京:高等教育出版社.

郑秀瑗,高云峰,贾书惠,等,2007. 现代运动生物力学[M]. 第2版. 北京:国防工业出版社.

Blemker S S, Asakawa D S, Gold G E, et al., 2007. Image-based musculoskeletal modeling: applications, advances, and future opportunities[J]. Journal of Magnetic Resonance Imaging, 25(2): 441-451.

Dempspter W T. Space requirements of the seated operator[R]. Wright-Patterson Air Force Base, Ohio: Whright Air Development Center, 1995. WADC Technical Report, 55-159.

Neptune R R, Kautz S A, Zajac F E, 2000. Muscle contributions to specific biomechanical functions do not change in forward versus backward pedaling[J]. Journal of Biomechanics, 33(2): 155-164.

第四章

运动生物力学研究实例

1. 理解各项竞技运动生物力学特点,分析如何通过生物力学优化技术动作。
2. 掌握运动生物力学的学科特性,包括其独特的研究方向、方法和应用领域,了解运动生物力学的具体研究内容和学科任务。
3. 掌握背包、久坐对健康的影响,并利用生物力学的手段优化防止跌倒和退行性病变的策略。
4. 掌握运动技能的获得和练习方法,理解运动技能的生物力学基础。

第一节 在竞技运动中的应用研究

一、越野滑雪的运动生物力学

滑雪主要分为以下几类:高山滑雪(包括速降、超级大回转、大回转、小回转)、越野滑雪(长距离滑行,适应各种地形)、自由式滑雪(包括空中技巧、雪上技巧、"U"形场地、坡面障碍技巧)、跳台滑雪(从高台滑下后跃起飞行并着地)、单板滑雪(类似滑板运动,以单板滑行)。每种滑雪类型侧重不同的技术和技巧,适用于不同的地形和雪况。近年来,越野滑雪项目的受欢迎程度显著提升,逐渐引起了广泛的关注。

(一)越野滑雪时关节和肌肉的生物力学分析

越野滑雪是一项复杂且高度依赖于技术的运动,需要全身的协调和力量。对关节和肌肉的生物力学分析有助于理解运动员如何通过最小化能量消耗和最大化动力输出来优化表现(图4-1)。

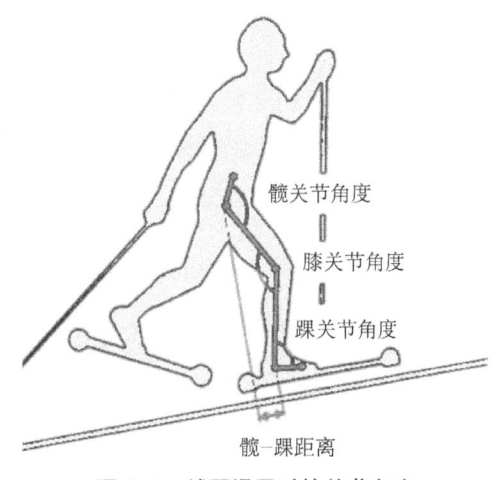

图 4-1 越野滑雪时的关节角度

在滑雪时膝关节的主要作用是吸收冲击力和提供推进力。蹲下时，膝关节处于屈曲状态，这有助于储存弹性能量，并在推进阶段释放出来。髋关节的伸展和屈曲对滑雪者的推进力至关重要。强有力的髋关节伸展有助于滑雪者在滑行时获得更大的推力。踝关节的灵活性和稳定性是保持平衡与控制滑行方向的关键。足部的踝关节屈曲和伸展帮助滑雪者在雪地上获得更好的抓地力与推进力。

在膝关节屈曲和伸展时，股四头肌起到关键作用，提供了向前推进的力量，并在落地时吸收冲击。腘绳肌群主要负责髋关节的伸展，帮助滑雪者推进。它们还协助膝关节的稳定，防止膝关节在屈曲过程中过度前移。小腿三头肌（主要包括腓肠肌和比目鱼肌）在踝关节的屈曲和伸展中起重要作用。它们通过足部的推动力帮助滑雪者加速和保持平衡。核心肌群（包括腹肌、腰背肌等）在保持身体稳定和平衡方面至关重要。强壮的核心有助于滑雪者在各种姿势和条件下维持平衡，并有效传递力量。

越野滑雪中，上肢和下肢的动作必须高度协调。手臂和肩部的推力与下肢的推进相配合，确保滑行的平稳和有效。滑雪者需要通过重心的前后转移来调整推进力和滑行速度。有效的重心转移可以减少滑雪中的能量消耗，并提高滑行的效率。

（二）越野滑雪装备对生物力学的影响

滑雪板底座是越野滑雪板中非常重要的部分，其刚度、几何形状、材料成分、研磨/手钻产生的形状和打蜡都会对动摩擦产生影响。与空气阻力的情况一样，滑雪板与雪的摩擦力会随着速度的增加而增加。双柄滑雪已经成为越野滑雪的一项重要技术。在双杆滑雪技术中，滑雪者使用两根滑雪杖同时向后推，以产生向前的动力。这种技术类似于划船的动作，滑雪者同时用双臂和上半身的力量推动滑雪杖，以增加滑行速度。先前的科学研究中，研究人员通过测试杆长对速度增加和生物力学变量的影响时发现，较长的双杆比正常杆和短杆产生更大的前后方向的推进反作用力并且速度增加。固定器连接滑雪鞋和滑雪板，通常只固定鞋尖，允许脚后跟自由抬起，便于滑雪者推进。固定器中铰链的位置影响推离过程中有效的肌肉-骨骼杠杆臂时，参与推离的肌肉［腓肠肌外侧肌（GL）、股直肌（RF）、股内侧肌（VM）、股外侧肌（VL）、胫前肌（TA）］的时间和幅度会发生变化。

二、拳击的运动生物力学

拳击的主要目的是成功地给对手干净的一拳，而不被对方还手（即控制比赛，击倒或击倒对手）。出拳（如刺拳、交叉拳、勾拳、上勾拳）是一种快速的全身多平面肌肉运动，加速拳头向对手头部或躯干的方向移动。拳击手利用具有高冲击力的出拳削弱对手的战斗能力，击倒或击败对手，增加成功的可能性。拳击比赛的成功是由许多相互关联的因素决定的，如拳击手的运动能力、技术、战术、心理素质和判断方法。拳击比赛最关键的因素是打击力量，打击力量取决于综合实力和打击力量的进攻表现。许多研究都强调了下肢肌肉力量是拳击手冲击时的主要力量来源，膝关节屈肌和伸肌的力量水平对出拳的冲击力至关重要，进而影响拳击手的竞技表现。膝关节伸肌与髋关节肌肉协同工作，以确保身体的稳定性。若伸肌力量不足将会导致屈曲时的代偿，可能导致运动错误或膝关节屈肌损伤。此外，出拳距离也是影响冲击力大小的重要因素。有研究发现，职业拳击手和业余拳击手的区别在于职业拳击手偏向于从更近的距离瞄准对手从而打出更重的拳，而业余拳击手偏向于从更远的距离瞄准对手并更加关注出拳速度。为了弥补出拳速度较低而造成的冲击,职业拳击手在出拳时肘关节弯曲程度更高,通过传递更多的身体动量来增加出拳的有效力量。

(一) 拳击运动中的干预训练和生理指标

拳击运动中的干预训练通常包括针对性的体能训练和技术训练,目的是提高拳击手的整体竞技水平和身体素质。体能训练着重于增强力量、速度、耐力和灵活性,常见的训练形式包括跑步、跳绳、力量训练和高强度间歇训练等。技术训练则专注于拳击技巧和战术的掌握,包括基础拳法的练习、防守与进攻组合的演练,以及模拟实战对抗。此外,心理干预也是拳击训练中的重要部分,旨在提高运动员的比赛心理承受能力和集中注意力的能力,通过心理咨询、情绪管理和目标设定等方式帮助拳击手更好地应对比赛压力。总的来说,拳击的干预训练是一个系统的过程,需要科学合理的训练计划和专业指导,以确保运动员能够在安全的条件下达到最佳的竞技状态。值得注意的是,在拳击比赛中有三种类型的距离(长、中、短),因此教练和运动员必须充分了解这些距离的特点并根据不同的距离采取不同的出拳方法。运动员在变换和快速击打模式中的距离判断力是最重要和最困难的技能,除了在赛场上与同伴持续训练外没有其他学习方法。很多教练会通过逐渐增加负重如使用阻力带或哑铃并快速进行练习来提高运动员的击打能力和出拳速度。一项研究指出,在对男性青年拳击手进行为期 8 周的手臂力量训练后,阻力带训练的效果值为 68.7%,哑铃训练的效果值为 69.4%,可为拳击手的训练提供参考。

拳击作为一项高强度的竞技运动,对运动员的生理水平指标要求极高。主要包括:①心率,拳击训练和比赛中心率可高达 150~190 次/分,反映了高强度下的心脏负荷。②耐力,有氧耐力至关重要,能够支持运动员在比赛中维持高强度表现。③肌力和爆发力,拳击依赖强大的上肢、核心及下肢肌力,以及瞬间爆发力来执行快速、有力的拳击动作。④肺活量和摄氧量,良好的呼吸功能是确保体内氧气供应,支持持久战斗力的关键。⑤反应速度,快速反应对于攻击与防守同样重要,是击中对手或躲避攻击的基础。⑥灵活性和协调性,运动员需要灵活的身体和协调的动作以进行多方位的进攻和防守。有研究指出,拳击运动员的成绩与最大摄氧量有关。

(二) 拳击运动中的监控设备

拳击运动中的监控设备主要用于提高训练效果、保障运动员安全及提升比赛的公正性。这些设备包括:①可穿戴拳击传感器,安装在手套或训练垫上的传感器,可以测量打击力度和速度,帮助运动员和教练员分析技术和力量输出(图 4-2)。②心率监测器,通过心率带或可穿戴设备监测运动员在训练和比赛中的心率,以评估体能状态和恢复情况。③运动跟踪器,利用 GPS 或其他传感技术,监测运动员在拳击场上的移动速度和位置,分析运动策略和体能消耗。④视频分析系统,高速摄像机和视频分析软件用于记录训练和比赛,帮助运动员和教练员回顾表现,进行技术改进。⑤智能手套,集成多种传感器的智能手套,能够提供关于打击频率、力量和技术精确性的即时反馈。⑥头戴式保护设备,

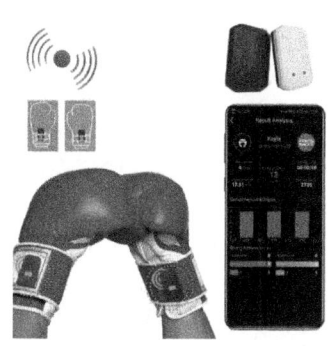

图 4-2 可穿戴拳击传感器

带有传感器的头盔,能够监测到头部受到的冲击力,从而评估受伤风险。有研究人员利用可穿戴拳击传感器发现,在男性和女性拳击手中,后手直拳的力量大于前手直拳。

(三) 拳击相关的运动损伤

在拳击运动中,高受伤率是显而易见的。关于拳击的受伤率引发了广泛讨论,是否应取消拳击作为奥运会项目成为焦点。问题不仅在于受伤的频率,还在于受伤的严重程度。尽管相应的拳击规则已经进行了调整,严重受伤的数量有所下降,但许多专家仍然认为拳击存在安全隐患。在2008年夏季奥运会上,拳击与足球、跆拳道、曲棍球、手球和举重一起,被评为受伤高风险的项目。常见的与拳击相关的运动损伤有很多:①头部损伤,头部受击可能导致脑震荡、脑出血等严重损伤,长期积累甚至可能引发慢性创伤性脑病(CTE)。②面部损伤,包括鼻骨骨折、面部裂伤和眼部受伤,常因直接击打面部所致。③手部和腕部损伤,由于频繁的击打,手指、掌骨和腕部容易发生骨折、韧带损伤或肌腱炎。④肋骨和躯干损伤,拳击中肋骨容易受到冲击,导致骨折或软组织损伤,严重时可影响呼吸功能。⑤肩部和肘部损伤,长期高强度击打和防守动作易导致肩袖损伤、脱臼和肘部肌腱炎。⑥膝盖和踝关节损伤,快速的移动和转身增加了下肢关节的负荷,可能导致韧带拉伤或关节损伤。

三、水上运动项目的运动生物力学

(一) 游泳的生物力学

游泳是一项全身性运动,水的浮力减轻了关节的压力,因此游泳成为低冲击性的锻炼方式。游泳能够有效增强心肺功能、提高肌肉力量和耐力,同时还具有舒缓压力、改善心情的效果。由于水的阻力,游泳还能提高身体的协调性和平衡感,是一项适合各年龄段参与的综合性运动。

游泳的生物力学涉及流体动力学、力学和运动学。在水中,游泳者利用推力与水的阻力之间的平衡来前进。推力主要通过手臂划水和腿部打腿产生,而水的浮力则减轻了身体的重量,减少了关节的压力,使运动更加顺畅。游泳时,身体的姿态和角度对于减少阻力至关重要,保持流线型姿势能够最大限度地减少前进中的阻力。旋转和扭转身体的动作也帮助优化推力的方向,增加效率。水的黏性和密度比空气大,这要求游泳者在技术上应精益求精,以减少阻力并提高推进力,从而达到更快的游泳速度和更好的运动表现。

一项正常自由泳时的肌电图研究表明,背阔肌在游泳的推进阶段高度活跃。这项研究得出结论:背阔肌是这些游泳者的主要推进肌肉。然而,大约一半的竞技游泳运动员会出现严重的肩痛,导致他们在游泳生涯的某个时候不得不改变训练计划。在一项对532名大学游泳运动员和395名游泳精英的调查中,不仅大约一半的游泳运动员有3周或更长时间的肩部疼痛史,并被迫改变训练,而且有超过一半的受伤游泳运动员曾复发。

(二) 皮划艇的生物力学

皮划艇是一项非常具有挑战性的运动,桨手的协调性对于控制船只和获得最大速度非常重要。皮划艇是一种以划桨为动力的小型水上运动工具,具有速度快、灵活性高的特点。其船体狭长、流线型设计,使其在水中阻力小,易于操控,适合在平静或波浪较小的水域使用。皮划艇运动可以增强心肺功能、锻炼全身肌肉，尤其是上肢、核心和腿部力量，同时培养平衡感和协调能力。

在皮划艇的划水阶段，背阔肌、冈上肌和上斜方肌呈一致的收缩模式。在皮划艇划水的用力阶段，外展的肩关节在桨的阻力下伸展并向内旋转。背阔肌活动在牵拉过程中增加，在中期达到高峰，反映了背阔肌作为肩部伸展和内旋的原动力作用。划水过程中，冈上肌活动增加高度一致的模式可能反映了在划水周期的推进阶段冈上肌的动态稳定功能。在所有肩部活动中，棘上肌为肱骨头提供内侧力，使其准确地定位于关节盂窝，从而有助于肩关节的稳定（图4-3）。

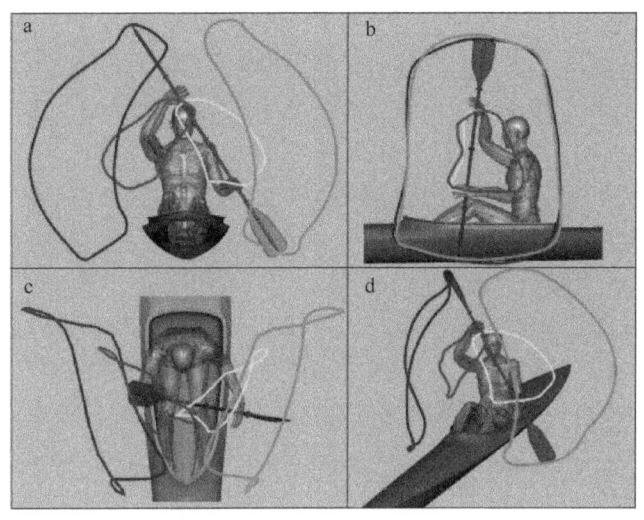

图4-3　皮划艇运动中左右腕部运动轨迹（Harrison et al., 2019）

四、田径项目的运动生物力学

（一）投掷的生物力学

投掷运动是一类以力量、技术和爆发力为核心的田径项目，主要包括铅球、标枪、铁饼和链球。其特点包括：首先，投掷运动要求运动员具备极强的上肢和核心力量，通过快速而有力的动作将器械投掷至尽可能远的距离。其次，爆发力在投掷过程中至关重要，运动员需在极短时间内将身体的力量集中并传递到器械上。再次，技术精确性对于投掷效果至关重要，包括身体姿态、角度控制和投掷轨迹等因素（图4-4）。最后，投掷运动还需要运动员有良好的协调性和身体控制能力，以确保力量的高效传递和投掷的稳定性。

铅球项目是一项集力量、速度于一体的运动项目，对运动员身体的综合素质要求较高，并且是田径运动项目的重要组成部分。在铅球项目的训练中，需要下肢的蹬转，将力量传导到躯干，最后从上肢发出。在整个投掷过程中，重心随着运动的变换而发生改变，身躯借助核心肌肉力量来维持躯干的平衡，并保障动作的规范性。背向滑步式与旋转式推铅球技术是铅球项目的主流技术。在一项研究中发现，两种投掷技术的右踝关节在最后用力阶段蹬伸均比较积极，左膝速度偏缓，而且滑步技术的主要发力肌肉是右腕关节屈肌和右竖脊肌，

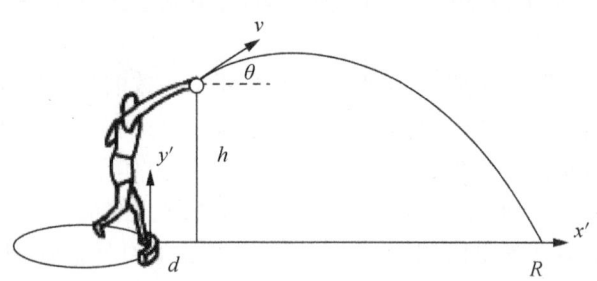

图 4-4　铅球运动轨迹（Hubbard et al., 2001）

v 为出手速度；θ 为出手角度；h 为出手高度；d 为距投掷圈边缘的水平释放距离；x' 和 y' 构成以距投掷边缘为原点的广义坐标系；R 为总射程

肌肉活动强度较弱的是右臀大肌和左股二头肌；旋转技术的主要发力肌肉是右股四头肌、左股四头肌，肌肉活动较弱的是左股二头肌、右腹外斜肌。同时，刘林等（2023）发现与满分组相比，水平出手速度、右肩前屈角速度、左手在投掷方向上的预摆线速度、右侧上肢用力和右侧三角肌的募集程度等方面的不足是非满分组投掷距离较小的主要原因。左臀大肌、左腹外斜肌、右胸大肌的提早激活是非满分组上肢发力不足和水平出手速度较低的主要原因。

标枪作为体能主导类快速力量性项目，运动员专项素质是其获得较好投掷成绩的基础，如何将下肢、躯干及上肢的速度、力量衔接，并协调作用到标枪的纵轴，这取决于合理有效的技术。有较多研究指出，运动员投掷成绩与出手速度呈高度正相关关系，出手速度是提高投掷成绩的关键因素，而运动员 70% 以上的出手速度是依靠最后用力阶段获得的。在最后用力阶段，运动员对标枪的做功距离、动量的有效传递等都会对标枪的加速效果产生直接影响，进而影响出手速度。从理论上讲，肩髋扭转角角度越大，越有利于增加标枪最后用力做功距离、加大力矩，同时拉伸运动员躯干肌群及投掷臂肌群，使躯干及投掷臂肌肉得到预先拉长，从而增加了肌肉的弹性势能，为最后用力阶段标枪的加速提供更大的作用力，最终增加出手速度，提高投掷成绩。

（二）跳远的生物力学

跳远是一项结合速度、力量和协调性的田径项目。其特点包括：运动员需通过快速助跑积累速度，利用强大的腿部爆发力进行起跳，空中姿态控制和落地点的精准性决定最终成绩。跳远要求运动员具备出色的速度、弹跳力和身体控制能力。

立定跳远作为评价学生身体素质的重要指标之一，可以反映包括弹跳力、爆发力在内的下肢力量及身体协调控制能力。完整的立定跳远的技术动作可以分为三个环节：起跳环节、飞行环节、着陆环节。其中起跳环节是影响跳远成绩的主要阶段，因为跳出的距离取决于起跳的初始速度及起跳角度。而起跳时刻的速度和角度与髋、膝、踝三个关节参与运动的情况密切相关，包括运动幅度、蹬伸速度及关节间的协调运动等。在深蹲和蹬伸过程中，膝关节主导了能量储存和释放，表现为膝关节力矩的显著增加和迅速下降。髋关节在早期被动配合膝关节的动作，但在蹬伸阶段末期，髋关节力矩增加以推动身体起飞。膝关节肌群通过离心—向心收缩完成能量储备和释放，髋关节的运动由核心肌群和腿部肌群协调控制，特别是在蹬伸末期。踝关节虽然力矩较小，但在支撑和动作精细调控中起关键作用。总体而言，髋、膝、踝关节的协同发力决定了立定跳远起跳速度,良好的下肢肌肉力量和协调性是取得优异运动成绩的关键。

(三) 短跑的生物力学

短跑是一项以速度为核心的高强度、短时长运动,其特点包括:首先,速度要求高。其次,短跑依赖于强大的爆发力。此外,短跑技术要求高。短跑是人类速度能力的极致展现,其背后蕴含着复杂的生物力学机制。短跑也需要运动员具备强大的无氧耐力和心理素质,能够在高压环境下保持最佳表现。这些特点使短跑成为一项对身体素质和技术要求极高的竞技运动。现代运动科学通过三维动作捕捉、测力台等技术手段,揭示了短跑运动中力学特征与运动表现的深层关联。

研究发现,起跑动作的效率主要取决于水平起跑速度(或起跑速度)与起跑时间(指从发令枪响到完成起跑动作)之间的权衡,从而决定水平起跑加速度。尽管水平起跑速度被认为是高效短跑起跑的主要参数,但它不能单独作用于起跑加速度,因为起跑速度的提高可能是由于产生的净推进力增加,也可能是由于蹬地时间增加。在对不同水平短跑运动员的研究中发现(Li et al., 2024),高水平短跑运动员的起跑运动学特征是前起跑出口处摆动腿和前支撑腿的踝关节角度较大。此外,高水平短跑运动员在前起跑时产生的最大水平力较大,而在后起跑时产生的最大垂直力较小。并提出提高起跑速度需要从以下几个方面提升短跑运动员的技术和力量:①增加踝关节跖屈的柔韧性和力量;②增加前支撑腿的力量。将两方面结合训练,可以更好地提高起跑运动成绩。

五、竞技体育运动生物力学的计算机模拟和仿真

目前,在竞技体育中,各国对运动技术的研究热点集中在运动技术视频分析和运动技术三维虚拟仿真两个领域。其中,运动技术三维仿真是通过计算机虚拟现实技术再现优秀运动员的技术动作诸细微环节、教练员的训练意图、管理者的组织方案和运动员的训练过程,从而达到对体育系统的解释、分析、预测、组织、评价的一种技术方法。就全世界运动技术三维仿真的研究与应用现状而言,我国处于较为领先的地位,这主要得益于我国的体育竞赛与管理体制的举国体制。早在 2000 年,国家体育总局体育科学研究所就与中国科学院计算机研究所联手在我国的优势项目(如跳水、举重等)和准优势项目(如体操、蹦床等)上,成功地研制开发了具有知识产权的基于计算机虚拟仿真技术的"数字化三维人体运动仿真系统",并且将之应用于雅典奥运会的备战中,不仅确保了我国运动员在跳水项目上的绝对优势,而且帮助我国蹦床运动员黄珊汕首次参加奥运会就取得了铜牌的佳绩。

虚拟现实技术,又称灵境技术,具有沉浸性、交互性和构想性三个基本特征,在竞技体育中应用广泛。例如,对跳水运动员技术进行捕捉与整理分析而获得人体三维运动信息,对蹦床运动采用"数字化虚拟人"的方法模拟和仿真用以辅助训练,在举重运动中通过该系统采集录像并回放录像时,相关的图表和图片可以让运动员清楚地看到自己双脚受力部位、瞬间的爆发力的大小、举重过程中是否保持了杠铃和地面平行等。

最近,计算机视觉被应用于室内运动的运动员跟踪,使用两台摄像机跟踪手球运动员,并基于运动检测、模板跟踪和基于颜色的跟踪执行应用帧减法。另外,还可以采用一种基于

图像和颜色处理的球员跟踪方法。除了应用于运动跟踪,还可以用于运动损伤的预防。此外,研究人员根据运动生物力学和计算机图像识别的相关理论,采用基于卷积神经网络的大数据分析技术和计算机视觉技术。为了建立健美操运动员的损失风险预测模型,首先,运用大数据分析技术对竞技健美操运动数据的特点进行分析;其次,结合卷积神经网络对健美操运动图像进行视觉识别,建立两分支预测模型;最后,将输出结果进行融合,准确诊断和评价健美操运动员的体能发展水平,明确训练内容的重点和目标,提高健美操训练的科学化程度,从而帮助基于大数据和计算机视觉应用的健美操运动员损伤风险预测。

第二节　在运动损伤预防中的应用研究

一、运动捕捉技术的发展

运动捕捉技术是生物力学研究中的核心工具。近年来,高精度的三维运动捕捉技术和可穿戴设备的发展使得运动损伤的实时监测和分析成为可能。例如,利用可穿戴传感器技术,研究人员可以在自然环境中长时间监测运动员的运动模式,从而更准确地评估运动风险并制订预防策略。

二、计算机建模与仿真

计算机建模和仿真在生物力学研究中发挥着越来越重要的作用。通过建立人体运动的计算机模型,可以模拟不同运动情境下的力学特性,从而预测运动损伤的可能性。例如,研究人员可以通过计算机仿真膝关节在不同运动中的应力分布,从而识别可能导致前交叉韧带损伤的高风险动作,并提出技术改进建议。

三、数据驱动的损伤预测

随着大数据和机器学习技术的发展,基于数据的运动损伤预测成为新的研究方向。研究人员可以通过收集大量运动数据,利用机器学习算法识别出与损伤相关的关键运动模式或参数。例如,通过分析大量跑步者的数据,可以预测哪些动作特征可能增加膝盖损伤的风险,从而为跑步者提供个体化的预防建议。

四、虚拟现实与增强现实的应用

虚拟现实和增强现实技术在运动训练和损伤预防中的应用日益广泛。通过虚拟现实技术,运动员可以在安全的虚拟环境中练习高风险动作,并通过实时反馈调整动作,减少损伤的发生。而增强现实技术则可以在实际运动中实时提供动作矫正建议,帮助运动员保持正确的运动姿态。

五、肌骨超声与实时生物反馈

肌骨超声技术可以实时观测肌肉、肌腱和关节等组织的动态变化,帮助识别早期损伤的征兆。结合实时生物反馈技术,运动员可以在训练中实时调整动作,以避免不当应力的积累,从而降低损伤风险。

第三节 在运动健康促进中的应用研究

一、背包对儿童日常活动运动生物力学特征的影响

背包在儿童日常活动中扮演着重要的角色,特别是在上学和日常通勤中。背包的重量、背法和设计都会对儿童的生物力学特征产生显著影响。

(一)姿势改变和步态变化

当背包过重或位置不正确时,儿童往往会出现上身前倾或脊柱侧弯的现象。这种姿势改变可能导致脊柱负荷不均,增加腰椎、胸椎和颈椎的应力,从而引发长时间的姿势异常或脊柱健康问题。研究表明,超过50%的学生负重非常重,55%的学生负重超过建议限度(体重的10%~15%),这可能会损害脊柱并引起肌肉骨骼疼痛。对印度一个城市的小学生进行的研究显示,60.6%的男生和65.7%的女生存在肌肉骨骼疼痛,受影响最大的部位是腰背部和颈部。在各项研究中,对学龄儿童推荐的背包负荷的适当限制是体重的10%~15%。除了负载限制外,也有一些关于负载放置的报告,如将背包放在背部较低的位置,与较高和中间位置相比,躯干前倾和颅椎角降低;将背包放置在下背部与高背部和中背部相比,可以减少姿势偏差(图4-5)。

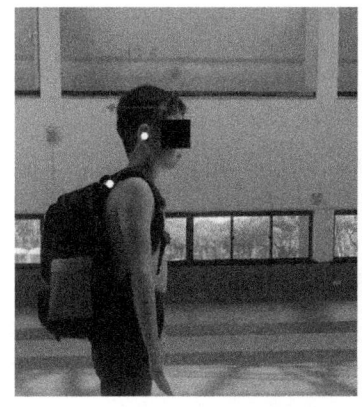

图 4-5 不同背包状态下的儿童头前倾距离

过重的背包会使儿童的步长缩短,步频增加。这是由于背部负荷增加,儿童为了维持平

衡和减少能量消耗，会自然地缩短步幅并加快步频。行走速度是影响步态模式的一个重要参数，但对其在背包携带时的适应性研究较少。研究发现，当儿童背着双肩包在地面上行走时，步幅与正常行走相比明显减小，节奏明显增加。研究发现，在负荷为体重20%的跑步机上行走，可以显著增加双腿支撑时间，减少摆动时间。

（二）关节负荷和肌肉活动

背包增加的重量直接增加了下肢关节的负荷，特别是在爬楼梯或步行时。膝关节和踝关节需要承受更大的力，长时间下去可能导致关节疼痛或损伤的风险增加。为了抵消背包重量对身体平衡的影响，髋关节会承受更多的侧向力。长期来看，可能会影响髋关节的健康，并导致髋部肌肉的不平衡。背包的重量直接作用于背部肌肉，尤其是竖脊肌群和肩胛肌群。长时间的负重会使这些肌肉处于持续的紧张状态，导致肌肉疲劳和疼痛。有研究人员发现当儿童背负相当于15%体重的背包时显著增加了儿童下斜方肌的肌肉活动。当背负20%体重的背包时，从5分钟开始发现肌肉活动增加，从15分钟开始发现肌肉疲劳。然而，在20分钟的延长步行中，上斜方肌的肌肉活动没有增加。在20%体重负荷范围和20分钟步行时间内，腹直肌未发现肌肉活动增加或肌肉疲劳。因此，建议儿童的背包负荷应不超过体重的15%，步行时间不超过20分钟，以避免肌肉疲劳。

（三）预防措施与建议

建议背包重量不应超过儿童体重的10%～15%，以减少对脊柱和关节的负荷。双肩背包应均匀分布重量，调整肩带长度使背包紧贴背部，并尽量将重物放置在背包的中上部，以减少对脊柱的额外压力。定期检查和调整背包的设计和使用方法，确保背包的重量和分布适合儿童的体型和日常活动需求。

二、久坐对人体运动生物力学特征的影响

（一）关节功能和肌肉活动

长期久坐会导致髋屈肌群（如髂腰肌）的紧张和缩短，而臀部肌肉群的活跃度降低。这种肌肉不平衡会影响髋关节的灵活性和稳定性，增加髋关节疼痛和损伤的风险。久坐会导致膝关节长时间保持屈曲状态，可能引起膝关节僵硬和疼痛。坐着时，髋屈约90°，使髋屈肌处于松弛状态。因此，长时间坐着可能会导致被动肌肉僵硬增加，或骨骼变化，从而造成髋关节伸展不足，限制被动髋关节伸展。这种变化可能会增加骨盆前倾，改变腰椎的排列，并增加脊柱的负荷。

久坐时核心肌群（腹肌、腰背肌等）的活跃度显著降低，导致这些肌肉群的力量下降和稳定性减弱。这会进一步影响姿势控制和整体运动表现，增加下背痛和其他姿势相关问题的风险。久坐导致下肢肌群的血液循环减慢和肌肉活跃度降低，尤其是股四头肌、腘绳肌和小腿肌群。这可能导致肌肉僵硬、力量减弱及下肢疲劳和疼痛。久坐会使臀部肌群长时间受压且不活动，导致臀部肌肉萎缩和力量下降。这不仅影响髋关节的稳定性，还可能导致下背部和膝关节的问题。

（二）步态与平衡

久坐导致的肌肉失衡和关节僵硬可能会影响人的步态模式。具体表现为步幅缩短、步伐不稳及步态不对称等，这会增加跌倒的风险，尤其是在老年人群中。久坐导致核心肌群和下肢肌群的力量与活跃度降低，平衡能力也会受到影响。这种影响在动态平衡任务中尤为显著，如行走、跑步或变向运动。参与体育活动和避免长时间久坐行为可以帮助降低老年人跌倒的风险。每隔30~60分钟站起来活动一下，进行简单的拉伸或步行，可以有效缓解久坐带来的负面影响。

三、基于运动生物力学分析的老年人意外跌倒预防

老年人群体的生理功能退化，容易发生意外跌倒，这不仅会导致严重的身体损伤，还可能引发心理恐惧、失去独立生活能力等问题。基于运动生物力学的分析，可以帮助我们更好地理解老年人跌倒的原因，并制订有效的预防措施。

（一）跌倒的主要生物力学因素

一是平衡控制能力减弱：老年人的前庭系统、视觉系统和本体感受能力下降，导致平衡控制能力减弱。这使得老年人在面对突然的身体姿势变化或外部扰动时，难以快速调整姿态，容易导致跌倒。二是肌肉力量与反应速度下降：随着年龄的增长，肌肉力量尤其是下肢肌力量逐渐下降。肌肉反应速度变慢，使得老年人在失去平衡时难以迅速作出反应，如及时迈步或手部支撑，增加了跌倒的风险。三是关节灵活性降低：关节的灵活性和活动范围在老年人中明显下降，尤其是髋关节、膝关节和踝关节。这种灵活性降低使得老年人在移动时步伐不稳，且容易绊倒或滑倒，还会发生步态变化。老年人常表现出步幅缩短、步速减慢、步态不稳和脚步拖地等步态异常，这些变化使得他们在行走时更容易受到环境中的小障碍物或地面不平的影响，增加跌倒的可能性。

（二）预防跌倒的生物力学策略

首先要增强肌肉力量，重点加强下肢肌群（如股四头肌、腘绳肌、小腿三头肌）的力量训练。通过力量训练，提升老年人的下肢力量和肌肉反应速度，增强他们在失去平衡时迅速作出调整的能力，减少跌倒的发生。其次要提高平衡能力，进行平衡训练，如站立时闭眼保持平衡、单腿站立、使用平衡板等训练项目，能够有效增强老年人的平衡控制能力。这些训练可以帮助老年人更好地应对日常生活中的平衡挑战。还可以改善关节灵活性，通过定期拉伸和柔韧性训练，提高老年人关节的灵活性，特别是髋关节、膝关节和踝关节的活动范围。这有助于老年人在步行和转向时保持更好的步态稳定性。此外，进行优化步态，通过步态训练，如步幅调整、步伐节奏控制和步态矫正等，帮助老年人改善步态异常，减少行走时的绊倒风险。可以使用步态分析工具监测老年人的步态变化，制订个体化的步态训练方案。

（三）环境调整与辅助工具

首先是对老年人居住的家庭和公共环境的适应性改造，如安装防滑垫、去除地面障碍物、在楼梯和走廊处安装扶手等，减少因环境不适应而导致的跌倒风险。其次要善于使用辅助工具，为有平衡能力显著下降的老年人提供步行辅助器，如手杖、助行器等。这些工具可以帮助老年人增加行走时的稳定性，降低跌倒的可能性。

（四）教育与心理支持

首先要进行跌倒预防教育，向老年人及其家属传授有关跌倒预防的知识，例如如何正确使用辅助工具、如何进行简单的平衡训练等。这些教育可以帮助老年人认识到跌倒风险并主动采取预防措施。其次要进行心理支持，跌倒后，许多老年人会产生恐惧感，担心再次跌倒。通过心理辅导和鼓励参与社交活动，可以帮助老年人恢复自信，积极进行康复训练和日常活动，减少心理上的跌倒恐惧。

（五）定期健康检查与干预

通过定期的运动功能评估，及时发现老年人肌肉力量、平衡能力和关节灵活性方面的退化情况，针对性地进行干预训练。结合物理治疗师、运动康复专家和医务人员的专业意见，为老年人制订个体化的跌倒预防计划，包括运动训练、营养指导和健康监测等。

四、神经退行性变性疾病的运动健康促进

神经退行性变性疾病（如帕金森病、肌萎缩侧索硬化症、多发性硬化症等）会导致出现肌肉无力、运动功能障碍和平衡问题。尽管这些疾病通常无法治愈，但通过科学的运动可以减缓病情进展，改善生活质量。以下是关于如何通过运动健康促进来管理和缓解神经退行性变性疾病的策略。

（一）运动健康促进的原则

1. 运动方案个体化

考虑到每位患者的具体病情、身体状态和功能水平，运动方案应当个体化。需要根据患者的能力、症状和病情进展阶段，制订适合的运动计划。

2. 运动形式多样化

结合有氧运动、力量训练、柔韧性训练和平衡训练，以全面促进身体各个系统的功能，并提高整体运动能力。

3. 运动强度逐步递进

运动强度应逐渐增加，避免过度疲劳和运动损伤。可以采用间歇训练的方式，确保患者能够在可控的强度下完成运动。

4. 运动环境的安全性和可及性

运动环境应安全，确保有适当的支持和辅助设备，如使用步行辅助器、在水中进行锻炼等，以降低跌倒和受伤的风险。

(二) 适合的运动类型

1. 有氧运动

有氧运动如步行、骑自行车、游泳等可以改善心肺功能，增加耐力，提升整体健康水平。对于帕金森病患者，规律的有氧运动还有助于改善步态和减轻震颤。

2. 力量训练

通过重量训练或阻力带训练增强肌肉力量，特别是核心肌群和下肢肌群，帮助患者维持姿势控制和日常生活功能。

3. 平衡训练

利用平衡板、单腿站立或瑜伽等练习，提高患者的平衡能力，减少跌倒的风险。对于多发性硬化患者，平衡训练尤为重要，有助于增强神经-肌肉协调性。

4. 柔韧性训练

通过拉伸和柔韧性训练增加关节活动范围，减少僵硬感。对于肌萎缩侧索硬化患者，保持关节柔韧性可以减轻运动限制感和疼痛。

5. 功能性运动

结合日常生活活动设计的功能性运动，如站立、坐下、转身等，有助于患者提高生活自理能力，并增强独立性。

(三) 运动中的特殊注意事项

1. 疲劳管理

神经退行性变性疾病的患者往往容易疲劳，因此运动计划中应包含足够的休息时间，避免过度训练，注意症状恶化的迹象。

2. 症状波动的应对

某些退行性疾病患者症状可能波动较大，如多发性硬化患者。运动计划应灵活调整，根据症状的变化适时调整运动强度和内容。

3. 运动监测与反馈

使用可穿戴设备或定期评估，监测患者的运动表现和健康状态，及时调整训练计划，以达到最佳的运动效果。

(四) 多学科团队合作

1. 物理治疗师

物理治疗师可以帮助制订和监督运动计划，确保患者在运动过程中姿势正确，动作安全，并给予专业指导。

2. 职业治疗师

职业治疗师可以帮助患者改进日常生活活动的能力，提供使用辅助设备的建议，并指导患者如何在日常生活中融入功能性运动。

3. 运动康复师

运动康复师可以提供更专业的运动指导，帮助患者进行康复性训练，并预防运动损伤。

4. 心理支持

由于退行性疾病对心理健康的影响显著，心理支持也应纳入整体健康促进计划中，帮助患者应对情绪波动和心理压力。

（五）运动计划的设计与实施

1. 评估与制订

开始任何运动计划前，应对患者进行全面评估，包括运动能力、关节活动度、平衡性、肌肉力量和心肺功能等。基于评估结果，制订个体化的运动计划。

2. 渐进性与适应性

随着患者能力的变化，逐渐增加运动强度和复杂性。运动计划应具备适应性，可以根据患者的反馈和症状变化进行调整。

3. 家庭与社区支持

鼓励家庭成员参与运动计划的实施，提供情感支持和实际帮助。此外，社区活动如团体锻炼课程，也可以增强患者的社交互动和参与感。

第四节 在运动技术的训练、执教和学习中的应用研究

一、基于运动生物力学的运动技术优化

（一）运动技术优化的理论基础

在运动技术优化中，运动生物力学为我们提供了关键的理论基础，具体表现在以下几个方面。

1. 动作分解与优化

通过生物力学分析，可以将一个复杂的运动动作分解为多个简单的运动单元。这种分解可以帮助运动员理解每个动作单元的作用，并通过反复练习来优化这些单元的执行。例如，在跑步中，分解步幅、步频、着地点等因素，可以帮助运动员改善跑步效率，减少无效动作。

2. 力的分布与传导

在运动过程中，力的合理分布和传导是技术优化的关键。通过生物力学分析，可以了解运动员在特定动作中如何产生和传递力量。例如，在举重时，力的分布从地面开始传导到脚踝、膝盖、髋关节，最后到达上肢和杠铃。通过优化每个关节力的传导路径，可以提高动作效率，减少力量的浪费。

3. 姿态与稳定性

人体姿态在运动中对技术执行有重要影响。通过生物力学研究，可以确定在特定运动中最优的身体姿态，从而提高运动的稳定性和有效性。例如，在高尔夫挥杆中，最佳的姿态可以确保力量的有效传递，同时保持身体的平衡，减少动作中的误差。

(二) 运动技术优化的实践应用

1. 田径运动中的技术优化

田径运动,尤其是短跑项目,对动作技术要求极高。通过生物力学分析,可以优化起跑、加速和冲刺阶段的动作。

起跑:起跑时的姿态、脚的位置、出发的力量方向对起跑速度有直接影响。生物力学研究发现,起跑时身体的前倾角度、脚的发力方向、手臂的摆动幅度都与出发速度密切相关。通过优化这些因素,可以提高起跑的爆发力。

加速与冲刺:在加速和冲刺阶段,步幅和步频的调整是关键。生物力学研究表明,过大的步幅会导致地面反作用力的不合理分布,从而增加能量消耗,而过快的步频则容易导致肌肉过早疲劳。因此,找到合适的步幅和步频组合,可以最大化运动员的加速度和速度。

2. 游泳运动中的技术优化

游泳是一项全身协调运动,涉及多个关节和肌肉群的协同工作。通过生物力学分析,可以对游泳技术进行细致优化。

水下推进力:在游泳中,手臂在水下的划水动作是产生推进力的关键。生物力学研究表明,手臂划水的角度、手掌的姿态及划水路径都会影响推进力的大小。通过优化这些因素,可以减少水的阻力,增加推进效率。

身体姿态:在游泳时,身体姿态对水阻力的影响很大。生物力学分析可以帮助确定最佳的身体姿态,从而减少水的阻力。例如,自由泳中,保持身体的流线型姿态可以最大限度地减少水的阻力,提升游泳速度。

(三) 运动技术优化的工具与方法

1. 运动捕捉与分析

运动捕捉技术通过在运动员身上安装标记点,利用高速摄像机或传感器记录运动轨迹,从而对运动过程进行精确分析。这种技术在短跑、跳高、体操等项目中应用广泛,可以帮助教练和运动员发现动作中的细微不足,提出针对性的优化建议。

2. 力传感器与肌电图

力传感器可以用来测量运动员在运动过程中的受力情况,而肌电图则可以记录肌肉的活动模式。通过这些工具,生物力学研究者可以深入了解运动员在特定动作中的肌肉活动和力的分布情况,从而提出科学的训练建议。例如,在举重训练中,肌电图可以帮助分析哪些肌肉在某个动作中处于过度激活状态,从而指导运动员进行针对性的力量训练或放松训练。

3. 数字化建模与仿真

通过建立人体的数字化模型,研究者可以在计算机中模拟不同技术动作的执行过程。通过仿真,可以预测某些技术调整对运动表现的影响,从而为实际训练提供科学依据。例如,通过仿真可以测试不同的跑步姿态对地面反作用力的影响,从而为运动员找到最佳的跑步方式。

二、运动生物力学在团体项目中的综合应用

运动生物力学是指研究人体在运动过程中所受到的力学作用及其对身体运动的影响的

学科。其核心是利用物理学的原理和方法,解析运动员在运动中的姿态、动作、力的分布及能量消耗等。随着科学技术的发展,运动生物力学在团体项目中的应用越来越广泛,成为团队项目成功的重要因素之一。团体项目,如足球、篮球、排球等,不仅要求队员个人的技术水平,还需要团队整体的协调性和战术执行力。在这些项目中,运动生物力学的应用可以帮助教练员和运动员深入理解动作的细节,从而提高团队的整体表现。

(一)团体项目中的运动生物力学基础

1. 力学分析

力学分析是运动生物力学的核心内容之一。在团体项目中,运动员在奔跑、跳跃、投掷、传球等动作中都涉及力的作用。例如,篮球运动员在跳起投篮时,腿部肌肉需要产生向上的推力,手部肌肉则要控制投篮的角度和力度。在这个过程中,力的作用点、力的方向和大小决定了投篮的准确性。通过力学分析,可以帮助运动员了解如何在动作中更高效地利用身体力量,减少能量消耗,同时提高动作的稳定性和准确性。

2. 动作学分析

动作学分析主要研究运动员在完成动作时的运动轨迹、角速度、加速度等动态特性。例如,在足球比赛中,传球的准确性不仅与球员的力量有关,还与传球时脚的摆动速度、身体的重心移动等因素密切相关。通过对这些因素的分析,可以帮助运动员优化传球动作,提高传球的成功率和准确性。

3. 生物力学数据采集与分析技术

为了准确分析运动员的动作和力学特性,生物力学研究常常采用一些先进的技术和设备,如三维运动捕捉系统、力平台、肌电图等。这些设备能够提供详细的数据支持,使教练和运动员可以深入了解动作的细节,从而制订更加科学的训练方案。例如,在篮球比赛中,通过三维运动捕捉系统,可以精确分析运动员在投篮过程中的手臂运动轨迹、出手角度和速度,从而找到提高投篮命中率的方法。

(二)运动生物力学在团队协作中的应用

1. 团队整体动作协调性

在团体项目中,团队整体动作的协调性是影响比赛成绩的重要因素。例如,在排球比赛中,6名队员的站位和动作协调直接影响防守和进攻的效果。通过生物力学分析,可以优化队员之间的站位和动作配合,使整个团队在进攻和防守时能够更为流畅。

例如,某排球队通过生物力学分析发现,在接发球时,如果后排球员的站位稍微靠前,并调整身体重心,他们可以更快地做出反应,提升接发球的成功率。根据这一发现,教练员对队员的站位进行了调整,最终使得球队的防守能力显著提高。

2. 力量分布与团队动作的一致性

在团队协作中,队员间的力量分布和动作的一致性非常重要。例如,在足球比赛中,传球、射门等动作不仅要求个人技术,还需要与队友的动作保持一致。通过生物力学分析,可以优化队员间的力量分布,使整个团队的动作更加协调一致,从而提高比赛效率。

例如,某足球队通过对传球和射门动作的生物力学分析,发现部分队员在传球时力量控制不当,导致传球不准确。通过针对性的训练,这些队员逐渐调整了力量分布和动作节奏,最终提升了全队的传球成功率和进攻效率。

3. 战术执行中的生物力学优化

团队战术的执行离不开科学的技术支持,而生物力学在其中起着至关重要的作用。在篮球比赛中,防守时的站位和动作需要根据对手的进攻策略进行调整。通过生物力学分析,可以帮助教练员设计出更具针对性的防守战术,并指导队员如何在比赛中高效执行这些战术。

例如,某篮球队通过生物力学分析,对手部动作和身体姿态进行了优化,特别是在挡拆战术中的防守策略上。他们发现,通过调整队员的重心位置和手臂的角度,可以更有效地阻挡对手的进攻路线,最终大幅提高球队的防守效率。

(三) 运动生物力学在个人技术提升中的作用

1. 动作细节优化

在团体项目中,每个队员的动作细节都会影响整体的表现。例如,排球运动员的扣球动作是否流畅、发力是否合理,直接关系到球队的得分能力。通过生物力学分析,教练可以指导运动员调整扣球动作中的细节,如起跳时的身体姿态、手腕的发力角度等,从而提高扣球的速度和准确性。

例如,某排球运动员通过生物力学分析发现,自己在扣球时手腕发力不足,导致球速较慢,威胁性不强。经过针对性训练,运动员加强了手腕的力量,并调整了发力的角度,最终显著提高了扣球的成功率和威胁性。

2. 运动损伤预防

运动损伤是团体项目中常见的问题,而生物力学分析可以有效帮助预防运动损伤。在足球比赛中,踝关节和膝关节的损伤风险较高。通过生物力学研究,可以分析运动员在跑动、跳跃和急停转向中的关节受力情况,识别出高风险动作,并制订相应的预防措施。

例如,某足球队通过生物力学分析发现,部分队员在急停转向时,膝关节受力过大,存在较高的受伤风险。教练根据分析结果,调整了队员的跑动姿态,并加强了膝关节周围肌肉的训练,最终显著降低了队员的膝关节损伤率。

3. 技术动作的标准化

在团体项目中,技术动作的标准化非常重要。每个队员动作的一致性和标准化程度直接影响团队的整体表现。通过生物力学分析,可以为运动员的技术动作提供标准化的指导,从而提高整个团队的动作一致性和技术水平。

例如,某篮球队在投篮技术的生物力学分析中,发现部分队员的出手角度和速度存在较大差异,影响了全队的投篮稳定性。通过标准化的技术训练,教练员要求所有队员按照统一的动作标准进行投篮训练,最终提高了全队的投篮命中率。

(四) 运动生物力学在战术制订中的应用

每个战术的执行都涉及力的作用和分布。例如,在篮球的快攻战术中,球员需要在短时间内完成传球、跑动和投篮等动作。这些动作之间的力学关系决定了快攻的成功率。通过生物力学分析,教练可以优化快攻战术的执行细节,如传球的力度和方向、跑动的速度和路线等,从而提高快攻的效率。

例如,某篮球队通过生物力学分析优化了快攻战术。他们发现,通过调整队员在快攻中的跑动路线和传球力度,可以更好地利用空间和时间差,最终提高了快攻的成功率。

思考与讨论

1. 如何通过运动生物力学优化滑雪运动员的速度和稳定性?
2. 如何利用仿真技术对运动员进行个体化的技术训练和调整?
3. 肩关节脱位的康复过程中,生物力学的研究如何帮助避免二次损伤?
4. 久坐对下肢血液循环的生物力学影响有哪些?如何通过调整坐姿或运动来缓解这些影响?
5. 如何利用生物力学分析对运动技术进行细致优化,从而提高运动表现?

参考文献

陈灿辉,2022. 快速伸缩复合训练在高校铅球训练中的应用研究[J]. 当代体育科技,12(33):50-54,108.

陈健,姚颂平,2006. 虚拟现实技术在体育运动技术仿真中的应用[J]. 体育科学,26(9):34-39.

刘程林,刘玉洁,郭丞,2023. 基于运动生物力学的中小学立定跳远教学方案设计[J]. 体育教学,43(9):30-32.

刘虎平,2007. 我国优秀男子标枪运动员投掷技术的三维运动学研究[J]. 北京体育大学学报,30(7):984-986.

刘林,马勇,龚博琦,等,2023. 体育高考原地推铅球技术生物力学特征研究[J]. 体育学研究,37(5):106-117.

尹华跟,张葆欣,黄艺,等,2021. 铅球"滑步"与"旋转"最后技术的生物力学分析[J]. 体育科学研究,25(6):58-66.

张晓东,曲淑华,2019. 我国优秀男子标枪运动员最后用力阶段关键技术的运动学分析[J]. 山东体育学院学报,35(5):96-102.

周彤,章碧玉,吕欢欢,等,2022. 女子青少年短跑运动员下肢反应力量测试类型与手段的有效性研究[J]. 天津体育学院学报,37(4):482-488.

Ahmed T K, 2023. The impact of a training approach to develop the speed and level of technical performance of a straight punch according to the different punching distances of young boxers[J]. Eximia, 12:643-657.

Baclig M M, Ergezinger N, Mei Q P, et al., 2020. A deep learning and computer vision based multi-player tracker for squash[J]. Applied Sciences, 10(24):8793.

Balamurugan J, 2014. School bags and musculoskeletal pain among elementary school children in Chennai city[J]. International Journal of Medical Science and Clinical Invention, 1:302-309.

Barker J B, Slater M J, Pugh G, et al., 2020. The effectiveness of psychological skills training and behavioral interventions in sport using single-case designs: a meta regression analysis of the peer-reviewed studies[J]. Psychology of Sport and Exercise, 51:101746.

Best R J, Bartlett R M, Morriss C J, 1993. A three-dimensional analysis of javelin throwing technique[J]. Journal of Sports Sciences, 11(4):315-328.

Bondi D, Robazza C, Lange-Küttner C, et al., 2022. Fine motor skills and motor control networking in developmental age[J]. American Journal of Human Biology, 34(8):e23758.

Boukabache A, Preece S J, Brookes N, 2021. Prolonged sitting and physical inactivity are associated with limited hip extension: a cross-sectional study[J]. Musculoskeletal Science & Practice, 51: 102282.

Budde R, Himes A, 2017. High-resolution friction measurements of cross-country ski bases on snow[J]. Sports Engineering, 20(4): 299-311.

Buśko K, Staniak Z, Szark-Eckardt M, et al., 2016. Measuring the force of punches and kicks among combat sport athletes using a modified punching bag with an embedded accelerometer[J]. Acta of Bioengineering and Biomechanics, 18(1): 47-54.

Chen C, Ali Z, Rehman Rashid M A, et al., 2023. Relationship between isokinetic strength of the knee joint and countermovement jump performance in elite boxers[J]. PeerJ, 11: e16521.

Chen Y X, Jin C X, Tang H Y, et al., 2024. Effects of sedentary behaviour and long-term regular Tai Chi exercise on dynamic stability control during gait initiation in older women[J]. Frontiers in Bioengineering and Biotechnology, 12: 1353270.

Cheraghi M, Agha Alinejad H, Arshi A R, et al., 2014. Kinematics of straight right punch in Boxing[J]. Annals of Applied Sport Science, 2(2): 39-50.

Cornelia Z, Steiner I, Robert B, et al., 2021. Shoulder injuries in boxing: a systematic review[J]. Research Square, 1: 1-20.

de Bruijn A G M, Mombarg R, Timmermans A C, 2022. The importance of satisfying children's basic psychological needs in primary school physical education for PE-motivation, and its relations with fundamental motor and PE-related skills[J]. Physical Education and Sport Pedagogy, 27(4): 422-439.

Flanagan E P, Harrison A J, 2007. Muscle dynamics differences between legs in healthy adults[J]. Journal of Strength and Conditioning Research, 21(1): 67-72.

Hansen E A, Losnegard T, 2010. Pole length affects cross-country skiers' performance in an 80-m double poling trial performed on snow from standing start[J]. Sports Engineering, 12(4): 171-178.

Harris D J, Buckingham G, Wilson M R, et al., 2020. The effect of a virtual reality environment on gaze behaviour and motor skill learning[J]. Psychology of Sport and Exercise, 50: 101721.

Harrison S M, Cleary P W, Cohen R C Z, 2019. Dynamic simulation of flat water kayaking using a coupled biomechanical-smoothed particle hydrodynamics model[J]. Human Movement Science, 64: 252-273.

Hasler M, Schindelwig K, Mayr B, et al., 2016. A novel ski-snow tribometer and its precision[J]. Tribology Letters, 63(3): 33.

Holmberg L J, 2012. Musculoskeletal biomechanics in cross-country sking[M]. Linkoping Sweden: Linkoping University Electronic Press.

Hong Y, Brueggemann G P, 2000. Changes of gait pattern in 10 years old children during treadmill walking with increasing loads[J]. Gait and Posture, 11(3): 245-259.

Hong Y L, Li J X, Fong D T, 2008. Effect of prolonged walking with backpack loads on trunk muscle activity and fatigue in children[J]. Journal of Electromyography and Kinesiology, 18(6): 990-996.

Houdijk H, de Koning J J, de Groot G, et al., 2000. Push-off mechanics in speed skating with conventional skates and klapskates[J]. Medicine and Science in Sports and Exercise, 32(3): 635-641.

Iyer S R, 2001. An ergonomic study of chronic musculoskeletal pain in schoolchildren[J]. Indian Journal of Pediatrics, 68: 937-941.

Janakiraman B, Ravichandran H, Demeke S, et al., 2017. Reported influences of backpack loads on postural deviation among school children: a systematic review[J]. Journal of Education and Health Promotion, 6: 41.

Li Z, Peng Y, Li Q, 2024. Comparative study of the sprint start biomechanics of men's 100 m athletes of different levels[J]. Applied Sciences, 14(10): 4083.

Nilsson J, Jakobsen V, Tveit P, et al., 2003. Pole length and ground reaction forces during maximal double poling in skiing[J]. Sports Biomechanics, 2(2): 227-236.

Pascoe D D, Pascoe D E, Wang Y T, et al., 1997. Influence of carrying book bags on gait cycle and posture of youths[J]. Ergonomics, 40(6): 631-640.

Pink M, Perry J, Browne A, et al., 1991. The normal shoulder during freestyle swimming. An electromyographic and cinematographic analysis of twelve muscles[J]. The American Journal of Sports Medicine, 19(6): 569-576.

Shan G B, 2020. Challenges and future of wearable technology in human motor-skill learning and optimization[M]. Sports Science and Human Health-Different Approaches. London: IntechOpen.

Sääkslahti A, Niemistö D, 2021. Outdoor activities and motor development in 2-7-year-old boys and girls[J]. Journal of Physical Education and Sport, 21: 463-468.

Smith M S, Dyson R J, Hale T, et al., 2000. Development of a Boxing dynamometer and its punch force discrimination efficacy[J]. Journal of Sports Sciences, 18(6): 445-450.

Trevithick B A, Ginn K A, Halaki M, et al., 2007. Shoulder muscle recruitment patterns during a kayak stroke performed on a paddling ergometer[J]. Journal of Electromyography and Kinesiology, 17(1): 74-79.

Valamatos M J, Abrantes J M, Carnide F, et al., 2022. Biomechanical performance factors in the track and field sprint start: a systematic review[J]. International Journal of Environmental Research and Public Health, 19(7): 4074.

Vasconcelos B B, Protzen G V, Galliano L M, et al., 2020. Effects of high-intensity interval training in combat sports: a systematic review with meta-analysis[J]. Journal of Strength and Conditioning Research, 34(3): 888-900.

Walilko T J, Viano D C, Bir C A, 2005. Biomechanics of the head for Olympic boxer punches to the face[J]. British Journal of Sports Medicine, 39(10): 710-719.

Wangi S P, Tomoliyus, Prayoga H D, et al., 2023. The effect of 8 weeks of punch resistance band and dumbbell training on the arm power of 'youth' male boxers[J]. International Journal of Physical Education, Sports and Health, 10(5): 299-304.

Wilson G J, Wood G A, Elliott B C, 1991. Optimal stiffness of series elastic component in a stretch-shorten cycle activity[J]. Journal of Applied Physiology, 70(2): 825-833.

Zhu D D, Zhang H L, Sun Y L, et al., 2021. Injury risk prediction of aerobics athletes based on big data and computer vision[J]. Scientific Programming, 2021(1): 5526971.

第五章

足踝与步态的生物力学

学习目标

1. 理解足踝结构及其生物力学功能:能够描述足部和踝关节的解剖结构,并解释它们的生物力学功能。
2. 掌握步态生物力学的基本原理:能够分析步态的基本要素,识别理解步态模式下的生物力学差异性及步态运动控制与协调的基础和方法论。
3. 比较行走与跑步步态的生物力学特征:能够区分行走与跑步步态的差异,分析两者的生物力学特征,并探讨步态控制的运动生物力学进展与应用。

第一节 足踝结构及生物力学

千里之行始于足下。足部作为人体运动系统与外界环节接触的始端,是站立和运动的根基,在下肢生物力学的研究中一直处于重要位置。足作为人体主要的承重部位,由28块骨头构成,其解剖结构较为复杂,包含骨骼、肌肉、软组织、关节及足弓五个方面。足是一切运动的发动机,足部的健康是人体健康的一个重要环节,足部问题关系着人体的长远健康。良好的足弓足型是最基本的足健康,足部按照解剖结构位置可划分为后足、中足和前足等三个环节,不同的环节会表现出不同的运动学、动力学特征及功能。作为连接下肢到足部的踝关节,与足部彼此之间紧密相连,是整个下肢运动系统的重要部分。踝关节的运动主要发生在矢状面,其与内外侧的关节韧带及周围肌群共同组成了踝关节的解剖结构。踝关节的生物力学主要表现在其运动学、动力学特征,旋转轴和主要针对踝关节而言的活动度,以及依赖于关节吻合程度及支持韧带结构的稳定性。

一、足部解剖结构特征

(一) 足部骨骼

正常的人体足部,包含有26块骨骼、33个关节,以及大量的肌肉、肌腱、韧带和软骨等组织,是一个坚固且复杂的复合力学结构(图5-1)。足是人体静态站立或动态跑跳运动时作为人体内部动力链与外界运动环境相互接触和作用的始端。足部骨骼可被分为三部分：跗骨，由 7 块不规则骨骼组成，包括距骨、跟骨、三块楔骨、骰骨及足舟骨；跖骨，包括从内侧到外侧依次排列的第 1～5 跖骨；趾骨，包括第 1～5 近端趾骨、中端趾骨及远端趾骨（除拇趾外）。足部又可划分为足跟部（距骨和跟骨）、足中部（内外侧楔骨、中间楔骨、骰骨和足舟骨）和足前部（跖骨及趾骨）。

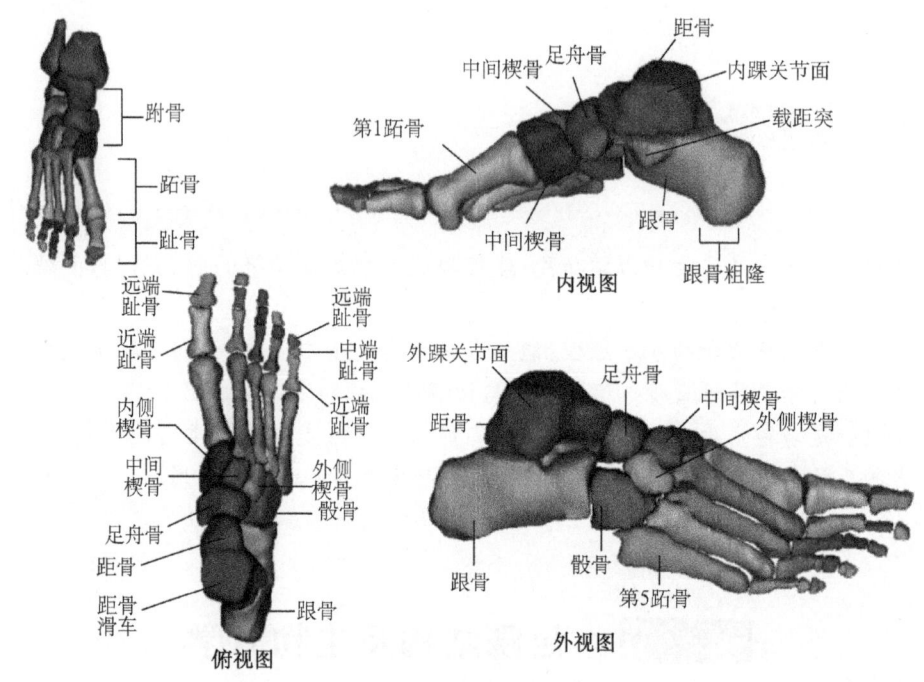

图 5-1　足部骨骼示意图

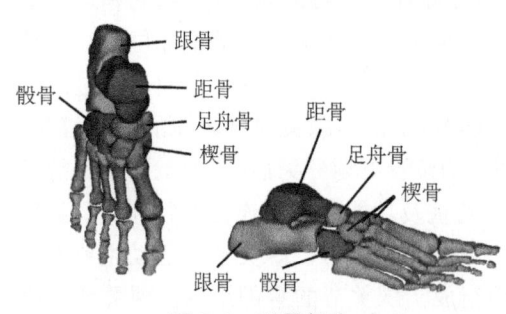

图 5-2　跗骨部分

跗骨部分由 7 块骨骼组成，跟骨是最大的跗骨，其前三分之二称为跟骨体，体后部为肥厚、粗糙的跟骨结节（图 5-2）。跟骨有 6 个面，上面通过 3 个关节面（前、中、后面）与距骨相关节；前面与骰骨形成关节；后面与跟腱止点形成关节；内侧面有一骨突称为载距突，支撑部分距骨头同时为许多韧带的附着点；外侧面为骨性隆起，称腓骨滑车，将腓骨长短肌腱分开；下面为后足主要负重面，为跖筋膜的许多内在肌肉及韧带附着点。距骨是跗骨中位置最靠上的骨骼，将身体载荷传递至足部，包含 3 个面，上面与胫骨、腓骨远端关节面相连形成距上关节，下面与跟骨相连形成距下关节，前部与足舟骨相连形成距舟关节。足舟骨后面与距骨头相连，前面与第 1 和第 3 楔骨相连，内侧面有一朝向下方的圆形隆突，称为舟骨粗隆。骰骨后面连接跟骨，前面连接第 4、5 跖骨，下面有一圆形隆起称为骰骨粗隆，其前方为腓骨长肌膜通过的外侧沟。楔骨部分由第 1～3 楔骨由内至外依次排列，体积逐渐减小，第 2、3 楔骨宽面朝上，第 1 楔骨窄面朝上，相互嵌合稳定。跖骨为短管状长骨，由内向外依次为第 1～5 跖骨。趾骨共有 14 块，除拇趾为两节，其余四趾均为三节,趾骨有底、体、滑车之分。

(二) 足部肌肉

足部肌群可分为外部肌群和固有肌群(图 5-3),外部肌群的起点在小腿的前侧,后侧及外侧,主要功能为控制足的内外翻及跖背屈。足背部的拇长/短伸肌,主要功能为伸第 1 跖趾关节及背屈踝关节。趾长/短伸肌,主要功能为伸第 2～5 跖趾关节及趾骨。足底分布 10 块固有肌肉,共同作用来稳定足弓,单独作用控制脚趾运动。足底肌肉都由内侧足底神经或外侧足底神经支配,均为胫神经分支。足部固有肌群的起止点均位于足内,控制足部的精细活动。足部固有肌群分为 4 层,第 1 层为拇展肌、趾短屈肌、小趾展肌;第 2 层为跖方肌、蚓状肌和趾长屈肌肌腱;第 3 层为拇短屈肌、拇收肌和小趾短屈肌;第 4 层为骨间背侧肌和骨间足底肌。

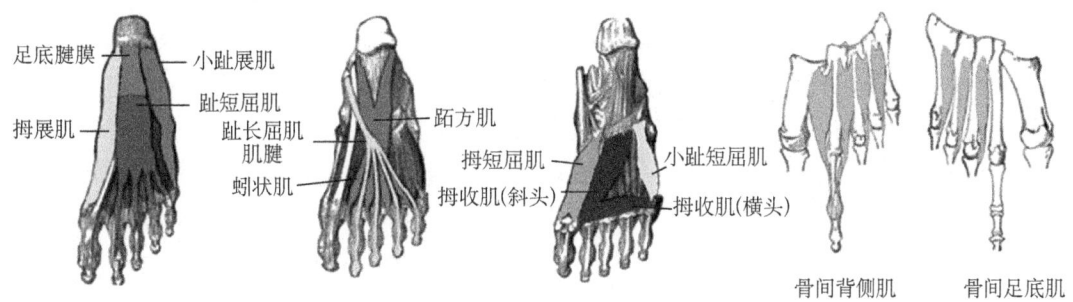

图 5-3 足部固有肌群的第 1～4 层(从左至右)

(三) 足部软组织

足部软组织包括 5 个支持带和足底筋膜。伸肌上支持带:处于距上关节前上方,包绕胫骨前肌肌腱、拇长伸肌腱、趾长伸肌腱和第 3 腓骨肌腱,伸肌上支持带较为宽大,在踝关节周围走行。伸肌下支持带:呈"Y"形,从跟骨外侧绕过踝关节到达内踝和足舟骨,位于胫距关节前方,也称小腿十字韧带,主要包绕趾长伸肌和第 3 腓骨肌。腓骨肌上支持带:位于小腿和跟骨外侧,是足底筋膜的延伸。腓骨肌下支持带,与伸肌下支持带延续,与腓肠肌肌腱和腓骨短肌肌腱结合进入足部。屈肌支持带:位于内踝前上方,呈长方形,包裹拇长屈肌、趾长屈肌、胫骨后肌,前方延续为足背深筋膜,后侧延续至足底腱膜。足底筋膜:位于足底跖面的细长纤维束,从足跟一侧延伸到脚趾,跨度较大,由致密的胶原纤维组成,呈纵向排列。垂直方向附着于趾长屈肌和趾短屈肌,两侧延伸至第 1 趾骨和第 5 趾骨。足底筋膜中央部分最为坚韧,起于跟骨结节内侧,其内侧部分较薄,覆盖拇展肌,近端延续于屈肌支持带。

(四) 足部关节

足部关节多达 33 个,主要包括跗骨间关节(距下关节、距跟舟关节、跗横关节)、跗跖关节、跖趾关节和趾间关节。距下关节:也称距跟关节,由跟骨上面的前、中、后三个关节面与距骨形成距下关节。前距下关节由凹陷的跟骨前中关节面和凸出的距骨前中关节面组成;后距下关节由凸出的跟骨后关节面和凹陷的距骨下关节面组成。这种关节面凹陷或凸出的交叉变化能使其做出复杂的扭转活动。距跟舟关节:其关节头为距骨头,关节窝由舟骨后方的距骨关节面、跟骨上方的前中关节面构成。距跟舟关节和距下关节从形态学看是两个独立关节,但从功能上看是联合关节,沿共同的运动轴运动,具有足内翻和外翻功能。跗横关节:包括距舟关节和跟骰关节,跗横关节的关节线呈"S"形弯曲,内侧部凸向前方,外侧部凸向后方,主要功能是与相邻关节尤其是距跟关节更好协同完成足的旋前及旋后运动。跗跖关节:由第1~5跖骨基底与楔骨及骰骨构成的平面关节,跗跖关节可做轻微的滑动与屈伸运动,并参与轻微的内收和外展运动。跖趾关节:由各跖骨小头与各趾的近节趾骨中间底构成。趾间关节:位于相连的两节趾骨之间,由趾骨滑车与其远侧趾骨底构成,为屈戌关节,可做屈伸运动,近节趾间关节的活动范围较远端趾间关节大。

(五) 足弓

足弓是由跗骨、跖骨组成的拱形砌合,以及足底的韧带、肌腱等具有弹性和收缩力的组织共同构成的一个凸向上方的弓,可分为纵弓及横弓(图5-4)。足纵弓又分为内侧纵弓和外侧纵弓。内侧纵弓在足的内侧缘,由跟骨、距骨、舟骨、三块楔骨和内侧第1~3跖骨构成,弓背的最高点为距骨头。人体直立姿势时,有前后两个支点。前支点为第1~3跖骨小头,后支点为跟骨结节。内侧纵弓由胫骨后肌腱、趾长屈肌腱、长屈肌腱,以及足底的短肌、跖长韧带及跟舟跖侧韧带等结构维持,其中最重要的是跟舟跖侧韧带,此韧带起着弓弦的作用。内侧纵弓曲度大,弹性强,适于跳跃并能缓冲震荡。外侧纵弓在足的外侧缘,由跟骨、骰骨及第4、5跖骨构成,骰骨为弓的最高点。前、后支点分别为第4、5跖骨小头和跟结节的跖面。维持外侧纵弓的结构有腓骨长肌腱、小趾侧的肌群、跖长韧带及跟骰跖侧韧带等。弓弦是跟骰跖侧韧带。此弓曲度小、弹性弱,主要与直立负重姿势的维持有关。横弓由各跖骨的后部及跗骨的前部构成,以第2楔骨最高。维持此弓除韧带外,还有腓骨长肌及拇收肌横头等。

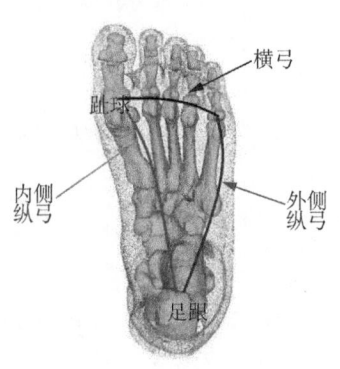

图5-4 足弓组成

二、踝关节解剖结构特征

(一) 关节组成

踝关节由胫、腓骨下端的关节面与距骨滑车构成,故又名距骨小腿关节。胫骨的下关节面及内、外踝关节面共同组成"冂"形的关节窝,容纳距骨滑车(关节头)(图5-5)。由于滑车关节面前宽后窄,当足背屈时,较宽的前部进入窝内,关节稳定;但在跖屈时,如走下坡路时滑车较窄的后部进入窝内,踝关节松动且能做侧方运动,此时踝关节容易发生扭伤,其中以内翻损伤最多见,因为外踝比内踝长而低,可阻止距骨过度外翻。踝关节属于滑车关节,主要沿通过横贯距骨体的冠状轴做背屈及跖屈运动,足的侧向运动主要由距下关节完成。足尖向上,足与小腿间的角度小于90°为背屈;反之,足尖向下,足与小腿间的角度大于直角为跖屈。在跖屈时,足可做一定范围的侧方运动。

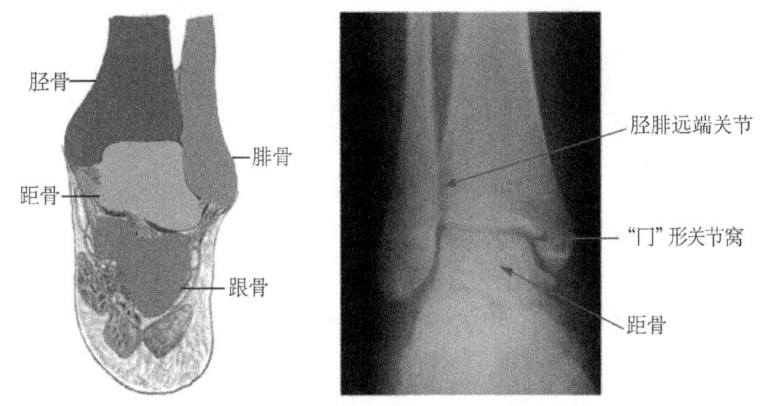

图 5-5　踝关节的骨骼组成(左)，正常踝关节的 X 线扫描图像(右)

（二）关节韧带

踝关节囊前后较薄，两侧较厚，并有韧带加强(图 5-6)。胫侧副韧带为一强韧的三角形韧带，又名三角韧带，位于关节的内侧。起自内踝，呈扇形向下止于距、跟、舟三骨。由于附着部不同，三角韧带由后向前可分为四部：距胫后韧带、跟胫韧带、胫舟韧带和位于其内侧的距胫前韧带。三角韧带主要限制足的背屈，前部纤维则限制足的跖屈。腓侧副韧带位于关节的外侧，由从前往后排列有距腓前、跟腓、距腓后三条独立的韧带组成，连结于外踝与距骨、跟骨之间。距腓后韧带可防止小腿骨向前脱位。当足过度跖屈内翻时，易损伤距腓前韧带及跟腓韧带。

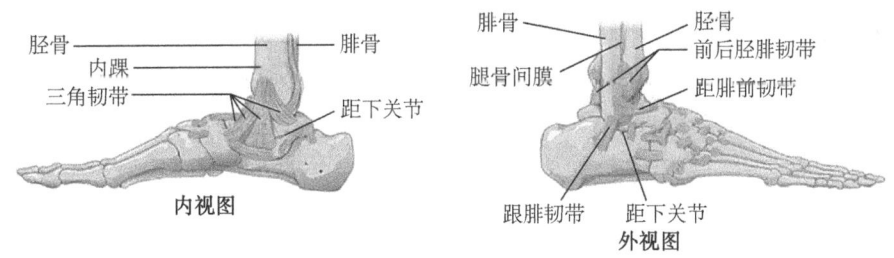

图 5-6　踝关节周围韧带结构

（三）关节周围肌群

踝关节周围肌群可分为跖屈肌群、背伸肌群、内翻肌群及外翻肌群。其中，跖屈肌群包括小腿三头肌、拇长屈肌、趾长屈肌、胫骨后肌、腓骨长肌和腓骨短肌等；背伸肌群包括胫骨前肌、拇长伸肌、趾长伸肌和第 3 腓骨肌等；内翻肌群包括拇长屈肌、趾长屈肌、胫骨后肌和胫骨前肌等；外翻肌群包括趾长伸肌、第 3 腓骨肌、腓骨长肌和腓骨短肌等。

三、足部生物力学功能

（一）足形态与足姿态

足部作为人体运动系统与外界环节接触的始端，是一个复杂的生理、解剖及力学结构且表现出形态和姿态的变化;明确足形态及足姿态至关重要,譬如参数化的人体测量学数据及其在鞋具和装备等制造业的应用。

鉴于足结构的复杂性特点,不同人种、性别及身体成分等因素均会影响足的形态和姿态变化;甚至同一个人的特定身体条件、运动或病理也会对足形态和足姿态产生影响。因此,量化测量并记录足形态的变化对于量化数据运用至鞋具及装备的研发生产至为关键。

随着科技的快速发展,对足形态的测量由传统的卡尺、卷尺及足印等技术快速发展到三维光学扫描的立体数据测量(图5-7)。通过足表面的关键标志点,可快速计算出足长"1"、足纵弓长"2"、足跟第5趾长"3"、足跟第2跖骨长"4"、前足宽"5"、足跟宽"6"、最宽足跟至足跟长"7"、足背高"8"、足弓高"9"、跖骨头围度"10"、足背围度"11"及兜跟围度"12"等。由于具有放射性或价格昂贵等因素,X线片、CT及MRI等临床医学手段在此不作介绍。

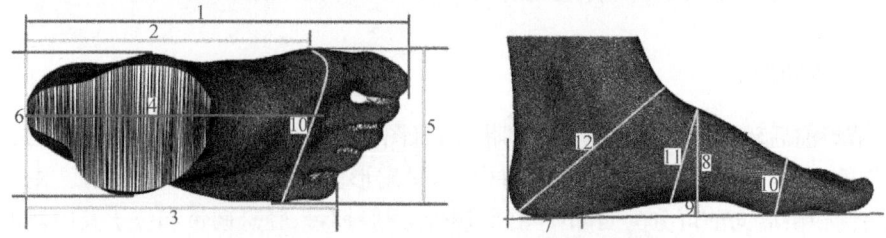

图5-7 三维足形态指标的参数示意图

足姿态可划分为正常足、内翻足及外翻足,主要描述足内部各环节骨骼及关节排列的情况。区别于正常足,内翻足即足呈现出内翻位,表现出跟骨内翻,跟舟骰关节半脱位,足内各环节处在一种内收、旋后内翻位置;相反,外翻足顾名思义是足呈现出外翻位,表现出跟骨外展,距骨头向内半脱位,且内侧足纵弓降低。

跟骨后视角度是观察及判定足姿态的最佳位置(图5-8),基于足形态数据构建的三维足形状统计模型,可进行正常足、内翻足与外翻足之间的后视角对比。

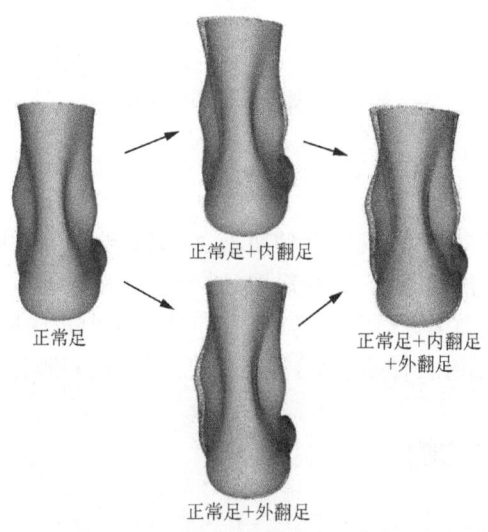

图5-8 正常足、内翻足及外翻足姿态的后视角对比示意图

（二）足弓生物力学特征

足弓是足部的一个重要生理解剖结构，包含有前后方向的内外侧纵弓和内外方向的横弓，通过足内部的韧带、腱膜等软组织将骨关节相连接（图5-9）；该弓形结构较为稳固，在人体的走、跑、跳等运动的动作过程中能够缓冲落地接触时较大的冲击力，同时避免足部骨骼由于身体重力的作用直接压迫足底的血管和神经等组织。

鉴于足弓的复杂结构，其另一个重要功能表现在储存于连接足弓结构的软组织中的弹性势能。在运动过程中，如跑步，落地支撑的缓冲期软组织储存吸收大量势能，随后在支撑的蹬离期该势能通过足底筋膜及各连接的韧带回弹释放出势能，从而辅助足部蹬地。足底筋膜的绞盘机制是该功能的具体体现（图5-10），即在后跟落地至支撑中期足底筋膜被动拉伸储存势能；随之，在支撑蹬离至离地期，储存的势能释放以辅助蹬地。

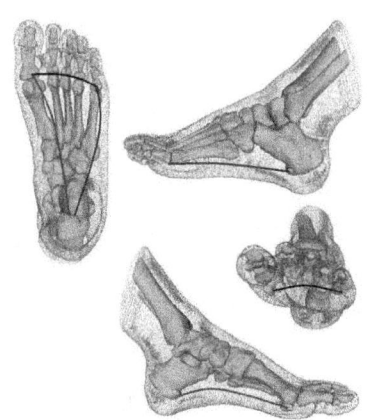

图5-9 足内、外侧纵弓及横弓的结构示意图

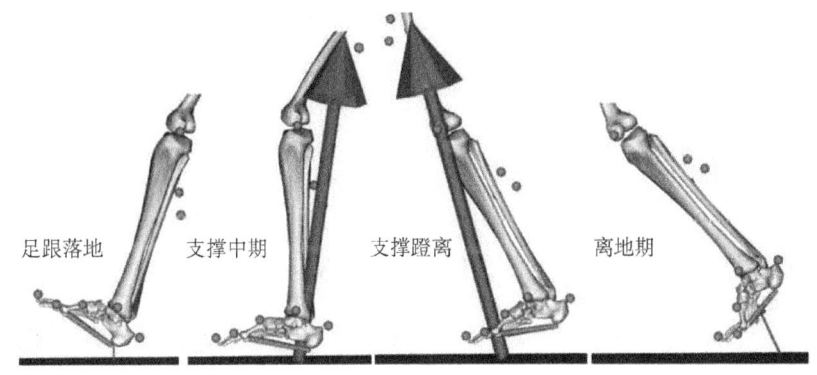

图5-10 足底筋膜绞盘机制示意图

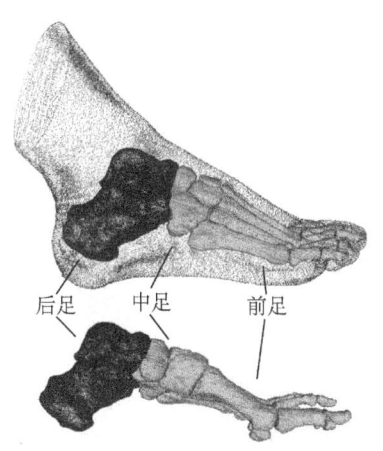

图5-11 后足、中足及前足等3个部位示意图

（三）足的运动学特征

足部按照解剖结构位置可划分为后足、中足和前足（含脚趾）等3个部位（图5-11），不同环节具有不同的生物力学功能。随着大量科学技术与工具应用至生物力学测试与研究，如传统二维视频影像测试向三维空间测试技术的转变，对足部功能的研究也不断深入发展创新。例如，多环节的牛津足模型（Oxford foot model），可揭示小腿胫腓骨的运动、后足（跟骨及距骨）与小腿间的运动、前足相对于后足的运动及大拇趾相对于前足的运动。后足相对于小腿有在矢状面的跖屈背屈、在冠状面的内外翻及在水平面的内外回旋等运动；前足相对于后

足有在矢状面的跖屈背屈、在冠状面的内外翻及在水平面内的外展内收;大拇趾相对于前足有在矢状面的跖屈背屈、在冠状面的外展内收及绕自身长轴的回旋等运动(Stebbins et al.,2006)。

(四) 足的动力学特征

后足、中足及前足3个部位同样会表现出不同的动力学特征及功能,如后足的跟骨是足内外侧纵弓的后端支撑点,且与距骨的联合在后跟落地冲击时能够表现出适度外翻以减缓冲击力;中足联合(足内侧纵弓的最高点)的弓形结构能够缓震,且被动冲击时足底的筋膜被动拉长储存势能,在蹬离时释放势能以辅助运动;前足的跖骨部位分别是内外侧足纵弓的止点及足横弓,均能缓冲震动;前足的跖趾关节(脚趾)在走跑跳等运动的蹬离动作中起到远端支撑点固定的作用,使得绞盘机制释放出足底筋膜中储存的弹性势能;同时,正常张开的脚趾在蹬离期能够增大前足与外界的面积,减少聚集于跖骨区域的应力负荷。

四、踝关节生物力学功能

(一) 踝关节运动学特征

踝关节运动主要发生在矢状面,距骨连同全足做背屈(伸)与跖屈(屈)运动。足背向上方运动时,小腿前部与足背间的角度减小,为背屈;相反则为跖屈。除上述运动外,踝关节还可在冠状面内做轻度内收与外展运动;在水平面内做轻度内旋与外旋运动。距骨体前宽后窄,足背屈时,距骨体前部进入关节窝,关节稳固,无法内收与外展;足跖屈时,距骨体后部进入关节窝,关节松动,可产生侧向运动,易发生踝关节损伤,其中以内翻损伤最常见。距下关节和踝关节联合运动时,踝关节完成三维活动,即旋前与旋后,用以描述足底位置。旋前为背屈、外翻、外展的动作组合,足底朝向外侧;旋后为跖屈、内翻、内收的动作组合,足底朝向内侧。

(二) 踝关节旋转轴

尽管许多学者认为踝关节是一个简单的铰链结构,但由于背屈动作伴随内旋,跖屈伴随外旋,踝关节有时也被认为是多轴关节。考虑到距骨体内外侧径向曲率差,踝关节活动轴可能随动作变化而改变。1952年,研究首次提出,跖屈时关节旋转轴向外上侧倾斜,背屈时关节旋转轴向外下侧倾斜,这两个轴在水平面内保持平行,冠状面内变化最大可达30°。跖屈和背屈动作无法绕任一单一轴完成,关节轴的转换大约发生在踝关节中立位。然而,也有学者提出踝关节运动的单轴理论,认为同步动作是围绕一个倾斜轴完成的。踝关节矢状面活动旋转轴大致沿踝关节内、外侧髁连线,该单轴在冠状面内向下外侧成角,水平面内向后外侧成角;冠状面活动在内、外侧髁连线与胫骨长轴交点处完成;水平面活动在足中线与胫骨长轴交点处完成(图5-12)。

与踝关节类似,距下关节旋转轴为倾斜轴。该轴为前后指向,与足中线在水平面内约呈23°,矢状面内约呈40°。踝关节在背屈或跖屈时伴随一定程度的距骨体旋转(距下关节与踝关节联合运动结果)。利用三维影像技术可以测量距骨体旋转度,研究指出,踝关节自中立位至背屈30°,距骨外旋9°;自中立位至跖屈10°,距骨内旋1.4°,而跖屈至30°时,距骨外旋

0.6°。踝关节轴向负重研究表明,背屈 25°时,距骨外旋 2.5°;跖屈 35°时,距骨内旋不足 1°。

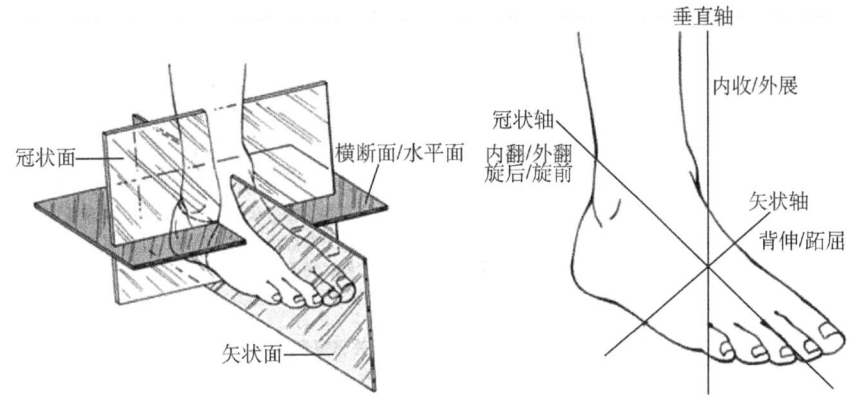

图 5-12　踝关节旋转轴和运动面

(三) 踝关节活动度

踝关节活动度主要针对踝关节而言。其活动范围在很大程度上受个体差异性(肌肉骨骼几何结构等因素)和日常活动习惯的影响,并且依赖于不同测量手段,因此,相关研究结果差异较大。总体而言,正常踝关节屈伸度为 65°~75°,背屈活动范围为 10°~20°,跖屈活动范围为 40°~55°。冠状面内总体活动度约为 35°,自内收 23°至外展 12°(图 5-13)。然而,日常活动中踝关节屈伸度有限。行走时最大活动度约为 30°,上、下台阶时分别可达 37°、56°。最初踝关节屈伸动作被认为仅发生在踝关节,内收外展动作仅发生在距下关节。最新研究推翻了以上理论,认为背屈/跖屈运动主要由踝关节完成,距下关节部分参与。关于冠状面及水平面内活动踝关节和距下关节参与比例仍存在争议,一种观点为外翻动作在距下关节处完成,旋转和内翻在踝关节处完成;另一种观点认为两关节参与比例均分。

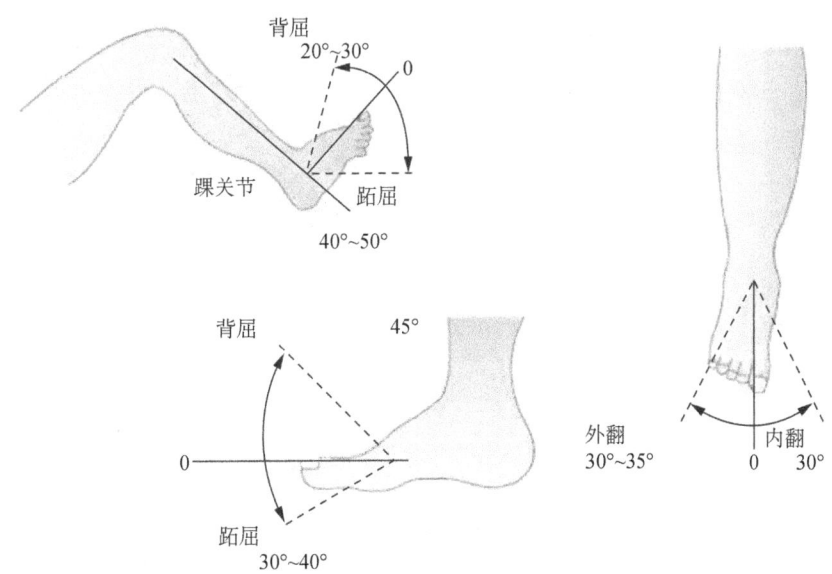

图 5-13　踝关节活动度

（四）踝关节稳定性

踝关节稳定性依赖于关节吻合程度及支持韧带结构。踝关节外侧韧带（距腓前韧带、跟腓韧带、距腓后韧带）可防止关节内翻和内旋，深浅三角韧带可防止外翻和外旋，联合韧带（胫腓前韧带、胫腓后韧带、胫腓横韧带、骨间韧带）可维持远端胫、腓骨间稳定性。

跟腓韧带无法独立稳定踝关节，需要与其他韧带协同作用对抗踝内翻。与距腓前韧带共同阻止踝跖屈位和中立位内翻，与距腓后韧带共同阻止踝背屈位内翻。有研究提出，当与距腓后韧带协同作用时，跟腓韧带有助于维持各种位置下（跖屈位、背屈位、中立位）踝关节稳定性。还有研究指出，非负重状态下，跟腓韧带是对抗踝外旋最重要的结构。跟腓韧带断裂试验显示，踝关节活动范围未发生显著变化。然而，单独切断跟腓韧带后，踝关节屈伸、内收外展、旋转角度分别增大8％、15％、5％。

踝关节由跖屈向背屈运动时跟腓韧带应变增加。以踝中立位跟腓韧带应变值为基准，屈伸运动中（无踝内外翻及旋转运动）应变增加不足1％；以踝最放松位跟腓韧带应变值为基准，背屈20°至跖屈10°过程中应变逐渐减小（6％为最放松位应变值），当至完全跖屈时，应变小幅度增加（1％）。此外，跟腓韧带长度对踝关节的过度屈伸和内外翻运动敏感。

距腓前韧带是维持踝关节稳定最重要的结构，也是最容易受损伤的韧带。距腓前韧带的主要功能是阻止踝内翻，以及防止距骨向前移位，并且限制踝跖屈和距骨内旋。非负重条件下，距腓前韧带是抵抗踝内旋力量的主要结构。有研究认为，距腓前韧带仅能通过限制踝跖屈维持其稳定性。相反，也有研究发现，切断距腓前韧带后，踝关节和距下关节在背屈过程中活动度增加。

踝关节由背屈向跖屈运动时距腓前韧带应变增加。自踝关节最大背屈至最大跖屈，距腓前韧带应变逐渐增大。背屈10°到跖屈40°韧带应变增加3.3％，跖屈30°和背屈20°时应变分别为最大应变的3.3％和0％。自中立位至最大跖屈位，距腓前韧带长度平均增加5 mm。此外，研究表明，施加内翻和内旋力矩可以增大距腓前韧带应变。距腓前韧带张力测量结果显示，跖屈20°配合内翻15°或0°时韧带张力大约为40 N；任意屈伸度配合外翻15°时张力小于30 N。这也说明了距腓前韧带对抗踝内翻力量时的重要作用。距腓后韧带主要通过控制背屈位外旋维持踝关节稳定。踝背屈位时应变最大，与中立位相比，最大背屈位时应变增加约7％。跖屈时应变变化研究结果不一致。

三角韧带的主要作用是阻止踝外翻、外旋及跖屈。做跖屈运动时，胫舟韧带保持紧张。自中立位运动至跖屈位，胫舟韧带长度明显增加，背屈时韧带长度恢复。胫跟韧带是防止踝过度外旋最重要的韧带，并阻止过度跖屈。跖屈时胫跟韧带收紧，其前侧纤维长度几乎不发生变化，后侧纤维跖屈位时可拉长22％。胫距前韧带与距腓前韧带联合作用，阻止距骨前移及踝跖屈。胫距后韧带主要限制踝内旋及背屈。此外，三角韧带另一个重要作用是防止距骨外移。

在其他踝关节韧带结构和功能完整的情况下，联合韧带对维持关节稳定起到的作用很小，其作用是使胫、腓骨活动一致。有研究人员量化了联合韧带以防止距骨外移的贡献率，胫腓前韧带为35％，胫腓后韧带为40％，骨间韧带为22％，骨间膜少于10％。

踝关节面吻合对负重状态下关节稳定性尤为重要。在临床上，抽屉试验经常被作为判断距腓前韧带断裂的标志，但由于结构完整的踝关节也可以产生前抽屉运动，一些学者对以上检测方法提出疑问。尸体试验表明，切断距腓前韧带踝关节产生明显位移，且负荷-位移呈非线性关系。完整踝关节前后位移范围为1.5~9 mm,具体取决于施加的外部负荷大小。

负重情况下,正常的踝关节几何结构提供30%旋转阻力和100%侧翻阻力。有研究发现,负重时前后抽屉运动减少,侧翻和旋转稳定性增加,这可能是负重引起关节面吻合程度提高的结果。尽管三角韧带在限制距骨外移中起到重要作用,腓骨外移(4 mm)尸体试验表明,施加轴向负荷并切断三角韧带,未出现距骨显著外移及关节接触面或压力变化。可以推测,负重时距骨移向腓骨头内获得最佳吻合位置,而非随腓骨远端向外位移。

(五) 踝关节动力学特征

踝关节在正常行走和跑时分别可承受大约5倍和13倍身体重量。后跟落地时,踝背屈肌收缩产生背屈力矩,可控制足落地时角度与缓冲。而后,踝背屈肌离心收缩产生跖屈力矩使小腿向足前部运动。最后,跖屈肌向心收缩维持跖屈力矩,使足产生蹬地动作。由于踝关节解剖学复杂性及个体差异性,冠状面及水平面内关节力矩测量结果参考价值较低。步态中,踝关节周围肌肉吸收或缓冲能量可引起关节功率变化。负值代表后跟落地到全足落地阶段跖屈肌离心收缩吸收能量的过程。踝关节最大功率在前足蹬地阶段(约50%步态周期)产生,与跖屈肌收缩产生的能量使下肢带动全身向前移动相对应。

实验研究表明,大约83%负荷通过踝关节传递,剩余17%经腓骨传递。经腓骨传递的负荷量在踝背屈过程中增大。踝关节处77%~90%负荷由距骨顶承担,其余分布在内、外侧距骨面。负荷分布受韧带张力和关节位置共同影响,内翻时内侧面承受负荷较高,外翻时外侧面承受负荷较高。

踝关节具有相对较高的几何结构一致性,即负重等级较高,同时负重面积(11~13 cm^2)较大。相对膝关节和髋关节而言,应力较小。大多数踝关节面相关的研究基于计算机模拟或尸体测量手段。一项施加1.5 kN(约2倍体重)静态负荷的尸体试验显示,踝关节中立位平均接触压力为9.9 MPa,接触面积为483 mm^2,明显小于之前研究报道的踝关节面面积。通过组合踝关节姿态及静态负荷反映步态周期各阶段的研究证明,踝关节接触压力在跖屈时较背屈时大。负重状态下基于MRI和透视成像技术的研究显示,最大接触面积出现在步态周期支撑期的蹬地和后跟落地时刻。

正常步态中,踝关节受力主要来自腓肠肌和比目鱼肌收缩。支撑期早期,胫骨前肌产生小于20%体重压力。研究认为,胫骨前肌收缩产生的压力基本与体重相当。支撑期后期,小腿后部肌群收缩产生5倍体重压力。也有测量结果为压力峰值为4倍体重。足跟离地过程中,应力约为0.8倍体重。

第二节　步态生物力学

一、步态分析基础

(一) 技能的概念

在深入探讨之前,有必要先简要讨论一下"技能"这一概念。这是因为步态,即《韦氏大学词典》所定义的"行走或用脚移动的方式",被认为是一种我们在早期生活中掌握并日常使用的技能。那么,什么是技能呢?

《韦氏大学词典》(2003年)对"技能"一词给出了三个定义:①有效且迅速地运用知识进行执行或表现的能力;②尤其是在执行已学会的体力任务时的灵巧性或协调性;③掌握某种能力的技能,即一种通过学习获得的才能或能力(如语言能力)。此外,回顾现有文献后可发现,技能具有以下特点:①它是一个广泛的行为领域;②它是通过学习获得的;③它是依赖于运动行为的目标实现。相关学者认为,技能是一种使有机体能够在环境中有效应对或行动的运动,并能够整合过去和现在的信息,以便适当地移动达到特定目标。此外,学者还指出,技能通常是通过练习和学习获得的最终成果,是目标导向的,其水平取决于实现目标的成功程度。综上所述,可以看出,将技能视为结果和表现的一致性是至关重要的。同时,研究进一步强调,技能是在不同类型的环境中表现的。在不同的空间和时间顺序的环境中执行相同的任务会产生不同的运动结果。从学习的角度来看,上述所有定义都正确,技能的产生遵循这样一个顺序:运动、协调运动、技能。因此,考虑协调运动的概念是至关重要的。

1967年,有研究人员将协调定义为对多余自由度的掌握。他还认为,协调运动应表现出均匀性、整合性和结构统一性。均匀性意味着运动组件在多次尝试中变化较小;整合性指的是运动是神经生理系统、形态学和环境的结合;结构统一性则指的是神经系统中不同单元之间的相互关系。该观点引导了科学研究对变异性重要性的关注,而这种关注在此之前一直被忽视。然而,变异性正是技能概念的核心。变异性通过约束条件引入系统,这些约束条件决定了系统的行为。它们包括形态学、生物力学、环境和特定任务的约束条件。形态学和生物力学的约束条件定义了子系统;如上所述,整合与环境和特定任务的约束条件结合在一起,形成了运动模式。自由度的概念与这些约束条件密切相关。我们将系统的解剖学、神经学和结构特征定义为形态学约束条件。这些特征为系统引入了大量的自由度。例如,行走涉及50多块肌肉的同步动作,这些肌肉包含成千上万个运动单元和其他众多组件。每一个结构组件都代表系统在执行特定运动时必须考虑的一个不同自由度。生物力学约束条件引入了更多的自由度,因为系统必须在重力、摩擦、牛顿定律等影响下运作。

此外,环境约束条件与系统外部世界中事件的空间和时间配置有关。每种环境都具有一定程度的可预测性。高可预测性的环境在空间和时间上是确定的(稳定的),而空间和时间不确定性(不稳定的)则是低可预测性环境的特征。研究人员根据环境的稳定性,将技能分为封闭式和开放式。例如,在高尔夫中,球总是位于同一个位置,你可以轻松预测球在击打前不会改变位置。因此,击打高尔夫球是一项封闭式技能。另外,在棒球打击中,你无法预测球将从哪里来。然而,无论是封闭式还是开放式技能,都可以进一步细分,因为我们还需要考虑环境稳定性随时间变化的技能。例如,考虑从固定球座上击打高尔夫球,但在下次尝试中球座的高度发生了变化。环境约束条件与先前关于多次尝试中变异性均匀性的概念密切相关。因此,环境约束条件将更多的变异性引入系统,而系统还必须考虑特定任务的约束条件。如果我们按照约束条件对变异性进行排序,首先是更可预测的生物力学约束条件,其次是形态学约束条件,最后是环境约束条件。总结到此为止,要完成一个动作,我们必须考虑上述所有引入变异性(以自由度形式)到运动系统中的约束条件。掌握这些大量的自由度最终会导致协调运动。

一个自由度概念的生动例子来自1968年的实验,该实验研究了新手和专家射手的运动协调性,发现新手射手在射击时僵硬地固定关节,而专家射手通过解锁手臂关节并利用肌肉协同作用来支撑手枪。最后得出结论,新手射手通过减少自由度来减少变异性并执行任务。然而,随着个体的进步,固定的自由度被释放,使系统能够执行更协调的运动,因为此时系统已经可以掌握更多的自由度。类似的结果在一项1989年的研究中也得到了验证,该研究评估了书写和掷飞镖任务中的运动协调性。因此,从上述研究的结果及运动学习文献的普遍发现来看,练习可以产生协调运动,最终形成技能。随着练习的进行,变异性减少,最终技能进化,这是掌握由约束条件引入的大量自由度的结果。所有子系统的适当整合会导致适当的运动模式。

在运动学习中,练习计划备受关注。诸如闭环理论和图式理论等理论已经被提出,但它们仍然存在争议。然而,没有人会否认,练习的特异性是最重要的因素之一。练习的特异性意味着你练习什么就会提高什么;然而,文献也支持特定练习的转移,因为许多运动技能共享共同的成分。也就是说,关于高技能个体能否在更广泛的运动任务中成功表现,研究结果存在分歧。1974年的一项研究提出了个体差异作为这些分歧的合理解释。该研究指出,没有任何方法能够准确预测一个人将如何表现。这可能是图式理论在成人受试者测试中得不到支持的原因。因此,技能可能涉及个体差异,这些差异来源于遗传(结构)、发展历史和先前的经验。这些个体差异与约束条件引入的自由度相结合,导致运动系统能够生成看似无限数量的轨迹,这些轨迹可以被识别为相同的技能。此外,这种解释方法也解释了天赋的概念,以及为什么有些人比其他人表现得更好,如迈克尔·乔丹或贝比·鲁斯。

如上所述的环境因素在练习过程中至关重要。当任务是开放的并且具有内部变异性时(如网球),预测环境需要发展多样化的运动。广泛的动作库可以让你选择最适合当前环境的动作。然而,根据混沌理论,没有真正封闭的任务。这可以通过"蝴蝶效应"来解释,蝴蝶效应是指龙卷风的形成和位置可能受到几周前远处蝴蝶翅膀微小振动的影响。这一效应是通过观察持续运行的天气模型得出的,当初始条件数据被舍入时,模型无法再现原始未舍入数据的运行结果。因此,初始条件的微小变化可能会导致显著不同的结果。因此,可以假设,经验、练习(以及由此产生的自由度的释放增加)和生活的非线性最终导致更大的可预测性,消除了封闭任务的可能性。实际上,有大量的应对策略和巨大的内在灵活性。此外,我们不能忘记任务将决定这些应对策略。所有子组件的整合都受到任务的影响。因此,技能是提高对约束条件的可预测性及将这些信息整合到运动过程中的能力的结果。

最后,从动力系统的角度可以获得关于技能和协调运动的另一种视角。这种理论认识到了约束的重要性,这些约束支配着每一个运动的组织。在这些约束条件下,系统会形成协同作用,产生负责运动执行的自主控制结构。这些功能子系统被称为协调或动力控制结构。它们的产生或自组织基本上是一条通向平衡、稳定或稳态的路径。从学习的角度来看,了解调控动力控制结构的规律或产生稳态的条件是必要的。正如之前讨论的,研究人员建议对自由度进行最佳管理。此外,有人认为,系统通过感知探索控制结构的动力工作空间来获得新的运动模式。像钟摆这样的物理例子可以用来解释这一概念。当外力作用于钟摆时,它会振荡,最终恢复到原来的平衡位置。恢复到平衡所需的时间可以视为学习特定技能的时间。每次钟摆摆动时,它都会失去一些初始能量(初始条件)。

类似地,每次练习一项任务时,训练者都会多学一点,直到达到一个平台期,即稳态,也就是协调运动。每次钟摆摆动或每次练习时,初始条件都会更新。然而,初始条件的变化也可能导致分叉或不连续性。足够大的外力可以使钟摆以高度可变的方式摆动。同样,学习过程中也观察到了不连续性。这些不连续性将导致过渡到新的稳态、吸引子或行为模式。最终,系统将通过上述自组织过程找到其平衡。因此,技能的学习可能是逐步进行的,也可能伴随着行为上的分叉。从动力系统的角度来看,变异性不是错误,而是行为的一个重要组成部分,在没有变异性的情况下,创造力是否可能存在。

总之,动力系统理论为现象提供了极好的解释,通过物理系统和吸引子动力学,技能被视为吸引子,变异性则被视为能量波动。动力系统理论还可以解释技能中的无数反应,这些反应可以通过系统的非线性行为来理解。

(二) 步态技能

步态是一项技能,这里定义为通过下肢和上肢的周期性运动,推动身体向前移动。步态由一系列协调动作组成,目的是从一个点移动到另一个点,同时支撑和转移身体的重量。当身体向前移动时,一条腿提供支撑,另一条腿前进到下一个支撑位置,随后两条腿轮流交替,重复这一过程。这一系列动作形成了由关节执行的复杂运动链。为了使关节运动,肌肉产生力量来拉动骨骼。这是在神经系统的指令下进行的,神经系统整合了多种感官信息,如本体感觉、视觉和前庭感觉,从而实现持续的适应性。如果我们采用因果关系的分析方法,从大脑的指令开始,到脚与地面的接触产生的力量为止,这种方法被称为"自上而下"的方法。根据这种方法,步态控制可以分为以下步骤(图5-14):①中枢神经系统发出指令;②信号传递到周围神经系统;③肌肉收缩产生力量;④力施加在骨骼上并在关节处产生力矩;⑤根据骨骼段的体型调节力量和力矩;⑥骨骼段的运动;⑦产生地面反作用力。步态的指令在大脑皮质和基底神经节的高级中枢中形成,并在脑干的帮助下传递到脊髓,同时脊髓也起到一定作用。步态是一项复杂的活动,涉及骨骼的位置、关节的活动范围、神经肌肉活动和机械因素(如重力和摩擦力),这些因素为运动提供了一般规律。

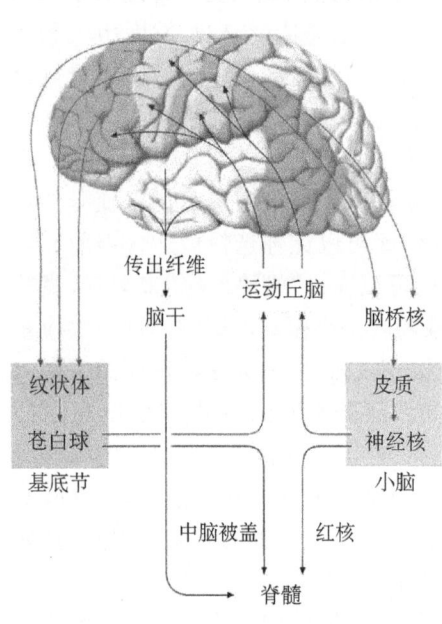

图5-14 人类步态控制神经机制

另一种研究步态控制的方法称为逆动力学方法,它从引发运动的力量及其直接运动结果入手。逆动力学是一种"自下而上"的方法。步态控制通过使用基于多体动力学公式的动态平衡方程或运动方程进行研究,以确定各段之间传递的反作用力和由肌肉活动产生的净力矩。为了获得这些结果,数据通过不同的方法收集,如图像处理、地面传感器和放置在身体上的传感器。

(三) 步态分析

步态分析的定义是指一系列观察、记录、分析和解释步态技能中运动模式的程序。步态分析的传统目标是收集信息,以理解步态控制、提高运动表现、诊断运动障碍,并评估治疗和康复计划。临床步态分析进一步定义为记录和解释步态的生物力学测量结果,以了解疾病和功能障碍的影响。临床步态分析为识别在步态过程中导致残疾的功能障碍和功能限制提供了方法。当控制步态的某一系统(如神经系统)受损时,其他结构可能会部分代偿,改变功能,从而引发新的适应性变化,这些变化可以通过临床步态分析评估。研究指出,进行临床步态分析的原因包括:①诊断具体的疾病或损伤;②评估疾病或损伤的严重程度;③监测干预措施的进展;④预测干预的结果。步态分析可以提供这些信息,从而制订有效的康复管理计划。为了更好地进行步态分析,使用的术语应明确且一致。为此,我们首先定义并描述步态周期及其各个阶段。

步态周期从一只脚接触地面开始,到同一只脚再次接触地面结束。步态周期可以分为几个时期和阶段,以区分正常和异常步态。

步态周期通常分为两个时期:支撑期和摆动期。支撑期是脚接触地面的时间。摆动期紧随支撑期,是同一只脚在空中的时间。支撑期和摆动期的分界点是脚趾离地。如果考虑对侧脚的位置,支撑期可以进一步分为三个子时期。初始双腿支撑是双脚同时接触地面的时期。单腿支撑是对侧脚在空中的时期。终末双腿支撑是双脚再次接触地面的时期。通常,支撑期占步态周期的前 60%,而摆动期占步态周期的后 40%。初始双腿支撑占步态周期的前 10%,单腿支撑占接下来的 40%,终末双腿支撑占支撑期的最后 10%。在同一次行走实验中及同一受试者的重复实验中,支撑期、摆动期和双腿支撑的持续时间相似。然而,步行速度可以影响这些时期的比例,速度增加时,双腿支撑的时间减少,单腿支撑的时间增加。如果继续加快速度并开始跑步,双腿支撑的时间将消失。另外,降低步行速度则会产生相反的效果。

步态周期也可以根据功能阶段进行划分。根据这种方法,步态周期分为以下几个阶段。

(1) 初始接触(步态周期的 0%~2%):负重反应或承重的开始。这也是支撑期的开始和初始双腿支撑的第一部分。在这一阶段,还会观察到地面反作用力中早期出现的冲击现象。

(2) 负重反应(步态周期的 2%~12%):初始双腿支撑的其余部分。在这一阶段,继续并完成了承重任务。在前后方向的力上,会观察到制动峰值。

(3) 中期支撑(步态周期的 12%~31%):单腿支撑期的第一部分。稳定性是主要问题,因为支撑基础显著减小,重心通过腿部伸展达到最高点。动能转化为势能。该阶段的结束标志是垂直地面反作用力的"谷值"或局部最小值的出现。

(4) 末期支撑(步态周期的 31%~50%):单腿支撑期的第二部分。稳定性仍然是个问题,同时对侧脚的脚跟会触地。重心从最高点下降,势能转化为动能。

(5) 预摆动(步态周期的 50%~60%):终末双腿支撑期,也是第二个承重期。在垂直地面反作用力上,会看到第二个承重峰值或局部最大值。在这一阶段,前后方向的力达到最大推进峰值,准备将脚从地面抬起。

(6) 初始摆动(步态周期的 60%~73%):摆动期的第一部分,主要任务是通过屈曲整条腿来清除地面。这种整体屈曲减少了腿的惯性矩,增加了摆动腿的角速度。

(7) 中期摆动(步态周期的 73%~87%):摆动期的第二部分,主要关注点是对侧腿在单腿支撑下的稳定性,同时准备迎接摆动结束时即将到来的脚接触。

(8) 末期摆动(步态周期的 87%~100%):摆动期的第三部分,也是最后一部分,主要任务是准备即将到来的脚接触。

（四）步态的时空参数

步态周期的各个时期和阶段通常通过各种不同的测量方法进行评估。其中，最常用的一些方法是几项基本的时空参数测量，这些参数相对简单易懂，且容易在实验室和医院中获取。

（1）步长：同侧脚与对侧脚初次接触地面点之间的距离。以下是步长在步态分析研究中的一个示例。研究人员结合步态数据和肌肉骨骼建模技术，评估了在不同步速下步长和步频组合对肌肉功能的影响。最后发现，步长的变化对下肢关节运动、净关节力矩和肌肉功能的影响比步频更大。这些研究者还发现，髋部和膝部伸肌产生的峰值力与步长的变化关系更为密切。具体而言，步长的增加导致髋部和膝部伸肌的贡献更大。这些研究者认为，髋部和膝部伸肌较弱的老年人可能更倾向通过减少步长而不是步频来减慢步行速度的原因。

（2）跨步长度：同一只脚连续接触地面时的距离。以下是跨步长度在步态分析研究中的一个示例。在最近的一项研究报告称，随着跨步长度的减少，向后的稳定性边缘变得更大。据建议，稳定性边缘的概念可以更好地理解步态中的机械稳定性。稳定性边缘定义为支撑基底和外推质心之间的距离，外推质心同时考虑了质心的位置和速度。稳定性边缘可以在内外侧方向和后向方向上计算。内外侧稳定性边缘的变化与偏离直线行走轨迹有关，而后向稳定性边缘的变化则与前进过程中的中断有关。

（3）跨步时间（即步态周期持续时间）：一条腿的脚接触地面到同一条腿的下一次脚接触地面之间的时间。跨步时间在步态分析研究中特别流行，尤其是在步态变异性方面；跨步时间变异性是指连续跨步之间存在的差异。在步态康复研究中，研究人员利用连续的跨步时间来探讨不同外部提示方法的有效性。

（4）步频：个体行走的速率，以每分钟步数表示。在步态分析研究中，步频提供了有关步态节奏的信息，并且可以影响地面反作用力的大小。

（5）步态速度：单位时间内的距离变化率（速度＝距离/时间）。它是一个标量，仅告诉我们移动的速度。在步态分析研究中，步态速度被广泛使用，最近与老年人的死亡率相关联。这就是为什么步态速度被推荐为评估老年人健康状况的简单且可行的指标。

（6）足进角：从脚跟到第二跖骨的连线与从脚跟着地到脚趾离地的行进线之间的角度（内八字角为正，外八字角为负）。在步态分析中，研究表明内八字会增加中足和前足的侧向负荷，分别约为61％和49％；而外八字则增加内侧负荷，分别约为72％和52％。

（7）步宽：双腿支撑期双脚接触地面时，两脚中心之间的距离。在步态分析研究表明，慢性阻塞性肺疾病的患者在行走时步宽较窄，且步宽的变异性减少。研究者认为，这一结果可能解释了慢性阻塞性肺疾病患者跌倒率较高的原因：由于步宽与侧向稳定性有关，而行走过程中保持侧向稳定性对运动控制系统来说是一项挑战。步宽变异性反映了维持侧向稳定性所需的主动控制量。根据这一理论框架，当侧向足部位置变得更稳定时，所需的主动控制量减少，从而步宽变异性也随之减少。因此，随着年龄增长，主动控制能力的下降会导致步宽变异性增加。此外，有证据表明，步宽变异性增加与老年人跌倒风险增加有关。步宽变异性能够预测跌倒风险，并能区分在滑倒后跌倒的老年人与未跌倒的老年人。

(五) 步态的决定因素

步态的主要决定因素在1953年提出,基于这样一个概念:理想的运动方式是通过空间移动身体的重心,以最少的能量消耗完成步行。这是通过减少重心的垂直位移,以及随后减少动能和势能的交换来实现的,从而降低代谢成本。通常,重心在步行时会上下移动约2英寸(1英寸=2.54厘米),然而,机械模型的上下移动则为3英寸。这些差异的解释,以及重心曲线的形状,源于步态的六个决定因素。

(1) 骨盆横向旋转:当双脚着地后,骨盆处于最低点。因此,重心沿弧线下降,骨盆与行进方向垂直。随着摆动腿带动身体前移,重心也会上升并前移。这种旋转减少了股骨与地面的夹角。如果通过延长股骨将其最低点向下延伸,可以减少重心在最低点的下降,从而节省了3/8英寸的重心下降。

(2) 骨盆倾斜:骨盆在摆动腿一侧下沉。这会通过缩短摆动腿而降低重心在最高点的高度,节省了3/16英寸的重心上升。

(3) 膝关节屈曲:在支撑阶段,膝关节大约屈曲15°。如果腿是僵直的,在支撑中期,重心将处于最高点。通过膝关节屈曲,重心下降,其最高点也随之降低,从而节省了7/16英寸的重心上升。因此,前三个决定因素可以节省1英寸的重心上升,并解释了从3英寸到2英寸的下降。正如我们之前提到的,这将减少能量消耗。

(4) 足和踝关节运动:在足跟着地时,足处于背屈状态。踝关节的旋转中心上升,然后在全足着地时下降。在全足着地期间,旋转中心没有上升或下降。当足跟抬起时,旋转中心开始上升并持续上升直到足趾离地。随着重心下降和腿部屈曲,旋转中心的上升可能会稍微减缓重心的下降,从而使图形表现更加平滑。实际上,踝关节、足和膝关节通过缓冲足跟撞击来平滑重心的运动。

(5) 膝关节运动:在足跟着地时,踝关节的旋转中心较高,膝关节开始屈曲。在支撑中期,踝关节中心较低时,膝关节再次屈曲。脚、踝关节和膝关节之间的这种密切关系的净效应是平滑重心的路径。

(6) 骨盆的横向运动:骨盆倾斜的幅度为6~8英寸。重心必须直接位于地面支撑点之上才能平衡在一条腿上。如果腿部垂直排列,重心将移动8~12英寸。然而,由于股骨内收,胫骨略微外翻,这缩小了支撑关节。支撑基底缩小了大约2英寸。

尽管步态的六个决定因素被广泛接受,但其有效性并未经过严格测试。近年来,研究发现支撑期的膝关节屈曲并未减少躯干的垂直位移幅度,而且发生在垂直位移达到峰值之前,支撑期的膝关节屈曲功能与吸收冲击有关。此外,使用基于摇杆的倒立摆模型得出结论,重心的垂直位移由步长及足部和腿部几何形状等变量决定。倒立摆模型假设身体以踝关节为轴,在矢状面内进行逆时针运动。该模型基于以下假设:重力持续作用于摆,产生向前倾倒的扭矩,重心位于踝关节之前,而踝关节伸肌则反向作用以防止跌倒。

研究人员基于摇杆的倒立摆模型中分析了身体的垂直位移。最终发现,支撑期内骨盆倾斜和膝关节屈曲对重心垂直位移的影响几乎可以忽略不计。躯干的垂直位移在0.9~2.3 m/s的步行速度范围内变化了25~85毫米。研究者证实,支撑期内骨盆倾斜和膝关节屈曲与负重反应期间的冲击吸收有关。最初发现,从脚部平坦位置抬起足跟在垂直位移中起到了重要作用。随后,还发现骨盆旋转贡献了约12%的重心垂直位移减少。此外,足跟抬起是主要的决定因素,占重心垂直位移减少的约三分之二。此外,还有研究审视了步态的六个决定因素及其通过减少重心垂直位移来最小化能量消耗的前提,以及步态倒立摆模型及其将支撑腿视为摆锤的假设,认为重心更符合圆形弧而不是水平路径。该研究采用了一种不同的方法,即动态步态法,来探索上述两个模型。基于这种方法建议,更好的视角是专注于机械功,而不是步态的运动学或力学。

二、步态变异性

人类的步行是一种必须具备适应性的运动行为。其基本形式(即以舒适的步速沿平坦无障碍的直线路径前进)经常根据任务需求的变化或环境条件的改变随时进行调整。通常情况下,人们无须停下步伐即可调整自己的步行行为:他们可以加快或减慢步速;缩短或加长步幅;在跨越障碍时提高脚的清扫高度或侧向迈步;根据视觉或听觉注意力的分散情况调整头部和躯干的方向;他们还会经常运用手臂、腿和躯干进行多种叠加的运动策略,如搬运物体或从滑倒、绊倒等扰动中恢复过来。正常步行过程中基本形式的生物力学变异使人类能够在真实世界的条件下实现有效的步行行为。

步态变异性,又称步态差异性,或从一个步伐到下一个步伐的步态特征波动,即使在任务需求和环境条件保持不变、对执行者施加的限制最小的情况下也是显而易见的。与一般的运动表现一样,步态特征(如步长或步幅时间)在多个周期中自然地以两种截然不同但相辅相成的方式发生变化。

步态变异性的量和复杂性都取决于执行者的健康状况、学习状态及测量步态时的条件。在健康的成年人以自己偏好的速度在封闭(即静态、无障碍)的环境中行走时,许多生物力学测量的变异性非常低,这与成人步态的基本形式是一个熟练且高度可重复的运动模式这一理念一致。随着年龄的增长、病理情况的出现和任务与环境需求的增加,步态变异性的量通常会增加。它通常通过传统的线性统计工具来测量(即标准差、范围和方差)。步态参数波动的复杂性也会随着病理状况、学习状态及测量条件的变化而改变。它通常通过非线性工具(如熵、李雅普诺夫指数和分形指数)来测量。在健康的成年人以自己偏好的速度在封闭环境中行走时,步态变异性的复杂性通常较高,这与系统在应对意外扰动时最大限度地发挥能力这一理念一致。步态变异性的量和复杂性最可靠的量化方法是使用电子数据捕获技术记录的较长步态周期序列,而这一技术仅在最近几十年才成为可能。

越来越多的文献表明,步态变异性的量和复杂性反映了系统"按需"适应性的不同方面。在这种情况下,适应性不仅指从与步行相关的运动模式和行为库中选择以满足特定任务需求和环境条件的能力,还包括对步态模式进行相对细微调整以最大限度提高效率和(或)确保成功完成特定任务目标的能力。这两个适应性方面都被认为源自跨多个时间尺度(毫秒、秒、分钟、小时等)的连续复杂的生理交互作用。内部限制(如病理状况、学习阶段)和外部施加的任务和环境限制通常会改变生理交互作用的动态,从而改变在一系列步态周期中显现的变异性量和复杂性。

基于这些观点,可以提出变异性是人类运动的自然且通常有益的特征,可通过技能发展和健康的生理系统进行优化。确实,步态变异性的临床研究支持了它作为病理生物标志物的作用,这可能与运动系统适应性下降有关。最新的文献表明,结合运动或复杂刺激序列的干预措施可能会改善患者的步态变异性的量和(或)复杂性,进而提高其整体行走行为的适应性。这些令人振奋的临床进展为研究人类步态和将步态变异性分析应用于医疗保健开辟了新的途径。

(一)步态变异性的概念方法

如上所述,步态变异性的量和复杂性受到执行者的健康状况、学习状态及行走过程中存在的外部(即任务和环境)限制的影响。步态变异性被视为有益还是有害,取决于所采用的解释运动控制基础的理论视角。虽然在特定情况下某一理论可能更具说服力,但在现实生活中的临床环境中,多个运动控制机制可能会并存。因此,本部分采用折中的理论方法,以帮助生物力学家或者步态分析师考虑在每个个体执行者身上可能最重要的因素。

1. 变异性的量

两种广为认可的运动控制理论,即广义运动程序理论(generalized motor program theory,GMPT)和动态系统理论(dynamic systems theory,DST),提供了对步态基本形式在熟悉且不具挑战性条件下高度可重复性进行不同但相辅相成的解释。两种理论还为解释在各种临床场景下步态变异性量的增加或减少提供了有用的方法。

GMPT认为运动控制源于中枢神经系统中嵌入的运动程序,目的是执行相对快速的熟练运动(即快到无法通过反馈机制控制)。因此,健康的成年执行者在熟悉且不具挑战性的条件下执行一项熟练任务(如步行)时,应该能够高效且准确地运用运动程序,以最小的步态周期之间的振幅和时间变异性一致地生成步态周期。GMPT认为步态变异性量的增加或者是步态运动程序选择中的错误(即中枢指令错误),或者是执行程序时的力参数缩放错误(即中枢和/或外围错误),或者是运动执行中的随机错误。无论其来源如何,GMPT都认为步态变异性量的增加对熟练的表现是有害的。

GMPT为健康状况、学习阶段和外部限制如何导致执行者步态变异性量的增加提供了合理的解释——暗示他们的技能水平不够理想。例如,患有中枢神经系统病理的执行者(如卒中)可能会出现感知、运动或认知障碍,可能会导致运动编程和(或)执行错误,从而导致脚部位置或步幅时间的更大变异性。健康的执行者在第一次尝试端着满杯水行走而不洒出来时,可能会因为采用不太熟悉的、比平常更平滑的步态模式而频繁发生运动程序和(或)执行错误。即使是正常熟练的成年执行者在尝试适应具有挑战性的任务需求(如携带重物或笨重物品)或环境条件(如在黑暗中行走)时,由于步态生物力学或感官输入的变化,也可能会产生更大的步态变异性。在这些情况下,运动学习干预措施可能会通过重复练习和增强反馈来减少编程和执行错误,从而降低步态变异性量,使其更为理想。

DST与GMPT形成了鲜明的对比。DST认为,运动控制在特定时刻由相关的内部生理子系统(即神经肌肉、肌肉骨骼、心肺、代谢)在特定的内部(即生理能力)和外部(即任务和环境)限制条件下的非线性交互作用中产生。因此,生理交互作用及其产生的运动输出在很大程度上取决于组织运动生成的初始内部和外部条件。随着内部生理系统的功能或能力的变化,和(或)外部限制的变化,它们的集体动态交互作用不断重新组织,以尽可能高效地实现特定上下文的运动目标。因此,健康成年执行者在熟悉且不具挑战性的条件下执行一项熟练任务(如步行)时,产生的低步态变异性被解释为系统动态稳定的表现。如果存在更大的步态变异性,则表明系统动态相对不稳定,并可能正朝着一种更剧烈的重组转变,这最终会产生更适合当前内部和外部条件的基本不同的步态模式。

根据DST,步态变异性量的增加(即至少反映了某种程度的系统不稳定性)不一定对表现有害。事实上,变异性的量被认为反映了神经运动系统的灵活性,以优化给定步态模式的参数。步态变异性量还可以反映系统在任何时候过渡到新的运动模式的灵活性。最后,步态变异性量可能反映了不同步态模式的变异作为一种探索行为的持续采样,以便生成的步态模式始终是最适合当前条件的。

DST提供了不同于GMPT的解释,用于理解健康状况、学习阶段和外部限制如何导致执行者步态变异性量的增加——通过深入了解潜在的生理系统动态的稳定性。例如,最近卒中的执行者由于感知、运动或认知障碍,最初会使系统动态不稳定,并通过减少系统之间的内部神经连接数量(即神经细胞死亡)或它们之间的交互作用强度(即神经细胞受损)增加步态变异性量。对于健康的执行者而言,在第一次尝试端着满杯水行走而不洒出来时,步态变异性量会增加,而潜在的系统动态通过学习(即适应性)过程进行重新组织,以寻找到一个新的稳定状态,从而成功实现新的运动目标。对于健康的成年执行者,遇到具有挑战性的任务需求(如携带重物或笨重物品)或环境条件(如在黑暗中行走)时,改变的步态生物力学或感官输入将施加额外的外部限制,导致系统动态在接近不稳定的过渡点处运行,可能转变为更适合当前条件的新步态模式。在这些情况下,运动学习干预措施可能会被用来促进发展稳定的系统动态,以实现特定环境条件下的给定步行任务的一致表现(即低变异性量)。

2. 变异性的复杂性

DST通过扩展步态变异性解释的理论领域来补充GMPT。尽管GMPT对步行表现与单一熟练步态模式(即平稳、流畅、高效且无错误的步态模式)之间的一致性提供了有用的解释,DST则允许以下可能性:①在单一任务需求和环境条件下,多种步态模式变异可以同样高效地发挥作用;②在一系列任务需求和环境条件下,多种步态模式变异可以有效地被采用。综合来看,这些观点表明,"步行技能"这一概念更准确地包含了一系列运动行为,这些行为为在不断变化的现实世界情境中持续最大化步态效率提供了一系列"解决方案"。

实时调整基本步态模式以满足任务需求和环境条件的能力依赖于一个具有鲁棒性和退化性的运动系统。鲁棒性指的是系统在不同情境下可靠地产生步行行为的广泛适应能力。退化性指的是系统使用多功能元素生成步行行为的适应能力,如在不同条件下使用不同的肌肉群进行前进、后退和侧向行走。退化性是"灵活性"一词的特殊情况,它提供了针对给定运动问题的多种解决方案。鲁棒性和退化性的共存(即系统稳定性和灵活性)是复杂适应性运动系统的标志,从中可以产生可调节的多变步行行为。

在这种背景下,复杂性不仅指运动系统的组成性质,它由相互作用的生理子系统组成,还指生理交互作用发生的多个时间尺度。例如,神经脉冲在毫秒级与运动单元相互作用,以瞬时控制步态模式。同样,心血管功能通过输送氧气和能量满足即刻的步行需求。然而,在更长的时间尺度上(即分钟、小时、天、月和年),步态相关的肌肉活动的感官反馈会影响皮质区域的神经可塑性组织,而反复的快步行走会增强心肺和代谢系统的功能。这些类型的非线性、重复性、多向性和多尺度的生理系统交互作用丰富了系统在短期(即时)和长期(终生)内的适应能力。

鉴于上述系统复杂性及任务需求和环境条件变化的持续潜力,可以看出,在任何给定时刻对执行者步态模式的诸多影响都处于持续变化的状态。因此，反映运动系统的组成复杂性和适应能力，步态参数也以复杂且适应的方式从一个周期到下一个周期发生变化。尽管没有一种测量复杂性的方法能够捕捉步态变异性在所有方式上的复杂性，但可以说，步态变异性的复杂性通过分析给定步态参数波动模式的重复程度来确定，无论是在单一时间尺度上测量，还是跨越更长的时间尺度测量。这种跨时间尺度的"自相似性"通常被称为"时间结构"。实际上，从步行基本形式的长序列连续周期中产生的步态变异性通常包含一个自相似的时间结构。该结构提供了证据，表明步态参数在一个周期到下一个周期的变化并非完全独立的错误，如 GMPT 所提出的。相反，由于时间演变的内部和外部影响，周期与周期之间的波动在很大程度上以非线性的方式相互关联，跨越多个时间尺度。波动模式大致相似但不完全重复的概念表明了复杂适应系统的稳定性和灵活性（即鲁棒性和退化性）。

3. 最佳运动变异性

GMPT 和 DST 框架为理解成熟运动技能与健康状态及运动变异性的最佳状态相关联提供了理论基础。根据理论，低于最佳水平的运动变异性表征的是高度可预测且不变的生物系统，表明自由度受到刚性限制和行为僵化。高于最佳水平的变异性表征的是在行为上不稳定的系统。这两种情况表征的系统适应扰动的能力较差，如那些与异常发育或病理相关的系统。相比之下，最佳运动变异性表征的是诊断健康状态和技能掌握的适应性"中间地带"（图 5-15）。

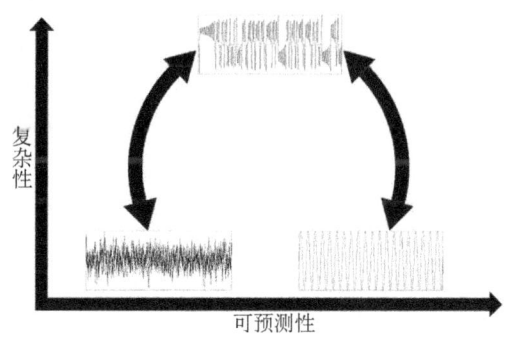

图 5-15　最优运动变异性的理论模型

最佳运动变异性理论提出，最佳或熟练的行为应在系统稳定性和灵活性之间的边界处自组织，表现为复杂的变异性模式。一种更近期的复杂适应行为理论也被提出，其中复杂性测量揭示了鲁棒性和退化性。这些框架共同推动了适用于诊断和干预背景下步态变异性评估的临床工具的快速发展。

（二）步态变异性的来源

对步态变异性的理论描述为生物力学家和步态分析师提供了多种可能的因素，以便在解释特定执行者的步态变异性时加以考虑。执行者的健康状况、任务的学习阶段、步行任务的需求及环境条件，这些因素共同影响在步行试验中检测到的步态变异性的量和复杂性。此外，与测量设备或检查员相关的测量误差或随机变异源也值得关注。

(三) 步态分析与步态变异性的生物力学测量

前述的概念性示例为测量和分析步态变异性的基本考虑因素提供了一个起点。其中最重要的因素包括执行者的健康状况、他们对任务的学习阶段，以及任务和环境施加的需求或限制的程度。此外，所关注的步态变异性方面（即量和复杂性）决定了测量设备、测量协议和数据分析工具的选择。

1. 数据采集的设备和方法

(1) 视觉观察：康复专业人员熟悉的步态分析方法主要基于对短距离内稳定步行行为的视觉观察。然而，视觉观察方法在评估步态变异性方面的应用有所局限。短距离本身限制了复杂性的评估，而复杂性评估需要更长的步态周期和仪器化技术。传统的生物力学工具，如著名的洛斯阿米戈斯观察步态分析法或温特的非典型步态模式理解框架，并未将步态变异性纳入评估内容。只有一些临床表现测量工具，如步态评估评级量表、动态步态指数和功能步态评估，会捕捉到步态变异性的量，无论是作为特定分析要素，还是作为在执行特定步行任务时观察到的步态偏差和不稳表现。在典型的协议中，执行者在一个或多个步行条件下完成一个或多个短距离步行试验。标准化的序数评级量表仅提供了粗略的测量水平。这些工具的临床优势在于其相对快捷简便，且对于不同人群具有已建立的可靠性和有效性，免费使用，并且执行者不受测量设备的束缚，仅需少量常见设备（如胶带、椅子、秒表、锥形标等）即可进行测试。尽管视觉观察具有临床价值，但近年来技术辅助的步态分析方法已有了显著的发展。运动分析硬件及相关软件现在可以捕捉并存储多个步态周期，通常以高频率进行。随后可以在较短时间内分析数据，以深入了解步态周期之间的波动。这场技术革命创造了一个"运动显微镜"，促进了科学发现，类似于20世纪将血液样本放在医学显微镜下观察所带来的变革。以下技术为生物力学家、步态分析师和临床医生提供了对运动随时间演变方式的更深入理解。

(2) 仪器化步态走道：市售的仪器化步态走道系统用于评估短距离步行的基本形式。走道通常长几米，内嵌的压力传感器会在执行者走过时开启和关闭。不需要佩戴任何设备。使用附带的计算机和制造商软件，系统可以可靠地量化空间和时间变量（如步长、步宽、步时、摆动和支撑时间、双支撑时间）。仪器化走道适用于评估步态变异性的量，但由于长度有限，无法收集足够多的步态周期来评估步态变异性的复杂性。

(3) 足部开关系统：超薄的佩戴式压力敏感鞋垫或类似的足部开关系统设计用于在临床或实验室环境中捕捉较长距离内的选定步态特征（图 5-16）。与沿仪器化走道行走不同，执行者佩戴数据采集设备或发射器，并在大型开放区域或跑步机上以检测员决定的速度连续行走。当使用蓝牙技术时，执行者必须在步行过程中保持在数据采集设备的范围内。在典型的步态变异性协议中，在一次试验中收集至少几百个步态周期。总的步态周期数量仅受设备数据采集能力的限制。最常见的是，这些系统用于捕

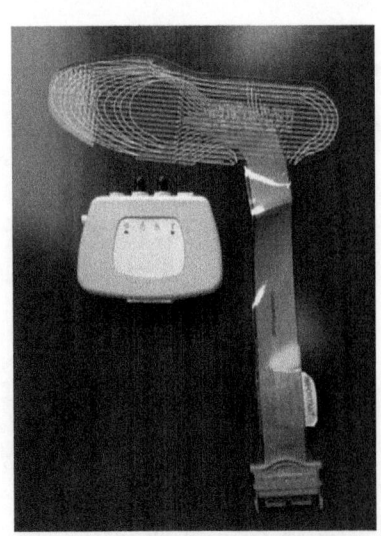

图 5-16 压力传感鞋垫将步态时间数据传输到计算机

捉单一步态参数,即每个步态周期的持续时间(即"步幅时间"或"步幅间隔")。由于收集了大量的周期,步幅间隔的时间序列可以分析其变异性的量和复杂性。

(4) 惯性传感器:市售的惯性传感器(即加速度计)提供了另一种佩戴式设备选项,用于捕捉步态特征的长时间序列。根据设计的不同,惯性传感器适用于在诊所、实验室和(或)自然"自由生活"环境中捕捉数据。传感器的解剖学位置(如踝部、手腕、下背部和胸骨)和选定的步态参数取决于所用设备与协议。与用于步态变异性分析的足部开关系统不同,许多惯性传感器以相对较高的采样频率记录数据,允许更精确地测量和潜在的更长时间序列。在涉及自由生活步行活动的协议中,惯性传感器可以捕捉步态周期如何自然积累(如每日步数、步行次数、步行活动强度)。由于记录了大量的步态周期,使用加速度计的数据还可以分析步态变异性的量和复杂性。

(5) 三维运动捕捉系统:由于数据采集体积较小,三维运动捕捉系统最适合分析跑步机上的步态变异性。执行者会在感兴趣的骨性标志上佩戴反光标记,但其他方面不受数据采集设备的束缚(图5-17)。与使用足部开关系统的典型测量协议类似,执行者在跑步机上行走数分钟,以检测员决定的速度行走,直到收集到至少数百个步态周期。与惯性传感器类似,三维运动捕捉系统允许计算相对广泛的步态运动学参数,并以更高的采样频率运行。再次强调,由于收集了大量的周期,感兴趣的步态参数可以分析其变异性的量和复杂性。

(6) 力板系统:与三维运动捕捉系统类似,嵌入力板的仪器化跑步机可用于以高采样频率收集步态周期时间序列数据,从而生成多种运动学(如步幅间隔和长度、步伐间隔和长度)和动力学(垂直地面反作用力)参数(图5-17)。通常使用几分钟的连续步行来收集数百个步态周期,从而可以分析步态变异性的量和复杂性。

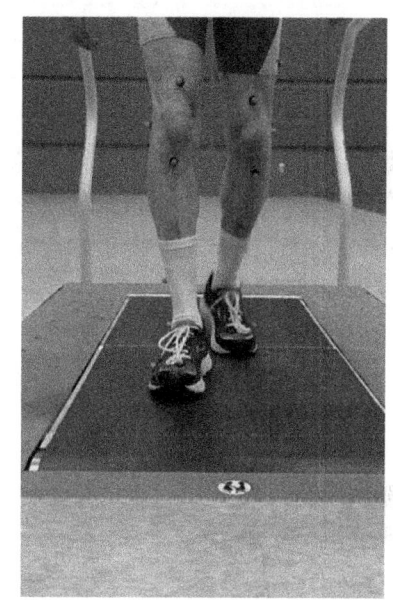

图5-17 受试者在跑步机上行走,身上佩戴了反射标记,用于三维运动捕捉数据的收集

2. 任务需求和环境条件的选择

步行的基本形式(以舒适的步伐沿着平坦、坚实且无障碍的直线路径前进)是生物力学步态分析的传统重点。然而,康复专业人员和医学从业者日益希望了解的不仅仅是基本的步态力学;他们的目标是了解个体在行走中适应变化的能力。因此,对步态的全面检查都应在多种任务需求和环境条件下评估表现。替代任务需求的例子包括侧向行走或倒退行走、以比首选速度更慢或更快的速度行走、沿曲线路径行走(如转弯或"8"字形行走)、在行走时左右或上下看、在狭窄的支撑基座上行走(如串联步行),以及在进行次级认知任务(如从100开始倒数7)或手动任务(如携带一杯水或托盘)的情况下行走。替代环境条件的例子包括在行走路径中放置物体、在倾斜或弹性表面上行走,以及在光线不足的情况下行走(如闭眼)。虽然并非所有的任务需求和环境条件组合对健康个体来说都是可行或安全的(如闭眼尽可能快地串联行走),但总体来看,这些条件模拟了成人日常行走中常见的许多任务需求和环境条件。虚拟现实系统(如计算机辅助康复环境)也被用来结合上述几种约束条件,使参与者沉浸在多种环境中。

3. 分析步态变异量

用于分析特定步态参数变异量的数学工具，可以量化在给定试验中收集的数据点在其平均值周围的分布范围。此类工具通常包括标准差（SD）、变异系数（CV）（标准差相对于平均值的比例）和数值范围。这些工具的统计假设是时间序列中的参数值是随机的、彼此独立的（在试验过程中它们随时间变化的关系是无关紧要的），并且是正态分布的。这些工具源自线性统计建模的一个数学分支，该分支假定步态参数值（即系统的输出）最终会收敛到一个平均值，通常是可预测的，并且与其各种潜在来源（即生理系统、测量误差等）的贡献成正比。

在实际应用中，有几个考虑因素对于使用线性工具可靠地量化特定试验中的步态变异量尤为重要。或许最重要的是，收集相对较少的步态周期会导致较低的重测信度。事实上，许多步态变异性研究使用了相对短暂、不连续的试验中收集的步态数据来生成信度估计。因此，信度估计因所分析的步态参数、用于收集数据的设备、步态速度和样本特征的不同而有所差异。例如，Hartmann 等人（2009）使用不连续的步态数据推荐使用三轴加速度计评估老年人的步长和步长变异性时，最少需收集 20 m 或 25 步的数据。相比之下，Hollman 等人（2010）建议收集数百次步态以生成健康个体步态速度变异量的可靠估计。研究发现，步宽变异性在年轻人群中的信度低于步长变异性，但在老年人中可能情况相反。在老年人中，源自重测信度估计的有意义变化值因步态参数而异。双任务条件下的信度估计与单任务条件下的信度估计相当。

尽管目前还没有最佳实践指南，但现有文献建议，尽可能多地收集步态数据，以生成给定步态参数变异量的可靠估计。从统计学角度来看，当以不连续方式（即一系列短试验中）收集单个受试者数据时，建议至少进行 25 次试验以生成可靠的参数估计。由于潜在的时空不对称性，建议不要将左右步态数据合并以增加进入标准差或变异系数计算的数据点数量。

4. 分析步态变异性的复杂性

与源自线性动力学的工具不同，源自非线性动力学领域的工具用于描述行走过程中收集的步态参数中存在的逐步波动的复杂、随时间演变的结构和组织。如前所述，这些波动中固有的复杂性提供了关于潜在生理系统、任务需求和环境约束之间相互作用的指示。复杂性度量方法多种多样，它们在数学上对可用时间序列的数据进行了不同的操作。这些算法通常使用计算机编程语言应用于时间序列数据。重要的是，没有一种度量方法可以提供完整的复杂性全貌。具体选择哪种复杂性度量方法，取决于所考虑的临床研究问题及用于分析特定步态试验的数据点数量。此外，与线性度量信度文献相比，针对人类步态变异性数据的非线性度量的重测信度（以及其伴随的最小可检测变化估计）的证据相对较少。常用于评估步态变异性复杂性的方法包括以下几种：最大李雅普诺夫指数、近似熵、去趋势波动分析等。

（四）未来发展方向

步态变异性分析的临床意义的扩展与对复杂、自适应的人体运动系统理解的现代理论发展并行。步态变异性不再仅仅被视为一种应尽量减少或消除的误差。现在，步态变异性显然被认可为具有两个不同的方面，这两个方面提供了对步态产生和执行的互补见解。尽管如此,几个重要的挑战将影响步态变异性作为步态分析常规组成部分的未来发展方向。首先,目前没有强有力的临床证据表明,恢复健康的步态变异性水平,无论是从数量上还是复杂性上,都能帮助个体更有效地应对行走任务需求或环境条件的不可预测变化。其次,临床实践中收集和分析长系列步态周期的便捷方法尚未得到广泛应用。最后,步态变异性度量(如标准差、变异系数、最大李雅普诺夫指数、近似熵、样本熵和去趋势波动分析值)的心理测量学属性尚不完全清楚。特别是,度量参数对变化的反应性及什么构成临床上有意义的变化尚需进一步阐明。这些挑战并非微不足道,需要步态变异性研究领域的生物力学家、步态分析师和康复专业人员的集体努力来克服。尽管如此,仍然可以非常乐观地认为,未来步态变异性的数量和复杂性将被广泛重视,成为临床评估的基本方面,并且随着生物技术的快速发展,这种方法将很快通过可穿戴设备的简单使用而被普遍应用。

三、步态的运动控制与协调的生物力学

协调性被定义为掌控人类神经肌肉系统中大量自由度的能力,而健康的功能性运动模式被认为是通过对这些自由度的巧妙组织而产生的。这些广泛而有力的理论引导了 DST 的引入和应用,作为运动科学的一般方法。采用 DST 方法分析人类运动具有许多优势。特别是,DST 方法通常简化了选择和分析在行走与跑步等活动中测量的"正确"多维生物力学变量的任务。通过关注所谓的集体变量——低维变量,这种简化得以实现,这些变量捕捉到系统的整体状态,而不是传统研究中使用的大量生物力学变量。本部分探讨了这种方法对人类步态研究的帮助及其在临床人群中的应用。

(一)动态系统方法的步态分析

1. 相位图和相位角

在步态研究中,涉及运动的下肢段通常被建模为极限环。这种方法的理论基础是步行系统的状态取决于每次振荡运动中能量的交换。随着双腿在步态周期中运动,当双脚接触地面时,它们会消散能量,而在起步时,这些能量会重新注入系统。这一推论在上述文献中得到了大量实验证据的支持。

将肢体段建模为极限环的进一步理论依据源于人类神经肌肉系统的组织。一般而言,所有的运动实际上都是围绕关节的旋转(振荡)。这些旋转最终导致我们身体更整体的平移。我们配备了成对的肌肉(主动肌和拮抗肌),以进一步促进这些旋转。即使是神经系统也通过肌梭和高尔基腱器的存在,提供放松或迅速收缩肌肉的手段,以帮助周期性行为。通过检查单个肢体段的相位图,可以进一步揭示下肢运动的极限环特性。

2. 连续和点估计相对相位

与早先发展出的理论概念保持一致,连续相对相位(CRP)作为描述步行过程中下肢运动所隐含的复杂神经肌肉系统的集体变量。CRP 将两个绝对角位移测量(每个肢体段一个)和两个速度测量(每个肢体段一个)简化为一个单一的集体变量,这比逐一检查每个肢体段的相位图再推测它们之间的关系要更容易解释。在极端情况下,CRP 将随着时间推移和任务变化而迅速波动的大量神经肌肉自由度减少为一个反映神经肌肉系统约束整体状态的集体变量(图 5-18)。CRP=0°(或弧度)表示两个肢体段具有同相的协调模式;CRP=180°

或 π 弧度表示肢体段之间存在反相关系。

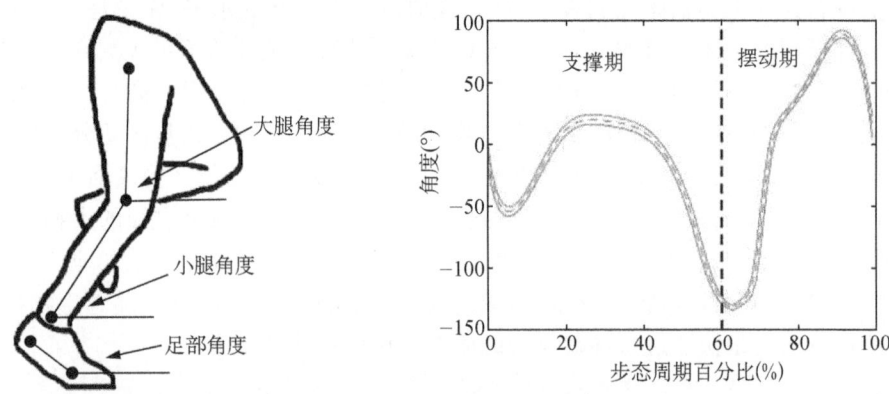

图 5-18　一个健康受试者在几分钟行走过程中小腿和大腿段之间的协调模式

除了讨论的连续相对相位测量外,离散形式的相对相位在文献中也被广泛用于研究两个振荡段的协调性。顾名思义,点估计相对相位(PRP)研究步态周期中特定点处的相对相位。更具体地说,PRP 基于每个肢体段达到局部最大值或最小值的相对时间。这些极值代表了步态周期中的重要事件,如最大膝盖伸展或站立相的开始。使用步态速度作为控制参数,研究人员利用 PRP 记录了几种固有的性质(如临界波动、滞后现象),这些性质在从行走模式向跑步模式的相位过渡中表现出来。

一个悬而未决的问题是如何在 PRP 和 CRP 测量之间做出选择。一些学者认为与 CRP 相比,PRP 应该是首选的协调性测量方法。这种建议的动机部分来源于对运动控制本质的潜在争论,剩余的动机则具有更实际的起源。然而,另一些人则认为,过度依赖离散相对相位而忽视 CRP 可能也会引发问题,因为离散相对相位可能忽视了步态周期内潜在的重要动态变化。最终,PRP 或 CRP 的选择可能取决于具体的研究问题。例如,在测量脉冲式外部刺激与肢体段协调性时,CRP 可能不合适,这是步态康复研究中的一个热门领域。因此,我们认为这两种方法在文献中都有其存在的意义。

3. 相位图的标准化

标准化是步态分析中的一个常见问题。CRP 的分析在这方面并无不同,并且仍然是一个活跃的研究领域。早期对 CRP 使用的担忧源于观察到当两个肢体段未维持 1∶1 的频率比时,其功率谱中包含多个峰值。研究者进一步建议,相对相位的测量可能不足以表征段之间的协调性。然而,Fuchs 等人(1996)的研究提供了数学证明,CRP 确实可以测量两个段之间的协调性。功率谱中的多个峰值是用于检查振荡器的相位图坐标系的函数。他们进一步演示了一种非线性标准化技术来解决这个问题,但指出这可能是多余的步骤,因为功率谱峰值往往至少相差一个数量级。

另一组与 CRP 相关的批评针对那些在计算相对相位之前未能标准化相位图坐标的研究。批评的观点是,产生最大幅度的段会主导相对相位计算,使得相对相位成为协调性的一个不准确测量。标准化技术旨在产生原始相位图的标量倍数,同时保持肢体段的动态特性。然而,后来的研究表明,幅度标准化往往会扭曲相位图,导致错误的 CRP 计算。

4. 用希尔伯特(Hilbert)变换估算相对相位

如前所述，从角位移时间序列中估算相对相位存在许多问题。除了人类步态固有的幅度和频率非平稳性外，这些计算还引发了与测量噪声和时间导数估算相关的问题。最近，使用 Hilbert 变换估算 CRP 的替代方法在运动科学界重新引起了兴趣。尽管需要进一步的实证研究，但 Hilbert 变换显示出极大的潜力，因为这种方法同时解决了上述所有问题及最近提出的 CRP 计算中所谓的顺序误差问题。

5. 相对相位动态的统计汇总

人类步态在不同人甚至同一周期中往往表现出高度可变性。这就是伯恩斯坦于 1967 年提出的"无重复的重复"。因此，有必要以统计术语来评估相对相位动态。文献中使用的标准测量方法是那些与平均相对相位及其周围的变异性有关的方法。这些统计测量方法允许识别主导的协调模式及其稳定性。平均绝对相对相位(MARP)服务于识别同相或反相吸引子等主导模式。

(二) 相对相位动力学在人类步态中的应用

自从 DST 引入运动科学领域以来，它便吸引了许多对人类步态进行研究的学者。之前讨论的理论概念非常适合应用于人类步态这样的过程，因为这一过程要求在不断变化的环境中控制众多神经肌肉自由度。因此，许多早期将 DST 应用于人类步态的研究都从发展视角出发并不令人惊讶。本部分提倡的 DST 方法，涉及对集体变量动力学的研究，具有非常广泛的适用性。

如前所述，DST 对节段间协调的研究表明，步态模式是神经肌肉系统协调配合的结果。该系统的持续组织取决于跨越个体、环境和任务固有的多个空间与时间尺度的众多约束。显然，步行的协调模式不仅依赖于诸如步行表面和速度等因素，还与受伤和疾病有关。

1. 前交叉韧带重建手术后的相对相位动力学

前交叉韧带损伤是一种常见的病症，通常需要手术干预。从 DST 的角度来看，可以推测，由前交叉韧带重建引起的情境变化可能会改变节段间协调的动力学。这种差异被认为是由于膝关节本体感觉信息的丧失而产生的，一些研究支持这一观点。

Kurz 等人(2005)研究了通过手术干预改变前交叉韧带可能导致足部、小腿和大腿的相对相位动力学变化的想法。他们从 10 名健康对照组参与者和 10 名最近接受了髌腱前交叉韧带重建手术的参与者中收集了步行与跑步的运动学数据。手术后的平均时间为 10 个月。来自手术组和对照组的参与者以自选的速度步行和跑步，直到感到舒适，此时再收集 15 个连续的足部落地数据进行分析。CRP 在站立相期间分别在足-小腿和小腿-大腿关系之间进行估算。与预期一致，图形检视的集成相对相位曲线和统计特征(如 MARP)均显示出一些显著发现。

研究者指出，虽然在步行过程中手术患者和对照组在足-小腿集成 CRP 曲线中的反转点时间相似，但极小值和极大值的幅度不同。他们还发现，站立相末期大腿相对于小腿的典型相位领先在手术患者中比对照组更大。CRP 曲线的图形检视还提供了证据，表明手术对跑步时关节动力学产生了影响，表明两个关节的 CRP 在时间和幅度上均存在显著差异。这些结果表明，前交叉韧带重建会改变关节动力学，并且强烈支持在实验室和临床环境中使用 CRP。

2. 相对相位动力学与年龄

DST 的普遍性在理解与年龄相关的步态变化方面得到了进一步强调。一些早期的 DST 和步态分析研究将年龄作为控制参数进行研究。换句话说,可以假设随着年龄控制参数的调整,步态动力学(即相位转换)在一生中发生定性变化。这种现象在婴儿获得步行技能方面得到了充分的记录,并且最近也在老年人中得到研究。许多学者已经证明,老年人与年轻人相比,步态动力学存在差异。一些研究发现,身体各段之间的协调模式存在差异,而另一些研究则发现更高阶的动力学变量和步态运动学的统计结构存在差异。

例如,在一项最近的研究中,91 名老年女性在一条 7 m 的步道上行走,同时使用运动追踪系统记录她们的运动。研究人员报告了一些预期的结果,即平均相对相位与参与者特征(如年龄和体重)之间存在相关性。众所周知,老年人与年轻人在相对相位动力学方面存在差异。更有趣的是,他们发现平均相对相位与其他测量的步态参数之间在控制参与者特征后,存在中等强度的相关性。在站立相晚期,步态速度、步长和步频与平均相对相位之间呈现负相关,尽管步态速度和步频的相关性更强。与先前的研究类似,这些结果支持步态动力学随年龄变化的假设,并进一步表明与年龄相关的其他重要步态参数的变化可能与关节角度协调动力学有关。显然,DST 方法的普遍性在重要的临床和发展环境中得到了验证。

第三节　行走与跑步步态生物力学分析及研究

一、行走与跑步的步态特征差异

(一) 行走与跑步步态分析的历史回顾

行走时,若有人沿墙而行,并将一根沾有墨水的芦苇固定在头上,芦苇在墙上留下的痕迹将形成"之"字形的线条,而非直线。这是因为在弯曲腿部时,线条会偏低,而在直立或抬腿时,线条则偏高。据记载,亚里士多德(公元前 384~前 322 年)首次详细观察并记录了这一现象,表明人类在历史长河中一直对行走的细节保持着浓厚的兴趣。然而,直到 1836 年,韦伯(Weber)兄弟才出版了首部步态科学著作,为步态研究奠定了系统基础。他们借助伽利略、博列利与牛顿等科学巨匠的研究成果,利用当时的工具如秒表、卷尺和望远镜,首次系统描述了步态的诸多要素,如步长、步频、足与地面的间隙及身体的垂直位移。此外,他们提出了行走时肌肉做功最小化的假设,后来的研究证实了这一观点的正确性,尽管身体如何精确地最小化能量消耗至今仍不完全明了。

19 世纪的科学进步推动了步态研究的发展,马雷、卡莱和维罗特等研究者扩展了步态知识。马雷和卡莱发明了将气缸与记录器相连的步态测量技术,维罗特则通过在鞋和肢体上安装喷墨装置,留下步态运动的永久痕迹。电影摄影术的出现,为记录和研究人类及动物的运动模式提供了强有力的工具。迈布里奇在这一领域的贡献尤为突出,他通过连续摄影技术,解决了马在快步奔跑时四蹄是否同时离地的争议,并建立了关于人类与动物步态的丰富影像资料,这些资料最初出版于 1887 年,并在 1979 年再版。

最初的步态研究主要集中于平面分析,动作大多记录在矢状面上,较少涉及额状面。

Braune 和 Fisher 在 1895~1904 年间开创了综合三维步态分析的先河。他们使用四台摄影机(每侧两台)和多处安装在身体不同部位的灯管,记录了关节在三维空间中的运动轨迹。他们首次运用力学原理测量动态参数,如段加速、段惯性和段间负荷(包括关节力矩),并推翻了韦伯兄弟在 1836 年提出的步态摆动期仅由被动钟摆理论解释的观点。

20 世纪的科学进展显著提升了对步态的理解。步态记录设备从简单的尺子和测角器逐渐演变为高度精密的红外线系统,能够实时提供肢体的三维坐标数据。Eberhart、Murray、Inman、Winter 和 Perry 等研究者利用各种成像技术对步态运动学进行了深入分析。特别是 Murray 在 20 世纪 60~80 年代的研究,对正常和异常步态的运动学进行了详尽的描述,其成果对人工关节和假肢的设计产生了深远影响。

随着足-地接触力测量技术的发展,步态动力学的理解得到深化。Amar、Elftman、Bresler 和 Frankel、Cunningham 和 Brown 等研究者在这一领域作出了重要贡献。步态分析技术的进步,使得肌肉活动的电信号记录成为可能。当肌电图与步态运动学相结合时,研究者得以更清晰地理解每块肌肉在步态中的具体作用。

如今,步态分析多在专门的生物力学实验室进行。通过多个同步高速照相机获取的三维运动学数据,结合嵌入地面的测力台测量的地面反作用力,以及多通道肌电图系统记录的肌肉活动模式,研究者能够计算出下肢关节的力、力矩和功率。这些数据为正常与异常步态的分析提供了重要依据,被应用于多种病理条件下的步态分析与治疗中。

(二) 行走与跑步的步态特征差异

行走与跑步是人类最常见的两种移动方式,尽管它们看似相似,但在生物力学、运动学和能量消耗等方面存在显著差异。这些差异不仅反映在步态的具体特征上,还影响了人体在不同运动状态下的稳定性、效率和受伤风险。本部分将从步态周期与相位差异、步幅与步频、触地时间与接触方式、运动学参数差异、能量代谢与效率、肌肉活动模式、神经控制机制及步态变化的适应性等多个角度,详细探讨行走与跑步的步态特征差异。

1. 步态周期与相位差异

步态周期是指从一只脚接触地面到同一只脚再次接触地面所经历的整个时间段。步态周期在不同的运动形式中表现出显著差异,特别是在行走和跑步之间。了解这些差异对于生物力学、康复医学和运动训练至关重要。

在行走过程中,步态周期可分为支撑期和摆动期。支撑期是指脚与地面接触并支持身体重量的时间,而摆动期则是脚离开地面并向前摆动的时间。支撑期进一步细分为单支撑期和双支撑期。单支撑期指一只脚单独承受身体重量的时间,而双支撑期则是两只脚同时接触地面、共同支撑身体的阶段。通常情况下,行走时支撑期占整个步态周期的 60%~65%,其中双支撑期约占 20%。摆动期则占 35%~40%。双支撑期的存在赋予行走更大的稳定性,但也限制了行走速度的增加。

相比之下,跑步的步态周期显得更加复杂和动态。跑步时,步态周期不再包括双支撑期,而是由单支撑期、摆动期和腾空期组成。腾空期是跑步中最具特色的阶段,指的是双脚同时离开地面的时间。由于腾空期的存在,跑步比行走更具爆发力和不稳定性。支撑期在跑步中仅占 30%~40%,摆动期则占据较大的比例,而腾空期使跑步充满了动态性和不确定性。

最新的研究进一步揭示了步态周期在不同运动形式中的变化规律，并探讨了这些差异对能量消耗、运动效率及伤害风险的影响。例如，研究表明跑步中的腾空期虽然增强了运动的爆发性，但也增加了关节和肌肉的负荷，从而可能提高受伤的风险。此外，行走中的双支撑期则提供了额外的稳定性，减少了能量消耗，但其限制也决定了行走速度的上限。因此，理解步态周期和相位差异不仅对运动表现优化具有重要意义，而且在康复治疗和防止运动损伤方面也提供了重要参考。

2. 步幅与步频

步幅和步频是衡量步态的重要参数，也是影响运动效率和生物力学负担的关键因素。步幅指的是每一步所跨越的距离，而步频则是每分钟的步数。这两个参数在行走和跑步时的表现各有不同。

在行走时，步幅通常较小，平均在 70～90 m 之间，步频较低，通常为 90～120 步/分（图 5-19）。行走时，人们通常以较小的步幅和较低的步频前进，这是因为行走是一种相对稳定且能耗较低的运动形式。步幅和步频之间通常呈现出一定的反比关系，即在较低速度行走时，人们往往倾向于加大步幅而降低步频，以维持稳定的行走节奏。

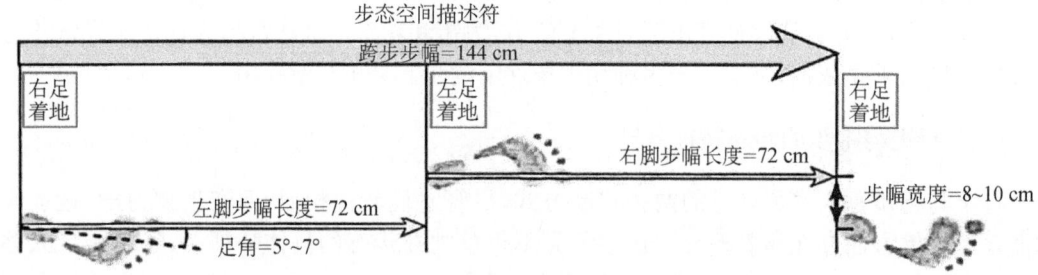

图 5-19 行走步态空间描述符和其在正确步态周期的数据

然而，在跑步时，步幅和步频都有显著增加。随着速度的提升，跑步的步幅可以达到 1.2～1.5 m，甚至更高，而步频也会相应增加，通常在 160～200 步/分之间。这种调整是为了适应更高的运动强度和速度要求。在较高速度下，增加步幅可以减少每分钟的步数，从而提升速度，而步频的增加则有助于维持流畅的跑步节奏。

根据最新研究，跑步时的最佳步频和步幅组合不仅能够有效提升运动效率，减少能量消耗，还能降低运动伤害的风险。研究表明，过高或过低的步频和步幅都可能导致不必要的肌肉疲劳或关节压力，增加受伤的可能性。因此，找到个人适合的步频和步幅组合对于长期跑步者而言尤为重要。这一组合通常因人而异，取决于个体的体型、肌肉力量、柔韧性及跑步经验等因素。

一些研究还探讨了步频和步幅的自我优化机制，即在一定的跑步速度下，人们自然会调整步态参数以达到最佳的生物力学效率。这种自然调整反映了人体在运动过程中对能量消耗和运动负担的精细管理。综上所述，理解并优化步幅和步频是提升运动表现和预防伤害的关键因素之一。

3. 触地时间与接触方式

行走和跑步的触地时间存在显著差异，这不仅影响步态特征，还对身体的生物力学负荷有重要影响。在行走时,每一步的接地时间较长,通常在0.6~0.8秒之间。行走的接地过程相对平稳,通常是由脚后跟先接触地面,然后脚掌逐渐接触,最后由脚趾离地。这种渐进的着地方式使得身体可以缓慢吸收冲击力,因此地面对身体的冲击较小。这种平稳的接地模式有助于减少对关节和肌肉的压力,使得行走成为一种低冲击性、低能耗的运动形式,适合长时间的持续运动。

相较之下,跑步时的接地时间显著缩短,每步在0.2~0.3秒之间。跑步时的接地方式通常不同于行走,大多数跑者会用前足或中足部位先接触地面,随后迅速离地。由于接地时间短,身体在跑步过程中需要迅速应对地面的冲击力,这使得每一步都产生更大的垂直冲击力,尤其是在高速跑步时。这种高冲击力对下肢关节,尤其是膝盖和踝关节,施加了更大的压力,也因此增加了运动损伤的风险。

为了应对跑步时的高冲击力,合适的缓冲措施显得尤为重要。例如,穿着具有良好缓震性能的跑鞋、选择柔软的跑步场地,以及通过力量训练增强腿部肌肉,都可以有效减少跑步时的冲击力,保护关节和肌肉。此外,最新研究还表明,跑步者的接地方式和接地时间与他们的跑步经济性密切相关。那些能够在短时间内有效吸收冲击力并迅速推进的跑步者,通常表现出更高的跑步效率。

此外,研究还强调了跑步技术的优化在减少受伤风险方面的作用。例如,逐渐过渡到前足或中足着地的跑步技术,有助于减少对脚后跟的冲击,并可能降低某些类型的跑步损伤。合理的步态调整结合适当的装备和训练计划,可以帮助跑者在提升速度的同时,减少身体所承受的冲击力。理解和优化接地时间与接地方式,是提升运动表现和预防伤害的关键因素。跑步者应根据个人的身体状况和运动目标,进行相应的调整和训练,以实现最佳的运动效果和最小的受伤风险。

4. 运动学参数差异

运动学参数包括关节角度、角速度和加速度等,这些指标对于理解人体运动机制和优化运动表现具有重要意义。在行走过程中,髋关节、膝关节和踝关节的运动幅度相对较小,主要表现为较为温和的角度变化。例如,髋关节的屈曲-伸展角度通常在30°~40°之间,膝关节的角度变化范围为10°~15°,而踝关节的运动则主要集中在大约20°的屈曲和背屈之间。这种较小的运动幅度与行走的低速稳定性和较低的能量消耗相匹配,使得行走成为一种节能、高效的日常活动形式。

然而,在跑步时,这些关节的运动幅度显著增加,以适应更高的速度和动力需求。髋关节的屈曲角度可达60°或更高,以提供更大的前推力;膝关节在摆动期的屈曲角度可以达到90°,这有助于抬高大腿并缩短摆动腿的长度,从而提高跑步速度和步幅效率;踝关节的背屈和屈曲范围也更广泛,以适应跑步过程中更大的冲击力和推进需求。这些更大的角度变化不仅帮助跑步者实现更大的步幅,还显著提高了运动速度。

最新研究表明,跑步过程中关节角度的增加与运动效率的提升密切相关。更大的髋关节屈曲有助于更有效地利用髋部力量,而膝关节的充分屈曲则有助于减少摆动腿的惯性,从而减少能量消耗。踝关节在跑步中的灵活运动,则有助于更好地控制地面反作用力,减少关节压力并提高运动经济性。

此外,研究还指出,不同跑步技术和速度下的关节角度变化会影响跑步的生物力学模式。例如,较高的髋关节屈曲角度和膝关节屈曲角度通常与更快的跑步速度相关,而这些角度的优化调整可以帮助跑者提高运动表现并降低受伤风险。因此,理解并优化这些关节的运动学参数,对于提高跑步者的速度和效率,同时减少运动损伤的风险,具有重要的应用价值。关节角度在行走和跑步中的变化不仅反映了运动模式的差异,也揭示了运动表现和安全性的核心要素。通过科学的训练和技术调整,跑步者可以有效利用这些运动学参数,优化自己的运动表现。

5. 能量代谢与效率

行走与跑步在能量代谢方面的差异十分显著,这不仅影响运动的效率,还对长期的体能管理和健康维护有重要意义(图5-20)。在行走时,人体的能量消耗相对较低,通常每分钟消耗的能量为 3~6 kcal(1 kcal=4 184 J),具体消耗量依赖于个体的体重、速度和地形等因素。行走的能量消耗与速度呈线性关系,这意味着随着行走速度的增加,能量消耗也相应增加,但这种增加是平稳且可预测的。由于行走是一种相对低强度的活动,人体能够在较低的能量消耗下,长时间维持稳定地移动,被视为一种非常"经济"的运动方式。这使得行走成为日常活动、体重管理和低强度有氧锻炼的理想选择。

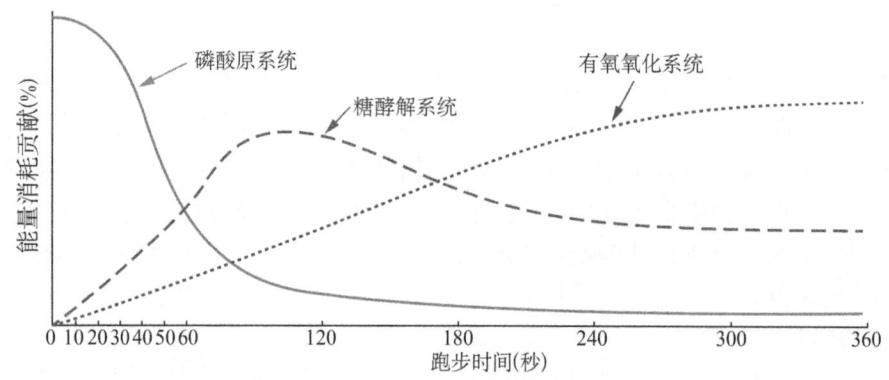

图5-20 耐力跑能量系统代谢供给

相比之下,跑步的能量消耗显著更高,即使在低速跑步时,能量消耗也远高于行走。跑步时,能量消耗与速度的关系更加复杂,一般呈非线性增长。这意味着随着跑步速度的增加,能量消耗呈指数上升。例如,从慢跑到中速跑步,能量消耗的增加幅度远大于从慢走到快走的增加幅度。这种非线性关系主要是因为跑步时身体需要克服更大的阻力,同时还要维持平衡和稳定性,从而导致更多的能量需求。此外,跑步时更大的肌肉群参与运动,尤其是腿部和核心肌群,为保持速度和稳定性,额外的肌肉活动也增加了能量消耗。

最新研究表明,跑步的能量利用效率通常低于行走。这是因为在跑步过程中,除了克服重力和前进的阻力外,还需要额外的能量来支持更大幅度的肌肉运动和保持动态平衡。尤其是在高速跑步时,能量消耗迅速增加,主要由加速、减速、跳跃和着地时的冲击吸收等动作引发。这些因素都导致了跑步比行走更高的代谢成本。

此外,研究还指出,跑步速度与能量消耗的关系并非简单的线性,而是受多种因素影响,包括跑步者的技术、身体状况、地形和外部环境等。例如,优化跑步技术、选择适宜的跑步装备,以及在适当的环境中进行跑步训练,都可以帮助减少不必要的能量消耗,提高跑步效率。行走和跑步在能量代谢方面的显著差异反映了这两种运动形式的不同生物力学特征和生理需求。理解这些差异,对于制订个体化的运动计划、优化运动表现及有效管理能量消耗具有重要的指导意义。

6. 肌肉活动模式

行走和跑步时的肌肉活动模式存在显著差异，这不仅影响运动的动力学表现，还对不同运动强度下的肌肉负荷和能量消耗产生影响。在行走过程中，主要的肌肉活动集中在下肢，尤其是股四头肌、腓肠肌和臀大肌。这些肌肉群在行走时起到支撑身体重量并推动身体前进的关键作用。行走的肌肉活动以离心收缩为主，即肌肉在拉长时产生力量。离心收缩不仅有助于在脚接触地面时缓冲地面对身体的冲击，还能帮助控制步伐的平稳性，减少对关节和肌肉的压力。这种缓和的肌肉活动模式使得行走成为一种相对温和的运动形式，适合日常活动和低强度锻炼。

相比之下，跑步时的肌肉活动模式和强度发生了显著变化。除了下肢肌肉，核心肌群在跑步中扮演了更加重要的角色，以维持身体的稳定性和正确的姿态。核心肌群，包括腹肌、背部肌肉和髋部肌肉，在跑步时协同工作，以确保身体在高速运动中的平衡和协调。特别是在高速跑步和长时间跑步时，强健的核心肌群能够减少不必要的身体摆动，提高跑步效率，减少能量消耗。

在跑步过程中，肌肉的活动以向心收缩为主，即肌肉在缩短时产生力量。这种向心收缩在跑步的腾空期和支撑期中尤为重要。特别是在腾空期结束时，为了推动身体向前和向上，股四头肌、腓肠肌和臀大肌等下肢肌肉进行强烈的向心收缩，产生强大的推动力。这种强烈的肌肉收缩不仅有助于加速前进，还能增强跑步者的跳跃能力，从而提高跑步的速度和效率。

最新的研究表明，跑步时肌肉活动的强度和模式变化，与跑步的速度、地形和跑步技术密切相关。例如，增加跑步速度会显著增加肌肉的向心收缩强度，尤其是在坡道上跑步时，腓肠肌和股四头肌需要额外发力以克服重力的影响。此外，跑步者的技术水平也会影响肌肉的活动模式。良好的跑步技术可以帮助优化肌肉的向心和离心收缩过程，提高运动效率，并减少受伤的风险。行走和跑步时的肌肉活动模式反映了两种运动形式在动力学和生物力学上的不同需求。理解这些差异对于制订科学的训练计划、提高运动表现及预防运动损伤具有重要意义。通过针对性地强化相关肌群，特别是核心肌群的力量和耐力，跑步者可以更有效地利用肌肉力量，提高跑步效率，同时降低受伤风险。

7. 神经控制机制

行走和跑步的神经控制机制确实存在显著差异，这种差异体现在不同层次的神经系统参与及对运动控制的复杂性要求上。行走是一种相对自动化的运动模式，主要由脑干和脊髓的反射弧控制，这些结构能够通过固有的神经环路自动协调步伐和肌肉活动（图 5-21）。由于行走的神经控制较为基础，参与高层次控制的脑区相对较少，这使得行走可以在较少的意识参与下完成。即使在疲劳状态下，行走的自动化特性仍然能够维持，这也是为什么人们可以在疲惫时不自觉地继续行走的原因。这种自动化特性使得行走成为一种相对低认知负荷的运动形式，非常适合长时间的低强度活动。

相比之下，跑步的神经控制机制则更加复杂，尤其是在速度增加或环境变得复杂时。这种复杂性主要体现在需要更高层次的脑区参与，包括大脑皮质的运动区、感觉区及相关的皮质下结构。这些脑区协同工作，负责精细调节跑步时的动作协调、步态调整及环境感知。在跑步过程中，快速和精确的感知反馈与运动输出至关重要。例如，当跑步者在复杂的地形上

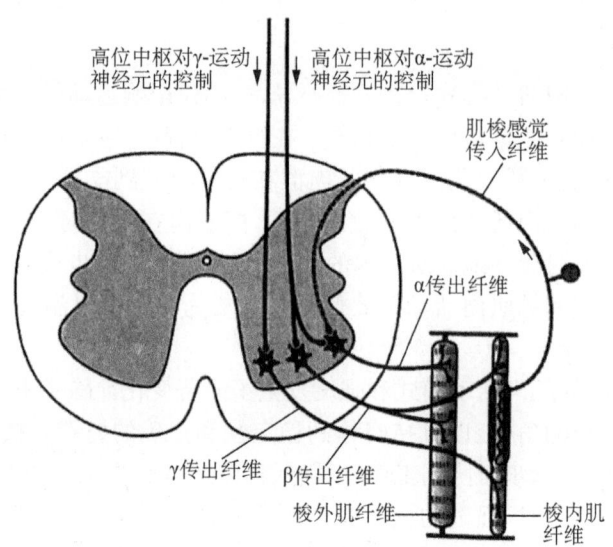

图 5-21　高位中枢对骨骼肌运动控制模式

行进时,大脑需要迅速处理来自视觉、前庭感觉及本体感觉的反馈,以调整步态和姿势,确保平衡和稳定。

跑步不仅依赖于中央神经系统的高度控制,还需要外周神经系统的快速反应。本体感觉反馈在跑步中起到了关键作用,它通过感知肌肉张力、关节角度和身体位置等信息,帮助身体进行实时调整。这些反馈信息通过外周神经系统传递到中枢神经系统,促使大脑进行动态的运动调整,如改变步幅、调整着地角度或加速肌肉收缩等,以应对不断变化的外部条件。

最新研究表明,跑步时的神经控制不仅需要高度协调的中枢神经系统参与,还依赖于外周神经系统的高效反馈机制。特别是在高强度跑步或比赛中,大脑需要快速整合来自身体各部位的感觉信息,并在瞬间作出反应。这种高度复杂的神经控制机制使得跑步成为一种认知和体能要求都较高的运动形式。

此外,研究还发现,经过训练的跑步者能够通过神经适应,提高跑步的效率和稳定性。这种神经适应包括更快的反应时间、更精确的步态控制及更有效的感知-运动协调能力。通过重复练习,跑步者的大脑和神经系统能够更好地预测并应对跑步过程中可能出现的挑战,从而减少能量消耗,提升运动表现。行走和跑步在神经控制机制上的差异反映了这两种运动形式对大脑和神经系统的不同要求。理解这些差异对于制订科学的训练方法,提高运动表现,尤其是在复杂环境中安全有效地跑步,具有重要的指导意义。

8. 步态变化的适应性

行走和跑步在应对环境变化时的适应性确实存在明显差异,这与两种运动形式的速度、步态稳定性及身体控制要求密切相关。行走时,由于速度较慢且步态相对稳定,人们更容易应对不同地形的变化,如上坡、下坡或不平整的地面。在行走过程中,人体能够通过微调步幅和步频来适应这些变化,从而保持平衡并减少能量消耗。这种适应能力使得行走在各种环境下都能保持较高的稳定性,降低了对肌肉和关节的压力,同时减少了意外受伤的风险。

相比之下,跑步,尤其是在高速情况下,面对环境变化时的适应性要求更高。跑步的步态具有高度的动态性,当遇到不平整的地面、急转弯或突然的地形变化时,身体需要迅速做出调整。这些调整通常包括改变步幅、调整着地角度,以及加大肌肉力量的输出,以维持身体的平衡和稳定。这种快速反应的需求显著增加了跑步时的复杂性和难度。

跑步时,由于身体处于短暂的腾空状态,每一步的落地冲击力较大,因此在不稳定的地面上跑步时,保持平衡和避免受伤变得尤为关键。最新研究表明,跑步时对环境变化的适应性不仅依赖于身体的力量和灵活性,还涉及神经系统对外部刺激的快速响应能力。例如,在遇到不平整地面时,脚踝和膝关节的肌肉需要迅速收缩或放松,以防止扭伤或其他类型的肌肉损伤。

此外,跑步时的高速度也意味着在应对突然的地形变化时,肌肉和关节承受的瞬时负荷更大。这种高要求的适应性增加了跑步时受伤的风险,尤其是常见的扭伤、肌肉拉伤和关节损伤等。因此,跑步者在训练时需要特别关注力量训练和灵活性训练,以提高应对复杂环境的能力。

最新研究还强调了跑步技术和经验在适应环境变化中的重要性。熟练的跑步者通常能够更好地预判地形变化,并通过调整步态和姿势来减少潜在的风险。例如,在下坡跑步时,通过缩短步幅和增加步频,可以减少着地冲击力,从而降低膝关节受伤的风险。行走和跑步在面对环境变化时的适应性差异,反映了这两种运动形式在生物力学和神经控制上的不同要求。对于跑步者而言,理解并增强应对复杂环境的适应性,不仅有助于提高跑步表现,还能有效减少运动损伤的风险。科学的训练方法,包括增强力量、灵活性和技术的训练,可以帮助跑步者更安全地应对各种环境挑战。

(三)总结

综上所述,行走与跑步作为两种基本的移动方式,虽然看似相似,但在步态周期、步幅、步频、接地时间、运动学参数、能量代谢、肌肉活动模式及神经控制机制等多个方面存在显著差异。这些差异不仅决定了运动的效率和能量消耗,还直接影响个体的运动表现和受伤风险。因此,深入理解行走与跑步的步态特征,对运动训练、康复治疗及日常生活中的安全移动具有重要的实践意义。

通过对行走与跑步在上述各个方面的差异进行详细分析,我们可以为运动员和普通人制订更科学的训练计划,帮助预防运动损伤。此外,这些研究成果还为鞋类和辅助设备的设计提供了科学依据,使这些产品能够更好地契合人体的生物力学特征,从而提升人们的运动体验和整体生活质量。深入探讨这些机制,不仅能帮助我们优化现有的运动方法,还能推动相关领域的技术创新,进而更好地服务于人类的健康和福祉。

二、行走与跑步的步态生物力学特征进展

行走与跑步是人类最基本且重要的运动形式,不仅与日常生活密切相关,还在运动训练、康复治疗等领域中起着至关重要的作用。步态生物力学研究通过分析人类在行走与跑步中的运动学和动力学特征,揭示了下肢肌肉、关节在不同运动状态下的协调模式和力学负荷,从而为改善运动表现、预防运动损伤,以及康复训练提供了理论基础。

自19世纪末人类运动学研究开始以来,步态分析技术经历了从初步的定性观察到现代

三维运动捕捉、力平台测量、肌电图分析等多种先进技术手段的飞跃。随着科学技术的发展,步态生物力学的研究范围不断拓展,不仅包括对正常步态的分析,还涉及病理性步态、老年步态,以及个体化步态等多个方面。本部分旨在全面综述行走与跑步的步态生物力学特征研究进展,并探讨其在未来研究中的潜力与挑战。

(一) 行走的步态生物力学特征

1. 行走周期的定义与分解

行走周期是指从一个足部触地开始,经过一系列连续的步态阶段,再次到同一足部触地所经历的完整时间(图 5-22)。这一周期代表了人类在行走时最基本的重复运动单元。整个行走周期可以细分为两个主要阶段:支撑期和摆动期。

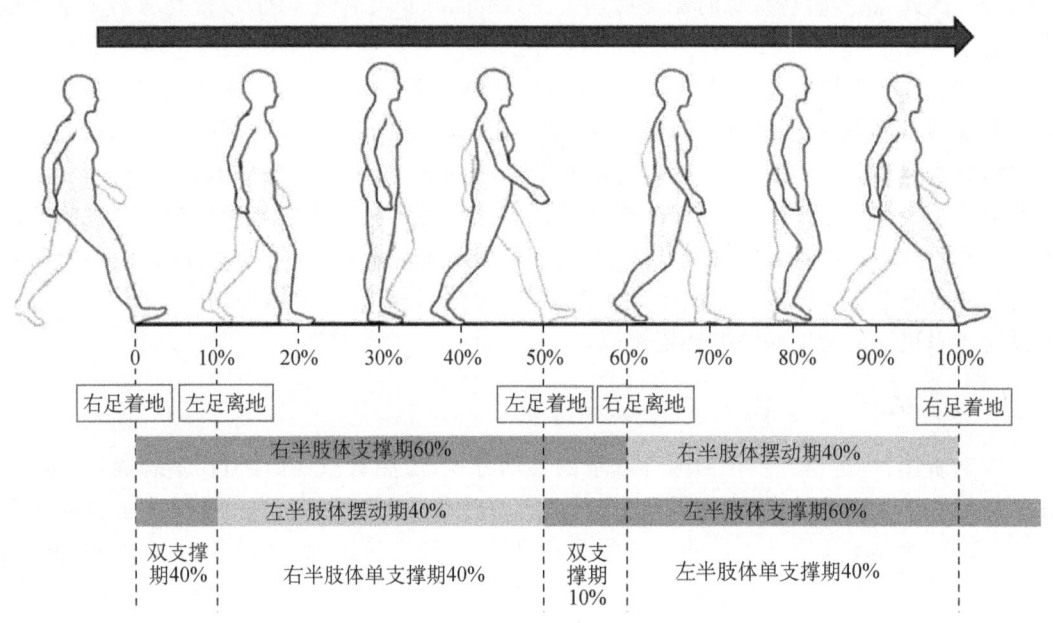

图 5-22　行走步态周期描述的支撑期和摆动期及单、双支撑期

支撑期是指足部接触地面的时间段,约占整个行走周期的60%。在支撑期内,身体的重心通过下肢的协调运动得到稳定的支持。支撑期又可以进一步分为双支撑期和单支撑期。在双支撑期期间,双脚同时接触地面,这一阶段的存在大大增强了行走过程中的稳定性,特别是在行走速度较慢时或在老年人群中,双支撑期的相对延长常被视为维持身体平衡的重要补偿机制。双支撑期的延长意味着身体在此时更加稳定,能够更有效地抵御外界因素对平衡的干扰,减少摔倒的风险。单支撑期则是当身体重量完全由一只脚承担时的阶段,这一阶段更具动态性,反映了身体在行走过程中如何通过肌肉力量和关节运动来维持平衡并推动前进。

摆动期则是行走周期中另一重要部分,占整个周期的40%。这一阶段的主要特点是足部离地,悬空向前摆动,为下一步的支撑作准备。摆动期的长度和稳定性直接影响了行走的节奏与效率。在摆动期期间,髋关节、膝关节、踝关节的协调活动显得尤为重要,特别是在保持步态流畅性和防止足部拖地方面。摆动期的运动策略和神经控制模式在不同个体之间可能有所差异,尤其在步态障碍患者中,这一阶段的异常表现可以成为诊断和治疗的重要依据。

2. 生物力学参数的测量

行走步态的生物力学参数是评估步态特征、分析运动过程及理解运动机制的重要指标,主要包括力学参数、运动学参数和能量代谢指标。

(1) 力学参数:地面反作用力是步态分析中最常用的力学参数之一,它反映了人在行走过程中与地面之间的相互作用力。这一力学参数可以通过力平台测量得到,通常被分解为垂直方向、前后方向及侧向的分量,分别对应身体的重量支撑、前后推动和侧向稳定功能。关节力矩和肌肉力量则是通过动力学分析得到的,反映了关节在不同支撑阶段的负荷情况和肌肉的工作状态。这些力学参数对于理解行走过程中下肢的负荷分布、评估关节受力情况及制订针对性的康复训练方案具有重要的参考价值。

(2) 运动学参数:主要包括步频、步幅、步态周期等基本步态特征,以及髋关节、膝关节、踝关节等在行走过程中的角度变化。随着三维运动捕捉系统的引入,这些运动学参数能够被高精度地实时测量,为研究人员提供了更为详尽的步态数据。例如,髋关节在行走过程中的前屈和后伸运动、膝关节的屈伸变化、踝关节的背屈和跖屈动作,这些关节的角度变化不仅揭示了人体在行走时的运动模式,还为分析步态异常提供了重要的依据。通过这些数据,研究人员可以进一步分析不同个体的步态特征,识别潜在的步态问题,并根据个体的具体情况进行运动干预或康复治疗。

(3) 能量代谢指标:行走过程中能量的消耗主要由肌肉的工作量决定。肌肉在收缩过程中消耗的能量可以通过测量氧耗量来估算。间接量热法或呼吸代谢分析仪是常用的测量工具,通过测量人在行走过程中的氧气消耗和二氧化碳生成量,研究人员可以计算出个体在不同速度和步态条件下的能量消耗。这些能量代谢数据对于评估行走的代谢成本及其效率具有重要意义,尤其在对比不同步态策略的能量效率、评估步态障碍患者的代谢需求,以及制订合理的运动处方时,能量代谢参数都是不可或缺的指标。

3. 影响行走步态的因素

行走步态受到多种因素的综合影响,包括年龄与性别、行走速度、疾病与损伤等。这些因素不仅影响步态的表面特征,如步幅和步频,还会影响深层的生物力学机制,如肌肉激活模式和关节力学负荷。

(1) 年龄与性别:研究表明,随着年龄的增长,个体的行走速度往往逐渐减慢,步频降低,步幅缩短,同时双支撑期的时间比例增加。这些变化可能是由于肌肉力量的下降、关节柔韧性的减弱及神经控制功能的衰退所致。老年人的步态特征变化常表现为更长的双支撑期和更低的行走速度,这被视为一种自我保护机制,以减少行走过程中的不稳定性和摔倒风险。此外,性别差异也是影响行走步态的一个重要因素。女性的步态通常表现出较小的步幅和较高的步频,这与女性的骨盆结构较宽、肌肉分布与男性不同等生理特点密切相关。

(2) 行走速度:行走速度对步态参数有显著影响。随着行走速度的增加,步幅会增大,步频也会随之提高,而双支撑期的比例则逐渐减少。这些变化反映了在不同速度下,人体如何调整步态以适应更高的运动要求。在快速行走或慢跑的情况下,单支撑期的比例相对增加,身体依靠较强的肌肉力量和快速的关节运动来维持平衡和推动前进。因此,步态参数随速度的变化不仅反映了运动策略的调整,也揭示了个体在不同运动强度下的生物力学响应。

（3）疾病与损伤：神经系统疾病如帕金森病、脑卒中等会显著影响行走步态，常表现为步幅缩短、步态不稳、起步困难等症状（图 5-23）。这些步态异常通常是由于中枢神经系统对运动控制的损伤或丧失。帕金森病患者常表现出步态僵硬、运动缓慢、步幅缩小，这与其大脑内多巴胺缺乏有关。脑卒中患者则可能出现单侧肢体的运动障碍，导致行走时的步态不对称，步幅和步频出现显著差异。此外，骨关节炎等骨骼肌肉系统疾病也会对步态产生影响，表现为行走时的疼痛、步态异常和步态代偿行为。这些疾病不仅影响患者的行走能力，还会进一步导致运动功能的退化和生活质量的下降。

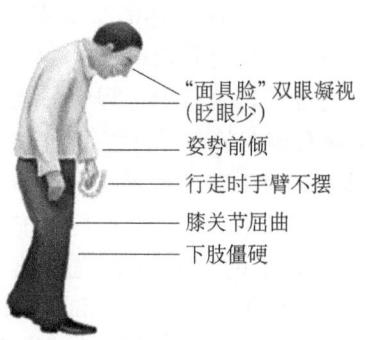

图 5-23　帕金森病异常姿态

4. 现有研究的展望与挑战

行走步态生物力学研究的进展为我们理解人类行走机制提供了深刻的洞见，同时也为运动科学、康复医学、辅助设备设计等领域带来了诸多应用前景。然而，随着研究的深入，一些新的挑战也逐渐显现。

首先，个体间步态差异的研究仍需进一步深化。每个人的步态特征都有其独特性，这种个体差异可能来源于遗传、生活习惯、体态特征等多方面的因素。现有研究多集中于普遍特征的分析，而对个体化步态特征的深入研究尚不充分。未来的研究应更多关注个体间差异的来源及其对行走生物力学的具体影响，从而为个体化的步态评估和干预策略提供更加精准的数据支持。其次，复杂环境下的步态研究仍是一个亟待解决的问题。大多数步态分析是在实验室条件下进行的，而现实生活中的行走环境要复杂得多，包括地形的变化、环境的干扰及其他动态因素。如何在自然环境中准确测量和分析步态生物力学特征，依然是一个具有挑战性的问题。最后，跨学科的整合研究是未来步态生物力学发展的重要方向。步态分析不仅涉及生物力学，还与神经科学、计算机科学、材料科学等领域密切相关。通过跨学科合作，研究人员可以开发出更加先进的步态分析工具和技术，进一步推动该领域的发展。

（二）跑步的步态生物力学特征

1. 跑步周期的定义与分解

跑步周期与行走周期在基本结构上相似，但在生物力学特征和运动模式上具有独特的差异。与行走周期一样，跑步周期也可以分为支撑期和摆动期，但不同的是，跑步周期中增加了一个关键阶段——腾空期，即双脚完全离地的时间段。腾空期的存在是跑步区别于行走的标志性特征。

在跑步过程中，支撑期的时间显著缩短，通常只占整个周期的 30%~40%，相比之下，行走的支撑期约占60%。在支撑期内,一只脚与地面接触,为身体提供支撑和推动力。当支撑期结束时,身体进入腾空期,这一阶段依靠惯性向前推进,而不再受任何脚部的直接支持。腾空期的出现不仅使身体重心抬升,还大大增加了跑步的动态性和复杂性。这要求下肢肌肉在支撑期结束时提供足够的推力,以确保顺利进入腾空期并维持平衡与速度。

摆动期是跑步周期的另一关键部分,与行走中的摆动期类似,是脚从地面抬起后摆动至前方的过程。在跑步中,摆动期的速度和步幅对整体跑步节奏至关重要。摆动期的效率直接影响下一次支撑期的稳定性和跑步的节奏流畅性。腾空期的存在使跑步的步态周期更具挑战性。由于在这一阶段身体完全失去地面支撑,因此跑步的生物力学特征不仅依赖于肌肉的力量和关节的灵活性,还依赖于精确的神经控制和良好的协调能力。整个跑步周期的平衡性和流畅性极大地取决于不同阶段之间的无缝衔接和有效转换。

2. 生物力学参数的测量

跑步步态的生物力学分析涉及多种参数,这些参数能够帮助理解跑步时身体如何运动、施力,以及如何有效地消耗能量。主要的生物力学参数包括地面反作用力、关节力矩与肌肉力量,以及运动学参数。

(1)地面反作用力:在跑步过程中,地面反作用力是最显著的力学指标之一。相比行走,跑步时的地面反作用力峰值显著增加,尤其是在足部落地的瞬间。这一瞬间,地面对足部的冲击力可达到体重的2~3倍。这种巨大的冲击力直接作用于下肢的骨骼、关节和肌肉,是导致跑步相关损伤的主要原因之一,如胫骨疲劳性骨折、膝盖疼痛、足底筋膜炎等。研究显示,不同跑步方式和地面条件下的地面反作用力模式也有所不同。例如,前足跑者与后足跑者在地面反作用力的分布和冲击峰值方面存在显著差异,这些差异对于跑步伤害预防和跑步技术优化具有重要指导意义。

(2)关节力矩与肌肉力量:在跑步过程中,下肢的髋关节、膝关节、踝关节都承受着较高的力矩,尤其是膝关节。在支撑期内,关节力矩的增加反映了肌肉必须产生更大的力量来对抗地面反作用力,同时推动身体前进。跑步经济性和运动表现极大程度上依赖于肌肉的快速收缩与放松能力,尤其是弹性肌腱的高效利用,能够在每一步中储存和释放能量,减少能量的浪费。此外,跑步时的肌肉力量和关节力矩对于防止受伤也至关重要,例如,足部肌肉的力量和稳定性在减少足底压力与预防足底筋膜炎中发挥着关键作用。

(3)运动学参数:跑步的步频和步幅与跑步速度密切相关。随着速度的增加,步频通常会提高,而步幅也会相应扩大。运动学参数还包括髋关节、膝关节和踝关节的角度变化。相比行走,跑步时这些关节的角度变化幅度更大,以适应快速的支撑与摆动转换。髋关节在跑步中的前屈后伸幅度增加,使得腿部能够更好地前摆和后蹬;膝关节的屈伸变化有助于降低冲击力,增强推进力;踝关节的灵活性则在支撑期提供稳定性,并在腾空期为足部提供合适的摆动轨迹。通过精确测量这些运动学参数,研究人员能够分析跑步时的关节运动模式,识别出影响跑步效率和安全性的关键因素。

3. 影响跑步步态的因素

跑步步态受到多种内在因素和外在因素的影响,这些因素不仅决定了跑步的效率,还直接关系到跑步时的安全性和受伤风险。

(1)跑步速度:是影响步态特征的重要变量。在慢跑时,步幅较小,步频较低,身体的动态负荷相对较轻。然而,在冲刺时,步幅和步频均达到最大,身体需要更强的肌肉力量和更快的反应速度来完成每一个步态周期。速度的增加还会显著影响肌肉的参与度和关节的负荷分配。例如，在高速跑步中，髋关节和膝关节的活动幅度和力矩明显增加，踝关节的稳定性需求也随之增强。此外，不同速度下的跑步对神经控制的要求也不同，高速跑步对神经系统的快速响应能力和肌肉协调性的要求更高。

（2）跑鞋与地面特性：跑鞋的设计和地面条件对跑步步态有重要影响。合适的跑鞋可以提供良好的缓冲性能和支撑性，从而减少地面反作用力对下肢的冲击，降低损伤风险。不适合的跑鞋或过硬的地面可能会增加关节的负荷，特别是膝关节和髋关节，导致潜在的运动损伤。近年来，极简跑鞋和赤足跑步逐渐流行，这种跑步方式强调足部的自然运动模式，但同时也增加了足底筋膜和小腿肌肉的负荷，对跑者的技术要求更高。地面的硬度和摩擦系数同样影响着跑步步态，较硬的地面会增加关节的冲击力，而过软的地面则可能导致不稳定，影响跑步的效率和安全性。

（3）疲劳与训练状态：随着跑步时间的延长，肌肉疲劳会逐渐累积，这通常表现为步态的改变。疲劳状态下，跑者的步幅缩小，步频下降，摆动期延长，支撑期的稳定性降低。这些变化不仅降低了跑步经济性，增加了能量消耗，还可能提高受伤的风险。例如，疲劳会导致跑步时的姿势变形，增加膝关节的内翻或外翻角度，从而增加髌股关节压力，引发膝痛等问题。长期的疲劳积累还会导致慢性损伤，如髂胫束摩擦综合征、跟腱炎等。此外，训练状态也直接影响跑步步态，高水平的训练能够改善肌肉力量、耐力和神经控制，提高跑步的效率和安全性，而缺乏训练或过度训练则可能增加受伤的风险。

4. 现有研究的展望与挑战

随着跑步步态生物力学研究的深入，我们对跑步机制、运动表现优化和损伤预防的理解有了显著进展，但仍面临许多挑战。首先，个体差异的研究亟待加强。跑步步态受年龄、性别、体态等因素影响，目前的研究多关注普遍性规律，忽视了个体化特征。未来需要深入探讨这些差异的生物力学和神经机制，为个体化训练和康复提供依据。其次，复杂环境下的跑步步态分析仍是研究前沿。现实中的跑步环境多变，地形、气候等因素显著影响步态。随着可穿戴技术和大数据分析的发展，未来有望在自然环境中获得更准确的步态数据。再次，跨学科研究至关重要，结合虚拟现实和人工智能技术，能够推动个体化步态分析和装备设计的进步。最后，慢性损伤的预防依然是研究重点，通过精细的步态分析，提早识别异常负荷模式，有助于降低损伤风险。综上所述，尽管跑步步态生物力学研究取得了重要进展，未来仍需通过持续创新来提升跑步的科学性和安全性，为跑者提供更好的支持和保障。

（三）步态分析技术的发展与应用

1. 步态分析技术的发展

步态分析技术的发展经历了从定性分析到定量分析的过程。早期的步态研究主要依赖于视觉观察和手动测量，而现代技术的发展使得三维运动捕捉、力平台测量、肌电图分析等技术得以广泛应用。这些技术能够精确测量步态中的运动学和动力学参数，为步态研究提供丰富的数据支持。

（1）三维运动捕捉技术：采用高精度的摄像系统或标记点技术，可以捕捉和分析人体在行走和跑步中的运动轨迹与关节角度变化。这一技术广泛应用于运动科学、康复医学等领域。

（2）穿戴式设备与便携式传感器：近年来，随着科技的进步，穿戴式设备如加速度计、陀螺仪等逐渐应用于步态分析。这些设备可以实时监测行走和跑步中的运动参数,具有便携性和高效性。

(3) 计算机模拟与仿真技术:利用计算机模型对步态进行模拟和仿真,可以深入分析不同步态模式下的力学特征和能量代谢情况。仿真技术为个体化步态分析和运动损伤的预防提供了新的方法。

2. 步态分析的应用领域

(1) 康复医学中的步态分析:步态分析在康复医学中具有重要应用,尤其在脑卒中、帕金森病等神经系统疾病的康复治疗中,通过步态分析可以评估患者的步态特征,制订个体化的康复计划。

(2) 运动训练与运动表现优化:运动员的步态分析可以帮助优化运动技术,提高运动表现。通过分析运动中的步态模式,教练员和运动员可以找到最佳的运动方式,从而提高训练效率。

(3) 体育运动中的步态分析与个体化指导:在职业运动中,步态分析不仅帮助运动员提升表现,还可以用于预防损伤和制订个体化的训练计划。通过分析运动中的步态,了解不同运动项目对下肢的特殊要求,能够更好地为运动员提供专业指导。

(四) 未来研究方向

步态生物力学的研究正在向着更智能化、个体化的方向发展。随着人工智能和大数据技术的引入,步态分析有望实现更高的精度和广泛的应用。

(1) 智能化步态分析系统:未来的步态分析将更多地依赖于人工智能,通过机器学习算法分析大规模步态数据,识别异常步态模式,提供更精准的分析和预测。

(2) 行走与跑步步态的个体化特征研究:不同个体在步态上的差异将成为研究的重点,研究如何根据个体的生理、病理特征,制订个体化的步态优化方案,帮助患者康复或运动员提升表现。

(3) 不同环境与条件下的步态生物力学研究:研究不同地面条件、斜坡、载重等因素对步态的影响,以更好地理解人在复杂环境中的步态调控机制,这对户外运动、军事训练等有重要意义。

(五) 总结

行走与跑步的步态生物力学特征研究在过去几十年中取得了显著进展,通过深入分析行走与跑步中的运动学和力学特征,科学家们揭示了人体运动的复杂性与多样性。这些研究成果不仅在运动科学、康复医学中具有广泛应用,还为未来的个体化运动指导和损伤预防提供了重要参考。随着技术的发展,步态生物力学研究将继续深化,为人类的健康与运动提供更加精准和科学的支持。

三、步态控制的运动生物力学

(一) 步态控制的生物力学原理

1. 力的分析

在步态中,人体受力主要包括地面反作用力、重力、肌力及关节反作用力。了解这些力的相互作用对于理解步态控制至关重要。

（1）地面反作用力：当脚接触地面时，地面施加一个反作用力，该力的大小和方向与脚对地面的作用力相等且相反。地面反作用力在步态中具有重要意义，因为它直接影响步态的稳定性和平衡。地面反作用力的大小和方向随着步态周期的不同阶段而变化，通常在初始接触时达到最大值（图 5-24）。

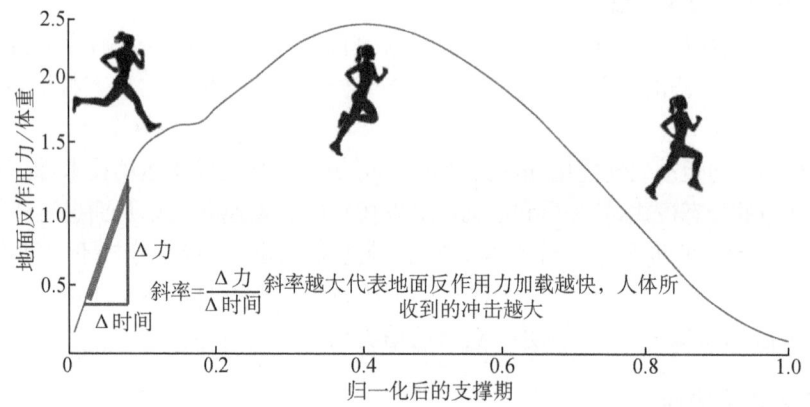

图 5-24 跑步时地面反作用力

（2）重力：作用在人体的每一个部位，影响身体重心的移动。为了保持稳定，人体必须在行走时不断调整身体姿势，以确保重心始终位于支持面内。

（3）肌力：肌肉通过收缩和拉伸产生力量，以驱动关节运动并控制身体的姿势。在支撑期，肌力主要用于抵抗重力并推动身体前进；在摆动期，肌力主要用于加速和减速腿部的摆动。

（4）关节反作用力：当关节运动时，由于肌肉和骨骼的相互作用，关节内部会产生反作用力。关节反作用力反映了关节负荷的大小，对于理解步态中的关节应力分布和预防运动损伤具有重要意义。

2. 关节的运动学与动力学

步态过程中，髋关节、膝关节、踝关节的运动对于整个运动链的协调和稳定至关重要。关节的运动学与动力学研究，旨在分析这些关节的角度变化、运动轨迹及所受的力和力矩。

（1）髋关节：在步态周期中表现出复杂的三维运动。其主要运动包括矢状面上的屈曲和伸展、冠状面上的内收和外展，以及水平面上的内旋和外旋。髋关节的灵活性对于调整步态模式和适应不同地形至关重要。

（2）膝关节：在步态周期中表现出显著的屈曲和伸展运动。在支撑期，膝关节略微屈曲以吸收冲击，并在推离时迅速伸展以推动身体前进；在摆动期，膝关节先屈曲再逐渐伸展，为下次初始接触作准备。

（3）踝关节：主要运动包括跖屈和背屈。在初始接触时，踝关节处于背屈状态，以确保脚后跟首先接触地面；在推离时，踝关节迅速跖屈，帮助脚趾离地并推动身体前进。

3. 能量消耗与效率

步态控制的一个重要目标是最大限度地减少能量消耗，这对于长时间行走或跑步至关重要。能量消耗的研究通常使用呼吸代谢仪测量步态效率以及使用运动捕捉系统计算机械能的转换。

（1）步态效率：步态效率通常以能量成本来衡量，即每单位体重和距离所消耗的能量。正常步态的能量成本最低，而异常步态或疾病状态下的步态往往伴随较高的能量成本。

（2）机械能的转换：在步态周期中，机械能的转换包括势能和动能的相互转换。支撑期拥有最大的势能，而摆动期拥有最大的动能。通过优化步态模式，可以实现能量的高效转换，减少肌肉的额外能量消耗。

（二）步态的神经控制机制

1. 中枢神经系统的作用

步态控制依赖于中枢神经系统的协调工作，尤其是大脑皮质、基底神经节、小脑和脊髓的协同作用。这些区域共同调节步态的启动、维持和调整。

（1）大脑皮质：负责步态的有意识控制，特别是在需要改变步态模式或适应新环境时。例如，当个体在不平地面行走时，大脑皮质会主动调节步幅和步频以保持平衡。

（2）基底神经节：与运动的自动化和重复行为有关。它在步态的节律性控制中起到关键作用，可帮助维持步态的平稳和连续。

（3）小脑：主要负责运动协调和平衡调节。它接收来自前庭系统、本体感觉系统和视觉系统的反馈，并通过调整肌肉活动来维持身体的稳定性和步态的平衡。

（4）脊髓：中央模式发生器（central pattern generator，CPG）是位于脊髓中的神经网络，能够在没有大脑参与的情况下产生步态的基本节律性运动。这解释了在某些情况下，脊髓损伤患者仍能表现出一定的步态模式。

2. 感觉反馈的作用

感觉反馈对于步态的调节至关重要，主要包括来自本体感觉系统、视觉系统和前庭系统的反馈。

（1）本体感觉系统的反馈：本体感觉来自肌肉、关节和皮肤的感觉受体，它提供有关身体各部分相对位置和运动的信息。本体感觉在步态过程中帮助大脑和脊髓调节肌肉力量，以确保步态的稳定和协调。

（2）视觉系统的反馈：视觉系统提供有关环境的信息，帮助个体调整步态以避免障碍物或选择更适合的路径。视觉系统的反馈在复杂环境中的步态调节中尤为重要，如在不平地面行走或跨越障碍时。

（3）前庭系统的反馈：前庭系统感知头部的运动和位置变化，并通过调节眼球和身体的姿势来维持平衡。在步态中，前庭系统帮助协调头部、眼睛和躯干的运动，以确保在移动过程中保持稳定。

3. 脊髓反射与步态

脊髓反射在步态控制中也发挥着重要作用。快速的反射反应可以在突发情况下帮助调整步态，从而避免跌倒或损伤。

（1）牵张反射：当肌肉被快速拉伸时，牵张反射会导致该肌肉收缩，以抵抗拉伸。这在步态过程中尤为重要，特别是在支撑期，当下肢受到外力干扰时，牵张反射能够快速稳定关节，防止跌倒。

（2）屈肌反射与交叉伸肌反射：当一只脚接触到尖锐物体时，屈肌反射会使该脚迅速抬起,同时交叉伸肌反射会促使另一只脚的伸肌收缩,以支撑身体重量。这种反射机制帮助个体快速做出反应,保护身体免受伤害。

(三)步态控制的应用领域

1. 运动医学与康复

步态分析在运动医学中被广泛用于评估运动员的运动表现、检测潜在的损伤风险及设计个体化的康复计划。

通过详细的步态分析,运动医学专家可以识别出异常的步态模式,如过度的足内翻或膝关节外翻,这些可能导致长期的运动损伤。通过早期干预和矫正训练,运动员可以降低损伤的发生率。

在运动损伤后,步态分析可以帮助制订康复计划。例如,前交叉韧带手术后的康复过程中,步态分析可以评估膝关节的恢复情况,并指导进一步的康复训练,以恢复正常步态和运动能力。

2. 假肢与矫形器设计

步态分析在假肢和矫形器的设计中起着关键作用。设计师需要考虑步态的生物力学特点,以确保假肢或矫形器的舒适性、功能性和耐用性。

(1)假肢设计:对于下肢截肢患者,假肢的设计需要模拟正常步态的运动模式。步态分析帮助工程师了解如何通过调节假肢的形状、材料和关节结构,以提供足够的支撑和动力,确保患者能够以自然的方式行走。

(2)矫形器设计:矫形器用于矫正或支持异常的步态模式,如扁平足或膝关节畸形。步态分析可以指导矫形器的设计,确保其有效分散压力、调整步态,从而减轻患者的疼痛并提高步行效率。

3. 机器人与仿生学

仿生机器人和穿戴式外骨骼的发展,依赖于步态控制的生物力学研究。这些设备的设计目标是模拟人类步态的自然运动,以提供流畅和高效的步行体验。

(1)仿生机器人:通过模仿人类的步态模式,实现类似人类的移动能力。这需要在机器人设计中精确控制关节运动、力的传递和能量的利用。步态控制的生物力学研究为仿生机器人提供了理论基础和设计指南。

(2)穿戴式外骨骼:主要用于增强人类的行走能力,特别是在康复训练中。通过步态分析,工程师可以优化外骨骼的设计,使其更好地配合人体的自然步态,减少使用者的疲劳,并提高行走的效率。

(四)步态控制研究的未来发展方向

1. 个体化步态分析

随着技术的发展,步态分析正在向个体化方向发展。个体化步态分析结合了大数据、人工智能和生物力学模型,可以为不同个体提供量身定制的步态评估和干预措施。

通过收集大量个体的步态数据,研究者可以利用机器学习算法发现影响步态的潜在因素,并为不同类型的步态异常设计个体化的干预方案。

可穿戴设备的普及使得实时监测步态成为可能。这些设备可以连续记录步态数据,并通过分析算法提供即时反馈，帮助用户调整步态，防止长时间的不良步态导致损伤。

2. 高精度的步态模拟

未来的步态研究将更加依赖高精度的计算机模拟技术。这些模拟不仅可以重现复杂的步态模式，还可以在虚拟环境中测试各种干预措施的效果。

通过建立复杂的生物力学模型，研究者可以模拟不同条件下的步态模式，如不同的地形、速度或负载。这些计算机模拟为步态研究提供了强大的工具，使得研究者可以在控制环境下测试各种假设和干预措施。

虚拟现实技术为步态研究提供了一个全新的平台。通过在虚拟环境中模拟不同的步态场景，研究者可以测试个体对不同环境的步态反应，并在不需要物理空间的情况下进行复杂的步态训练。

3. 步态与健康监测

步态特征与个体的健康状况密切相关。未来，步态监测可能成为健康管理的重要工具，特别是在老年人群和患有神经退行性疾病的个体中。

步态的变化可以作为某些疾病的早期预警信号。例如，帕金森病患者在早期可能表现出步态的微妙变化，如步幅缩短或步态对称性差。通过步态监测，可以实现疾病的早期检测和干预。

步态监测设备可以与健康管理系统整合，为用户提供全面的健康状况分析。例如，通过长时间监测步态变化，系统可以识别出潜在的健康问题，如步态不稳可能预示着骨质疏松或肌肉力量下降，从而提醒用户采取相应的健康措施。

思考与讨论

1. 足部和踝关节的解剖结构的生物力学功能是什么？
2. 步态分析的基本要素是什么？研究步态变异性和协调控制的方法论是什么？
3. 行走与跑步步态的差异及步态控制的未来方向是什么？

参考文献

Adams J A, 1987. Historical review and appraisal of research on the learning, retention, and transfer of human motor skills[J]. Psychological Bulletin, 101(1): 41-74.

Arutyunyan G H, 1968. Investigation of aiming at a target[J]. Biophysics, 13: 536.

Baker R, 2006. Gait analysis methods in rehabilitation[J]. Journal of NeuroEngineering and Rehabilitation, 3(1): 4.

Barnett C H, Napier J R, 1952. The axis of rotation at the ankle joint in man: its influence upon the form of the talus and the mobility of the *Fibula*[J]. Journal of Anatomy, 86(1): 1-9.

Bauby C E, Kuo A D, 2000. Active control of lateral balance in human walking[J]. Journal of Biomechanics, 33(11): 1433-1440.

Blanc Y, Balmer C, Landis T, et al., 1999. Temporal parameters and patterns of the foot roll over during walking: normative data for healthy adults[J]. Gait & Posture, 10(2): 97-108.

Burdett R G, 1982. Forces predicted at the ankle during running[J]. Medicine & Science in Sports & Exercise, 14(4): 308-316.

Burnfield M, 2010. Gait analysis, normal and pathological function[J]. Journal of Sports Science and Medicine, 9(2): 353.

Buzzi R, Todescan G, Brenner E, et al., 1993. Reconstruction of the lateral ligaments of the ankle: an anatomic study with evaluation of isometry[J]. Journal of Sports Traumatology and Related Research, 15(2): 55.

Calhoun J H, Li F, Ledbetter B R, et al., 1994. A comprehensive study of pressure distribution in the ankle joint with inversion and eversion[J]. Foot & Ankle International, 15(3): 125-133.

Carson M C, Harrington M E, Thompson N, et al., 2001. Kinematic analysis of a multi-segment foot model for research and clinical applications: a repeatability analysis[J]. Journal of Biomechanics, 34(10): 1299-1307.

Cavanaugh J T, Kelty-Stephen D G, Stergiou N, 2017. Multifractality, interactivity, and the adaptive capacity of the human movement system: a perspective for advancing the conceptual basis of neurologic physical therapy[J]. Journal of Neurologic Physical Therapy, 41(4): 245-251.

Cawley P W, France E P, 1991. Biomechanics of the lateral ligaments of the ankle: an evaluation of the effects of axial load and single plane motions on ligament strain patterns[J]. Foot & Ankle, 12(2): 92-99.

Chambers H G, Sutherland D H, 2002. A practical guide to gait analysis[J]. Journal of the American Academy of Orthopaedic Surgeons, 10(3): 222-231.

Clark J E, Phillips S J, 1993. A longitudinal study of intralimb coordination in the first year of independent walking: a dynamical systems analysis[J]. Child Development, 64(4): 1143-1157.

Close J R, 1956. Some applications of the functional anatomy of the ankle joint[J]. The Journal of Bone & Joint Surgery, 38(4): 761-781.

de Asla R J, Wan L, Rubash H E, et al., 2006. Six DOF *in vivo* kinematics of the ankle joint complex: Application of a combined dual-orthogonal fluoroscopic and magnetic resonance imaging technique [J]. Journal of Orthopaedic Research, 24(5): 1019-1027.

Diedrich F J, Warren W H, 1995. Why change gaits? Dynamics of the walk-Run transition[J]. Journal of Experimental Psychology: Human Perception and Performance, 21(1): 183-202.

Earhart G M, 2013. Dynamic control of posture across locomotor tasks[J]. Movement Disorders, 28(11): 1501-1508.

Fuchs A, Jirsa V K, Haken H, et al., 1996. Extending the HKB model of coordinated movement to oscillators with different eigenfrequencies[J]. Biological Cybernetics, 74: 21-30.

Gabell A, Nayak U S L, 1984. The effect of age on variability in gait[J]. Journal of Gerontology, 39(6): 662-666.

Gard S A, Childress D S, 2001. What determines the vertical displacement of the body during normal walking? [J]. JPO: Journal of Prosthetics and Orthotics, 13(3): 64-67.

Gleick J, 1987. Chaos: Making a new science[M]. New York: Viking Penguin.

Grimston S K, Nigg B M, Hanley D A, et al., 1993. Differences in ankle joint complex range of motion as a function of age[J]. Foot & Ankle, 14(4): 215-222.

Hackenbruch W, Noesberger B, Debrunner H U, 1979. Differential diagnosis of ruptures of the lateral ligaments of the ankle joint[J]. Archives of Orthopaedic and Traumatic Surgery Archiv Fur Orthopadische und Unfall-Chirurgie, 93(4): 293-301.

Hak L, Houdijk H, Beek P J, et al., 2013. Steps to take to enhance gait stability: the effect of stride frequency, stride length, and walking speed on local dynamic stability and margins of stability[J]. PLoS One, 8(12): e82842.

Hamill J, Knutzen K, 2009. Biomechanical basis of human movement[M]. 3rd ed. Philadelphia, PA: Wolters Kluwer Health/Lippincott Williams and Wilkins.

Harrison S J, Stergiou N, 2015. Complex adaptive behavior and dexterous action[J]. Nonlinear Dynamics, Psychology, and Life Sciences, 19(4): 345-394.

Hartmann A, Luzi S, Murer K, et al., 2009. Concurrent validity of a trunk tri-axial accelerometer system for gait analysis in older adults[J]. Gait & Posture, 29(3): 444-448.

Hicks J H, 1953. The mechanics of the foot: I. The joints[J]. Journal of Anatomy, 87(Pt 4): 345.

Hollis M J, Dale Blasier R, Flahiff C M, 1995. Simulated lateral ankle ligamentous injury[J]. The American Journal of Sports Medicine, 23(6): 672-677.

Hollman J H, Childs K B, McNeil M L, et al., 2010. Number of strides required for reliable measurements of pace, rhythm and variability parameters of gait during normal and dual task walking in older individuals[J]. Gait & Posture, 32(1): 23-28.

Inman V T, Ralston H J, Todd F, 1981. Human walking[M]. Baltimore: Williams & Wilkins.

Johnson E E, Markolf K L, 1983. The contribution of the anterior talofibular ligament to ankle laxity[J]. The Journal of Bone & Joint Surgery, 65(1): 81-88.

Ker R F, Bennett M B, Bibby S R, et al., 1987. The spring in the arch of the human foot[J]. Nature, 325(6100): 147-149.

Kiefer A W, Ford K R, Paterno M V, et al., 2013. Inter-segmental postural coordination measures differentiate athletes with ACL reconstruction from uninjured athletes[J]. Gait & Posture, 37(2): 149-153.

Kimizuka M, Kurosawa H, Fukubayashi T, 1980. Load-bearing pattern of the ankle joint[J]. Archives of Orthopaedic and Traumatic Surgery, 96(1): 45-49.

Kuo A D, 2007. The six determinants of gait and the inverted pendulum analogy: a dynamic walking perspective[J]. Human Movement Science, 26(4): 617-656.

Kurz M J, Stergiou N, Buzzi U H, et al., 2005. The effect of anterior cruciate ligament reconstruction on lower extremity relative phase dynamics during walking and running[J]. Knee Surgery, Sports Traumatology, Arthroscopy, 13(2): 107-115.

Kurz M J, Stergiou N, Heidel J, et al., 2005. A template for the exploration of chaotic locomotive patterns[J]. Chaos, Solitons & Fractals, 23(2): 485-493.

Lambrinudi C, 1932. Use and abuse of toes[J]. Postgraduate medical journal, 8(86): 459.

Laurin C, Mathieu J, 1975. Sagittal mobility of the normal ankle[J]. Clinical Orthopaedics and Related Research, 108: 99-104.

Lähde S, Putkonen M, Puranen J, et al., 1988. Examination of the sprained ankle: anterior drawer test or arthrography?[J]. European Journal of Radiology, 8(4): 255-257.

Lim Y P, Lin Y C, Pandy M G, 2017. Effects of step length and step frequency on lower-limb muscle function in human gait[J]. Journal of Biomechanics, 57: 1-7.

Lundberg A, Goldie I, Kalin B, et al., 1989. Kinematics of the ankle/foot complex: plantarflexion and dorsiflexion[J]. Foot & Ankle, 9(4): 194-200.

Lundberg A, Svensson O K, Bylund C, et al., 1989. Kinematics of the ankle/foot complex: part 3: influence of leg rotation[J]. Foot & Ankle, 9(6): 304-309.

Lundberg A, Svensson O K, Nemeth G, et al., 1989. The axis of rotation of the ankle joint[J]. Journal of Bone and Joint Surgery British Volume, 71-B(1): 94-99.

Luo Z P, Kitaoka H, Kura H, et al., 1996, Optimal maneuvers for evaluation and treatment of ligaments of the medial ankle and hindfoot[C]. Transactions of the Annual Meeting of the Orthopaedic Research Society,7(2): 391.

Mann R A, Hagy J L, 1979. The function of the toes in walking, jogging and running[J]. Clinical Orthopaedics and Related Research, (142): 24-29.

Marteniuk R G, 1974. Individual differences in motor performance and learning[J]. Wilmore J H, Exercise and Sport Sciences Reviews, 2(1): 103-130.

Mei Q C, Gu Y D, Sun D, et al., 2018. How foot morphology changes influence shoe comfort and plantar pressure before and after long distance running?[J]. Acta of Bioengineering and Biomechanics, 20(2): 179-186.

Michael J M, Golshani A, Gargac S, et al., 2008. Biomechanics of the ankle joint and clinical outcomes of total ankle replacement[J]. Journal of the Mechanical Behavior of Biomedical Materials, 1(4): 276-294.

Michelson J D, Helgemo S L Jr, 1995. Kinematics of the axially loaded ankle[J]. Foot & Ankle International, 16(9): 577-582.

Muro-de-la-Herran A, Garcia-Zapirain B, Mendez-Zorrilla A, 2014. Gait analysis methods: an overview of wearable and non-wearable systems, highlighting clinical applications[J]. Sensors, 14(2): 3362-3394.

Newell K M, van Emmerik R E A, 1989. The acquisition of coordination: Preliminary analysis of learning to write[J]. Human Movement Science, 8(1): 17-32.

Nigg B M, Skarvan G, Frank C B, et al., 1990. Elongation and forces of ankle ligaments in a physiological range of motion[J]. Foot & Ankle, 11(1): 30-40.

Nordin M, Frankel V H, 2001. Basic biomechanics of the musculoskeletal system[M]. 4th ed. Philadelphia: Lippincott Williams & Wilkins.

Ogaya S, Iwata A, Higuchi Y, et al., 2016. The association between intersegmental coordination in the lower limb and gait speed in elderly females[J]. Gait & Posture, 48: 1-5.

Ogilvie-Harris D J, Reed S C, Hedman T P, 1994. Disruption of the ankle syndesmosis: biomechanical study of the ligamentous restraints[J]. Arthroscopy: the Journal of Arthroscopic & Related Surgery, 10(5): 558-560.

Pankovich A M, Shivaram M S, 1979. Anatomical basis of variability in injuries of the medial malleolus and the deltoid ligament: II. Clinical studies[J]. Acta Orthopaedica Scandinavica, 50(2): 225-236.

Rasmussen O, 1985. Stability of the ankle joint. Analysis of the function and traumatology of the ankle ligaments[J]. Acta Orthopaedica Scandinavica Supplementum, 211: 1-75.

Redmond A C, Crosbie J, Ouvrier R A, 2006. Development and validation of a novel rating system for scoring standing foot posture: the Foot Posture Index[J]. Clinical Biomechanics, 21(1): 89-98.

Rosenbaum D, 2013. Foot loading patterns can be changed by deliberately walking with in-toeing or out-toeing gait modifications[J]. Gait & Posture, 38(4): 1067-1069.

Sarrafian S K, 1993. Biomechanics of the subtalar joint complex[J]. Clinical Orthopaedics and Related Research, 290: 17-26.

Saunders J B D M, Inman V T, Eberhart H D, 1953. The major determinants in normal and pathological gait[J]. The Journal of Bone & Joint Surgery, 35(3): 543-558.

Schmidt R A, 2003. Motor *Schema* theory after 27 years: reflections and implications for a new theory [J]. Research Quarterly for Exercise and Sport, 74(4): 366-375.

Schmidt R C, Treffner P J, Shaw B K, et al., 1992. Dynamical aspects of learning an interlimb rhythmic movement pattern[J]. Journal of Motor Behavior, 24(1): 67-83.

Siegler S, Chen J, Schneck C D, 1990. The effect of damage to the lateral collateral ligaments on the mechanical characteristics of the ankle joint: an *in-vitro* study[J]. Journal of Biomechanical Engineering, 112(2): 129-137.

Stauffer R N, Chao E Y, Brewster R C, 1977. Force and motion analysis of the normal, diseased, and prosthetic ankle joint[J]. Clinical Orthopaedics and Related Research, (127): 189-196.

Stebbins J, Harrington M, Thompson N, et al., 2006. Repeatability of a model for measuring multi-segment foot kinematics in children[J]. Gait & Posture, 23(4): 401-410.

Stephens M M, Sammarco G J, 1992. The stabilizing role of the lateral ligament complex around the ankle and subtalar joints[J]. Foot & Ankle, 13(3): 130-136.

Stergiou N, Decker L M, 2011. Human movement variability, nonlinear dynamics, and pathology: is there a connection? [J]. Human Movement Science, 30(5): 869-888.

Stergiou N, Harbourne R, Cavanaugh J, 2006. Optimal movement variability: a new theoretical perspective for neurologic physical therapy[J]. Journal of Neurologic Physical Therapy, 30(3): 120-129.

Stiehl J B, Skrade D A, Needleman R L, et al., 1993. Effect of axial load and ankle position on ankle stability[J]. Journal of Orthopaedic Trauma, 7(1): 72-77.

Stormont D M, Morrey B F, An K N, et al., 1985. Stability of the loaded ankle. Relation between articular restraint and primary and secondary static restraints[J]. The American Journal of Sports Medicine, 13(5): 295-300.

Studenski S, Perera S, Patel K, et al., 2011. Gait speed and survival in older adults[J]. JAMA, 305(1):50-58.

Thelen E, Ulrich B D, Wolff P H, 1991. Hidden skills: a dynamic systems analysis of treadmill stepping during the first year[J]. Monographs of the Society for Research in Child Development, 56(1): 1-103.

Turvey M T, 1990. Coordination[J]. American Psychologist, 45(8): 938-953.

Valderrabano V, Hintermann B, Horisberger M, et al., 2006. Ligamentous posttraumatic ankle osteoarthritis[J]. The American Journal of Sports Medicine, 34(4): 612-620.

Van Rossum J H A. 1990. Schmidt's Schema theory: the empirical base of the variability of practice hypothesis[J]. Human Movement Science, 9(3/4/5): 387-435.

Vaughan C L, Davis B L, O'Connor J C, 1999. Dynamics of human gait[J]. 2nd. ed. Cape Town: Kiboho Publishers.

Warren W H, 2006. The dynamics of perception and action[J]. Psychological Review, 113(2): 358-389.

Winter D A, 1983. Biomechanical motor patterns in normal walking[J]. Journal of Motor Behavior, 15(4): 302-330.

Yang F, Pai Y C, 2014. Can stability really predict an impending slip-related fall among older adults? [J]. Journal of Biomechanics, 47(16): 3876-3881.

第六章
鞋具相关运动生物力学

1. 掌握步态分析的基本原理及其在鞋具设计和研究中的应用,了解鞋具步态分析数据的处理与解读方法。
2. 熟悉不同类型鞋具(如跑步鞋、动作控制鞋等)的步态分析研究进展,理解这些研究对鞋具设计和性能优化的影响。
3. 了解足球、篮球、高尔夫等专项运动中鞋具生物力学的最新研究成果,掌握不同运动项目对鞋具设计和性能要求的差异。
4. 了解儿童、老年人和孕妇专用鞋具的生物力学特性及设计要求,理解不同人群在运动和日常活动中对鞋具的特殊需求。

第一节 步态分析在鞋具设计中的应用

一、步态分析的原理及其在鞋具研究中的应用

(一)步态分析的理论依据

生物力学在步态分析中起着基础性作用,它研究人体如何在运动中与外部力量进行相互作用,以及这些力量如何影响人体的运动。

地面反作用力是当一个人行走或跑步时,地面施加在脚上的反作用力。这个力的大小、方向和作用点在步态周期的不同阶段(如脚后跟着地、脚掌推离地面)会发生变化。地面反作用力的分析可以揭示步态的平衡、稳定性以及鞋具对步态的影响。例如,鞋底的材料和形状可以改变地面反作用力的分布,从而影响行走或跑步时的舒适度和损伤风险。通过分析地面反作用力,设计师可以优化鞋底结构,以减少对脚部和下肢关节的冲击,降低损伤的可能性。这对于运动鞋具设计尤其重要,因为不同运动类型(如跑步、篮球、足球)对地面反作用力有不同的要求。

关节力矩是指作用在关节周围的扭矩,影响关节的旋转和运动。步态分析中,常常关注膝关节、髋关节和踝关节的力矩,因为这些关节在步态中承担着主要的负荷。力学负荷是关

节在承受身体重量和运动时所经历的力。在步态分析中,研究这些力学负荷的分布可以帮助理解鞋具对关节健康的影响。过大的负荷可能导致关节磨损和长期损伤,特别是在反复的运动过程中。通过分析这些力矩和负荷,设计者可以改进鞋具的结构,如通过调节鞋底的刚度或缓冲材料来减小关节所承受的力矩和负荷,降低运动员受伤的风险。

步态分析还涉及肌肉在运动过程中的作用,尤其是肌肉如何产生力量以推动身体前进。不同的步态模式会涉及不同的肌肉群,这些肌肉在步态周期的不同阶段有不同的活动模式,且肌肉的活动直接关系到能量的消耗。步态分析可以帮助研究不同鞋具如何影响肌肉的工作效率和整体能量消耗,进而影响运动表现。通过对肌肉活动的深入研究,鞋具设计可以优化对肌肉的支撑和减轻不必要的能量消耗,从而提高运动员的表现或减少疲劳。

步态分析中的运动学与动力学是理解人体运动模式和驱动力的两个核心理论支柱。运动学关注人体运动的几何特性,而不涉及力的分析。它主要研究步态的时空参数,如步长、步幅、步频、支撑期和摆动期。这些时空参数的分析有助于理解步态的稳定性和平衡性。通过运动学分析,设计师可以调整鞋具的形态和结构,以优化步态的时空参数,提高行走或跑步的效率和舒适度。动力学则关注驱动人体运动的力及其作用效果。步态分析中的动力学研究主要包括外部力(如地面反作用力)和内部力(如肌肉力量、关节力矩)。肌肉力量在步态周期中,不同的肌肉群在不同时间点发力,以控制和推动运动。动力学分析帮助理解这些肌肉如何协调工作。同时,关节力学分析关注关节所承受的力及其对关节运动和稳定性的影响,特别是在不同鞋具条件下。通过动力学分析,能够识别鞋具设计中的潜在问题,如鞋底的硬度可能会增加关节的冲击力,从而导致长期使用后的关节损伤。优化鞋底的材料和形状可以改善步态周期中的力学表现,降低受伤风险。运动链理论则视人体运动为一个整体的运动链系统,其中各个关节和肌肉在运动中相互协作。运动链理论强调了人体各部分在步态周期中的相互作用,如足部的异常运动可能会传递到膝关节和髋关节,导致更广泛的运动问题。在步态分析中,运动链模型帮助理解不同部位的相互作用如何影响整体步态模式。设计者可以利用运动链理论,在鞋具设计中考虑全身的运动协调性,而不仅仅是局部的舒适度或功能,从而开发出更符合人体工程学的鞋具产品。

步态分析作为一种精确的监测工具,已广泛应用于健康监测与临床诊断中,通过评估步态模式的变化帮助早期识别疾病、评估康复进展,并优化个体化治疗方案。①早期疾病检测与监测方面:步态分析在识别神经系统和肌肉骨骼疾病中起到了重要作用。例如,帕金森病患者常表现出步态异常,如步幅减小、步频增加等,通过步态分析,医生可以早期识别这些异常,并进行及时干预。同样地,关节炎和足底筋膜炎等肌肉骨骼疾病也可以通过步态分析进行早期检测,这些疾病通常会导致步态参数的变化,如步长缩短、支撑期延长等。步态分析系统还可以集成到可穿戴设备中,实现实时健康监测,帮助患者和医生跟踪步态变化,并及时调整治疗方案,从而提高疾病管理的效果。②临床诊断与功能评估方面:步态分析在临床诊断与功能评估中的应用非常具体且多样化。首先,步态分析能够准确诊断出各种步态异常类型,如内翻足、外翻足、步态不对称等。这些异常可能反映出不同的病理状况,通过详细的步态数据,医生能够分析出步态异常的根本原因,如某些肌肉群的无力、关节的结构性问题或神经系统的损伤,从而制订针对性的治疗方案。在术后评估中,步态分析也是一个重要工具。例如,膝关节置换术后的患者,其步态恢复情况可以通过步态分析得到详细的评估。步态参数如步长、步幅、步频、支撑期和摆动期等,可以反映患者术后下肢功能的恢复情况。

若分析显示步态未恢复至正常模式,医生可以根据具体数据调整康复计划,如增加特定肌肉群的强化训练或调整物理治疗的强度和频率,以促进更全面的恢复。此外,步态分析数据还可以用于制订个体化的治疗和康复计划。例如,对于不同程度的关节炎患者,通过步态分析可以确定哪种康复运动最适合他们,或需要哪些类型的矫形器具来改善步态稳定性。这种数据驱动的方法提高了治疗的精确性和效果,确保患者得到最适合其个人情况的医疗护理。

③康复与矫正方面:步态分析在康复与矫正应用中具有重要作用,通过分析步态数据,医生和工程师可以设计和调整矫正器具,如矫形鞋垫和支具等,这些器具通过重新分配负荷和调整步态周期中的力学参数,帮助患者改善步态,恢复正常行走模式。步态分析提供的数据能够用于制订个体化的康复训练计划,针对特定的肌肉群进行强化训练,以纠正步态中的异常表现。此外,在康复过程中,步态分析还可以提供实时反馈,帮助医生和患者及时了解康复的进展,并根据需要调整训练方案,从而确保达到最佳的康复效果。

(二) 步态分析在鞋具研究中的具体应用

鞋具设计对步态参数有显著影响,这包括以下几个方面。①步态的稳定性:不同类型的鞋具(如跑鞋、休闲鞋、高跟鞋)会对穿着者的步态稳定性产生不同的影响。例如,高跟鞋可能会导致步态不稳,从而增加脚踝扭伤的风险,相反,具有良好支撑功能的运动鞋则有助于提高步态的稳定性。②步态对称性:鞋具设计也影响步态的对称性,即左右脚在步态中的表现是否一致。不合适的鞋具可能会导致步态不对称,从而引发长期的姿势问题或肌肉骨骼疾病。③步长与步频:鞋子的重量、柔软度、底部设计等因素会直接影响步长和步频。例如,轻便的跑鞋可能会鼓励更长的步幅和更快的步频,而较重的鞋子则可能导致步幅缩短。④冲击吸收与能量回馈:鞋底的材料与结构设计(如中底的缓震技术)会影响鞋子对地面冲击的吸收效果和能量回馈效应,从而改变步态中的力学参数。过度的缓震可能会导致能量耗散,而较差的缓震则可能增加下肢的负担。

步态分析在鞋具设计中扮演着至关重要的角色,通过以下方式优化鞋具的设计与功能。①定制化设计:步态分析能够提供个体化的步态数据,这些数据可以用来设计量身定制的鞋具,以满足个体的特殊需求。例如,平足、内翻足等特定步态模式可能需要特殊的鞋底或鞋垫设计来提供更好的支撑和矫正。②功能性优化:通过分析步态参数,可以识别在行走或跑步中最需要支撑和缓冲的区域,从而针对性地优化鞋具的功能设计。例如,在前掌和后跟区域增加缓震材料,或者在中足部位加强支撑。③材料选择与结构设计:步态分析还可以帮助选择和优化鞋子的材料和结构。例如,不同类型的泡沫、橡胶和纺织材料可以根据步态分析结果进行优化,以提高舒适性、耐久性和性能表现。④运动表现提升:对于运动员而言,步态分析可以帮助设计专门的鞋具以优化他们的运动表现。例如,跑步者的鞋具设计可以根据步态数据优化推蹬力量和减少能量损失,从而提高跑步效率。

在鞋具测试与性能评估中,步态分析作为一种重要工具,具有以下应用。①舒适性评估:通过步态分析可以评估穿着者在不同鞋具中的舒适性。分析步态中的压力分布、足部的弯曲角度和接触时间,可以帮助评估鞋具的舒适性表现。②疲劳测试:步态分析可以用于检测长时间穿着后,鞋具对步态参数的影响变化,从而评估鞋子的耐久性和不同鞋具的经济性。③性能对比:步态分析可以帮助比较不同鞋具设计的性能差异。例如,分析在不同鞋子中行走或跑步时的能量消耗、步态稳定性和足部压力分布,能够有效对比不同鞋款的性能优劣。④足部健康评估：步态分析在评估鞋具对足部健康的影响中也具有重要作用。它可以检测出鞋具是否引发了异常的步态模式或增加了受伤的风险，这对于预防足部疾病具有重要意义。

步态分析在鞋具设计、测试与评估中的应用非常广泛。通过深入理解鞋具对步态参数的影响，设计师可以优化鞋具的功能以满足不同人群的需求。步态分析不仅帮助优化鞋具的舒适性和功能性，还能有效评估其性能表现和对足部健康的影响，推动鞋具行业向更高效、更科学的方向发展。

二、鞋具步态分析数据的分析与解读

（一）步态分析数据的类型与获取

运动捕捉系统如图6-1所示。利用摄像机（光学系统）或传感器（惯性系统）记录人体的三维运动轨迹。光学系统通常使用反光标志物（marker），这些标记物附着在人体关键关节或骨骼上，摄像机捕捉标志物的位置变化，从而重建人体的运动轨迹。惯性系统则使用惯性测量单元，包括加速度计和陀螺仪，通过测量运动时的加速度和角速度来跟踪身体的运动。运动捕捉系统可以获得步态的运动学数据，如关节角度、步长、步频等，常用于详细的步态分析和生物力学研究。

图6-1 运动捕捉系统

压力分布测量系统通过在鞋垫或步态分析平台上嵌入压力传感器来测量足底与地面之间的压力分布。传感器网格可以检测足部不同区域的压力大小和分布模式。压力分布测量系统能够提供足底压力分布数据，这对于分析足部的负荷情况、评估鞋具的舒适性及诊断足部问题（如足底筋膜炎、糖尿病足等）非常有用。

肌电图通过电极记录肌肉在运动过程中产生的电活动。表面电极贴在皮肤上，记录特定肌肉群的活动；而针电极则直接插入肌肉内，获取更精确的肌肉活动信号。肌电图数据能够揭示肌肉在不同步态阶段的活跃程度，帮助研究肌肉功能、协调性及在运动中所承受的负荷。

（二）步态数据的统计分析方法

步态数据的统计分析方法是步态分析的重要组成部分，通过这些方法可以从复杂的步态数据中提取有意义的信息。步态数据的统计分析涉及多种技术，既包括传统的统计方法，也包括先进的数据挖掘和机器学习方法。

在进行步态数据的统计分析之前，数据预处理是必不可少的一步，确保数据的质量和一致性。数据清洗是指去除异常值和噪声数据。例如，去除因传感器故障或测量误差导致的极端值。数据归一化，由于不同个体的步态数据可能在量级上有较大差异，如步长、步频等，因此常常需要将数据归一化，使不同个体的数据可以在同一尺度上进行比较。对采集到的时间序列数据进行平滑处理，以减少随机波动的影响。这可以通过移动平均、低通滤波等方法实现。

描述性统计用于总结和描述步态数据的基本特征。均值和标准差用于描述步态参数的集中趋势和数据分布的离散程度。例如，可以计算步长、步频等指标的均值和标准差，以了解不同个体或群体的平均步态特征及其变异性。中位数和四分位数，这些非参数统计量可以用于描述数据的分布情况，特别是在数据分布不对称时。分布分析可以通过绘制直方图、箱线图等图形化方法来可视化步态数据的分布情况，发现数据的偏态、峰态等特征。

假设检验用于比较不同条件下步态数据的差异，验证某种步态参数在不同实验组之间是否存在显著性差异。t 检验用于比较两组数据的均值是否有显著差异。例如，比较不同鞋具条件下的步长、步频是否有统计学上的显著变化。方差分析用于比较三组或三组以上数据之间的均值差异。如果研究涉及多个实验组（如多种鞋具类型），方差分析是更合适的选择。卡方检验用于检验分类数据（如步态是否正常）在不同实验条件下的分布差异。

相关性分析用于探讨步态参数之间的关系。皮尔逊相关系数用于测量两个连续变量之间的线性相关性。例如，分析步长与步频之间的相关性。斯皮尔曼相关系数用于测量两个变量之间的单调关系，适用于数据不服从正态分布或存在异常值的情况。回归分析通过构建回归模型（如线性回归、多元回归）来预测一个变量对另一个变量的影响。例如，使用回归模型预测步态周期的变化如何影响步态的动力学参数。

步态数据通常以时间序列的形式呈现，时间序列分析方法可以帮助理解步态参数随时间的变化趋势。自相关分析用于分析步态数据中是否存在周期性或重复模式，如检测步态周期中的重复性特征。

傅里叶变换用于将时间序列数据转换为频域，以分析数据中的频率成分。例如，分析步态周期中的主要频率成分，检测步态的节奏变化。时域和频域特征提取，提取时间序列的关键特征（如均值、峰值、频谱特征等），用于进一步的分类和回归分析。

分类和聚类方法用于从步态数据中发现模式或进行个体分组。主成分分析（principal component analysis，PCA）是一种降维技术，用于简化步态数据集，找到主要的变化趋势或模式。例如，通过 PCA 将多维步态参数降维到几个主成分，以便于可视化和进一步分析。聚类分析是将数据分为多个组或簇，如使用聚类分析不同人群的步态模式，识别出具有相似步态特征的个体群体。机器学习分类器，如支持向量机、随机森林等，可以用于步态模式的自动分类。例如，可以根据步态数据自动识别某个个体是否有异常步态，或根据步态数据分类不同类型的鞋具使用情况。

机器学习和深度学习方法越来越多地用于处理和分析复杂的步态数据。监督学习方面，使用神经网络或支持向量机来分类正常与异常步态，或者预测步态参数在不同条件下的变化。无监督学习则通过自组织映射（self-organizing map，SOM）进行步态数据的聚类分析，从而识别出新的步态模式或群体。深度学习中，深度神经网络能够自动从步态数据中学习重要特征,用于复杂模式识别和预测任务。

多变量分析方法用于同时分析多个步态参数之间的关系,提供对复杂系统的全面理解。多元回归分析用于同时考虑多个独立变量对步态参数的影响,如分析步态周期、步长、步频等多个因素如何共同影响步态的稳定性。判别分析用于在步态数据中识别出能够最大程度区分不同分类的变量。例如,找出最能区分正常与异常步态的关键参数。

步态数据的统计分析涉及多种方法,从描述性统计到高级的机器学习和深度学习技术,每种方法都有其独特的应用场景。通过这些分析方法,可以深入理解步态数据的结构、特征和模式,为步态研究、疾病诊断、康复评估及鞋具设计提供科学依据。在实际应用中,往往需要结合多种分析方法,以获取更加全面和深入的分析结果。

(三) 步态数据的解读与实际应用

步态数据的解读与实际应用涉及将复杂的步态数据转化为具体、有针对性的措施,广泛应用于医疗与康复、运动与体育训练、鞋具设计与制造,以及安全与安防四个主要领域。

在医疗与康复中,步态数据的解读可以揭示与患者健康密切相关的信息。步态周期的异常检测是其中的一个关键点,步态周期包括支撑期和摆动期,正常步态中,支撑期和摆动期时长比例是固定的。通过分析这些时空参数,可以检测到异常步态模式,如支撑期过长或摆动期缩短,这可能提示下肢肌肉无力或神经损伤。此外,对称性分析是评估步态的重要工具,通过比较左脚和右脚的步长、支撑时间等指标,能够发现骨骼或神经系统的潜在问题,如卒中后遗症患者通常表现为不对称步态。同时,步态的动力学特征分析,如地面反作用力的变化,可以识别患者在步态周期中是否存在异常的力学应力分布,这对于预防或治疗关节损伤至关重要。在实际应用中,这些解读帮助制订个体化康复计划。康复治疗师可以根据具体步态数据,为患者制订量身定制的训练方案,如加强腿部肌肉训练以改善步态稳定性。此外,步态数据还用于术后恢复监测,通过定期步态分析,动态评估术后康复进展,及时调整治疗方案。对于内翻足或外翻足的患者,步态分析还能指导足部矫正器的设计与优化,通过分析足底压力分布,设计出有效缓解疼痛和改善步态的矫正器具。

在运动与体育训练中,步态数据解读是提升运动表现和预防运动损伤的重要工具。通过分析运动员的步频、步幅及关节角度,可以评估跑步效率。例如,过长的步幅可能会增加能量消耗并加重膝关节的负担,而较短且高频的步态则可能更为节能。肌电图数据的解读也能提供肌肉活跃度的信息,判断是否有过度或不足的肌肉活动。例如,某些肌群在步态周期中异常活跃可能提示需要调整训练计划以平衡其他肌肉的负荷。此外,步态数据中的重心轨迹和摆动期特征可以用来分析运动员的动态平衡和稳定性,帮助识别潜在的伤害风险。实际应用中,教练可以利用这些数据为运动员制订个体化的运动优化方案,如调整步幅和步频以提高跑步技术或减少损伤风险。定期的步态分析还可以帮助识别运动员的潜在损伤风险,通过调整训练或使用保护性装备来预防伤害。在恢复性训练中,步态分析也能帮助评估受伤运动员的康复进度,并指导训练方案的调整,如通过观察支撑期与摆动期的恢复情况来调整训练强度。

在鞋具设计与制造中,步态数据为产品的设计与性能优化提供了科学依据。通过解读足底压力分布图,可以了解不同鞋具设计对足部的支撑效果。例如,如果某款鞋导致足弓区域承受过多压力,设计师可能需要调整中底的硬度或增加支撑结构。鞋底形态对步态的影响也是设计中需要考虑的因素,分析不同鞋底形态对步态周期、稳定性和动力学参数的影响,有助于优化鞋底的设计。此外,通过步态数据的动态参数(如步幅、支撑时间)评估鞋子的舒适性和功能性,可以帮助改进产品设计。在实际应用中,步态数据指导鞋具的设计与开发。例如,运动鞋设计师可以利用步态数据优化鞋底的形状和材质,减少能量损失并提高跑步效率。在鞋具开发过程中,通过步态分析测试新产品的性能,如缓冲效果和稳定性,这些测试结果可以帮助调整鞋底厚度或选择不同材料,以优化产品性能。基于个人的步态数据,还可以进行个性化鞋具定制,设计适合特定步态模式的鞋底结构,以提供更好的支撑和矫正效果。

在安全与安防领域,步态数据的解读主要用于身份识别和异常行为检测。步态识别依赖于步态数据中的关键特征提取,如步态周期、步长、步态角度等,通过这些特征可以进行远距离、非接触式的身份识别。这种方法在大型公共场所的安全监控中尤其有用,步态识别系统可以在不干扰人员正常活动的情况下自动进行身份识别。此外,步态数据还可用于异常行为检测,通过分析步态的突然变化(如加速、停顿、不规则运动),监控系统可以识别潜在的安全威胁并触发报警。实际应用中,基于步态数据开发的步态识别系统已经在多个安防场景中得到应用,如机场和地铁站的监控系统,通过步态特征识别可疑人员。智能监控系统中集成步态分析算法后,能够自动检测并报警潜在的安全威胁,当系统识别到某人的步态异常时,可能提示其进行可疑活动,从而采取预防措施。

步态数据的解读与实际应用需要将复杂的数据转化为各个领域的具体实践,通过细致的分析和解读,能够为康复、运动训练、鞋具设计及安全监控提供精准的数据支持。这些分析不仅提高了各领域的应用效果,也显著提升了个体的健康、运动表现和安全性。

三、不同鞋具步态分析研究现状

各种地面条件可能会对赤脚或整个身体造成伤害。例如,不平的地面可能会使人失去平衡而摔倒,光滑的地面可能增加跌倒的风险,而地面上的尖锐或粗糙物体可能会划伤皮肤。因此,地面的情况对赤脚走路的安全性和舒适性有很大影响。因此,人类选择了穿不同的鞋具来对抗这些环境挑战。个人所穿的鞋类类型会直接影响各种影响步态模式的参数。鞋类会直接影响地面反作用力、压力中心、重量分布及踝-膝-髋关节的运动学。研究人员对不同鞋类的研究发现,在疲劳条件下,如果不穿合适的鞋子,步态可能会消耗更多的下肢远端肌肉和肌腱的能量,并且在初期会出现显著的变化,随着习惯化这些变化可能会逐渐减弱。穿着不合适的鞋类,如太窄或深度不足的鞋子,可能会导致步态异常,甚至可能导致足部畸形,长期甚至导致行走困难和失衡。甚至许多人穿的鞋子尺码不合适,这样可能会引发疼痛、各种皮肤问题、鸡眼和胼胝。这些问题不仅会改变个人的站姿和步态,还会影响日常生活中的身体活动。

运动鞋和跑鞋的设计具有内外缓冲功能。这种缓冲提供舒适感,并降低人们的疲劳程度。鞋子的缓冲有助于通过在接触地面时分散冲击力,减少步态时肌肉的能量消耗。有研究通过测量每个受试者的最大摄氧量(VO_{2max})得出的研究结论表明,鞋子的缓冲效果对肌肉能量消耗有积极影响,与赤脚或其他鞋类相比,这种消耗有所减少。运动鞋具有弹性、轻便、舒适,并且对步态模式总体上产生积极影响。然而,根据对成年男性进行的研究,静态和动态测试显示,高跟运动鞋可能会导致姿势失衡、肌肉过度使用,甚至可能引起步态模式的改变。

步态特征如步长、行走速度、步频和站立相时间受到鞋跟高度与鞋材的显著影响。为了避免疼痛或受伤,建议在选择男士正装鞋时,仔细考虑鞋跟高度和鞋材等因素。长期穿着此类鞋子可能会导致足部不适甚至畸形。为了了解正装鞋对下肢、关节生物力学和步态模式的影响,相关研究结果显示,男性穿着的正装鞋的形状和重量可能会因为增加了下肢远端的静脉泵活动和对肌肉的更高压力,而导致皮肤、肌肉和关节承受不必要的压力积累,从而导致更多的疲劳和不适,进而影响步态模式。此外,研究发现,使用低跟和轻便的正装鞋时,舒适度更高且能量消耗更少。

在人们的夏季鞋柜中,拖鞋和夹趾拖鞋(俗称"人字拖")非常受人们的欢迎,因为它们模仿赤脚的感觉,使人感觉更舒适。其中,夹趾拖鞋的特点是薄而平且柔韧的鞋底,通过前脚掌区域的几条带子固定,从而暴露了大部分足背皮肤。夹趾拖鞋的使用者同样暴露了他们的脚后跟,由于没有普通鞋中常见的后跟和脚踝支撑,这种后部缺乏支撑会直接影响个人的平衡和步态模式。通过步态分析的一项横断面研究显示,尽管夹趾拖鞋轻便方便,但缺乏对脚的附着力,可能稳定性较差,导致摆动期膝关节屈曲和踝关节背屈增加。这可能导致失去平衡,进而导致跌倒和受伤。观察发现,穿着夹趾拖鞋的人与穿着鞋子的人步态不同。与其他鞋类相比,夹趾拖鞋在接触地面时的减震效果较差。这类鞋缺乏支撑,增加了踝关节背屈的需要,这可能导致足跟疼痛,并可能加重足部已有的生物力学或肌肉骨骼问题。一项关于夹趾拖鞋对地面反作用力影响的研究结果显示,穿着夹趾拖鞋对地面反作用力没有显著变化,但它可能有助于减少踝关节角度,从而降低踝扭伤的可能性。研究还侧重于确定不同夹趾拖鞋样式对某些步态特征的影响,研究考虑了泡沫、橡胶和皮革三种不同类型的夹趾拖鞋,并评估了所有受试者的步态指标。测量的步态变量包括步长、步宽、步频、速度和站立时间。根据该研究,人们选择的夹趾拖鞋显著影响了他们的步态指标。穿泡沫夹趾拖鞋的人比穿橡胶或皮革夹趾拖鞋的人步伐更短,步宽更大。此外,与穿橡胶或皮革夹趾拖鞋的人相比,穿泡沫夹趾拖鞋的人步频和速度较低,站立时间较长。总体而言,该研究表明,鞋类的选择,特别是所穿的夹趾拖鞋类型,可以改变步态指标。这一发现可能对有步态相关障碍的人群产生影响。

穿高跟鞋不仅可以明显增加身高,还能增强信心,并为女性穿着者创造更具吸引力的外观。研究发现,高跟鞋对下肢关节的机械性、步态模式、重心、平衡和冲击力分布具有各种负面影响。女性终身患骨关节炎的风险更高与穿高跟鞋有关。日常穿高跟鞋可能增加女性患骨关节炎的风险,因为观察到的关节生物力学变化与骨关节炎的变化相似,而且还会因为步态中的膝关节屈曲角度增加而导致其他步态异常。随着鞋跟高度的增加,行走时肌肉能量消耗显著增加,同时跖骨上的压力总体增加。为了理解和评估穿高跟鞋步态时不同参数的变化,一项研究对健康女性受试者进行了一项研究,观察到步长、步宽、关节运动范围和摆动期持续时间显著减少。由于足踝之间韧带结构的过度压力,长时间穿高跟鞋可能会踝关节不稳。此外,有研究通过使用三维模型进行的一项步态分析研究推断,在穿高跟鞋行走时,足底筋膜的张力应变和拉伸力急剧增加,这增加了踝关节受伤的风险。此外,观察到静态站立状态下的变化更为显著。

不同鞋类显著影响压力中心的分布。一项研究探讨了不同不稳定鞋类结构对站立时姿势控制的影响,分析了压力中心的运动轨迹。结果表明,不同类型的不稳定鞋类显著影响姿势控制，从而表明在平衡问题管理中考虑鞋类设计的重要性。总体而言，该研究强调了鞋类在维持平衡和稳定性方面的作用，特别是在易受平衡障碍影响的人群中。

近年来，一种被称为"仿生鞋"的鞋类使用了前沿技术，以提高舒适性、支撑性和用户的运动表现。有研究探索了仿生鞋在跑步和行走时对步态模式的影响。为了减少下肢肌肉和关节的压力，该研究中使用的仿生鞋包含了一种集成的辅助机制，在行走和跑步的支撑期为脚部提供了类似弹簧的效果。研究还发现，仿生鞋显著改变了步态模式，导致行走支撑期踝关节的位置更背屈，而跑步支撑期膝关节的位置更伸展。仿生鞋还显著减少了行走支撑期踝关节背屈肌的肌肉力量。总体而言，辅助性仿生鞋可能通过提高步态效率和稳定性对步态模式产生积极影响。

第二节　鞋具生物力学

一、长跑足部姿态改变的生物力学研究

长跑是一项对下肢负荷极大的运动，近年来，越来越多的研究关注到长跑过程中及跑步后足部姿势的变化及其运动损伤的影响。以往的大量研究证实长距离的跑步和步行运动均会导致下肢骨骼及相关软组织过劳性损伤的发生，从而产生疼痛及姿态和形态改变等相关的生理学与病理学表现。对不同的长跑运动员及爱好者进行下肢相关运动损伤发生率的调研结果发现，报告足部运动损伤的概率为5.7%～39.3%，踝关节为3.9%～16.6%，膝关节为7.2%～50.0%，下肢整体运动损伤概率为9.0%～32.2%。研究发现，足部姿态可能是与中长跑专业运动员及业余跑者下肢运动损伤十分相关的一个因素。另有多项研究已发现，足部姿态与下肢相关运动损伤的发生率之间存在某种程度的相关性。一项研究对131名铁人三项运动员的足型与运动损伤发生率情况进行统计和相关性分析发现，足旋后即内翻足运动员的损伤发生率要显著高于足旋后即外翻足运动员。该研究排除了足部矫形器的使用者，其原因是这些使用者往往为过度足外翻人群，可能会对研究结果产生一定干扰。一项研究对246名美国男性陆军士兵的足弓类型与运动损伤发生率相关性调查显示，相比于高足弓人群，低足弓人群的运动损伤发生风险更低，而高足弓人群的运动损伤发生率是最高的，也表明了足内翻高足弓人群的运动损伤风险是较高的。另一项研究对20名高足弓跑者和20名低足弓跑者的运动损伤发生情况进行了调研，结果发现，两组跑者的总体运动损伤发生率是趋于一致的，均有较高的软组织损伤和应力性骨折风险。而对调研结果进一步分析，细化到局部损伤后发现，高足弓跑者的足踝外侧部位损伤发生较多，而低足弓跑者的足踝内侧部位损伤发生较多，实际上这与高低足弓跑者跑步时足底压力分布区域是十分相关的。中长跑运动尤其是长跑运动，持续时间及跑动距离较长，疲劳发生的神经生物学机制及疲劳后机体对跑动时足踝关节控制的生物力学机制目前还不十分清楚。2012年发表的一项研究对22名超级马拉松跑者参加1 000 km跑步挑战的过劳性损伤概率进行统计，使用1.5T的MRI对22名跑者挑战前后的足踝部进行扫描，重点关注跟腱、踝关节、跟骨，以及足部相关骨骼的骨髓水肿（预测应力性骨折的有效指标）情况。扫描结果显示，

1 000 km 跑挑战后,跑者的跟腱平均直径由 6.8 mm 增加到 7.8 mm,持续长时间周期性的应力性载荷刺激导致了骨髓水肿和足踝部软组织的肿胀。跑步时,下肢和足踝部所受载荷快速增加,甚至可达人体体重的几倍乃至十倍以上,那么在长距离、长时间和持续周期性载荷的作用下,足部形态和姿态是否会随着跑步进程的增加而发生相应改变呢?答案是肯定的,截至目前已有多项研究证实,长跑后的足部姿态及相关下肢生物力学参数都会出现相应调整,足部姿态与功能及运动损伤发生风险是紧密相关的。

对长跑后疲劳状态下的运动员足部姿态的即刻测量与评估需要可靠、有效,同时又简易快速的工具。如今三维足型扫描技术飞速发展,对足部的扫描能精细到 0.1 mm,并且能够三维重建较为可靠的完整足部形态。然而扫描系统往往较为笨重,需要光线合适,通电等一系列外部条件的支持,因此较难应用在即刻的长跑后足型测试扫描中。六维度的足部姿态指数(foot posture index,FPI-6)和足舟骨高度目前被用来快速评估受试者足型特征,FPI-6 如表 6-1 所示,这两项关于足型的测试手段均已经通过信效度评估,目前被认为是快速评估足型的较为有效、简便且可靠的手段。

表 6-1 FPI-6 的评分细则

FPI-6	−2 分	−1 分	0 分	1 分	2 分
距骨头触诊	外侧可明显触及距骨头/内侧无法触及距骨头	外侧可触及距骨头/内侧略微能触及距骨头	外侧/内侧都能均匀地触及距骨头	外侧可略微触及距骨头/内侧可触及距骨头	外侧完全无法触及距骨头/内侧可明显触及距骨头
内踝尖上下曲率检查	踝尖下的曲率处于直线或凸出状态	踝尖下的曲率为凹形,但相对踝尖上曲率更平坦	踝尖上下的曲率近乎是一致的	踝尖下的曲率凹形程度相对于踝尖上曲率更大	踝尖下曲率凹形程度明显大于踝尖上曲率的凹形程度
跟骨内外翻检查	跟骨内翻超过 5°(内翻足)	跟骨内翻大于 0°,小于 5°	跟骨无内外翻现象,处于中立位	跟骨外翻大于 0°,小于 5°	跟骨外翻大于 5°(外翻足)
距舟关节处隆起检查	距舟关节处明显凹陷	距舟关节处轻微凹陷	距舟关节正常无任何凹陷与凸起	距舟关节处轻微凸起	距舟关节处明显凸起
内侧足纵弓一致性检查(足内侧面观)	足弓过高,足弓角呈现锐角的趋势	足弓较高,足弓角相对于正常足弓小	足弓高度正常且内侧纵弓曲线正常	足弓高度较低,足中部分接触地面增加	足弓完全塌陷,内侧纵弓与地面充分接触
前足/后足的内收/外展活动度检查(后面观)	外侧足趾不可见,内侧足趾清晰可见	内侧足趾清晰可见,外侧组织隐约可见	内侧足趾与外侧足趾均可见,且相等	外侧足趾清晰可见,内侧足趾隐约可见	外侧足趾清晰可见,内侧足

然而需要注意的是,使用 FPI-6 测试足型的评估者内部可靠性要高于评估者间可靠性,这也提示我们,在相同的实验设计下,对不同组的受试者,或同组受试者运动干预前后的足型测试最好由同一位测试人员完成,统一足部姿态指数的赋分标准,可能会提高研究的可靠性及可信程度。一项研究使用 FPI-6 和舟骨高度测试对 30 名年龄介于 20~53 岁的受试者

半程马拉松跑前后足型进行测试。研究结果显示,半程马拉松跑后,跑者双侧足舟骨高度相对于跑步前均下降了 5 mm,且差异有统计学意义。FPI-6 测试结果发现,半程马拉松跑后,跑者的 FPI-6 测试分数显著上升,表现为足外翻的趋势,并且左足的外翻趋势要显著高于右足。半程马拉松跑前后左右双侧足的 FPI-6 和舟骨下沉高度呈现不同趋势,FPI-6 表现出双足不对称的特征,推测原因可能是舟骨高度仅考虑骨骼组织,而 FPI-6 同时将软组织轮廓也纳入考虑,这可能是导致 FPI-6 在半马赛后出现双侧足不对称的主要原因之一。另一项研究对 30 名跑者裸足坐立位、裸足站立位,以及 45 分钟中等配速跑台跑步的舟骨下沉高度、足弓高度指数(arch height index,AHI)(用于说明足弓形变及塌陷的情况)和足弓刚度指数(arch rigidity index,ARI)(说明足弓刚度的具体情况)进行测试和计算。AHI 的计算方式为 50% 足长位置处的足背高度与足长之比。ARI 的计算方式为裸足自然站立状态下的 AHI 与裸足坐立位的 AHI 比值,$ARI = AHI_{standing} / AHI_{sitting}$,ARI 的值越接近于 1 则说明足弓刚度越高,塌陷的趋势越小。在足部相关的骨性标志点粘贴反光标记点,以追踪关键点在整个支撑期内的位移情况。研究结果显示,45 分钟中速配速跑台跑步前后,舟骨下沉高度、AHI、ARI 等足弓参数均无显著变化。还有一项研究对 116 名健康成年且无足部畸形及相关疾病史的跑者 45 分钟跑步前后的 FPI-6 情况进行测试,跑速平均为 12 km/h,与先前研究结果一致,该研究同样未发现 45 分钟的跑步干预对足部外翻姿势的影响。一项研究对 30 名男性跑者进行配速为 3.3 m/s 的 60 分钟跑步干预前后的 FPI-6 的情况进行测试。研究结果显示,60 分钟跑前后,跑者的足姿态指数发生显著改变,跑后足姿态指数显著上升,足外翻趋势显著增加,尤其是后足部外翻趋势最为明显。该结果提示,随着跑步时间的增加,足姿态指数的变化可能更加显著。

  结合上述三项研究,不难看出 45 分钟的中等配速跑步前后足姿态指数无显著差异,但随着跑步时间延长至 60 分钟后,足姿态指数变化明显,呈现足外翻趋势。此外,一项研究对大学生跑步运动员全程马拉松前后的足型变化及马拉松跑后的足型恢复情况进行了研究,使用便携式三维足型扫描仪获取精细的足部姿态参数,研究结果显示,马拉松跑后足舟骨高度和足弓高度显著下降,且足姿态的影响持续一周以上,表明全程马拉松跑后的足型恢复至少需要一周。

  在跑步过程中,足部姿态对跑者的运动表现和健康至关重要。跑者的主观视角,即他们在运动中对自身足部姿态的感知,不仅影响跑步技术的精细调整,还关系到长期的运动习惯和潜在的伤病风险。然而,由于个人经验、感觉反馈与实际姿态之间的复杂关系,跑者对足部姿态的认知往往存在偏差。理解和分析这种主观认知,能够帮助跑者更有效地调整姿态,优化运动表现并降低伤病发生率。足部畸形如平足,后足过度外翻可能会引起胫骨内侧疼痛和骨膜炎慢性损伤风险的显著提高。有研究显示,使用足弓支撑和动作控制鞋具能显著降低相关运动损伤风险。有两个案例研究发现,选用不合适的鞋具可能与运动损伤相关。研究发现一位 26 岁的男性跑者在更换一双新跑鞋后发生了远端腓骨的应力性骨折;另一项研究则报道了一位 40 岁的男性铁人三项跑者在使用不合适鞋具后导致足底筋膜炎的发生。鞋具的正确选择,可能降低运动损伤发生率,针对跑者的足型和足部姿态差异,鞋具生产厂商分别推出了适合高足弓人群,低足弓人群和过度外翻足人群的鞋具,许多鞋具门店也开展了测足型的服务,部分跑者论坛也介绍了足型自测的方法,以便跑者自行测量和识别自己的足型。然而这些简易的足型测试方法是否有效可靠,跑者又能否主观地对自己的足型有较为清楚的认知呢？2012 年的一项研究对比了跑者对自身足型的主观认知与足科医生根据临床标准进行的客观检查，以验证跑者对足型的认知程度。研究通过向业余跑者发放调查问卷，了解他们对自身足弓和足过度外翻情况的认知，并结合医生对跑者足印和临床手法的检查确定客观足型特征。结果显示，仅有 48.9% 的跑者能正确认知自身足弓，而在其余认为自己是平足的跑者中，只有 44% 在临床检查中被确认为平足。这种认知障碍可能源于跑者简单地根据足弓高度或跑步时足弓的生理性下沉来判断足型，而这种方法是不准确的。相比之下，标准化的脚印结合足弓指数分析被认为是评估静态足弓的客观方法，但这种方法耗时较长，不常用于常规临床实践中。在对足过度外翻的认知上，有 42% 认为自己有过度外翻足，但临床检查发现只有不到 5% 的跑者真正属于这一类型，并且只有 10.5% 的跑者认识到运动过程中的足姿态会发生生理性调整。这种错误认知可能是受到跑步及科普网站的误导。业余跑者难以客观判断足过度外翻，科研领域对其定义更加严格，包括距下关节的外翻、距骨的内收和跖屈、前脚的外展、内弓的下降和胫骨的内旋等生物力学指标。跑者对足型和足姿态的错误认知可能会影响其对鞋具的正确选择。

FPI-6 是一种利用设定的标准和简单的量表来评定足姿的新方法（图 6-2）。它是一种临床使用工具，用于量化足内旋、中立位或外旋的程度。FPI-6 是一种测量站立足姿的方法，因此不能代替现有的步态评估。然而，它比目前临床使用的许多静态负重和非负重测角方法都更加有效。FPI-6 已被用于各种临床和研究应用中。FPI-6 的应用包括生物力学研究，如糖尿病神经性溃疡足型快速分析、脚型筛选识别、临床研究中包含或排除标准、足型与运动训练损伤危险因素等。

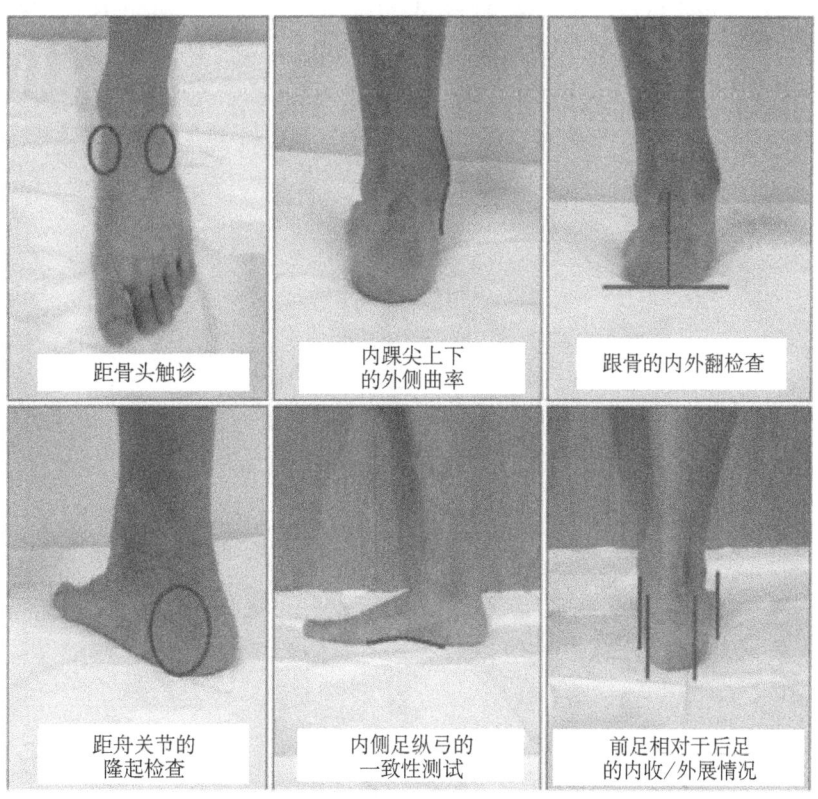

图 6-2　足姿态指数的检查图解

使用 FPI 评价足型时,患者应该双臂自然下垂,双足与肩同宽,放松正常站立,并保持静止,双臂并拢直视前方。在站立到舒适的姿势位置之前,需要确保患者没有转头,扭动身体等多余动作,因为身体姿态的改变将显著影响足部姿势。患者需要静止站立约 2 分钟之后开始进行评估。测试人员需要在评估期间要能够自由地在患者周围移动并且能够较为轻松地测量足部内外侧的参数。如果无法进行观察(如软组织肿胀等原因),则该项不纳入评分。评分应遵循客观保守的原则,避免过高和过低分数的出现。

正常人群的左右侧下肢应当是对称的,并同时满足形态学和功能上的对称。然而由于优势侧与非优势侧的区别,双侧下肢可能存在一定程度的功能性不对称。表现在足型和足部姿态方面,也可能存在一定程度的功能性不对称现象,而这种不对称往往称为生理不对称,其不对称程度是在一定范围内的,如果超过这个范围就需要考虑其原因,并可能导致运动损伤风险的增加。因此,需要界定正常人群双侧足的 FPI-6 范围,界定优势侧与非优势侧足的 FPI-6 功能性不对称程度,区分正常程度的不对称现象和非正常的病理性/功能障碍性不对称,对于部分运动损伤的机制及防护设计是十分有帮助的。2013 年的一项研究,对 930 名平均年龄为 37.2 岁,身体质量指数(body mass index)的群体进行 FPI-6 的测试,测试工作全部由 3 名经验丰富的足科医生完成,FPI-6 测试的分数区间为 -12(足过度内翻/旋后)$\sim +12$ 分(足过度外翻/旋前)。经测试,双侧足的 FPI-6 测试分数取整数时,得分均为 3 分。

为测试左右侧足的 FPI-6 不对称程度,统一以右侧足的 FPI-6 分数减去左侧足的 FPI-6 分数,得到的值定义为 FPI-6 分数,因此上述的 930 名受试者,就得到了 930 个 FPI-6 分数值。将 FPI-6 分数值进行描述性统计,结果如图 6-3 所示。参考前人研究,将双侧足的姿态正常对称定义为 FPI-6 分数值的均数± 1 个标准差(standard deviation)范围;$1\sim 2$ 个标准差范围之间定义为不对称,2 个标准差范围以上定义为严重不对称。研究结果显示,双足 FPI-6 分数误差处在$-2\sim 2$ 之间时,双侧 FPI-6 误差是在正常范围内的,当 FPI-6 分数值

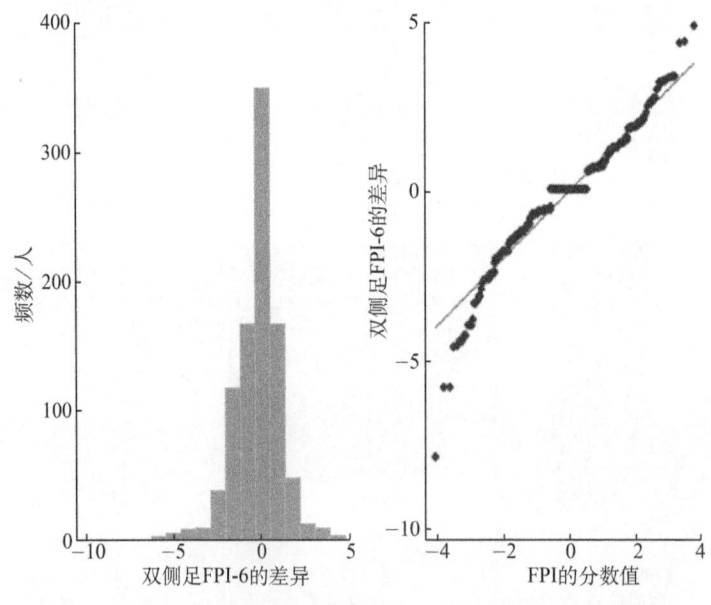

图 6-3　930 名受试者双侧足的 FPI-6 统计直方图及 Q-Q 图

处在-2~-4或2~4之间时,则定义为双侧FPI-6不对称,当FPI-6小于-4或大于4时,定义为双侧足姿态指数严重不对称。正常人群FPI-6范围的界定及不对称程度的判定有助于为后续的测试提供参考值。

FPI-6提供了较为便捷快速的测试足型方法和工具,并且有效性和可靠性经过验证。但FPI-6与动态的运动过程中的足部功能是否相关,使用FPI-6是否可以预测相关的足部功能和相关的生物力学参数,目前还不是十分清晰。2010年的一项研究对20名FPI-6过度外翻人群和20名正常足型人群自选速度步行时的后足环节冠状面的外翻角度与受试者的FPI-6得分进行相关性分析。研究结果显示,受试者的FPI-6总得分与足后跟的峰值外翻角度呈现强相关性(图6-4)。足外翻受试者的FPI-6得分与峰值足跟外翻角度呈现显著相关性,正常人群的FPI-6得分与峰值足跟外翻角度也呈现出显著相关性,但相关性程度稍弱于足外翻人群。2006年的一项研究,将FPI-6得分介于-12~-6之间定义为过度足内翻,-5~-1定义为足内翻,0~5定义为正常,6~9定义为足外翻,10~12定义为过度外翻。

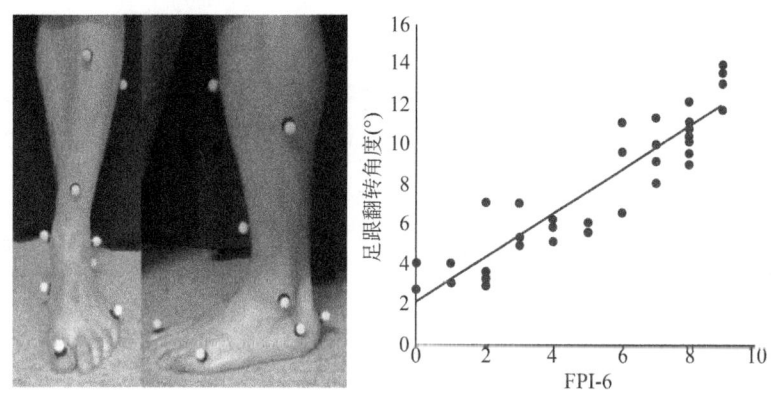

图6-4 下肢胫骨下及足部反光点粘贴示意图(左),FPI-6与足跟翻转角度的线性相关程度(右)

运动过程中的舟骨高度变化往往能反映足在冠状面的翻转变化情况,运动过程中,足在鞋腔内的运动学特征较难捕捉,与足内外翻相关的生物力学因素较多,而舟骨高度的测量仅需要对舟骨的解剖学标志点进行追踪。对足舟骨运动过程中的位移和位移速度情况进行测量,有助于推导足在整个运动过程中的运动情况,从而客观反映足部功能。一项研究采用一种拉伸传感器附着于足舟骨处,用于测量运动过程中舟骨的位移及位移速度等变化模式。该研究对26名受试者分别在正常地面和跑台下的着鞋与裸足行走和奔跑中足舟骨的运动情况进行统计测量。研究结果发现,裸足和着鞋的跑台步行条件下,舟骨位移及速度差异无统计学意义。跑台跑步时的舟骨位移速度比跑台步行高59%,地面跑步时的舟骨位移速度比地面步行高210%,地面跑步时的舟骨最大位移高于地面步行的23%。相比于地面条件,跑台步行和跑台跑步的舟骨最大位移分别增加了21%和16%。此外,跑步步行时的舟骨最大位移速度比地面步行要低48%。可推测,鞋具对于步行状态下的舟骨运动状态影响是较小的,没有显著性影响;跑台与地面条件下的舟骨运动模式差异也提示了不同的运动界面及运动模式对足部生物力学是有显著影响的。

一项研究基于X射线技术,分别获取裸足、着极简鞋具和着动作控制鞋具时的足舟骨三维空间位置变化和变化率，X射线能够较为准确地识别骨骼组织，相对于皮肤表面的反光标记点追踪技术能够显著提高追踪的准确度（由于舟骨结节位置较小，且标记点粘贴在皮肤表面会产生晃动，此外着鞋状态下的标记点粘贴需要一定程度上破坏鞋面结构）。该研究有以下几个目的：①获取受试者穿着两种鞋具和裸足状态下的足舟骨位移情况和位移变化率；②探究静态测量舟骨高度与动态舟骨高度的相关性、裸足与着鞋跑舟骨高度的相关性、静态的足部姿态与动态舟骨高度的相关性。研究选取12名有跑步习惯的受试者分别在以上两种鞋具和裸足情况下在实验跑道条件下进行自选速度跑步测试。研究结果显示，鞋具条件的不同对舟骨下沉的高度没有显著影响，然而动作控制鞋具的使用相比于极简跑鞋和裸足能够显著降低舟骨下沉的位移速度。鞋具条件的差异，即动作控制鞋具与极简鞋具相比并不能显著降低跑步过程中的舟骨下沉高度，然而穿着动作控制鞋具跑步却可以显著降低动态的舟骨下沉位移速率。此外，无论是着鞋还是裸足状态，舟骨的触诊高度与FPI-6都难以预测运动过程中的舟骨位移变化，如图6-5所示。因此，动态测量技术和评估方法的引入能够提升足部形态和姿态参数预测足部功能及相关运动损伤特征的有效性。

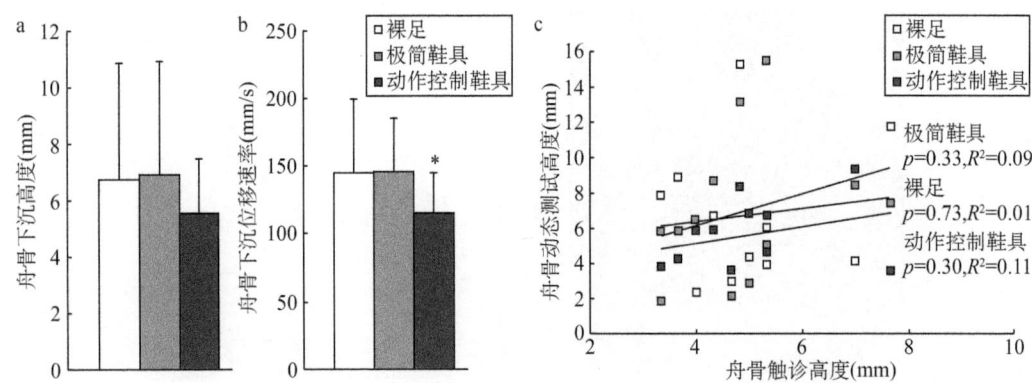

图6-5 跑者在动作控制鞋具、极简鞋具和裸足状态下的舟骨下沉高度无显著差异（a）；动作控制鞋具的舟骨下沉位移速率显著低于极简鞋具与裸足条件（b）；不同鞋具和裸足跑步状态下的舟骨高度触诊高度与动态测试高度无显著相关性（c）

FPI-6结合足舟骨下沉高度和足弓相关指数（如足弓指数、足弓高度指数和足弓刚度）已被证明是评估长跑前后足型特征的有效工具，具有较高的信度与效度。研究表明，动态监测跑步过程中的足姿态和形态变化，结合X射线透视技术和传感器技术，可能优于静态测量。长跑可能会引发足外翻、舟骨下沉及内侧纵弓高度下降等一系列足型的改变。尽管45分钟的长跑并未对足型和FPI-6造成显著影响，但随着长跑时间延长至60分钟以上，足型开始出现显著变化，并呈现出足外翻的趋势。尤其是在全程马拉松跑中，足部姿态受到显著影响，表现为足弓下沉塌陷、舟骨下沉和足外翻，这些变化通常需要较长时间（约1周以上）才能恢复。此外，FPI-6与长跑过程中后足外翻角度呈显著正相关关系，然而，是否可以将FPI-6作为预测足部功能和相关生物力学损伤参数的指标，目前仍不明确，需进一步研究。

足外翻姿态与胫骨内侧压力综合征和髌股关节疼痛综合征存在一定的相关性，使用FPI-6结合舟骨下沉高度在评估运动损伤风险方面具有一定的可靠性。然而，由于下肢运动损伤通常由多种因素共同作用所致，单纯依靠足姿态来判断风险可能过于片面。因此，建议在评估时综合考虑下肢运动学、动力学和神经肌肉控制等因素。此外，与静态足姿态测试相比，动态测量跑步过程中的足型变化可能更有效地反映足部功能及相关运动损伤风险。

对下肢和足部肌骨系统运动损伤相关因素的研究，不仅有助于预防运动损伤风险的增加，还为运动装备和辅具的设计研发提供了指导。足部姿态和形态的改变与运动过程中的下肢损伤发生率密切相关。足外翻通过影响胫骨在水平面上的活动度，导致胫骨内侧压力过载，从而增加疼痛综合征等相关损伤的风险。由于下肢各环节的运动特征是相互影响的，足外翻会引起胫骨水平面的内旋增大，进一步影响髋关节和膝关节的运动特征。足过度外翻与内侧胫骨疼痛综合征、髌股关节疼痛综合征等运动损伤显著相关，而过度内翻则可能导致支撑期下肢刚度显著增加，降低缓震能力并增加冲击载荷。鉴于足姿态与下肢运动损伤的密切关联，这些指标常用于临床足科检查。足外翻姿态与内侧胫骨疼痛综合征显著相关，且与髌股关节疼痛综合征存在一定相关性，但程度较弱。研究未发现足外翻姿态与其他运动损伤相关的证据。有研究指出，使用足跟外翻程度作为运动损伤发生率的评价指标，其可靠性较低。值得注意的是，FPI-6 与运动损伤的关系需谨慎对待，因为下肢运动损伤通常由多因素共同作用，仅使用足部姿态作为指标可能忽视某些关键损伤因素。建议将下肢生物力学参数如运动学、动力学等纳入综合考虑。此外，静态 FPI-6 在预测动态运动损伤和足部功能方面存在局限性。因此，在分析运动损伤原因时，应将足部姿态作为多种因素中的一种考虑，而非单独作为预测工具。同时，与静态测试相比，运动过程中的动态足姿态测量可能更有效地反映足部功能和损伤风险。

二、动作控制鞋具的生物力学研究进展

在介绍动作控制鞋具的生物力学研究进展之前，我们需要首先厘清市场上跑鞋的基本种类及其适用人群。根据《跑者世界》（Runner's World）一书的分类，当前市场及研究机构通常将跑鞋分为四类：稳定型跑鞋，适用于跑步时足部轻度内旋或外翻的人群，提供适度支撑以矫正足部姿态；缓震/正常跑鞋，为足部在跑步时能保持中立位、不发生明显内旋或外翻的跑者设计，主要侧重缓震性能；动作控制跑鞋，相比其他跑鞋更为坚固，提供更强的支撑和缓冲，适合平足、过度足外翻及体重较大的跑者；极简/模拟裸足跑鞋，几乎没有支撑和缓冲，旨在模拟裸足跑步的状态，适用于偏好裸足跑步体验的人群。动作控制跑鞋通常为足部过度外翻的跑者设计，而稳定型跑鞋则推荐给有轻度内翻倾向或高足弓的跑者。然而，近年来有研究质疑现有跑鞋科技与运动损伤风险的关系。例如，大样本随机对照研究发现，限制足外翻的动作控制鞋不仅未能降低运动损伤风险，反而使部分运动损伤的发生率有所增加。因此，对于稳定型鞋具和动作控制鞋具与运动损伤率之间的关系应持谨慎态度，需要通过长期的、大样本的随机对照试验来揭示其内在机制，以避免对鞋具功能设计的误导。几项研究采用了随机对照试验、双盲分组和前瞻性队列研究等方法，通过长期追踪来探索鞋具与运动损伤的内在机制和规律。首先，2016 年发表的一篇的研究中，研究人员随机挑选了 372 名业余跑者，分别穿着动作控制鞋具和普通鞋具进行测试，其中动作控制鞋具组有 187 名受试者，普通鞋具组有 185 名受试者。所有受试者的足型特征均使用 FPI-6 进行测试，并经过 6 个月的追踪，对运动损伤定义为受试者通过网站自我反馈，报告任何位于下肢或背部的身体疼痛，该疼痛在跑步过程中产生或持续，并至少阻碍计划活动 1 天。所有自我报告的数据

都经过研究人员的系统检查。研究结果显示，在足型分布特征几乎一致的情况下，穿着动作控制鞋具的跑者整体运动损伤发生率低于穿着普通鞋具的跑者。具体而言，足外翻人群在穿着动作控制鞋具时，运动损伤风险显著下降，而对于正常中立足及足内翻的人群，两种鞋具的运动损伤发生率没有显著差异。普通鞋具组的足外翻跑者运动损伤发生率高于中立足跑者。由此得出以下结论：在业余跑步人群中，使用动作控制鞋具可以在一定程度上降低运动损伤的总体发生率；足外翻跑者使用普通鞋具时的运动损伤发生率高于中立足跑者；动作控制鞋具可能对足外翻的业余跑者更为有效，显著降低相关运动损伤的发生率。由此得出相关启示：对于普通缓震跑鞋，适当增加动作控制结构可能有助于降低业余跑者的运动损伤风险；足外翻的业余跑者使用普通无动作控制功能的跑鞋可能增加运动损伤风险；建议足外翻的业余跑者尝试动作控制鞋具，作为控制运动损伤风险的有效手段。

跑步相关损伤在跑步初学者中的发生率较高，而足外翻被认为是与跑步运动损伤密切相关的指标之一。根据跑者的足型选择适当的鞋具被认为可以显著降低运动损伤的发生风险。然而，也有研究质疑动作控制鞋具的有效性。例如，有研究人员质疑为长跑运动员配备动作控制鞋具的安全性和有效性，他们在随机对照试验中发现，穿着动作控制鞋跑步的人比穿稳定型跑鞋或普通跑鞋的人受伤次数更多，错过训练的风险也更高。此外，另一项研究表明，根据足底形状选择运动控制跑鞋、稳定型跑鞋或普通跑鞋的人与不考虑足底形状选择鞋具的人相比，受伤风险没有显著差异。2014年发表的一项为期一年的前瞻性队列研究结果表明，研究跑步初学者穿着普通缓震跑鞋后，首次跑步相关损伤的发生与跑者足姿态之间的关系。为避免跑步经验对研究结果的影响，研究严格筛选了受试者，包括18~65岁的健康成年人，并排除了在研究前3个月内有下肢损伤史、过去12个月内有系统跑步训练史或参加过其他运动超过每周4小时的个体。最终确定了927名受试者，并统一配备了缓震跑鞋，以及具有GPS定位功能的手表，以记录和监督跑者的运动情况。研究发现，无论是足内翻人群还是足外翻人群，首次运动损伤的跑步距离相比于正常中立足人群差异均无统计学意义，甚至发现足外翻人群的每1000 km运动损伤发生率低于正常中立足人群。该研究的研究结果与先前研究高度一致，即无论是根据足型特征选择稳定型鞋具、动作控制鞋具还是缓震鞋具，与不根据足型情况选择鞋具的人群相比，两组人群的运动损伤风险差异无统计学意义。此外，在先前的研究中，足外翻人群和中立足人群在过去一年中首次出现跑步相关损伤的距离差异无统计学意义，但统计数据表明，足外翻人群的首次损伤距离高于普通人群。同时，每1000 km的跑步相关损伤概率统计发现，足外翻跑者的损伤发生率显著低于中立足跑者。当前，足型被认为是鞋具生物力学设计及跑者主观选择的重要依据。然而，该研究对这种观点提出了质疑，特别是对于中等程度的足外翻人群，作为预测跑步初学者运动损伤风险的依据可能是不合理的。研究表明，除了足部姿态外，跑者对鞋具舒适度的主观感受也是影响运动损伤的关键因素。因此，结合该研究的发现，动作控制鞋具可以推荐给有运动损伤史的足外翻跑者。总结以上研究发现，该研究的主要观点如下：对目前普遍认同的'足外翻可能增加运动损伤风险'的观点提出了质疑，大多数跑者在跑步250 km后不同足型均呈现出相似的运动损伤风险，基于1年的队列追踪研究发现，对于跑步初学者，足外翻跑者的1000 km损伤率反而低于正常中立足跑者。

2011年发表的一项研究选取了81名女性跑者，根据FPI-6将他们的足型分为39名中立足跑者、30名足外翻跑者和12名过度足外翻跑者。研究随机发放了三种类型的跑鞋：普通缓震跑鞋、稳定型跑鞋和动作控制跑鞋。受试者在足姿态评估和鞋具发放后，进行为期13周的半程马拉松赛事备战。研究统计了所有跑者由于受伤或疼痛缺练的天数，并使用视觉模拟评分法调查了跑者在休息时、日常活动时和跑步训练时的疼痛情况。研究结果显示，32%的跑者在13周训练期间因疼痛因素缺席训练，总缺训天数为194天。其中，穿着稳定型跑鞋的跑者缺训天数最少，为51天；而穿着动作控制跑鞋的跑者缺训天数最多，为79天。鞋具因素对中立足和外翻足跑者的疼痛损伤发生率有显著影响：在中立足人群中，穿着动作控制鞋具的跑者在视觉模拟评分法主观量表中报告的疼痛损伤水平高于穿着普通缓震鞋具的跑者。在外翻足人群中，穿着稳定型鞋具的跑者疼痛损伤发生水平高于穿着普通缓震鞋具的跑者。

对于过度外翻足人群，没有发现显著差异。根据这些结果，对于中立足和外翻的女性跑者，并没有证据表明动作控制鞋具可以显著降低运动损伤风险，因此需要谨慎推荐动作控制鞋具。根据训练天数缺席的统计及主观反馈量表调查，建议中立足女性跑者使用稳定跑鞋。

随着时间推移和跑鞋更新换代，跑鞋的动作控制能力整体上呈增强趋势；实现跑鞋动作控制的主要途径有鞋跟外侧设置缓冲垫、减小足外翻力臂长度、鞋跟内外侧使用不同密度的中底材料、改变跑鞋的内外侧倾角设置后跟杯、鞋面使用紧固条等。对于男性跑者，低足弓跑者着动作控制跑鞋跑步时胫骨内旋峰值降低，高足弓跑者着缓震鞋具胫骨加速度峰值显著降低，跑鞋内侧/内翻倾角在0°~4°之间时，随着倾角增大，跑步足外翻程度和外翻角速度线性减小，这个范围的内翻倾角对鞋具缓震及舒适性能无影响。动作控制鞋具对下肢关节的生物力学影响主要体现在远端环节，主要影响踝和足部环节功能表现；跑鞋应允许跑者保持更长时间的初始调整运动模式，而当跑者的无法维持初始跑步模式和节奏时，跑鞋能够提供一定的代偿性支撑以适应新的跑步模式，跑者对跑鞋的适应具有个体差异性，通过调整跑鞋相关特征达到个体化适应跑者的目的，可能是降低运动损伤风险和提高运动表现的有效途径。对于女性跑者，长跑肌肉疲劳状态下的足跟外翻角度约提高6.5°，穿着动作控制鞋具能够有效控制长跑肌肉疲劳后的足外翻程度。推荐40~60周岁的中年女性跑者使用动作控制鞋具以降低足过度外翻和膝关节过度内旋等运动损伤关键指标。女性过度足外翻跑者穿着动作控制鞋具可限制降低下肢关节峰值力矩，对足外翻控制作用增强，随着疲劳程度加深，鞋具控制功能减弱。

在长跑疲劳后，由于神经肌肉控制功能的下降，足外翻程度可能会进一步增大，此时动作控制鞋具的使用就能够限制这种疲劳状态下的过度外翻；推测动作控制鞋具可能通过延缓肌肉的疲劳，从而提升跑步耐力，同时针对足姿态不稳定的跑者能够在一定程度上减小运动损伤风险；推测动作控制鞋具的使用对过度足外翻者的膝关节周围大肌群也产生显著影响，而且这种影响是积极的，可以帮助减少髌股关节疼痛综合征。

近年来，动作控制鞋具的生物力学研究逐渐向个体化设计和智能化方向发展。①个体化设计方面：研究强调根据跑步者的个体特征来量身定制鞋具，通过三维扫描技术、足底压力分析和步态评估，制造商能够为跑步者提供高度定制化的鞋具，以最大限度地提升其运动表现并减少受伤风险。②智能化方面：最新的研究和开发开始将嵌入式传感器和实时数据反馈系统集成到动作控制鞋具中，这使得跑步者能够在训练或比赛中实时监测足部运动，并根据实时数据动态调整鞋具的支撑和稳定性。这些新技术有望进一步提高动作控制鞋具的有效性，使其不仅能够适应跑步者的个体需求，还能在运动过程中提供持续的支持与保护。

此外，随着三维打印技术的进步，定制化鞋具的制造成本有望降低，未来有可能实现大规模生产，使更多的运动员和跑者受益。

三、跖趾关节功能与鞋具抗弯刚度的研究

在当前对下肢运动的研究中，焦点通常集中在髋关节、膝关节和踝关节这三大关节的运动特征上。然而，跖趾关节作为足部的第二大关节，其功能和作用常被忽略。跖趾关节在足部的屈曲动作中发挥着至关重要的作用，尤其是在需要快速蹬离地面的动作中。这种动作最终是在跖趾关节发生的，通过踝关节的跖屈肌和足趾屈肌在远固定条件下的收缩来实现跖趾关节的伸展。跖趾关节对于足部、下肢和整体运动的功能至关重要，其屈伸特征直接影响跑步、跳跃等动作，尤其是在支撑后期的蹬离效果。现阶段，相关领域的专家和学者已开始重新关注跖趾关节在人体运动中的重要作用，包括对跖趾关节运动特征的研究、鞋具研发中的应用、跖趾关节训练研究，以及如何通过改善关节能量学特征和肌肉活化模式来提高运动表现等方面。跖趾关节属于椭圆关节，能够绕冠状轴做屈伸运动，以及绕矢状轴做轻微的内收外展运动。对大多数拥有正常足型的人群，第一、四、五跖骨头为内、外侧纵弓的前端承重点，对维持运动过程中足底着地支撑和蹬地的稳定性具有重要作用。跖趾关节的屈伸活动度是比较大的，主动屈曲角度可达 40°左右，在跑和垂直起跳蹬离地面过程中，跖趾关节的屈伸活动度可达 31.5°和 22.6°。但以上这些测量均是基于裸足状态下运动得到的，当跖趾关节包裹在运动鞋内即穿鞋状态甚至运动鞋结构材质等的差异，均会导致跖趾关节活动度的差异。

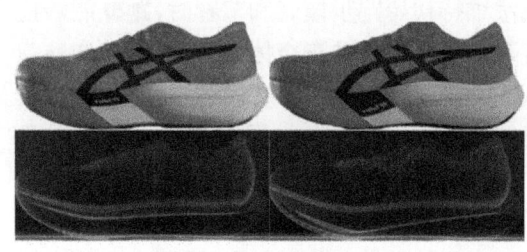

图 6-6 不同底部的跑鞋

如何提高运动表现已经成为鞋具生物力学设计和鞋具相关科学研究的首要任务和焦点问题。鞋底纵向抗弯刚度（LBS）是鞋具设计的重要部分。抗弯刚度的设计一般体现在鞋具中底，如图 6-6 所示，因此也习惯被称为中底抗弯刚度。研究认为 LBS 与耐力运动表现紧密相关，同时也被证实与高强度运动如冲刺跑、变向跑等运动表现有密切联系。研究发现，提高跑鞋的 LBS 可以提高冲刺跑在最初 5 m 到 10 m 加速阶段的运动表现。此外，研究发现，通过提高鞋具的 LBS 可以降低运动员在跳跃和变相跑运动中的氧气消耗。然而，通过提高 LBS 的方式提高运动表现的生物力学机制还不完全清晰，其中涉及受试者之间的差异性问题，最佳鞋具 LBS 确定问题等等。有研究表明，在中等速度跑步时穿着不同LBS 的鞋具，跖趾关节的屈伸角度及关节功率随着 LBS 的增加而逐渐减小，同时跖趾关节处损失的能量也相应减少。类似的结果也出现在跳跃类测试中，通过增加鞋底的 LBS 可以减小在跖趾关节处 36.7% 的能量损失，并能提高 1.7 cm 的垂直跳跃高度。

研究人员发现，鞋具 LBS 或者说鞋前掌 LBS 的增加会导致蹬离期足底地面反作用力作用点的前移，从而导致踝关节地面反作用力臂的有效延长及踝关节杠杆比例的增大，力臂的延长和杠杆比例增大导致的结果有两个，一是蹬离时踝关节跖屈力矩的增加，二是蹬离时踝关节跖屈速度的降低恰恰可以降低能量的消耗速度，从而可以解释为何抗弯刚度的提高会导致中长跑经济性的提高。同时，较高 LBS 的鞋具会导致跑步过程中触地时间和蹬离时间

的延长从而降低了肌肉收缩速度,导致能耗的降低及跑步经济性的提升。德国科隆体育学院研究人员发现运动员对提高 LBS 的鞋具有两种不同的适应机制:一种是在不改变蹬地时间的情况下提高踝关节的跖屈力矩;另一种是提高蹬离时间同时降低踝关节的跖屈力矩。而出现这种不同适应机制的原因有可能是运动员个体之间的差异,如肌肉力量、身体形态等。还有研究发现体重较大的受试者穿着较高抗弯刚度鞋具的跑步经济性水平要高于体重较小者。同时,也有研究证实,鞋具最适抗弯刚度具有个体化的差异,这取决于个体的体重、性别、运动水平等因素;同时由于跑步速度也会影响地面反作用力及跖趾关节力矩,因此最适抗弯刚度的选择与跑步速度也具有一定的相关性。

有一项研究通过内置碳纤维鞋垫来改变鞋具的 LBS,并对 34 名专业短跑运动员分别穿着 4 种不同 LBS 的短跑钉鞋进行冲刺跑进行生物力学研究(图 6-7)。鞋具条件分别为对照鞋、42 N/mm、90 N/mm 和 120 N/mm 四种不同 LBS 鞋具。结果发现,18 名运动员在穿着 42 N/mm 鞋具时平均运动成绩最好,约得到 0.69% 的提升,再提高 LBS 对这 18 名运动员的运动成绩提升无任何帮助,说明存在一个最适抗弯刚度可以使运动表现最佳化。5 名运动员穿着对照鞋运动表现最佳,8 名运动员穿着 90 N/mm 鞋具时运动表现最佳,7 名运动员穿着 120 N/mm 鞋具时运动表现最佳(总和大于 34,由于部分运动员在两种抗弯刚度条件下均能取得最佳运动表现)。运动员在穿着适应自身的最佳 LBS 钉鞋平均运动成绩能够提高 1.2%,有 1/4 运动员的运动成绩甚至能够提高 2%。对于高水平运动员来说,这种提高程度是有着重大意义的。为了确定每一名运动员的最佳 LBS,有学者试图建立最适鞋抗弯刚度与运动员体重、身高、鞋码、运动成绩之间的线性回归曲线,然而并没有发现运动员最适鞋抗弯刚度与这些因素之间存在显著相关性。后来有研究人员总结指出运动员最佳鞋具 LBS 的确定可能与跖屈肌力量、肌肉收缩力-长度关系及肌肉收缩力-速度关系这三个要素相关。

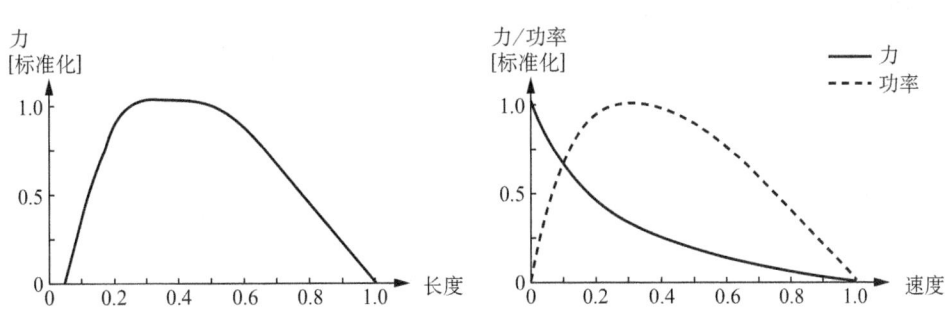

图 6-7 经过标准化的骨骼肌力-长度和力/功率-速度关系

研究发现,运动员最佳鞋具 LBS 与运动员自身特征存在相关性,他发现运动员肌肉骨骼系统的发力特征及冲刺跑过程中跖趾关节屈伸活动度和屈伸角速度能够帮助确定该运动员最适 LBS。如果运动员在冲刺过程中的跖趾关节屈伸的程度更大,则适合较高抗弯刚度的鞋具,如果冲刺过程中跖趾关节屈伸的程度较小,则适合较低抗弯刚度的鞋具。根据上述研究推测运动员需要根据自身身体形态学参数、肌肉力量等特征对鞋具 LBS 做出自我调节以获得最佳运动表现。另外,先前研究指出,短跑的不同阶段鞋具应该具有不同的 LBS 来适应运动员的发力需求。例如,在短跑的加速阶段,鞋具 LBS、踝关节杠杆长度和踝关节杠杆比例应更小;相反在短跑的途中跑阶段即最大速度阶段,上述这些值应更大以获得更好的运动表现。

鞋具LBS还被认为能够影响助跑跳、反向跳和跳深等跳跃动作的生物力学表现。一项研究选取了25名男性运动员,让其分别穿着3款不同LBS的鞋具进行助跑纵跳摸高实验,3款鞋具分别为对照鞋(22.62 N·m/rad)、较硬鞋(14.32 N·m/rad)和极硬鞋(21.77 N·m/rad)。结果显示,穿着较硬鞋时受试者的平均摸高高度提升了1.7cm,对25名运动员中的5名做进一步测试发现,穿着较硬鞋具纵跳,跖趾关节伸的角度较小使得能量损失减小,而在下肢的髋关节、膝关节、踝关节产生能量不变的情况下,推测跳跃高度的提升正是由于跖趾关节处能量损失的降低。也有研究发现,鞋具LBS对处于疲劳状态下运动员的纵跳高度也有显著影响,LBS较高的鞋具能够使疲劳状态下的纵跳高度下降得更少。截至目前,对于LBS的改变为什么能引起纵跳高度改变的机制尚不清楚,但先前研究提出的鞋具抗弯刚度改变导致跖趾关节处的能量损耗减小这一学说得到了普遍认同。同时,研究同样证实了在短跑、跳跃这类快速爆发力项目中,鞋具LBS对运动表现的影响主要体现在能量损耗减小,这也是提高运动表现的主要因素;而鞋具LBS对于长跑等耐力性运动表现的提高则主要依赖于下肢肌肉输出功率的优化和关节发力杠杆效应的改变。

一项跖骨头区域束缚前后纵跳对比实验研究选取了12名男性大学生体操运动员,在跖骨头区域分别施加无束缚、一般束缚和高度束缚三种条件,并在三维测力台上完成全力反向跳动作,腾空时间用于计算腾空高度,下肢髋关节、膝关节、踝关节运动学数据,以及下肢大肌群的表面肌电信号数据同步采集。研究结果发现,跖骨头区域束缚能够显著提升纵跳高度,束缚的负荷介于10~12 kPa之间时,提升的效果最明显,大约可提升2.3 cm的纵跳高度。同时发现,在添加束缚的条件下胫骨前肌在纵跳离地时肌电RMS减小而在落地时RMS增大,RMS是提示肌肉活化程度的重要指标。即通过跖骨区域的束缚能够优化肌肉的发力顺序和协调功能,从而提升跳跃运动表现。

同时,一项研究设计了一条24 m长的跑道,跑道上设置若干障碍物,运动员在跑道上需要完成的动作有冲刺、急停、变向、侧切等,主要测试运动员的敏捷程度。12名运动员穿着普通运动鞋(前掌LBS为12.61 N·m/rad)和LBS为普通运动鞋1.5倍的运动鞋(前掌LBS为18.91 N·m/rad)分别在该跑道进行运动测试。结果显示,12名运动员中的10名穿着较高LBS运动鞋完成跑道的平均时间缩短了1.44%,其他研究也发现了类似的结果。例如,一项研究发现20名篮球运动员在穿着LBS提高50%的鞋具完成侧切障碍跑时的运动成绩平均提高1.7%。另一项研究对足球运动员穿着三双不同LBS足球鞋(高LBS、中LBS和低LBS)在标准足球场进行25分钟变向、射门等常规训练流程中的生理学指标(包括心率、通气量、能量消耗速率等)进行了监测。结果显示,运动员穿着中LBS足球鞋完成25分钟训练过程中的心率、通气量和能量消耗速率均显著低于其他两款鞋具。灵敏性运动主要特点为变向动作多,结合上述生物力学及生理学等方面研究发现,提高鞋具抗弯刚度似乎能够改善灵敏运动表现,而LBS提高的程度应该要高于目前的鞋具抗弯刚度的最大值。同时,当LBS提高的程度过大时,也不会对运动表现的提高产生任何益处。在变化较多的灵敏性运动中,鞋具抗弯刚度的提高可以减少跖趾关节处的能量损失,这可能是提高运动表现的一个主要因素。

总结以上鞋具LBS对短跑、跳跃、侧切、变向等动作的生物力学以及生理学研究发现,鞋具LBS的提高对于这些动作运动表现的提高有帮助,而具体的机制尚不明确。目前存在一种较为合理的推测,即在跑跳等动作的推进期,跖趾关节由屈过渡到伸,较高LBS的鞋具能够使地面反作用力的作用点前移,从而优化骨骼肌发力并减少跖趾关节处能量损失。同时也提示可能每名运动员都存在一个最适的运动鞋LBS能够使运动表现最佳化。

四、鞋具对跑步经济性的影响

对于长跑运动来说,选择一双合适的跑鞋对于提升长跑运动表现和跑步经济性是十分关键。无论是对于业余跑步爱好者还是职业跑步运动员,一双能够提升跑步运动表现的运动鞋都是十分有吸引力的。

跑步经济性是一个体现"运动效能"的生理指标,是中长跑跑步成绩的关键因素,用给定跑速下的摄氧量来表示,是给定速度跑步时的能量需求,也是预测跑步成绩和跑步运动表现的重要指标。跑鞋作为最重要的跑步运动装备,其性能的改变可以显著影响跑步经济性,进而影响跑步运动表现。

1. 缓震性能

有研究证实缓震性能较好的中底比普通的乙烯-乙酸乙烯酯共聚物(EVA)中底大约能提升1%的跑步经济性,跑鞋中底缓震性能的提高对跑步经济性的提升是有利的。但需要注意缓震性能的提高带来的鞋具质量的增加,研究发现跑鞋质量每增加100 g,耗氧量增加约1%。同时也发现每双跑鞋质量<440 g时,则质量因素对跑步经济性几乎无影响,因此在每双440 g的范围内增加跑鞋的缓震性能是进一步提升跑步经济性的有效方法。

2. 极简跑鞋设计

随着回归自然,裸足理念的兴起,极简跑鞋或模拟裸足跑鞋种类也越来越多,但这类跑鞋都有以下几个共同点:鞋具质量低于每双440 g,前后掌跟差小于4 mm和中底较薄缺乏缓震,并且LBS很小,表现为易弯折。大量研究证实,穿着极简跑鞋的跑步经济性显著高于穿着常规跑鞋,一方面是由于极简跑鞋质量较小,对抗重力做功产生能量节省;另一方面则是穿着极简跑鞋以及步频的改变导致足弓以及跟腱-小腿三头肌长度和张力的改变,能够储存更多的弹性势能,蹬离过程中弹性势能释放减少了机械做功;并且研究认为极简跑鞋能够更大程度上发挥足本身的功能,刺激足部小肌肉群做功,从而提高运动表现并减小足部运动损伤风险。

3. 抗弯刚度

近年来针对跑鞋抗弯刚度与跑步经济性的研究均赞成抗弯刚度的提高能够提升跑步经济性和跑步运动表现的观点,这些研究通过在现有跑鞋基础上添加碳板改变跑鞋的抗弯刚度,发现在常规跑鞋基础上提高抗弯刚度能够降低耗氧量,节省能量提高跑步经济性。首先从性质上定义了抗弯刚度的提高对跑步经济性是有好处的,其次抗弯刚度应提高多少?跑鞋抗弯刚度处在哪一个范围内能够最大限度提升跑步经济性和跑步运动表现?

综合以上研究,有以下两点建议:跑步经济性与体重呈负相关,随着跑者体重的增大需要的跑鞋抗弯刚度也随之增大,同时体重与鞋码呈正相关关系,因此应按照鞋码划分不同的抗弯刚度以适应不同跑者的需要,研究显示体重70 kg的成年男性跑者最适跑鞋抗弯刚度在35~40 N·mm之间。增加跑鞋的抗弯刚度对跑步经济性是有利的,但要建立在跑鞋的抗弯刚度不能影响足跖趾关节正常屈曲的前提下。每一名跑者都有其对应的最佳跑鞋抗弯刚

度 K_{cr}，根据研究结果推测，跖趾关节力矩 τ_{MTP} 与跖趾关节最大屈曲角度 θ_{max} 的比值 K_{cr} 应当是最适抗弯刚度，即 $K_{cr}=\tau_{MTP}/\theta_{max}$。中底较厚、掌跟差较高及 LBS 较大的强缓震跑鞋和极简跑鞋都被证实能够提升跑步经济性，表面上看这两类鞋具的结构、性能和设计理念等是截然相反的，但从内在的生物力学机制来看是殊途同归的。因此，上述两种类型的跑鞋实际上也满足了不同人群特点，能够适应不同水平，不同跑步习惯跑者的需求。

第三节　专项运动中的鞋具生物力学

一、足球

足球是全球参与人数最多的运动。根据国际足球联合会(FIFA)在 2000 年和 2006 年收集的数据，全球已有超过 3 亿人参与足球运动。作为球员装备中最重要的工具，足球鞋应提供多项功能：保护足底、提供牵引力、控制运动及减缓冲击力。理想的足球鞋不仅能提升球员表现，还能降低受伤风险，尤其是在现代足球中，爆发性启动、快速冲刺和迅速变向等动作频繁。与其他运动鞋相比，足球鞋的设计需考虑不同场地表面的牵引力需求（如天然地面、人造草地、室内场地等），并关注鞋与球的互动。典型的足球鞋通常采用低于脚踝的鞋面设计，搭配坚硬的、带鞋钉的鞋底。鞋的特性如缓震性、鞋底刚度和摩擦性能等会影响运动员的表现和受伤风险。然而，各个方面并不总能同时关注到，因此开发者需在提升表现和防止伤害之间找到平衡。科学的研发过程可以帮助实现这一目标。

当一个均质物体在另一个物体上滑动时，会产生摩擦力。然而，在足球运动中，由于不规则的场地表面和鞋钉鞋底的设计，这种摩擦和黏附力表现为颗粒间的摩擦，其大小可以通过牵引系数来量化。动态摩擦系数定义为当物体运动时，阻止物体运动的水平力与由物体重量和施加负荷所产生的法向力之比。牵引力作为一种设计特性，能够很好地展示其对运动员表现和受伤风险的潜在双重影响。适当的牵引力有助于提高运动表现，但过度的地面固定可能带来不良后果。例如，当身体重量转移到受力腿上，脚被牢牢固定在地面时，与膝盖负荷相关的前交叉韧带损伤的风险会增加。因此，在类似的运动中，如美式足球，鞋底在地面上具有较高的旋转阻力会增加下肢急性受伤的风险。因此，牵引力交互是鞋面-地面交互中的关键参数，可以通过调整鞋的设计或地面条件来加以控制。

足球鞋的设计是为了与比赛场地互动，而这种互动取决于鞋的牵引力特性。鞋类开发人员可以通过多种方式影响鞋的牵引系数，主要是通过增加或减少鞋钉对地面的渗透深度或鞋底与地面之间的接触面积。渗透是指鞋钉深入地面的程度，当鞋钉完全嵌入地面时，鞋底可以提供最大的牵引力。接触面积可以描述为鞋底和鞋钉与周围地面接触的总面积。通常，鞋底与地面的接触面积是通过鞋钉的数量（范围 6~70）和长度（范围 5~17 mm）来配置的。增加鞋钉数量可以增加接触面积，这已被证明可以提高鞋与地面的牵引系数。此外，接触面积和渗透深度的改变还可以通过鞋钉的几何形状（圆形、锥形、椭圆形、三角形、刀片形）、配置方式及所使用材料的特性来实现。然而，根据研究，单靠了解鞋、场地和地下结构的特性，难以准确估计牵引力，因为这些特性之间相互作用的方式非常复杂。

大量关于足球鞋鞋底设计的研究反映了研究人员在提升表现和降低受伤风险方面的多种探索。大约三分之一的足球鞋研究都关注鞋底设计和鞋钉配置的影响。一项研究探索了不同鞋钉长度和几何形状对人造地面上跑步与变向表现的影响。15名运动员在五种不同鞋钉条件下(鞋钉长度：长钉、中钉、短钉；鞋钉几何形状：椭圆形与刀片形)完成了26 m的障碍赛和6 m短跑。结果表明,与较短的鞋钉相比,常规长度鞋钉表现最佳,刀片形鞋钉的表现优于椭圆形鞋钉。研究人员将结果归因于牵引力特性的变化。如何通过改变鞋钉设计来影响牵引力是研究的重点,该研究测试了六种不同的鞋钉设计和两种不同的场地。一些学者使用机械牵引测试设备量化了鞋钉在渗透和牵引方面的表现。结果显示,牵引力的影响取决于鞋钉的几何形状(圆柱形与锥形)和地面特性(天然与人造),其中锥形鞋钉增加了渗透,从而提高了牵引力值。一项实验研究了场地湿度(湿润与干燥的人造地面)对牵引力和运动员变向表现的影响。结果显示,与专为人造地面设计的鞋底(42颗3～12 mm的鞋钉)和硬质地面设计的鞋底(14颗11～16 mm的鞋钉)相比,配备74颗5 mm短鞋钉的草地鞋底在湿润人造地面上牵引力降低了3.8％,5×10 m折返跑用时缩短了2％～7％,但在干燥条件下没有出现这种情况。另一项研究了牵引力和地面弹性如何影响短跑与转向表现。为了检验牵引力的影响,12名参与者在人工场地上穿着两种足球鞋——一种为室内鞋底,一种为硬质地面鞋钉鞋——进行5 m短跑和180°转弯。结果显示,短跑任务没有表现差异,但在快速转弯动作中,穿着鞋钉鞋的参与者表现显著更快。在这些条件下,鞋钉鞋在机械测试中的平移和旋转牵引力显著增加。

上述研究表明,较高的运动表现与较高的牵引力值之间存在关联,这可以通过较长的鞋钉、锥形设计及针对特定场地设计的鞋底来实现(图6-8)。然而,关于圆形鞋钉与刀片形鞋钉对运动表现和受伤风险影响的比较研究相对较少。有人指出刀片形鞋钉过于锋利,可能在青少年比赛中造成割伤的风险。因为它们在脚的外侧产生不自然的负载,刀片形鞋钉可能有害,而圆形鞋钉则能模仿自然的压力分布,特别是在跑步和变向动作中。机械测试还表明,在脚的控制旋转过程中,刀片形鞋钉产生的扭矩显著更高。然而,约有十几项研究得出了相反的结论,认为刀片形足球鞋并不值得担忧。例如,生物力学分析通过机械测试设备显示：在真实的前交叉韧带损伤情境下,刀片形鞋钉并不会产生比圆形、楔形和混合鞋钉鞋更高的扭矩；钉鞋和刀片形鞋钉在与比赛场地的交互上差异无统计学意义；在三种不同的人造草地上,刀片形足球鞋的牵引系数与草地钉鞋和圆形鞋钉几乎相同。此外,7～36名志愿者参与的实验研究表明：在两种圆钉鞋和两种刀片钉鞋之间,切向动作时膝关节的力矩差异无统计学意义；刀片形和圆钉足球鞋在转向动作时对膝关节外部施加的负荷差异无统计学意

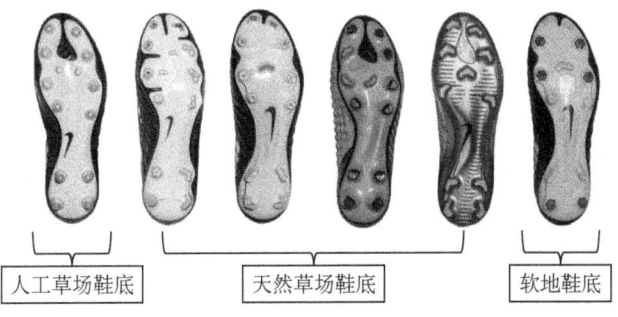

图6-8 应对不同地面的足球鞋设计

义,且运动学、动力学和肌电图数据差异亦无统计学意义;穿着刀片鞋钉比赛不会导致前脚掌的力量和压力增加;与圆形鞋钉相比,刀片形鞋钉不会导致前交叉韧带损伤的风险增加;在人工草地上,圆形鞋钉和刀片形鞋钉在切向动作时对踝关节和膝关节力矩的影响差异无统计学意义;与圆形鞋钉相比,刀片形鞋钉在功能上提供了牵引力优势。

鞋垫的主要功能是减少足底压力峰值并创造舒适的足底环境。因此,舒适性与缓冲性高度相关。通常情况下,足球鞋并不需要厚鞋垫、中底或外底,因为足球运动大多是在具有足够减震性能的天然草地和人造草地上进行的。然而,一项研究探讨了减震鞋跟插片对足球裁判员过度使用症状的影响,另一项研究则考察了鞋垫老化过程对足部受力模式的影响。还有一项研究为参加为期5天比赛的91名裁判员中的不到一半配备了8 mm厚的鞋跟插片,并通过问卷收集了受伤情况、肌肉酸痛及其位置的数据。实验组相比对照组,身体不适明显减少。然而,无法确定的是鞋垫的缓冲性能还是鞋跟提升导致了这些积极效果。同样,一项实验研究了新更换的鞋垫对足部压力分布模式的影响。该实验为11名足球运动员配备了足球鞋,并让他们定期穿着。1年后,运动员们在3种不同的条件下进行了足球特定动作的测试:①旧鞋和旧鞋垫;②旧鞋和新鞋垫;③新鞋和新鞋垫。基于鞋垫压力分布系统,该研究指出没有一种鞋子和鞋垫的组合能够减少压力峰值的高度或改变足底压力分布。这两项研究均在天然草地上进行,因此不应忽视减震性能。然而,随着城市化的发展及在硬质场地上进行的小场地足球运动的增加,开发者和研究人员应该更加关注为室内和街道表面设计的特定足球鞋,在这些场地上缓冲性能可能更加重要。

与缓冲性相反,鞋子的刚度在所有足球特定动作中及在每种类型的场地上都起着至关重要的作用。刚度可以区分弯曲刚度和扭转刚度。弯曲刚度描述了鞋子在矢状面上的弯曲行为,足球鞋开发者试图在跖趾关节前脚区域提供较高的灵活性,同时在中足下方提供相对较高的刚度。另外,扭转刚度被定义为前脚和后脚在额状面上的相对旋转。在体育活动中,前脚承受着高机械应力,负责加速和起跑,而在运动员改变方向时,前脚和后脚之间的旋转起到了更大的作用。尽管在其他运动中,鞋子的弯曲刚度对运动表现和受伤风险有影响,如短跑、排球和篮球,但在足球领域,关于弯曲刚度或扭转刚度的研究相对较少。作为初步研究的一步,研究人员创建了一种机械测试装置,来研究不同足球鞋结构的弯曲刚度。对三种足球鞋的比较表明:①弯曲力矩(N·m)和跖趾关节旋转(°)之间存在非线性关系;②不同鞋面结构之间存在显著的弯曲刚度差异。这些研究结果强调了在研究足球鞋刚度时,确保只有中底弯曲刚度有所差异的相同鞋条件的重要性。Sakaguchi 等(2005)研究了足球鞋弯曲刚度与场地刚度之间的相互作用。为此,5名运动员在两双不同刚度的鞋(刚度差异为193%)和两种场地上以5 m/s的速度进行跑步。尽管未报告弯曲刚度对跑步表现的影响,但研究表明,场地和鞋子弯曲刚度之间的相互作用对踝关节和膝关节力矩有影响的趋势。由于样本量较小且场地相互作用的影响,不能仅针对鞋子弯曲刚度得出结论。另一项研究探索了弯曲刚度对比赛特定生理的影响,进行了为期25分钟的连续现场测试协议。这项现场表现评估包括了13名足球运动员在三种不同鞋子刚度条件下(低、中、高刚度)完成的七个阶段。生理变量的测量显示:①低刚度和中等刚度条件之间差异无统计学意义;②与高刚度鞋相比,中等刚度鞋显著降低了运动过程中氧气和能量消耗。足球鞋弯曲刚度存在一个最佳值,超过该值可能会产生负面的生理效应。总之,目前的研究未能确定可被认为是理想的、能够提升表现或预防受伤的足球鞋弯曲刚度具体数值。此外,文献检索未发现有关于中足扭转刚度的具体研究,因此该主题还需要进一步研究。

此外,一项研究探讨了足球运动员对其鞋子的最理想特征。研究人员在1998年(250名足球运动员)、2006年(73名运动员)和2013年(196名男性和69名女性运动员)进行了三项调查,要求运动员对11个鞋子特征中选择最看重的五个特征进行排名。问卷评估结果显示,多年来,舒适性一直被足球运动员评为第一优先考虑因素,随后是球感、牵引力和稳定性,后者被定义为"脚与鞋之间的运动较少"。旋转和踢球力量被认为是最不重要的鞋子特征。此外,舒适性变得越来越重要,而保护性的重要性则有所下降。男性和女性运动员的结果相似。

二、篮球

运动鞋科技的每一项进步,都离不开生物力学研究,其结构设计和技术创新都必须遵循人体运动的生物力学原理。足的结构与力学功能问题,足与地、足与鞋、鞋与地之间相互作用的力学问题,制鞋材料、鞋体结构与运动功能问题是运动鞋生物力学研究的主题。运动鞋的核心技术主要体现在鞋底科技上,早期的生物力学研究多集中在足的形态与结构,继而是运动学和动力学测量与分析,现今是高技术和新材料的应用,其进展都依赖生物力学测量与分析技术。

美国材料与试验协会将减震定义为借外力作用时间的增长,降低冲击力峰值的能力。人们最初的假设认为冲击力是有害的,必须限制人体对于此种力的承受。诸多学者针对冲击力施加于特定人体组织的作用进行研究,还有不少侧重于探讨冲击力与损伤发展之间的关系。然而冲击力是否一定能够导致运动损伤如骨关节炎、胫骨骨膜炎等目前还没有明确的定论,如有研究显示,跑步者相比非跑步者并没有出现更高的关节炎发生率;在马拉松前后的膝关节 MRI 检查中,也并没有显示长距离跑对膝关节存在不利的影响。相反也有研究表明:相比白种人女性,中国女性由于走速较慢、脚后跟着地时间更短,其骨关节炎的发生率也偏低。对于骨组织而言,反复冲击力在人体生理承受的范围内能够对骨小梁的重建产生积极的作用;与主要通过肌肉收缩对骨产生负荷的运动项目相比,能对骨骼造成明显冲击负荷的运动项目,如篮球、排球等,其青少年运动员的股骨头密度较高;经历过体操专业训练的年轻男性运动员骨的完整性和质量均有较大增加。因此,冲击力与肌肉-骨骼系统损伤的关系还没有明确,而一定范围和一定程度的冲击力事实上对人体是有利的。

跑、跳过程中的被动冲击阶段发生在足与地面接触后,支撑期的前10%~20%阶段,与此同时,人体下肢在接触地面后的迅速减速导致了冲击力(地面反作用力垂直分量)的产生。冲击力峰值发生在触地后的5~30 ms内,跑步时其值可达体重的1.5~4倍,起跳和落地则通常需要承受3.5~7倍于自身体重的地面冲击力。在篮球的三步上篮过程中,这一冲击力甚至可以达到体重的9倍以上。从力学角度而言,延长碰撞时间能够减少冲击力,因此在20世纪70年代末引入"缓冲"的概念,即通过具有黏弹性的中底材料,如 EVA 泡沫的变形来衰减或吸收被动冲击力。理论上鞋中底额外的变形能够减少被冲击系统刚度(硬度)、降低人体与地面碰撞后的迅速减速,从而达到削弱冲击力的目的。在被动情况下,柔软的中底结构有利于缓震。就目前而言,运动鞋的缓冲减震主要通过两个方面来实现:一是材料减震;二是结构减震。一项研究通过冲击测试对三种不同中底硬度的运动鞋进行缓冲性能的比较,发现加了特殊避震泡沫材料的运动鞋对于冲击的衰减更为明显。另一项研究利用有限元模型对冲击过程中脚后跟所受的压力和鞋中底硬度的关系进行研究发现,当 EVA 的厚度减少 50%,脚后跟最大压力增加接近 20%,由此推断运动鞋的缓冲性能会随着中底变薄而发生明显的下降。通过穿着缓震性能较好的运动鞋从而达到增加人体被动缓冲的作用显得尤为重要,而穿着缓冲性能较好的运动鞋可能会有效地预防运动损伤。

一项针对篮球鞋缓冲性能和跑速对篮球运动员直线跑步冲击负荷和胫骨震动的影响进行运动学和动力学研究认为,相比于跑步,篮球运动也会有较高的胫骨疲劳骨折的风险。一项研究让 18 名半职业男子篮球运动员分别穿着三双篮球鞋进行 3.0 m/s 和 6.0 m/s 的实验室直线跑步测试,三轴加速度传感器用于胫骨加速度数据的获取,动力学数据由三维测力台完成采集,研究使用胫骨加速度数据表示胫骨震动负荷大小,使用平均垂直负荷增长率(vertical average loading rate,VALR)及瞬时垂直负荷增长率(vertical instantaneous loading rate,VILR)来表示冲击负荷的大小。研究结果发现,随着跑步速度的提高,胫骨加速度、VALR 以及 VILR 有显著提升,然而与预测结果不同的是,胫骨加速度、VALR 和 VILR 并没有随篮球鞋缓冲性能的增强而相对应的减小,运动员穿着中等缓冲篮球鞋反而显示出最低的冲击负荷和胫骨震动负荷,同时从运动学数据发现,18 名篮球运动员跑步均采用足跟着地的方式进行。从上述结论可以做出以下推测:篮球鞋缓冲性能存在最优值或者最优区间,而并非缓冲性能越强就越有利于损伤预防,推测鞋具的缓冲性能和运动员对鞋具的本体感觉达到了一种较为理想的平衡状态时,损伤的风险会显著降低。篮球运动员跑步 FSP 不会因为鞋具参数变化和跑步速度的改变而变化,都是后跟着地的方式跑步。另一项研究对篮球运动员穿着不同中底硬度篮球鞋进行 4 项篮球基本动作进行了足底压力测试。与上一项研究不同的是,该研究采用中底硬度来表示篮球鞋缓震性能的强弱,经测试,选取的两双不同中底硬度篮球鞋的邵氏 C 硬度指数分别为 60 和 50。选取的四个篮球基本动作分别为直线跑、冲刺跑、45°侧切和带球上篮,其中跑步速度限制为 3.3 m/s(1±5%)。从足底压力测试结果来看,四个基本篮球动作足底各区域的峰值压强和压强-时间积分在软底篮球鞋和硬底篮球鞋两种条件下显示出不同的分布特征。与穿着硬底篮球鞋相比,穿着软底篮球鞋进行四个篮球动作的足底峰值压强出现显著降低,如在右足支撑期过程中,除侧切动作外,其余三个动作着软底篮球鞋,前足内侧区域峰值压强显著降低,前足外侧区域的峰值压强在直线跑和带球上篮动作中也显著降低;压强-时间积分在侧切和上篮动作中也出现类似的变化,即着软底篮球鞋在前足区域出现显著降低趋势。根据以上实验结果作出推测:在篮球鞋的前掌区域使用缓震性能较好的材料有助于降低篮球运动员的足底负荷。以上两项研究对篮球鞋缓冲性能的测试均采用了机械测试的方法对鞋具本身的机械缓震性能和软硬度性能进行测试。如果将关注点聚焦于足-鞋-地系统,通过生物力学的测量技术和手段获取真实运动状态下的生物力学特征,并使用生物力学参数来表示缓冲性能,可能会更加贴近于运动实际。例如,动力学指标中可以采用 VALR 和 VILR 来表示冲击负荷的大小来间接衡量球鞋缓震性能,同样,鞋垫式足底压力测试系统通过对足底分区域的峰值压强、峰值压力、压强-时间积分等参数的获取,反映足底压力分布状况,可以为篮球鞋局部材料的改进提供数据支撑;在运动学指标层面,膝关节着地角度可能与缓震性能相关,研究发现膝关节着地角度的增大是对较大冲击力的代偿,胫骨加速度也被证实是反映落地期胫骨负荷的有效指标,而胫骨负荷也是衡量鞋具缓震性能的敏感指标。

上述提到的篮球鞋缓震性能,是指通常意义上的垂直方向上的缓震性能,由于篮球鞋底的三维结构,有生物力学研究还探讨了篮球鞋的水平、横向或者称之为切向的缓震性能。与上述提到的缓冲性能关注垂直方向减震不同,横向缓震性能主要关注对前后方向地面反作用力的减震效果。有研究显示,前后方向地面反作用力也被认为是运动损伤的危险因素之一,相比于垂直地面反作用力,前后方向地面反作用力相对于关节/环节中心的力臂更长,因此其力值的增大会导致关节力矩的进一步增大,从而增加关节负荷。

篮球运动中踝关节是最易受伤的部位之一,其损伤比例高达30%~50%,其中以踝关节着地内翻运动损伤最为常见。因此早在20世纪70年代,篮球鞋生产厂商就开始设计高帮篮球鞋试图保护踝关节,进而减少篮球运动中踝关节损伤发生概率。20世纪80年代,一项研究提出,高帮篮球鞋可以改变踝关节活动度,从而对抗踝关节内翻,以减少踝关节损伤的潜在危险。但从流行病学角度看,部分研究者并不赞同这一观点,他们发现与低帮鞋相比,高帮篮球鞋对真正预防踝关节损伤并没有起到类似的积极作用。到目前为止,学术界对高帮篮球鞋对踝关节扭伤的防护效果并未达成共识。高帮篮球鞋是否能影响踝关节活动度,与运动损伤又存在怎样的联系呢?

1995年,一项研究就鞋具因素对侧切动作过程中的侧向稳定性进行生物力学研究,他们认为篮球运动中侧切动作是最普遍的动作之一,也是最容易发生踝关节运动损伤的动作。12名受试者分别裸足及穿着5双鞋具进行侧切动作,重点采集侧切动作冠状面的运动学数据,选取的评价踝关节损伤风险的运动学参数有踝关节内外翻活动度、踝关节内外翻峰值角度和角速度(图6-9)。得出的主要研究结论:与穿鞋侧切动作相比,裸足进行侧切动作的侧向稳定性反而更好,其原因是裸足侧切动作距下关节轴相对于地面反作用力作用点的力臂缩短。高帮鞋具和低帮、中底镂空鞋具的侧向稳定性与其他鞋具相比表现更优异,而足与鞋垫的相对滑动则不利于侧向稳定。侧切动作中,鞋底如果能够在内侧部位发生形变,即形成一个侧向的斜坡结构,则有利于提高侧向稳定性,因此篮球鞋设计可以考虑在鞋底内外侧使用不同的材料来增强侧向稳定性。穿鞋侧切动作从足着地开始到40 ms是踝关节损伤的危险期,此时腓骨肌等踝关节周围肌群没有激活,因此鞋具如果能够在前40 ms提供强力的侧向稳定性,可以显著降低踝关节损伤风险。

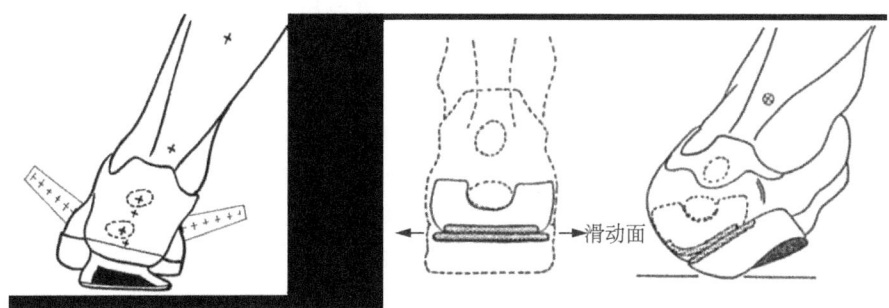

图6-9 左侧为受试者穿着低帮且足跟部位中空的鞋具,右侧为受试者穿着低帮且具有双层鞋垫的鞋具,并且双层鞋垫之间可以相对滑动

三、高尔夫

高尔夫球鞋的设计是为了满足高尔夫运动中的独特需求，特别是稳定性、舒适性和抓地力。这些特点使高尔夫球鞋在运动过程中能够提供良好的支持，确保球员在击球和挥杆时的稳定性。高尔夫球鞋的鞋底通常采用硬质材料，如橡胶或合成材料，以提供足够的稳定性。鞋底设计常包括多个稳定支撑结构，如防滑钉（或铝制钉子），这些钉子能够在草地上提供额外的抓地力和稳定性。高尔夫球鞋的鞋垫通常有额外的支持，尤其是在足跟和足弓部分，以帮助分散击球时产生的压力。鞋底的设计需要确保脚部在挥杆过程中能够保持稳定，防止脚部滑动。由于高尔夫球员常常在户外行走较长时间，高尔夫球鞋通常采用透气材料，如网眼布或高性能合成材料，来保持脚部干爽和舒适。许多高尔夫球鞋内置缓震技术，如泡沫中底或气垫，以减少步伐冲击，提供舒适的行走体验。高尔夫球鞋通常采用防水材料，以防止湿润的草地或雨水渗入鞋内，保持脚部干燥。

高尔夫球鞋设计评估通常通过地面反作用力测量进行研究。为了应对人们对金属钉鞋可能对高尔夫球场造成损害的担忧，开发了替代钉高尔夫球鞋，这推动了相关的生物力学研究。在机械假肢的研究基础上及对高尔夫球手在人工和天然草皮上动态地面反作用力的研究，也为高尔夫科学文献提供了丰富的信息。对现代高尔夫球鞋设计在挥杆过程中的地面反作用力评估表明，与不同高尔夫球鞋外底牵引力相关的人体动力学值得进一步研究。一项研究评估了高尔夫球鞋外底设计特征与使用一号木杆挥杆时人体运动学之间的关系。研究中测试了三种不同类型的鞋子：金属 7 钉鞋、替代 7 钉鞋和平底鞋。研究使用 Footscan RS International 压力鞋垫和 Kistler 力平台分别记录鞋内压力数据（500 Hz 采样率）和地面反作用力（1 000 Hz 采样率），并通过 200 Hz 视频记录 18 名右撇子高尔夫球手在穿戴每种鞋子时使用一号木杆击球的情况。结果显示，前脚的最大垂直力和扭矩大于后脚，但与鞋子的类型无显著差异。不过，金属钉鞋在后脚产生的扭矩显著高于平底鞋。此外，鞋内不同区域的压力随着鞋外底设计的不同而表现出显著差异。通过比较金属钉鞋和替代钉鞋，研究提供了外底区域牵引力质量的指标。该研究展示了高尔夫球鞋外底设计特征与挥杆阶段之间的潜在关系。通过地面反作用力和鞋内压力的测量，发现高尔夫球鞋外底设计可以引发足部和身体运动的肌肉控制调节。地面反作用力测量可用于比较鞋子的整体功能性能，而鞋内压力测量则用于评估外底特定区域对足底的影响。另一项研究评估高尔夫专用鞋对静态平衡的长期影响，并将其与高尔夫表现联系起来。12 名 23 岁左右的男性参与者（无伤病史）在为期四天的实验中测试了不同类型的鞋子对静态平衡的影响。这些鞋子包括正装鞋（DS）、极简鞋（MIN）和网球鞋（TS），以及赤脚（BF）作为对照条件。静态平衡通过感觉综合测试（sensory organization test，SOT）进行评估，测量了 5 个时间点的平衡得分。研究发现，在实验的第 3 小时，穿正装鞋的参与者在闭眼条件下的平衡控制能力显著低于赤脚条件。然而，对于高尔夫专用鞋（MIN 和 TS），没有发现显著的静态平衡差异。这表明高尔夫球手可以根据个人偏好选择高尔夫鞋，而不必担心静态平衡的影响。

高尔夫的运动生物力学研究关注运动员在挥杆过程中的力量转移、足部稳定性和足底压力分布。研究发现，挥杆过程中的力量转移对击球效果有显著影响。力从后腿转移到前腿的过程需要稳定的足部支撑，以最大化挥杆的力量和准确性。足部的稳定性对于有效地传递挥杆力量至关重要，鞋子的设计必须确保在不同姿势下保持稳定，防止足部滑动，鞋底的抓地力设计直接影响到球员的动作稳定性。足部与地面的接触点需要提供足够的摩擦力，以防止滑动，特别是在球员做出快速的转动或改变方向时。生物力学研究还关注足部在不同挥杆阶段的足底压力分布。鞋子设计需考虑到如何减少足部压力集中，避免引起不适或受伤。

综上所述，高尔夫球鞋的设计必须综合考虑稳定性、舒适性和抓地力，结合生物力学研究中的发现来优化鞋子的功能。通过对相关文献的翻译和分析，可以更深入地理解鞋子设计对高尔夫运动表现的影响，从而为未来的鞋具设计提供科学依据。

四、羽毛球

羽毛球是一项高强度的非接触性球拍运动，要求运动员进行频繁的急停、跳跃、弓步和快速变向，因此对快速反应、敏捷动作和高速击球能力提出了极高要求。然而，弓步和跳跃动作的高频次与高强度可能导致下肢承受较大的冲击负荷，从而增加关节过度劳损和压力的风险。尤其是在羽毛球跳跃过程中，早期接触涉及大量垂直和水平冲击力，导致关节扭矩增加及韧带承受较大应力，从而提高了受伤的可能性。数据显示，下肢损伤占羽毛球运动中总伤病案例的58%，其中踝关节和膝关节的受伤比例超过50%。

先前的研究表明，鞋子特性的改变（如中底材料、中底厚度、后跟杯高度和后跟到脚趾的落差）可能引发运动学和动力学的调整。这些调整对运动表现和潜在伤害风险有重要影响。例如，优异的鞋子缓冲性能与冲击衰减的改善密切相关。此外，增加鞋子的弯曲刚度与跳跃、短跑及敏捷性任务的表现提升有关。运动鞋在预防伤害、提升运动表现和增加舒适性方面的重要性已得到广泛认可。在运动鞋设计中，伤害预防尤其依赖于鞋子的整体稳定性，以抵消跳跃落地时的过度内旋，特别是在侧向切入动作中的过度外旋。鞋底的稳定性与硬度、厚度和扭转刚度等因素密切相关。理想的鞋底应具备适中的软硬度、厚度和扭转灵活性，同时允许鞋底在脚后跟接触时进行内外侧变形，从而带来最佳的运动体验。

在羽毛球鞋的设计中，"柔韧性"和"稳定性"是直接影响运动表现和受伤风险的关键因素。"柔韧性"指鞋子保持脚部自然姿势的能力，或前脚掌与后脚掌之间的扭转阻力。若扭转阻力过低，可能导致后脚掌过度外翻并引发伤病。"稳定性"则通过限制脚部过度运动，提供稳定的运动控制，尤其是在羽毛球等需要快速变向和复杂步法的运动中，这不仅有助于预防伤害，也能提升运动表现。因此，在羽毛球鞋设计中，实现柔韧性与稳定性之间的平衡至关重要，特别是在考虑快节奏运动的动态需求和潜在伤害风险的情况下。一项研究探讨了不同扭转刚度的羽毛球鞋对运动员生物力学特征、运动表现和受伤风险的影响，填补了这一领域的研究空白。15名男性羽毛球运动员参与了实验，测试任务包括正手清晰击球、45°侧身切入和连续垂直跳跃，分别穿着三种扭转刚度不同的鞋子（邵氏D硬度指数为50、60、70，简称50D、60D和70D），主要发现包括：在45°侧身切入任务中，70D鞋的踝关节背屈角度最高，踝关节内翻峰值角度最低，表明高扭转刚度的鞋子可能提高了踝关节的稳定性。60D鞋的膝关节外展角和冠状运动较小，显示出中等刚度的鞋子在保持膝关节灵活性和稳定性方面表现优异。扭转刚度增加缩短了正手清晰击球任务中的站立时间，显示高刚度鞋子可能提高了运动表现的效率。在执行正手清晰击球任务时，70D鞋比50D鞋产生了更高的垂直地面反作用力,尤其是在站立期间的70%～75%阶段。研究表明,羽毛球鞋的扭转刚度对降低受伤风险和优化运动表现具有重要影响。尤其是中等刚度(60D)的鞋子在灵活性和稳定性之间实现了有益的平衡。该研究为未来羽毛球鞋设计和研发提供了参考,但也建议进一步研究长期影响,特别是考虑不同运动水平和足部形态等因素。并且研究调查了羽毛球运动中男女对鞋类需求和足部受伤的差异。通过对326名羽毛球运动员的问卷调查发现,男性和女性都认为鞋子的合脚性最重要,其次是整体舒适性和防护性。女性更重视鞋子的前足缓震、舒适性、透气性和颜色,而男性则更注重其他属性。常见问题包括非优势脚的足底疼痛,男性在足弓支撑过度问题上的抱怨明显高于女性。研究建议未来的羽毛球鞋设计应根据男女运动员的不同需求,特别是为女性设计更合适的鞋楦,而非简单修改男鞋版型。另一项研究探讨跖趾关节在羽毛球关键步法中的生物力学特征,并比较不同鞋类对这些特征的影响。研究重点关注了跖趾关节在羽毛球运动中的推动作用,尤其是在快速启动和急停等运动中。为了科学指导羽毛球运动训练、预防足部损伤和开发专业羽毛球鞋,该研究通过对比裸足与穿鞋状态下的跖趾关节功能,提供了理论依据。研究招募了8名男性精英羽毛球运动员,使用了专为亚洲足型设计的羽毛球鞋作为测试鞋。实验采用了Vicon运动捕捉系统和Kistler三维力平台,并通过高速摄像机记录关键羽毛球步法(如右前场跨步)的跖趾关节屈曲度及鞋的变形程度。运动分为三个阶段:前期(脚跟抬起前的200毫秒)、脚跟抬起时刻,以及脚趾抬起阶段。结果显示,与裸足相比,穿鞋时跖趾关节的屈曲度较小,但在推动和伸展阶段的最大角速度较高,表明穿鞋增强了运动表现。此外,穿鞋增加了足底肌肉的初始长度,结合肌肉的拉伸-缩短循环和弹性能量利用理论,表明穿鞋有助于产生更大的推动力。研究还表明,裸足和穿鞋状态下跖趾关节的屈曲刚度差异显著,这对运动效率、运动表现和受伤风险都有影响。

五、网球

网球已成为一项全球性运动,估计有超过1亿网球爱好者,涵盖了所有性别、年龄和技能水平。由于环境和传统原因,网球比赛在不同的场地上进行,其中硬地球场和红土球场最为常见。草地球场也曾使用过,但现在几乎只在英国和一些其他欧洲国家的职业比赛中出现。在网球中,与其他运动一样,鞋类作为运动员脚部与场地之间的重要媒介。不同的网球场地特性、身体生理和运动表现,以及伤害和脚部负荷模式都会有所不同。例如,与草地球场相比,红土球场会导致较长的地面接触时间和较小的整体脚部压力,而且不同场地的鞋内足底压力也显示出区域性差异。运动鞋的主要目标是提高舒适度、增强性能和预防伤害。因此,网球鞋的特性可能会对玩家群体产生影响,也会影响个人的伤害和表现变量。在网球比赛中,运动员需要在前后和左右不同方向上移动。快速的侧向移动非常频繁,运动员常常需要在一步之内停止运动以准备下一次击球。网球鞋在网球比赛中扮演着重要角色,除了球拍、网球和服装之外。现代网球鞋设计考虑了最近的比赛风格,包含了四个基本组件:鞋面、鞋垫、中底和外底。鞋面包裹住脚,鞋垫直接在脚下,中底提供主要的缓冲支撑,外底与地面接触。市场上目前有几种不同类型的网球鞋鞋底花纹,但主要有两种常用类型。第一种是"人"字形花纹,适合各种球场表面,特别是硬地球场。第二种是带有转动点的"人"字形花纹,转动点位于内侧前脚掌区域,帮助运动员在改变方向时保持稳定。选择合适的网球鞋对于网球运动员来说并不容易，因为要考虑到脚的特性和球场的表面等多个因素。然而，一双好的网球鞋应该能够提高运动员的表现，并帮助他们在改变方向时减少足底压力，避免伤害。一项研究比较穿着不同类型网球鞋时在转动点区域的足底压力，其中一种鞋子是带有转动点的"人"字形花纹鞋，另一种是不带转动点的同款鞋子。研究涉及5名泰国男性网球运动员。所有参与者在硬地球场上穿着两种鞋子进行地面击球，使用Foot-Scan鞋垫记录足底峰值压力。结果表明，在正手击球的转动点区域，穿着带有转动点的鞋子的足底压力显著高于穿着不带转动点的鞋子。然而，在方位站位和开放站位的反手击球时，两种鞋子在转动点区域的足底压力没有显著差异。带有转动点的网球鞋在正手击球时会导致更高的足底压力，而在反手击球时，两种鞋子的压力差异不显著。另一项研究探索了四种不同外底花纹对摩擦力和下肢的影响，这些花纹用于网球特定的运动。研究中制造了四种不同外底花纹的网球鞋（全薄、全厚、外侧薄内侧厚和外侧厚内侧薄），通过机械测试测量摩擦力。共有11名男性业余网球运动员参与了研究，数据通过16台红外相机和一个测力板进行生物力学测试收集。结果表明，外底花纹宽度（0.6 mm）的差异会影响机械摩擦力，但对下肢关节运动的适应性影响较小。外底花纹的不同会影响踝关节的旋转运动和力矩。因此，网球鞋外底花纹的微小变化可能对网球表现产生重要影响，需要特别关注，以便开发符合功能要求的鞋款。

这些研究揭示了网球鞋设计对运动员表现和舒适性的显著影响。不同的外底花纹和设计特征会影响鞋子的摩擦力、足底压力和运动员的舒适度。例如，带有转动点的网球鞋在正手击球时会产生更高的足底压力，而不同的外底花纹对踝关节的旋转运动和力矩有明显影响。此外，网球鞋的设计特征，如是否有足弓支撑结构和不同的中底高度，也会显著影响运动员的舒适感。这些研究结果为鞋类设计师提供了宝贵的参考，强调了鞋子功能性和舒适性的重要性。通过对不同国家和地区运动员的需求进行分析，可以更好地满足他们在网球运动中的需求。未来的研究可以继续探索如何通过鞋类设计优化运动表现和减少伤害，同时考虑到不同地区和个人的特殊需求。一项研究用人类产品设计评估的方法，探讨网球鞋设计特征与运动员不适感之间的关系。研究采用问卷调查的方式，收集网球运动员对他们所穿网球鞋的舒适度和设计缺陷的主观感受。结果显示，大多数运动员认为他们的网球鞋是舒适的，但一些设计错误被主观认为会增加不适感。研究发现，足弓支撑不正确与足底不适之间存在显著相关性。此外，较高的中底虽然可以减轻冲击的严重性，但却增加了脚踝和足后部的不适感。研究表明，网球鞋的设计特征对运动员的舒适度有重要影响，这为运动鞋的设计改进提供了有价值的参考。另一项研究发现，尽管网球在全球范围内被广泛参与，但关于运动员的鞋类需求，如穿着习惯、鞋子特性的重要性、期望的鞋子特性、鞋子问题和足部不适等，仍缺乏足够的了解。此外，一项研究调查了1 524名美国和德国的网球运动员，通过问卷调查，了解这些运动员对网球鞋的看法，通过描述性统计方法分析，涵盖了总体人群，以及按国家、性别和技能水平划分的子群体。发现在不同国家中，最重要的鞋子特性包括合脚性、舒适性、抓地力、伤害保护和外底耐用性。然而，各国对某些鞋子特性的期望有所不同。中国运动员倾向于要求相对较窄的鞋款，而美国和德国运动员则需要更高的抓地力。耐用性和足部出汗是所有运动员中最常见的鞋具需求问题。

第四节　特殊人群的鞋具生物力学

一、儿童专用鞋具生物力学

儿童的足部结构和功能与成人有显著差异。其中一个显著特点是儿童的中足脂肪垫，这可以在肌肉骨骼系统尚未完全适应直立行走之前，帮助儿童抵御过度压力。传统观点认为，儿童扁平足可能与疼痛、运动技能差或步态异常有关，甚至会导致成年后的不适。然而，对于幼儿来说，扁平足往往被视为足部发育的一个过渡阶段，而非病理现象。在成长过程中，足部大小、韧带和肌肉结构的强度都会发生变化，运动技能也逐渐发展。此外，足部的几何形状和功能也会受到儿童开始站立或行走时间的影响。因此，婴儿和幼儿的脚部形态多样，通常属于正常现象，并不一定伴随病理畸形。一项研究通过对 2006～2008 年间 10 155 名 6～18 岁儿童的 20 310 只脚进行三维测量，探讨了儿童和青少年足长和足弓高度的标准值。结果显示，男孩的足长从 6 岁延长至 14 岁稳定，女孩则从 6 岁延长至 13 岁稳定；舟骨高度在男孩 6 岁和女孩 8 岁开始升高，并在 13 岁左右趋于稳定。足弓高度比呈正态分布，性别间差异无统计学意义，男孩在 11～13 岁、女孩在 10～12 岁期间足弓高度比逐渐升高。一项研究获取 1～13 岁儿童的静态和动态足部几何形状及负荷数据。研究共招募了 10 382 名儿童，最终有 7 788 名（48％为男性，52％为女性）被纳入数据分析。静态足部几何形状通过站立姿势下的足长和足宽进行量化，而动态足部几何形状和负荷则通过儿童以自选速度在人行道上行走时评估，测量了总足、前足、中足和后足的接触面积、峰值压力、力时间积分及足弓指数。结果显示，静态足长和足宽随着年龄增长而增加，足弓指数在 5 岁后趋于稳定。研究表明，儿童的静态和动态足部特征在成长过程中不断变化，动态测量提供了比静态测量更丰富的信息。一项研究探讨了儿童足部性别差异及其在发育过程中的表现。通过对 42 名健康婴儿（20 名男孩，22 名女孩）在为期一年的跟踪评估，比较了足部形状和足底压力分布的性别差异。初次评估时儿童平均年龄为 16.1 个月，每 3 个月评估一次。研究结果显示，即使在这一年轻阶段，男孩和女孩的足部形状和动态负荷参数已经存在显著差异：男孩的中足较宽，表明足弓较低，而女孩在足跟和前足区域表现出更明显的动态负荷。研究强调，这些差异应被儿童鞋业设计所重视，以支持足部健康发育，并指出足部问题不仅与遗传因素有关，还可能与足部生长发育过程中的干扰有关。儿童足部发育是一个复杂的动态过程，既受遗传因素的影响，也可能受到外部环境和干预措施的影响。准确理解足部发育的标准值和动态变化规律，有助于制订科学的干预策略，支持儿童的足部健康发育。这些研究成果不仅对医学和生物力学领域具有重要价值，还为儿童鞋类设计提供了宝贵的科学依据，强调了为不同年龄段和性别的儿童量身定制健康鞋的重要性。

步态和跑步模式受到多种外部和内部因素的影响（图 6-10）。大量证据表明，鞋子能够显著改变跑步时的动力学和运动学。研究发现，穿着缓冲鞋的青少年和成年跑步者通常会以较大的踝关节背屈角度着地，且大多数采用脚后跟着地进行初始地面接触。穿缓冲鞋跑步时的地面反作用力与赤脚跑步时存在明显差异。在脚后跟着地的情况下，脚后跟与地面碰撞会产生瞬时较大的冲击力；而前脚掌着地时（此时踝关节处于更大的跖屈角度），冲击力较小，且不会产生冲击峰值。一项研究比较青春期前儿童在不同鞋类条件下的跑步生物力学表现，特别是穿鞋和赤脚跑步的步态差异。研究招募了36名6~9岁的正常发育儿童，分别在赤脚、穿缓冲跑鞋和简约跑鞋的条件下，在装有仪器的跑步机上进行跑步测试。研究主要分析了脚落地时的踝关节角度，次要结果包括膝盖角度、最大和冲击地面反作用力、脚后着地率、步宽、步长和步频。结果显示，不同跑步条件下脚落地时的踝关节角度有显著差异。与穿缓冲鞋相比，赤脚跑步时踝关节角度明显减小，尤其在8 km/h和10 km/h速度下，这一差异仍然存在。此外，穿鞋显著增加了最大和冲击地面反作用力、步长、步宽及脚后着地率。总体而言，该研究表明，青春期前儿童的跑步生物力学显著受鞋类影响，尤其是穿缓冲鞋时，这对步态模式产生了较大的改变。研究建议健康专家和家长在为孩子选择鞋类时，需考虑鞋类对跑步生物力学的影响，以支持儿童的健康发育。一项研究测试898名学龄儿童（5~13岁）及82名成人（18~27岁）在裸足和穿鞋步行步态参数，发现随着年龄增加，步速、步长、支撑期时间、步向角增加，步频降低。着鞋平均提高8 cm/s步速，5.5 cm步长，降低0.1°步向角和3.9步/分步频。着鞋增加1.6%双支撑期和0.8%支撑期时间，降低0.8%单支撑期时间。成人步态对称性高于儿童青少年。标志着13岁之前，儿童步态特征尚未成熟，童鞋设计应符合儿童着鞋步态特征，并考虑年龄因素对鞋具选择产生的影响。

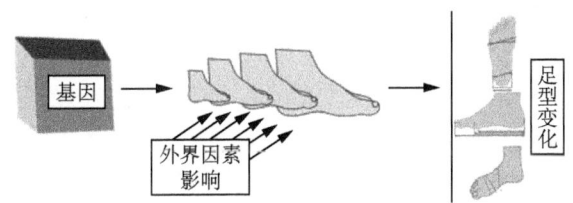

图6-10　儿童足发育受多种外部因素影响

二、老年人专用鞋具生物力学

随着年龄的增长，老年人的足部结构和功能逐渐发生变化，这些变化直接影响他们的行走能力和稳定性。老年人的足弓高度往往会下降，导致足部变宽，足底脂肪垫变薄，减弱了足部的天然缓冲功能。这些特征使得老年人在行走时更容易感到不适，并增加了跌倒的风险。

此外，老年人的肌肉力量和关节灵活性逐渐减弱，平衡能力下降，步态变得更加谨慎。步速减慢、步幅缩短、步态周期中的双支撑时间增加，都是老年人常见的步态特征。这些变化使得老年人在应对不平稳地面或不适合的鞋具时，更容易出现跌倒或受伤的情况。因此，针对老年人足部特征设计的鞋具，需要在支撑性、缓冲性和稳定性上进行优化，以满足老年人群的特殊需求。

老年人专用鞋具的设计需充分考虑到他们的足部特征和步态模式。研究表明，不同类型的鞋具对老年人的步态参数有不同的影响。与裸足行走相比，穿鞋行走能够改善老年人的步态稳定性，但不同鞋具之间的效果差异显著。例如，极简鞋具由于其设计接近裸足状态，能够在一定程度上提升老年人的步态稳定性，降低跌倒风险。而减震运动鞋虽然可以提供较好的缓冲性能，但可能会因其过度柔软性而影响步态稳定性，甚至增加跌倒的风险。

在鞋具设计中，步行速度和步长是两个重要的步态参数。研究表明，老年人在穿着不同鞋具时的步速和步长差异有统计学意义。相比于裸足行走，穿着鞋具能够显著增加步速和步长，这可能与鞋具提供的稳定性和支撑性有关。然而，鞋具的设计也需避免过度改变老年人的自然步态模式，以免影响其行走稳定性。动力学研究进一步表明，不同鞋具对老年人下肢关节的力学负荷有显著影响。例如，不稳定鞋具会减少踝关节和膝关节的力矩，这虽然可能减缓老年人行走时的肌肉疲劳，但同时也增加了跌倒的风险。因此，在设计老年人鞋具时，需要平衡舒适性和安全性，确保鞋具既能提供足够的支撑和缓冲，又不影响步态稳定性。研究表明，鞋具设计应根据老年人步态和生物力学特征进行优化，尤其是在足部压力分布、下肢关节力学和行走稳定性方面。老年人的步态与年轻人群有显著不同，因此，设计适合老年人的鞋具，需要考虑到他们特有的足部形态变化、肌肉力量衰退及步态模式的变化。鞋具对老年人步态稳定性的影响不仅限于步频和步速，还包括步态周期中的各项参数，如步长、步宽、单支撑期和双支撑期的时间等。不同鞋具对这些参数的影响差异显著，这也为鞋具设计提供了重要的参考依据。老年人鞋具的设计需要在满足基本行走功能的基础上，进一步优化舒适性和安全性，以减少跌倒风险，提高老年人生活质量。未来的研究可以进一步探索如何通过调整鞋底材料、形状及结构设计，来更好地适应老年人群的生物力学特征。

三、孕妇专用鞋具生物力学

国外学者的研究报道称，在妊娠期间，约有 27% 的孕妇在妊娠期间经历过意外跌倒，这个比例与 65 岁以上的女性相似。一项回顾性调查研究显示，在 3 900 名孕妇中，超过 50% 的孕妇在妊娠期间曾因跌倒造成损伤。大部分因跌倒而住院的孕妇处于孕晚期，由一项队列研究中指出，孕妇在孕晚期跌倒的住院率约为 79.3%。孕妇跌倒后会出现相应的症状，其中表皮擦伤、软组织损伤、先兆流产和先兆早产等较为常见。严重的情况可能会导致流产、早产、胎盘早剥等问题。个别孕妇会在孕晚期因跌倒引起胎儿窘迫、胎盘早剥而急诊入院抢救。妊娠期跌倒不仅会危及母婴安全，还会加重孕妇及其家庭的心理和经济负担。妊娠期间产生大量的松弛素会导致孕妇韧带、肌肉和肌腱松弛，以及盆腔关节和其他外周关节的松弛，从而增加孕妇在妊娠期间的姿势不稳定性，尤其是在妊娠晚期。在妊娠期的不同阶段，导致跌倒的危险因素具有多种多样的特点。国内学者对国人的妊娠期跌倒的危险因素进行调查发现，导致孕妇妊娠晚期跌倒的主要危险因素包括妊娠期糖尿病、贫血、高血压、足踝水肿和平衡能力下降等。在妊娠晚期，下肢运动学和动力学也存在显著差异。此外，由于胎儿生长，子宫压迫静脉，孕妇盆骨内压力增加，下肢静脉血回流受到影响，孕晚期孕妇下肢明显水肿，不利于步行，增加步行过程中跌倒的风险。不正确的身体姿态会增加肌肉骨骼疼痛和跌倒的风险。下肢浮肿、足部疼痛和步态不稳定被认为是妊娠期间最常见的下肢问题。大多数跌倒事件发生在人体运动过程中，而步行作为日常生活中最常见的运动形式之一，在日常生活中不可或缺。步行是指人体通过髋、膝、踝等关节的一系列活动，使身体沿着一定方向移动的过程。步态是指以人以舒适的方式步行时的行为特征。在妊娠期间，女性身体形态发生变化，为适应身体质量和姿势的改变，步态模式也随之变化。随着妊娠进程的发展，步长和步频减少，双支撑期时间延长。同时孕妇的步宽增加，步宽的增加会导致身体侧向位移加大，同时外展肌限制了非支撑侧骨盆的活动，这是妊娠妇女出现"鸭子""企鹅"步态的原因之一。在妊娠晚期，由于腹部体积增加和视野受限，时空步态模式的改变会为女性提供一种更安全、更谨慎的步行模式。然而，一些研究结果表明，过度偏离最佳习惯的时空步态模式可能是导致女性跌倒的关键因素。因此，在妊娠期间，应该关注步态模式的变化，以及鞋对步态和平衡稳定性的影响，以预防跌倒事件的发生。

　　身体在运动或静止时都会受到自身或外界的干扰，通过调节机体恢复身体姿势的能力称为身体稳定性。根据身体所处的状态，将其分为静态稳定性和动态稳定性。静态稳定性是指机体处于静止时，维持机体姿势稳定的能力；动态稳定性是指机体在运动时，躯干能够通过控制肢体从而调整质心，有效传递能量，保持身体姿势的能力。目前，有很多针对妊娠期孕妇动态稳定性和静态稳定性变化的研究。一项研究采用 Biodex 平衡系统评价妊娠期孕妇的动态姿势稳定性，发现在妊娠晚期，整体、前后、内外侧稳定性指数得分显著升高，姿势稳定性下降，尤其是在妊娠晚期存在很高的跌倒风险。一项研究报告说，妊娠期间感知稳定性下降与姿势摇摆的增加有很大关系，尤其是在前后侧方向。一些国外学者通过模拟妊娠的方式对下肢生物力学参数进行分析发现，孕妇失去稳定性的主要内在原因是总体质量增加和质量分布的变化。一项研究表明孕妇由于步行过程中步幅缩短、步长变短等步态特征的发生变化，从而引起了身体平衡问题的出现。一项研究也表明孕妇因步态和平衡紊乱而发生跌倒的风险比正常人增加了 3 倍。妊娠晚期，相对于妊娠中期而言，腹部质量和体积进一步增大，体重增加也更明显，足部可视性较差，身体平衡能力进一步降低。压力中心位移是指通过测力台测量得到的足底压力中心曲线在内外方向和前后方向的位移。压力中心被认为是身体质心在水平面的投影，其位移和平均移动速度与人体的平衡能力相关。同时，压力中心与身体重心紧密相关，通过压力中心可以窥探重心的移动信息，从而反映身体的稳定性。有研究表明，压力中心位移可以反映机体神经对肌肉的控制能力，因此可以用于评估身体的稳定性。压力中心位移的增加表明身体的稳定性降低，因此身体需要调动更多的外周神经来募集更多的肌纤维，增强下肢稳定性。在妊娠期间，通过对比压力中心路径长度和压力中心平均径向位移，可以发现姿势平衡的下降。然而，一项研究通过对比妊娠期女性与未妊娠女性的压力中心位移得出的结论，妊娠期间的压力中心的初始摆动和总摆动幅度明显小于未妊娠的妇女。质心-压力中心测量法是目前评估人体步态稳定性的一种常见方法。通过三维运动捕捉系统采集人体的运动轨迹，用计算机建模的方式计算出质心的运动轨迹，并结合测力台采集的压力中心运动轨迹，计算人体在步行过程中的质心-压力中心的位移。质心-压力中心测量法在评估步态稳定性方面具有较高的精度和可靠性。研究表明，质心-压力中心的位置关系与身体稳定性密切相关。当质心与压力中心的位置接近时，代表身体姿态稳定，而当二者分离时，代表身体姿态不稳定。此外，压力中心应随着质心的变化而变化，其反应的是神经系统根据身体质心的位置而对步态进行的调整过程，因此是反映身体稳定性的重要指标。但是受制于受试者身高和腿长的差异，会对质心-压力中心位移的结果产生一定的误差。最大质心-压力中心倾角法是在 2006 年一项研究提出的一种测量方法。该方法通过将人体在某一时刻的质心和压力中心相连，计算连线与冠状面和矢状面的垂直线之间的夹角来确定质心与压力中心的倾斜角度。倾斜角越大，说明该时刻人体的晃动越大，平衡能力越差。该方法具有瞬时性，相比于计算质心-压力中心最大距离或分距离，质心-压力中心倾角法考虑到不同身高的影响因素，更具有代表性。

　　足是人支撑和运动的基础，由 26 块骨头和多个关节构成。然而，在妊娠期间，许多孕妇都会出现足部水肿、足跟疼痛、下肢静脉曲张、足部皮肤病等问题。研究表明,在妊娠晚期,下肢浮肿是妊娠期间的存在的普遍症状,其中以足踝处浮肿最为常见。有研究表明,约有78%的女性在妊娠期感知到足部尺寸增加,有44%的孕妇在妊娠期间需要更换更大尺码的鞋子。此外,足弓是维持足部支撑和缓解冲击力的重要结构,足弓高度的降低会导致足底筋膜炎、膝关节疼痛和下背痛等问题。当前大多数研究表明,妊娠期会导致足弓形态发生变化,松弛素的分泌增加,韧带松弛加剧,使得横弓和纵弓的高度降低。而较低的足弓会引起足内旋的增加,这会导致整个下肢的负荷模式改变。然而,出于伦理与安全的考虑,不能对孕妇这一群体进行放射性影像学研究,目前还没有比较客观的影像学数据来证明足弓的结构会随着妊娠期的推进发生变化。也有研究认为足弓结构在妊娠期间没有发生变化,认为足弓高度降低是由于足部液体滞留体积增加,而不是足底韧带松弛的原因。同时还有研究表明妊娠期间足部的变化还包括足部关节的活动范围增加,如第一跖趾关节和距下关节的活动范围增加。在妊娠晚期,由于体重增加,下肢血液循环不畅和下肢浮肿等问题的出现,孕妇足底负荷会随着体重的增加和重心的移动而重新分布。一项研究发现在妊娠晚期,第一跖骨、第二跖骨区域的最大压强均大于妊娠前,而足跟各个分区的最大压强均小于妊娠初期。此外,随着妊娠进程的推进,妊娠期女性的前足、中足平均压力,峰值压力显著增加,并且伴随矢状面压力中心轨迹的移动幅度增加。压力中心的轨迹显示,在妊娠晚期孕妇跌倒的风险增加。

因此,在妊娠期间,足部的健康问题需要引起足够的重视和关注。孕妇在妊娠晚期应避免长时间站立或行走,选择舒适的鞋子,定期进行适当的运动。在日常生活中,与步态密切相关的外界因素之一就是鞋具。鞋具可以保护和提高足的固有功能,有助于维持动态稳定性和静态稳定性。穿着不合适的鞋子会对肌肉和骨骼产生不利影响,可能导致足部疼痛。妊娠期间,由于足部水肿等因素,足部的长度、宽度和体积都会增加。不同类型的鞋具会对步态产生不同的影响。例如,鞋底的硬度、鞋底的厚度及鞋面的材质等都会改变人体的下肢生物力学,从而影响步态的稳定性。鞋具的结构和材料特性是实现其功能的重要因素之一,鞋具的特征会对人体的姿势控制产生影响,进而影响步行过程中跌倒的概率。对于中国这样人口众多的国家而言,孕妇是一个庞大的群体。为了改善妊娠期间步态的稳定性,孕妇需要使用特别设计的产品来应对妊娠期间的变化,如日常穿着的鞋具。我国孕婴产业起步晚,发展慢,产品质量和性能方面与国外相比,种类单一,舒适性和专业性还有待提高,针对妊娠期专业孕妇鞋的科学研究也不成熟。目前,妊娠期鞋具的研究主要集中在鞋垫、鞋楦和鞋具材质方面,通过改变这些基础材料减少妊娠期间足部水肿带来的足部不适还有少数研究对鞋具进行了专门的设计。例如,一项研究设计了平衡倾斜面鞋,并报告称这种鞋子可以纠正姿势并稳定步态。美国妇产科医师学会建议在妊娠期穿低跟鞋来缓解背部疼痛。一项研究调查了300多名孕妇的足部跖趾围长在妊娠期的变化情况,发现在妊娠晚期女性的跖围长增大9~28 mm。问卷调查结果表明,孕妇比较倾向于选择足跟高度为2 cm左右的低跟鞋,她们认为平底鞋足弓部位缺少支撑,在步行的过程中有疲劳感。通过梳理国内外相关文献发现,近年来的研究主要集中在妊娠期矫形器的设计,以及少数的研究聚焦了特殊设计的孕妇鞋,只有一篇文献关注到孕妇鞋对步行稳定性产生的影响。一项研究对中国的孕妇专用鞋市场进行观察和调研,对部分孕妇进行长期的跟踪观察与调研,对足部测量学数据进行分析,总结了妊娠期足形变化规律并对在妊娠的不同时期鞋具应该具备的功能做陈述汇总,研究结果认为,为了稳定妊娠期女性的重心,需要针对孕妇重心发生的变化设计研发具有稳定重心功能的鞋具,维持身体的动态平衡。一项研究针对产后盆腔疼痛的问题设计了不稳定鞋具,研究发现,穿着不稳定鞋子可以有效缓解产后5周和9周盆腔疼痛女性的疼痛程度,在产后第9周发现穿着不稳定鞋可以增强矢状面和冠状面的平衡,孕妇产后经过了不稳定鞋的长期训练从而产生了生物力学变化,对压力中心的稳定性有益。一项研究为了预防妊娠期间与妊娠有关的肌肉骨骼疾病,通过对鞋垫在第一跖趾关节位置进行特殊设计的方式对地面反作用力重新分配。结果表明,穿着放置特殊鞋垫的孕妇没有出现足弓下降的现象,这说明针对孕期特殊设计的鞋垫可能具有预防足弓塌陷的作用。但是也有相关研究持反对意见,一项研究为71名妊娠早期的孕妇定制了专属的足弓支撑鞋垫,结果显示,实验组与对照组静态足和动态足功能在基线和干预期间差异均无统计学意义。对于妊娠期特殊鞋垫的探索,不仅是对鞋垫的结构进行调整,一项研究对鞋垫的材质进行了调整,比较了妊娠期女性分别穿着仅在足跟处增加硅胶鞋垫和全脚掌硅胶鞋垫鞋具行走的足底压力分布。发现穿着后跟硅胶材质鞋垫时,后足的平均压力值差异无统计学意义,但是前足的平均压力增加;全脚的硅胶鞋垫有效地重新分配了压力值,降低了最大压力,增加了妊娠期孕妇足部的舒适性。一项研究发现,为了缓解妊娠期间孕妇足底压力增加和增强稳定性而设计的平衡倾斜鞋,使膝盖之间距离减小,足底压力降低,血流速度增加,说明这种平衡倾斜鞋可以在一定程度减轻足部的负荷,改善足部的血液循环。一项研究招募了28名妊娠晚期孕妇进行实验,测试了她们穿着不同掌跟差鞋具(负掌跟差、无掌跟差和正掌跟差)时步行的时空步态参数、地面反作用力、关节运动学、关节动力学及动态稳定性参数。女性在妊娠晚期穿着负掌跟差鞋行走时,步长减小、步速降低,步态蹬离期矢状面地面反作用力峰值下降,但步行动态稳定性显著增加,这表明负掌跟差鞋可以增加妊娠晚期女性行走的安全性,降低其意外跌倒风险,但是负跟鞋也使跖趾关节的活动度受限,减少了足部对不同地面的适应能力,因此可能不适用于平整度较差的地面。目前的研究认为,妊娠晚期和高龄孕妇应避免穿着掌跟差过大的高跟鞋。这是因为高跟鞋的稳定性较差,会加重孕妇前倾的身体姿态,导致扭伤、摔倒等意外事件的发生,严重情况下可能引起早产、流产等严重后果。此外,孕期身体的生理变化,如臀部后凸、胸部和腰部向前倾等,导致孕妇的身体自然向后仰。在妊娠晚期,女性穿着高跟鞋行走时,因为重心向前倾斜增加,很容易失去平衡,导致跌倒或扭伤的风险增加,还会导致腹腔前后径距离缩短,增加骨盆倾斜度,诱发头位难产等严重后果。同时,穿着高跟鞋还会增加腹部的压力,从而限制血液循环,容易导致妊娠水肿的发生。除了高跟鞋之外,平底鞋也不是孕妇最佳的选择。这是因为当穿着平底鞋行走时,通常会先用脚后跟着地,然后再逐渐过渡到前脚掌。但是,平底鞋无法提供足弓所需的支撑来吸收地面的震动,因此容易导致肌肉和韧带的疲劳和损伤。所以,穿着平底鞋可能会对孕妇的脚部健康造成负面影响。作为矫形康复功能鞋,负跟鞋以人体力学结构为设计理论依据,在矫正足部畸形、改变足底受力情况、缓解足部疼痛、调节人体重心与姿势等方面具有积极意义。妊娠期间女性的身体形态和步态模式发生了显著变化,这对步态稳定性、平衡控制及足部健康产生了深远影响。随着妊娠进程的发展,特别是在妊娠晚期,孕妇跌倒的风险显著增加,这不仅危及母婴安全,还可能引发一系列心理和经济问题。因此,针对妊娠期步态和足部健康问题的科学研究与设计开发尤为重要。通过合理选择合适的鞋具、定期进行适当的运动及采取其他预防措施,可以有效提高孕妇的动态稳定性和静态稳定性,降低跌倒风险,保障孕妇的安全与健康。未来的研究应进一步探索孕妇专用鞋具和相关产品的设计与改进,为广大孕妇提供更加舒适、科学的选择,从而提升她们在妊娠期间的生活质量。

思考与讨论

1. 步态分析在鞋具设计中的具体作用是什么?在实际应用中有哪些挑战?
2. 不同类型的运动(如跑步、足球、篮球等)对鞋具设计有何不同需求?
3. 儿童、老年人和孕妇在鞋具设计中的生物力学特性与普通成年人的差异在哪里?

参考文献

黄秀英,周瑾,2007.通过案例分析改进老年病人防跌倒措施[J].现代医院,7(10):103.

霍洪峰,付均,赵焕彬,等,2010.孕期妇女足底压力及步态特征变化的纵向追踪[J].中国组织工程研究与临床康复,14(37):7012-7016.

贾谊,李智,曹电康,2018.运动鞋不同鞋底厚度对人体下肢相关生物力学参数的影响[J].西安体育学院学报,35(6):731-741.

雷烨,田苗,李俊,2020.鞋履对人体平衡稳定性的影响研究进展[J].皮革科学与工程,30(2):30-37.

李昌凤,2017.妊娠期女性步态生物力学特征的追踪研究[D].宁波:宁波大学.

李建设,顾耀东,陆毅琛,等,2009.运动鞋核心技术的生物力学研究[J].体育科学,29(5):40-49,75.

李拖晓,2021.着负跟鞋匀速行走时对人体下肢生物力学及足底压力的影响[D].宁波:宁波大学.

刘呈宁,2017.孕妇脚型规律及足部力学特征的研究[D].西安:陕西科技大学.

刘海瑞,傅维杰,伍勰,等,2014.单腿落地时优势腿与非优势腿的生物力学偏侧性研究[J].体育科学,34(8):70-76.

钱竞光,宋雅伟,叶强,等,2006.步行动作的生物力学原理及其步态分析[J].南京体育学院学报(自然科学版),5(4):1-7,39.

宋祺鹏,2017.太极拳练习对老年人上下楼梯时身体稳定性的影响[D].上海:上海体育学院.

宋雅伟,滕津汝,张曦元,2013.不同硬度鞋底对下肢步行运动学的影响[J].医用生物力学,28(4):388-396.

王文花,魏芬,2022.国内外孕妇跌倒的研究进展[J].中国计划生育和妇产科,14(1):46-48,51.

王文花,2019.孕妇不同孕期跌倒发生现状及危险因素的调查研究[D].银川:宁夏医科大学.

王颖,2013.国内孕妇专用鞋的研究与发展[D].西安:陕西科技大学.

杨帆,2009.孕妇步态特征的生物力学分析[D].北京:北京体育大学.

张妍,顾耀东,李建设,2014.女性妊娠期运动生物力学特征研究进展[J].浙江体育科学,36(5):100-104,122.

周有礼,周伯禧,游家源,等,2001.妊娠妇女步态的动力学分析[J].医用生物力学,16(2):65-69.

Aguiar L, Santos-Rocha R, Vieira F, et al., 2015. Comparison between overweight due to pregnancy and due to added weight to simulate body mass distribution in pregnancy[J]. Gait & Posture, 42(4):511-517.

Althoff K, Hennig E M, 2014. Criteria for gender-specific soccer shoe development[J]. Footwear Science, 6(2):89-96.

Alvarez R, Stokes I A, Asprinio D E, et al., 1988. Dimensional changes of the feet in pregnancy[J]. The Journal of Bone & Joint Surgery, 70(2):271-274.

Aquino M R C, Avelar B S, Silva P L, et al., 2018. Reliability of Foot Posture Index individual and total scores for adults and older adults[J]. Musculoskeletal Science & Practice, 36: 92-95.

Barrett R S, Mills P M, Begg R K, 2010. A systematic review of the effect of ageing and falls history on minimum foot clearance characteristics during level walking[J]. Gait & Posture, 32(4): 429-435.

Barry B, Milburn P, 2013. Tribology, friction and traction: understanding shoe-surface interaction[J]. Footwear Science, 5(3): 137-145.

Barton C J, Kappel S L, Ahrendt P, et al., 2015. Dynamic navicular motion measured using a stretch sensor is different between walking and running, and between over-ground and treadmill conditions[J]. Journal of Foot and Ankle Research, 8: 5.

Błaszczyk J W, Opala-Berdzik A, Plewa M, 2016. Adaptive changes in spatiotemporal gait characteristics in women during pregnancy[J]. Gait & Posture, 43: 160-164.

Bertuit J, Leyh C, Rooze M, et al., 2017. Pregnancy-related changes in center of pressure during gait [J]. Acta of Bioengineering and Biomechanics, 19(4): 95-102.

Block R A, Hess L A, Timpano E V, et al., 1985. Physiologic changes in the foot during pregnancy [J]. Journal of the American Podiatric Medical Association, 75(6): 297-299.

Boyer E R, Ward E D, Derrick T R, 2014. Medial longitudinal arch mechanics before and after a 45 minute Run[J]. Journal of the American Podiatric Medical Association, 104(4): 349-356.

Branco M, Santos-Rocha R, Aguiar L, et al., 2014. Biomechanical analysis of gait during second and third trimester of pregnancy[J]. Medicine & Science in Sports & Exercise, 46(5S): 276-277.

Branco M, Santos-Rocha R, Aguiar L, et al., 2013. Kinematic analysis of gait in the second and third trimesters of pregnancy[J]. Journal of Pregnancy, 2013(1): 718095.

Bravo-Aguilar M, Gijón-Noguerón G, Luque-Suarez A, et al., 2016. The influence of running on foot posture and in-shoe plantar pressures[J]. Journal of the American Podiatric Medical Association, 106(2): 109-115.

Buchecker M, Lindinger S, Pfusterschmied J, et al., 2013. Effects of age on lower extremity joint kinematics and kinetics during level walking with Masai barefoot technology shoes[J]. European Journal of Physical and Rehabilitation Medicine, 49(5): 675-686.

Burgess I, Ryan M D, 1985. Bilateral fatigue fractures of the distal fibulae caused by a change of running shoes[J]. Medical Journal of Australia, 143(7): 304-305.

Burns J, Keenan A M, Redmond A, 2005. Foot type and overuse injury in triathletes[J]. Journal of the American Podiatric Medical Association, 95(3): 235-241.

Butler E E, Colón I, Druzin M L, et al., 2006. Postural equilibrium during pregnancy: decreased stability with an increased reliance on visual cues[J]. American Journal of Obstetrics and Gynecology, 195(4): 1104-1108.

Cattagni T, Scaglioni G, Laroche D, et al., 2014. Ankle muscle strength discriminates fallers from non-fallers[J]. Frontiers in Aging Neuroscience, 6: 336.

Chuter V H, 2010. Relationships between foot type and dynamic rearfoot frontal plane motion[J]. Journal of Foot and Ankle Research, 3: 9.

Clarke J D, Carré M J, 2010. Improving the performance of soccer boots on artificial and natural soccer surfaces[J]. Procedia Engineering, 2(2): 2775-2781.

Cowan D N, Jones B H, Robinson J R, 1993. Foot morphologic characteristics and risk of exercise-related injury[J]. Archives of Family Medicine, 2(7): 773-777.

Cowley E, Marsden J, 2013. The effects of prolonged running on foot posture: a repeated measures study of half marathon runners using the foot posture index and navicular height[J]. Journal of Foot and Ankle Research, 6: 20.

Davis I S, 2014. The re-emergence of the minimal running shoe[J]. Journal of Orthopaedic and Sports

Physical Therapy, 44(10): 775-784.

Díaz-Meco Conde R, Ruiz Ruiz B, Rubio Alonso M, et al., 2021. Influence of unstable shoes on women with lumbopelvic postpartum pain: randomized clinical trial[J]. Revista Paulista de Medicina, 139(4): 312-318.

De Clercq D, Debuyck G, Gerlo J, et al., 2014. Cutting performance wearing different studded soccer shoes on dry and wet artificial turf[J]. Footwear Science, 6(2): 81-87.

Dewolf A H, Meurisse G M, Ivanenko Y, et al., 2022. Relation between step-to-step transition strategies and walking pattern in older adults[J]. Applied Sciences, 12(10): 5055.

Di Sipio E, Piccinini G, Pecchioli C, et al., 2018. Walking variations in healthy women wearing high-heeled shoes: Shoe size and heel height effects[J]. Gait & Posture, 63: 195-201.

Driscoll H, Kirk B, Koerger H, et al., 2012. Influence of outsole design on centre of rotation during turning movements[J]. Procedia Engineering, 34: 301-306.

Dunning K R, LeMasters G, Levin L, et al., 2003. Falls in workers during pregnancy: risk factors, job hazards, and high risk occupations[J]. American Journal of Industrial Medicine, 44(6): 664-672.

Durante G, Clermont C, Barrons Z, et al., 2024. The influence of longitudinal bending stiffness on running economy and biomechanics in male and female runners[J]. Footwear Science, 16(3): 171-177.

Eils E, Streyl M, 2005. A one year aging process of a soccer shoe does not increase plantar loading of the foot during soccer specific movements[J]. Sportverletzung Sportschaden, 19(3): 140-145.

El-Ibiary S Y, Raney E C, Moos M K, 2014. The pharmacist's role in promoting preconception health[J]. Journal of the American Pharmacists Association, 54(5): e288-e303.

El-Shamy F, Ghait A, Morsy M, 2016. Evaluation of postural stability in pregnant women[J]. British Journal of Medicine and Medical Research, 11(10): 1-5.

Escamilla-Martínez E, Martínez-Nova A, Gómez-Martín B, et al., 2013. The effect of moderate running on foot posture index and plantar pressure distribution in male recreational runners[J]. Journal of the American Podiatric Medical Association, 103(2): 121-125.

Faunø P, Kålund S, Andreasen I, et al., 1993. Soreness in lower extremities and back is reduced by use of shock absorbing heel inserts[J]. International Journal of Sports Medicine, 14(5): 288-290.

Forczek W, Staszkiewicz R, 2012. Changes of kinematic gait parameters due to pregnancy[J]. Acta of Bioengineering and Biomechanics, 14(4): 113-119.

Foti T, Davids J R, Bagley A, 2000. A biomechanical analysis of gait during pregnancy[J]. Journal of Bone and Joint Surgery American Volume, 82(5): 625-632.

Fraser S, Harland A, Smith P, et al., 2014. A study of football footwear bending stiffness[J]. Procedia Engineering, 72: 315-320.

Freund W, Weber F, Billich C, et al., 2012. The foot in multistage ultra-marathon runners: experience in a cohort study of 22 participants of the Trans Europe Footrace Project with mobile MRI[J]. BMJ Open, 2(3): e001118.

Fritz B, Mauch M, 2013. Foot development in childhood and adolescence[M]//Handbook of Footwear Design and Manufacture. Amsterdam: Elsevier, 49-71.

Fukano M, Inami T, Nakagawa K, et al., 2018. Foot posture alteration and recovery following a full marathon Run[J]. European Journal of Sport Science, 18(10): 1338-1345.

Fu L, Li C F, Zhang Y Y, et al., 2017. The ground reaction forces in the stance phase of gait: a longitudinal study on pregnancy and post-partum[J]. International Journal of Biomedical Engineering and Technology, 24(4): 368.

Gabell A, Nayak U S L, 1984. The effect of age on variability in gait[J]. Journal of Gerontology, 39(6): 662-666.

Gaymer C, Whalley H, Achten J, et al., 2009. Midfoot plantar pressure significantly increases during late gestation[J]. The Foot, 19(2): 114-116.

Gimunová M, Zvonař M, Sebera M, et al., 2020. Special footwear designed for pregnant women and its effect on kinematic gait parameters during pregnancy and postpartum period[J]. PLoS One, 15(5): e0232901.

Haddox A G, Hausselle J, Azoug A, 2020. Changes in segmental mass and inertia during pregnancy: a musculoskeletal model of the pregnant woman[J]. Gait & Posture, 76: 389-395.

Hallemans A, D'Août K, De Clercq D, et al., 2003. Pressure distribution patterns under the feet of new walkers: the first two months of independent walking[J]. Foot & Ankle International, 24(5): 444-453.

Hessas S, Behr M, Rachedi M, et al., 2018. Heel lifts stiffness of sports shoes could influence posture and gait patterns[J]. Science & Sports, 33(2): e43-e50.

Hilliard M J, Martinez K M, Janssen I, et al., 2008. Lateral balance factors predict future falls in community-living older adults[J]. Archives of Physical Medicine and Rehabilitation, 89(9): 1708-1713.

Hoffman S E, Peltz C D, Haladik J A, et al., 2015. Dynamic *in-vivo* assessment of navicular drop while running in barefoot, minimalist, and motion control footwear conditions[J]. Gait & Posture, 41(3): 825-829.

Hohmann E, Reaburn P, Imhoff A, 2012. Runner's knowledge of their foot type: do they really know?[J]. Foot, 22(3): 205-210.

Hollander K, Petersen E, Zech A, et al., 2022. Effects of barefoot *vs.* shod walking during indoor and outdoor conditions in younger and older adults[J]. Gait & Posture, 95: 284-291.

Hollander K, Riebe D, Campe S, et al., 2014. Effects of footwear on treadmill running biomechanics in preadolescent children[J]. Gait & Posture, 40(3): 381-385.

Holowka N B, Wynands B, Drechsel T J, et al., 2019. Foot callus thickness does not trade off protection for tactile sensitivity during walking[J]. Nature, 571(7764): 261-264.

Inanir A, Cakmak B, Hisim Y, et al., 2014. Evaluation of postural equilibrium and fall risk during pregnancy[J]. Gait & Posture, 39(4): 1122-1125.

Jang J, Hsiao K T, Hsiao-Wecksler E T, 2008. Balance (perceived and actual) and preferred stance width during pregnancy[J]. Clinical Biomechanics, 23(4): 468-476.

Jang S I, Lee Y R, Kwak H S, et al., 2010. The effect of balanced incline shoes on walking and feet for the pregnant women[J]. Korean Journal of Obstetrics and Gynecology, 53(11): 988.

Jelen K, Tetkova Z, Halounova L, et al., 2005. Shape characteristics of the foot arch: dynamics in the pregnancy period[J]. Neuro Endocrinology Letters, 26(6): 752-756.

Jordan A R, Tew G A, Hutchins S W, et al., 2019. Three-curve rocker-soled shoes and gait adaptations to intermittent claudication pain: a randomised crossover trial[J]. Gait & Posture, 67: 31-36.

Kang J, Ryu S, Gil H J, et al., 2023. Effects of modified outsole patterns in tennis shoes on frictional force and biomechanical variables of lower extremity joints[J]. Applied Sciences, 13(4): 2342.

Kerrigan D C, Johansson J L, Bryant M G, et al., 2005. Moderate-heeled shoes and knee joint torques relevant to the development and progression of knee osteoarthritis[J]. Archives of Physical Medicine and Rehabilitation, 86(5): 871-875.

Kim B J, 2009. Prevention of falls during stairway descent in older adults[J]. Applied Ergonomics, 40(3): 348-352.

Knapik J J, Brosch L C, Venuto M, et al., 2010. Effect on injuries of assigning shoes based on foot shape in air force basic training[J]. American Journal of Preventive Medicine, 38(1 Suppl): S197-S211.

Krell J B, Stefanyshyn D J, 2006. The relationship between extension of the metatarsophalangeal joint and sprint time for 100 m Olympic athletes[J]. Journal of Sports Sciences, 24(2): 175-180.

Kurz I, Berezowski E, Melzer I, 2013. Frontal plane instability following rapid voluntary stepping: effects of age and a concurrent cognitive task[J]. The Journals of Gerontology Series A, Biological Sciences and Medical Sciences, 68(11): 1402-1408.

Lam W K, Ng W X, Kong P W, 2017. Influence of shoe midsole hardness on plantar pressure distribution in four basketball-related movements[J]. Research in Sports Medicine, 25(1): 37-47.

Lam W K, Qu Y, Yang F, et al., 2017. Do rotational shear-cushioning shoes influence horizontal ground reaction forces and perceived comfort during basketball cutting maneuvers? [J]. PeerJ, 5: e4086.

Lee H J, Chou L S, 2006. Detection of gait instability using the center of mass and center of pressure inclination angles[J]. Archives of Physical Medicine and Rehabilitation, 87(4): 569-575.

Lima B N, Lucareli P R G, Gomes W A, et al., 2014. The acute effects of unilateral ankle plantar flexors static-stretching on postural sway and gastrocnemius muscle activity during single-leg balance tasks [J]. Journal of Sports Science & Medicine, 13(3): 564-570.

Li X, Lu Z H, Sun D, et al., 2022. The influence of a shoe's heel-toe drop on gait parameters during the third trimester of pregnancy[J]. Bioengineering, 9(6): 241.

Llana S, Brizuela G, Durá J V, et al., 2002. A study of the discomfort associated with tennis shoes[J]. Journal of Sports Sciences, 20(9): 671-679.

Lymbery J K, Gilleard W, 2005. The stance phase of walking during late pregnancy: temporospatial and ground reaction force variables[J]. Journal of the American Podiatric Medical Association, 95(3): 247-253.

Lythgo N, Wilson C, Galea M, 2009. Basic gait and symmetry measures for primary school-aged children and young adults whilst walking barefoot and with shoes[J]. Gait & Posture, 30(4): 502-506.

Malisoux L, Chambon N, Delattre N, et al., 2016. Injury risk in runners using standard or motion control shoes: a randomised controlled trial with participant and Assessor blinding[J]. British Journal of Sports Medicine, 50(8): 481-487.

Mao D W, Li J X, Hong Y, 2006. The duration and plantar pressure distribution during one-leg stance in Tai Chi exercise[J]. Clinical Biomechanics, 21(6): 640-645.

Marques A, Goncalves P, Santos R, et al., 2005. Comfort and functionality of pregnant women's feet study of kinetic parameters with silicon insoles[J]. Brazilian Journal of Biomechanics, 6(10): 9-15.

McCrory J L, Chambers A J, Daftary A, et al., 2011. Ground reaction forces during gait in pregnant fallers and non-fallers[J]. Gait & Posture, 34(4): 524-528.

Mei Q C, Fernandez J, Fu W J, et al., 2015. A comparative biomechanical analysis of habitually unshod and shod runners based on a foot morphological difference[J]. Human Movement Science, 42: 38-53.

Mei Q C, Gu Y D, Fernandez J, et al., 2018. Alterations of pregnant gait during pregnancy and postpartum[J]. Scientific Reports, 8(1): 2217.

Menz H B, Munteanu S E, 2005. Validity of 3 clinical techniques for the measurement of static foot posture in older people[J]. Journal of Orthopaedic and Sports Physical Therapy, 35(8): 479-486.

Müller S, Carlsohn A, Müller J, et al., 2012. Static and dynamic foot characteristics in children aged 1-13 years: a cross-sectional study[J]. Gait & Posture, 35(3): 389-394.

Nielsen R O, Buist I, Parner E T, et al., 2014. Foot pronation is not associated with increased injury risk in novice runners wearing a neutral shoe: a 1-year prospective cohort study[J]. British Journal of Sports Medicine, 48(6): 440-447.

Nigg B, Hintzen S, Ferber R, 2006. Effect of an unstable shoe construction on lower extremity gait characteristics[J]. Clinical Biomechanics, 21(1): 82-88.

Nyska M, Linge K, McCabe C, et al., 1997. The adaptation of the foot to heavy loads: plantar foot pressures study[J]. Clinical Biomechanics, 12(3): S8.

Ogamba M I, Loverro K L, Laudicina N M, et al., 2016. Changes in gait with anteriorly added mass: a pregnancy simulation study[J]. Journal of Applied Biomechanics, 32(4): 379-387.

Ojukwu C P, Onwumere T H, Anekwu E M, et al., 2016, Comparative study of the foot arch index among pregnant and non-pregnant women in a south eastern Nigeria community: a cross-sectional analysis [J]. Crescent Journal of Medical and Biological Sciences, 3(3): 81-85.

Opila K A, Wagner S S, Schiowitz S, et al., 1988. Postural alignment in barefoot and high-heeled stance[J]. Spine, 13(5): 542-547.

Pataky T C, 2012. One-dimensional statistical parametric mapping in Python[J]. Computer Methods in Biomechanics and Biomedical Engineering, 15(3): 295-301.

Paul N, Fnu M, Julapally S, et al., 2019. Analysis of muscular fatigue and foot discomfort while wearing different types of men's formal shoes[C]. Advances in Physical Ergonomics & Human Factors. Cham: Springer International Publishing: 411-419.

Petersen E, Zech A, Hamacher D, 2020. Walking barefoot *vs.* with minimalist footwear-influence on gait in younger and older adults[J]. BMC Geriatrics, 20(1): 88.

Pirker W, Katzenschlager R, 2017. Gait disorders in adults and the elderly: a clinical guide[J]. Wiener Klinische Wochenschrift, 129(3/4): 81-95.

Ponnapula P, Boberg J S, 2010. Lower extremity changes experienced during pregnancy[J]. Journal of Foot and Ankle Surgery, 49(5): 452-458.

Poomsalood S, Watanatada P, Sidthilaw S, 2010. Effects of Pivot Point on Tennis Shoe Tread Patterns on Plantar Pressure During Groundstroke Shots[J]. Journal of Sports Science and Technology Volume, 10(1):1.

Redmond A C, Crosbie J, Ouvrier R A, 2006. Development and validation of a novel rating system for scoring standing foot posture: the Foot Posture Index[J]. Clinical Biomechanics, 21(1): 89-98.

Resende R A, Fonseca S T, Silva P L, et al., 2014. Forefoot midsole stiffness affects forefoot and rearfoot kinematics during the stance phase of gait[J]. Journal of the American Podiatric Medical Association, 104(2): 183-190.

Ribas S I, Guirro E C O, 2007. Analysis of plantar pressure and postural balance during different phases of pregnancy[J]. Brazilian Journal of Physical Therapy, 11: 391-396.

Rokkedal-Lausch T, Lykke M, Hansen M S, et al., 2013. Normative values for the foot posture index between right and left foot: a descriptive study[J]. Gait & Posture, 38(4): 843-846.

Ryan M B, Valiant G A, McDonald K, et al., 2011. The effect of three different levels of footwear stability on pain outcomes in women runners: a randomised control trial[J]. British Journal of Sports Medicine, 45(9): 715-721.

Sakaguchi M, Wannop J, Madden R, et al., 2015. Effects of shoe bending stiffness and surface stiffness on lower extremity biomechanics during running[J]. Footwear Science, 7(sup1): S4-S6.

Sanno M, Epro G, Brüggemann G P, et al., 2021. Running into fatigue: the effects of footwear on kinematics, kinetics, and energetics[J]. Medicine and Science in Sports and Exercise, 53(6): 1217-1227.

Schiff M A, 2008. Pregnancy outcomes following hospitalisation for a fall in Washington State from 1987 to 2004[J]. BJOG, 115(13): 1648-1654.

Segal N A, Boyer E R, Teran-Yengle P, et al., 2013. Pregnancy leads to lasting changes in foot structure[J]. American Journal of Physical Medicine & Rehabilitation, 92(3): 232-240.

Segal N A, Neuman L N, Hochstedler M C, et al., 2018. Static and dynamic effects of customized insoles on attenuating arch collapse with pregnancy: a randomized controlled trial[J]. Foot, 37: 16-22.

Shen S Q, Lam W K, Teng J, et al., 2022. Gender and leg-dominance differences in shoe properties and foot injuries in badminton: a cross-sectional survey[J]. Journal of Foot and Ankle Research, 15(1): 26.

Shi Z Y, Sun D, 2022. Conflict between weightlifting and health? the importance of injury prevention and technology assistance[J]. Physical Activity and Health, 6(1): 1-4.

Stacoff A, Steger J, Stüssi E, et al., 1996. Lateral stability in sideward cutting movements[J]. Medicine and Science in Sports and Exercise, 28(3): 350-358.

Stefanyshyn D J, Lee J S, Park S K, 2010. The influence of soccer cleat design on resultant joint moments[J]. Footwear Science, 2(1): 13-19.

Stefanyshyn D J, Wannop J W, 2016. The influence of forefoot bending stiffness of footwear on athletic injury and performance[J]. Footwear Science, 8(2): 51-63.

Sterzing T, Barnes S, Althoff K, et al., 2014. Tennis shoe requirements in China, USA, and Germany[J]. Footwear Science, 6(3): 165-176.

Sterzing T, Müller C, Hennig E M, et al., 2009. Actual and perceived running performance in soccer shoes: a series of eight studies[J]. Footwear Science, 1(1): 5-17.

Tan Y Q, Fong W X, Chan S C, 2021, Gait parameters alteration in response to different flip-flops[C]// 2020 IEEE-EMBS Conference on Biomedical Engineering and Sciences (IECBES), 256-260.

Thomson A, Whiteley R, Wilson M, et al., 2019. Six different football shoes, one playing surface and the weather: Assessing variation in shoe-surface traction over one season of elite football[J]. PLoS One, 14(4): e0216364.

Tinoco N, Bourgit D, Morin J B, 2010. Influence of midsole metatarsophalangeal stiffness on jumping and cutting movement abilities[J]. Proceedings of the Institution of Mechanical Engineers, Part P: Journal of Sports Engineering and Technology, 224(3): 209-217.

Toon D, Williams B, Hopkinson N, et al., 2009. A comparison of barefoot and sprint spike conditions in sprinting[J]. Proceedings of the Institution of Mechanical Engineers, Part P: Journal of Sports Engineering and Technology, 223(2): 77-87.

Tung K D, Franz J R, Kram R, 2014. A test of the metabolic cost of cushioning hypothesis during unshod and shod running[J]. Medicine and Science in Sports and Exercise, 46(2): 324-329.

Unger H, Rosenbaum D, 2004. Gender-specific differences of the foot during the first year of walking[J]. Foot & Ankle International, 25(8): 582-587.

Vienneau J, Nigg S R, Tomaras E K, et al., 2016. Soccer shoe bending stiffness significantly alters game-specific physiology in a 25-minute continuous field-based protocol[J]. Footwear Science, 8(2): 83-90.

Wannop J W, Killick A, Madden R, et al., 2017. The influence of gearing footwear on running biomechanics[J]. Footwear Science, 9(2): 111-119.

Waseda A, Suda Y, Inokuchi S, et al., 2014. Standard growth of the foot arch in childhood and adolescence: derived from the measurement results of 10, 155 children[J]. Foot and Ankle Surgery, 20(3): 208-214.

Wei Y, Liu Y, Fu W J, 2009. The effect of badminton footwear on the metatarsophalangeal joint during push-off in critical badminton footwork[J]. Footwear Science, 1(sup1): 14-16.

Whitcome K K, Shapiro L J, Lieberman D E, 2007. Fetal load and the evolution of lumbar lordosis in bipedal hominins[J]. Nature, 450(7172): 1075-1078.

Wilk B R, Fisher K L, Gutierrez W, 2000. Defective running shoes as a contributing factor in plantar fasciitis in a triathlete[J]. Journal of Orthopaedic and Sports Physical Therapy, 30(1): 21-31.

Williams D S 3rd, McClay I S, Hamill J, 2001. Arch structure and injury patterns in runners[J].

Clinical Biomechanics, 16(4): 341-347.

Willwacher S, König M, Braunstein B, et al., 2014. The gearing function of running shoe longitudinal bending stiffness[J]. Gait & Posture, 40(3): 386-390.

Worobets J, Wannop J W, 2015. Influence of basketball shoe mass, outsole traction, and forefoot bending stiffness on three athletic movements[J]. Sports Biomechanics, 14(3): 351-360.

Worsfold P, Smith N A, Dyson R J, 2009. Kinetic assessment of golf shoe outer sole design features [J]. Journal of Sports Science & Medicine, 8(4): 607-615.

Yu J, Wong D W, Zhang H T, et al., 2016. The influence of high-heeled shoes on strain and tension force of the anterior talofibular ligament and plantar *Fascia* during balanced standing and walking[J]. Medical Engineering & Physics, 38(10): 1152-1156.

Zhang Y, Baker J S, Ren X J, et al., 2015. Metatarsal strapping tightness effect to vertical jump performance[J]. Human Movement Science, 41: 255-264.

Zhao X X, Li S D, 2019. A biomechanical analysis of lower limb movement on the backcourt forehand clear stroke among badminton players of different levels[J]. Applied Bionics and Biomechanics, 2019 (1): 7048345.

Zhou H Y, Xu D T, Quan W J, et al., 2021. A pilot study of muscle force between normal shoes and bionic shoes during men walking and running stance phase using opensim[J]. Actuators, 10(10): 274.